民国四大家族全传系列

陈氏家族全传

陈廷一 著

中国青年出版社

（京）新登字 083 号

图书在版编目（CIP）数据

陈氏家族全传/陈廷一著. —北京：中国青年出版社，2013.5
（民国四大家族全传系列）
ISBN 978-7-5153-1551-5

Ⅰ.①陈…　Ⅱ.①陈…　Ⅲ.①陈其美(1878~1916)—家族—史料
Ⅳ.①K820.9

中国版本图书馆 CIP 数据核字（2013）第 070697 号

策　　划：王　瑞
责任编辑：王　瑞　王钦仁
装帧设计：瞿中华

出版发行：中国青年出版社
社　　址：北京东四 12 条 21 号
邮　　编：100708
网　　址：www.cyp.com.cn
编辑电话：010-57350507
门市电话：010-57350370
印　　刷：三河市世纪兴源印刷有限公司
经　　销：新华书店

开　　本：675×975　1/16
印　　张：31.75
插　　页：2
字　　数：484 千字
版　　次：2013 年 5 月北京第 1 版
印　　次：2013 年 11 月河北第 2 次印刷
印　　数：5001-7000 册
定　　价：49.00 元

序　言

　　陈廷一先生的《民国四大家族全传》，洋洋近二百万字，即将由中国青年出版社出版，作为老朋友，我首先表示祝贺。应当说这也是中国传记文学界的一大喜事、盛事。中国传记文学，经过党的十一届三中全会后30多年的发展、繁荣，很多作家的创作已经是硕果累累。陈廷一先生辛勤耕耘，更是著作等身。

　　陈廷一是中国传记文学学会的资深会员，早在上世纪八十年代初，他就完成《许世友传奇》三部曲创作，由中国青年出版社出版，在北京人民大会堂召开作品讨论会，轰动当时文坛。与会著名作家刘白羽、魏巍、王愿坚均对此书给予了很高的评价，并预示传记文学的春天即将到来。陈廷一先生传记创作也从此扬帆起步，疾飞奋蹄。

　　陈廷一先生慧眼独具，选材新颖。倘若说他的《许世友传奇》是在"活人不能立传"期完成，接下来他又在海峡两岸的"冰冻期"，适时拿出了一部记述风华绝代的宋美龄的传记，更引起了大陆同胞极大的阅读兴趣。此书像《许世友传奇》一样，先声夺人，畅销大江南北，发行百万，一版再版，成为领衔中国传记文学的畅销书，并创造了中国图书发行史上的奇迹。

　　《宋美龄传》写作的成功，给了陈先生更多的自信。同时，作者的名字也引起了出版界和广大读者的关注。上世纪九十年代初，他作为传记文学的畅销书作家，被全国最大的城市出版社——青岛出版社看好并买断，签订了十年的写作合同。值得一提的是，陈先生是中国出版界深化出版改革后，第一批被出版社买断的作家。应该说这十年开启了陈廷一先生传记文学创作的"黄金期"。军人出身的陈廷一先生非常珍惜这一机会，拿出了军人雷厉风行的作风，牺牲十年中所有的星期天、节假日，几乎以每年一部新作的速度,先后推出了《宋庆龄全传》《宋霭龄全传》《孙中山大传》《蒋介石传》《孔祥熙传》《宋子文传》《宋查理传》《陈氏兄弟》《张氏父子》,为青岛出版社带来了社会经济双效益,成为该社的一块金字招牌。

进入21世纪以来的十年,则是陈廷一创作的"钻石期"。陈先生的创作视野更为开阔,集中力量完成了《民国四大家族全传》这一宏大巨著。这也是了不起的成就。

应该说,讲共和国的历史,不讲民国的历史不行;讲社会主义的优越性,不讲民国的黑暗、腐败不行;讲中华民国的历史,绕不开以蒋介石为首的"四大家族"的历史。有言道:"蒋家天下陈家党,宋氏姐妹孔家财。"这是对民国历史最生动的诠释。

"四大家族"无疑是中华民国之谜。

"四大家族"的致富秘笈是以权谋钱,银行变私有,国产变家产。

"四大家族"的最大背叛是对孙中山的联俄、联共、扶助工农的背叛。

中华民国后来作为一个衰败落英的王朝,时间虽过去大半个世纪,但世人对它的兴趣仍然未减。应该说它的初创,颠覆封建专制的大清王朝,可歌可泣,可圈可点,可后来的蒋中正背叛孙中山,国将不国,山河破碎。研究中华民国之落英,不能不研究"四大家族"及其悲喜人生。

为对历史和读者负责,陈廷一先生多年潜心研究钩沉,采用最新史料和观点,多元呈现,解密释惑,融史料、故事、轶闻于一体,增加可读性、启迪性和真实性。剖析家族隐私,解读民国命运,史料全面权威,观点精辟深刻。相信这部巨著,会吸引人们的眼球,引起史学家的注意。

陈先生文风动人,笔功扎实,行文自然流畅,我想他吸引世人注目、成为畅销书大家的奥秘大概就在于此。

以上仅是我对陈先生和其书的印象,聊作他的《民国四大家族全传》的序言,也是对他的祝贺。

于友先

二〇一二年秋月

目 录

引言　跨越三个世纪的传奇人生

蒋宋孔陈四大家族,陈氏家族的掌门人,因陈果夫先于陈立夫早逝,不少学者推为陈立夫,再说陈立夫是西洋留学生,用过刀叉吃饭,学问高于其兄,心计也多于其兄,掌门人授之陈立夫无愧。

公元 2000 年 8 月 27 日。

这是陈立夫的百岁寿诞日。

清晨。

好客的陈立夫和夫人孙禄卿,为迎接客人到来,早早起来,随手打开鸡鸭舍,放出了鸡和鸭,被圈了一夜的鸡鸭,欢快地叫着,争先恐后地向对面的鱼塘边跑去,去亲近大自然。那鸡不停地引首高歌,那鸭不停地扇动着翅膀,摇摆着肥胖的身子。鸭子下了水塘,鸡儿在水塘边觅食。一束朝霞的光辉穿越树林射了过来,映照在碧波粼粼的鱼塘,以及塘里的鸭子和岸上的鸡群……陈立夫欣赏着这番自然美景。当年他从中国来到美国时,为了维持生计,找孔祥熙等故人借了近 2 万美元,办了一个养鸡场。没有帮手,他就自己动手,喂食、捡蛋、买饲料、卖鸡蛋、清理鸡粪,肩挑背扛。他自学养殖专业知识,很快就学会了给鸡喂药、打针。养鸡不仅让陈立夫摆脱了经济上的困窘,还让他的精神得到了振奋。更令他高兴的是,他因多年伏案工作,背部肌肉劳损,常年背部疼痛,从事体力劳动后竟然治好了这个病。虽然今天大规模的养鸡生意不做了,但这种养鸡的习惯便保留下来,以至于到了百岁之年。

陈立夫欣赏完这富有生机的鸡叫鸭欢的农家田园风情,转过身来,接过老伴递过来的剑,红缨三尺,剑锋粼粼,他纳了一口气,踢腿推掌,开始了他的太极剑的练习。剑芒所向,银光闪闪。一敛一进,一招一式,刚柔相济,慢里有力,快里有柔。时而跳跃,时而劈斩。跳跃时身轻如燕,劈斩时雷霆万钧……这样他活动了整整半小时，浑身已大汗淋漓，两腮红润，鹤发童颜，头顶冒着蒸气。老伴递来毛巾，他正要擦汗，看到了身后的侨报记者任环小姐，不好意思地说你早。记者小姐也向他点点头。

在他那带着书香雅致的书房里，鹤发童颜的陈立夫接受了记者的生日祝贺和采访。看了一阵老人的剑术颇有感慨的记者小姐，决定从老人的剑术谈起。老人理解地笑了，笑得像个孩子。他说我这练的是太极剑，也是讲气讲功。作为古老的健身方法，气功在历史上曾经被沾染上许多本不属于它的东西，例如巫术泥水，迷信瑕疵，宗教樊篱，骗术技巧等等，近些年，也曾在市场经济大潮下，滚进拜金主义泥沼、神秘主义窠臼。但是剥离掉擦拭净这些污泥后，古老的气功依旧是一颗璀璨的明珠。当今世界自然疗法大兴，生物—心理—社会医疗模式正阔步行进，古老的气功必将发挥其应有的作用，为人民健康做出自己的贡献。

他说，综观儒、释、道、医、武、艺、民间，包括少数民族地区各种类气功、泛气功修炼方法，人们不难发现，透过其林林总总的纷繁外表，挖掘其货真价实的核心部分，各家修持方法其实本质上是高度一致的，即无不追求"放松入静"。

"入静"实际上是一种大脑皮层自我保护性的抑制状态，此种状态，与睡眠者的自然抑制状态不可互相替代，但自我保护性的抑制状态优于自然抑制状态。此种状态，调摄身心，使习练者大脑皮层的 a 波与 b 波发生变化，促使大脑皮层细胞同步有序性增强。故此，"入静"，乃气功之核心与本质，而"放松"则是"入静"的必须前提。

连同印度瑜伽、美国超觉静坐、加勒比海妇女自我修炼的方法、苏联亚历山大演员功统此在内，其道理均是相通的。即都要通过肢体、精神放松而后入静的方法，先心理而后生理，先软件而后硬件，先灵魂而后躯壳的方式，使自己进入到"大脑皮层广泛的自我保护性抑制状态"。

他说：清早 5 时半一起身即淋浴，淋浴时当水冲到哪里，就按摩到哪里，从头顶到脚心，每处用两手按摩 100 下。早饭后，再散步 1000 步。如此做来，已有 28 年，一天也不间断。二是老伴。我与内人结婚已 63 年，从未吵过架，就是靠八个字："爱其所同，敬其所异。"三是老友。人不能孤陋寡闻,友直、友谅、友多闻,是人人应交的益友。四是老本。老本者,指老而有储蓄也,亦即经济方面有独立能力,而无须求于人(包括儿女在内)也。说到这里老人笑了,补充说我之所以活到百岁,应该说是太极剑术帮了我的大忙。

记者小姐感慨地说:在你90诞辰时,我也采访过你,那时你谈了养生之道为四大要点,我们报纸发了,反响蛮强烈的。是吗,哪四点呢?小姐说:主要是:"取之有道,用之有度。"

记者小姐说:今年是您老的百岁寿诞,您还有什么新作奉献给传媒?陈立夫说他最近写过一篇《我怎么会活到100岁》的长文,说着他便站起身,从案边取来那份长文,请记者过目。任环小姐认真看了,说又是独到体会。文中写道:

先天的禀赋,人人不同,而最可贵者,则具有四种:一,能熟睡。二,不发脾气。三,记忆力强。四,有恒心。

长寿关键在于后天的保养,有七点为要。

一、养身在动,养心在静。在上海进入中学受学时,各种球类运动好参与。其他如赛跑、游泳、滑冰、打拳等等,亦莫不参与。年岁越老越不中断。养心在静,要淡泊明志。余诚无志于仕途,对于勾心斗角之争,决不愿见其出现。

二、饮食在节,起居有时。余的家既非富有亦非贫乏。因二叔辛亥革命起义上海,事成而家亦不复穷困。但不久反袁称帝,又遭迫害,复归于贫困。故饮食终归贫乏之,其能维持学业不辍,则全赖三叔在银行服务以协助有以成之也,故包含有节、起居有时二者勉强做到。

三、多食果菜,少食肉类。家贫其能不断餐者,因上一代兄弟友善从不分家,故能三餐不断。祖母茹素,固然两素两荤,家里女人吃素的多,自然适合,其实正合乎养生之道。

四、物熟始食,水沸始饮。吃生牛肉、海鲜等已成为人类之变通习惯,认为好吃不问其他。他则认为癌症日见其多,其原因可能在此。故终守"物熟始食，水沸始饮"，从不破例。

五、头部宜凉，足部宜热。有一老年人活至 120 岁，究其长寿原因在于："保持头部冷，保持足部暖。"此正与中国老年人睡眠前以热水洗脚，非至极寒冷之日，不戴帽子同一理由。

六、知足常乐，无求乃安。昔人云："登天难，求人更难。"故常以自立自强，好学博学诲人。"无求于人品自高"。求人常使其心不安，而受制于人，不可称为自主，欲求心之安乐必从知足无求做起。

七、减少俗务，寻求安宁。余于 80 岁生日之起，自限"不为"之事如下：不剪彩；不证婚；参加婚礼及寿宴不发言；不任治丧委员会主任委员。如此做法减少年高时之麻烦。

接着，老人坦言了他的童年、少年，他的身体并不特别强壮，自 58 岁起，即患糖尿病，亦曾因胆结石及膀胱结石动过外科手术，其他的病亦曾生过，今居然能活到 100 岁，不亦乐乎。后天的保养是长寿的关键。再是1949 年冬，蒋介石逃到台湾后，为保住政权，先拿陈立夫开刀。陈立夫的原则是"不生气"。他去了美国，隐居在新泽西州湖林镇，埋头研究起《易经》来。闲下来的时间，陈立夫和夫人读书、写字、绘画，还担任了普林斯顿大学的客座教授，隔几天就去大学讲课，进入了无忧、无辱、常乐的人生境界。

说起蒋宋孔陈四大家族的事，他说那都是过去的事，好汉不提当年勇，现下活着的人，只剩下蒋夫人美龄了，她比我年长两岁，今年是 102岁。还没说完这件事时，蒋夫人宋美龄也派专人送来了鲜花和蛋糕。

临结束采访时，他说了四句哲理的话，让人回味无穷：万事全看透，一切顺自然；名利身外物，无欲心更宽。

第一章 家族揭秘

| "丝绸之路"东方有个陈家院

中国丝绸,世界闻名。

丝绸之路起于盛唐。它是东方文明的象征,也是西方人的倾慕。

爱美之心,人人皆有。美丽的丝绸,精美如画,轻如鸿毛,曾是西方人翘首以求,于是便有了绵延万里的丝绸之路,便有了车水马龙,便有了盛唐的天下。

且说在"丝绸之路"的东方有个湖州市,这湖州市位于浙江省北部,离风景秀丽的杭州仅100公里。上有天堂下有苏杭。这里山光湖色,帆樯出没,鱼跳龙门,青竹翠绿,田畴交织,风景秀美。南有莫干山、天目山,北有太湖水相映,倚山近湖,山围水转,钟灵毓秀,像一幅丝锦的山水画。

泛舟河上,多少陈年旧事,尽化船尾微动的串串涟漪,升腾起神奇的历史烟云……

周武王十一年(公元前1066)湖州地属吴国。

周元王三年(公元前473)越灭吴,地属越国。

周显王三十五年(公元前334)楚灭越,地属楚国。

湖州又一名称菰城,就源自建于2300多年前的战国时期的下菰城,乃是战国四公子之一的楚春申君黄歇所建,这是湖州年纪最大的古城,其遗址今天仍保存在湖州市郊云巢乡窑头村的稻田、毛竹和桑树之中。

公元前206年,项羽在吴中(今湖州)起兵,自立西楚霸王,在湖城中心建"项王城"。

唐、宋、元、明、清,湖州一直是藩封重地,经济发达,人文荟萃。

特别是唐、宋两代,湖州汇集了两个全国最大的文人集团,其代表人物分别是颜真卿、苏东坡。从三国的曹丕，晋代王羲之，元代赵孟頫，到清代的吴昌硕，现代的沈尹默，还有东晋著名政治家谢安，南朝陈开国皇帝陈霸先，茶圣陆羽，著名诗人孟郊、张志和等，无论是湖州本地的文人墨客，还是寓居湖州为仕的社会名流，都在不同程度为湖州乃至中国的发展做出了重大的贡献。

在近代，小小的湖州，一大批国民党要员又从这里走出。其中有国民党中央执行委员、浙江省政府主席张静江；国民党教育部长、组织部长、行政院副院长朱家骅；国民党中央常委、宣传部长戴季陶；国民党财政部次长、交通银行董事长钱新之；国民党中统局局长徐恩曾等。

这湖州物产丰富，尤以丝绸和湖笔两大特产最为出名，名扬遐迩，一直是丝绸之路上的抢手货，据说丝绸之路上的丝绸湖州占半边天下。

被称为"丝绸之府"的湖州，有个陈家宅。这陈家宅世代做着丝绸的生意，人称"湖州丝绸第一家"。

陈家迁至湖州定居最早可以追溯到陈缜，相传他已经是遏父和太姬的儿子满的87世孙了，陈缜就是湖州陈氏东林支的始祖。传到第17代陈应恪（字敬山），迁居湖州府城内，住在学前街的谷诒堂。湖州这个地方盛产蚕丝，陈家借特有的巢丝技术才逐渐发达起来，慢慢成为当地的望族。《湖州府志·教义传》称赞陈氏"以孝义受钦于乡里"。到第24世陈绚，发展到鼎盛期。陈绚因为热心地方公益事业——修桥铺路，湖州府曾赠以"圣门狷者之流"及"矜式乡闾"的匾额，以示纪念，并天下留名。

随后好景不长，1851年太平天国革命爆发，迅速影响到江浙一带。在太平天国革命的冲击下，身为当地富豪的陈家家道败落了。

1864年，太平天国革命失败，战乱结束，第25世陈延祐凭着为人勤俭谦和，生意蒸蒸日上，又红火起来。没过多长时间，家道复兴如初，又成湖州望族，远近闻名。业兴子旺，家道更加殷实。

应该说，陈家真正的显赫当属二陈（陈果夫、陈立夫）父辈，父辈为二陈打下了牢牢的根基。陈延祐共有三个儿子，长子陈其业，字勤士，他是陈果夫、陈立夫的父亲。次子陈其美，字英士。三子陈其采，字蔼士。后人说，三子三只虎，称雄江浙州。

陈氏世系简表

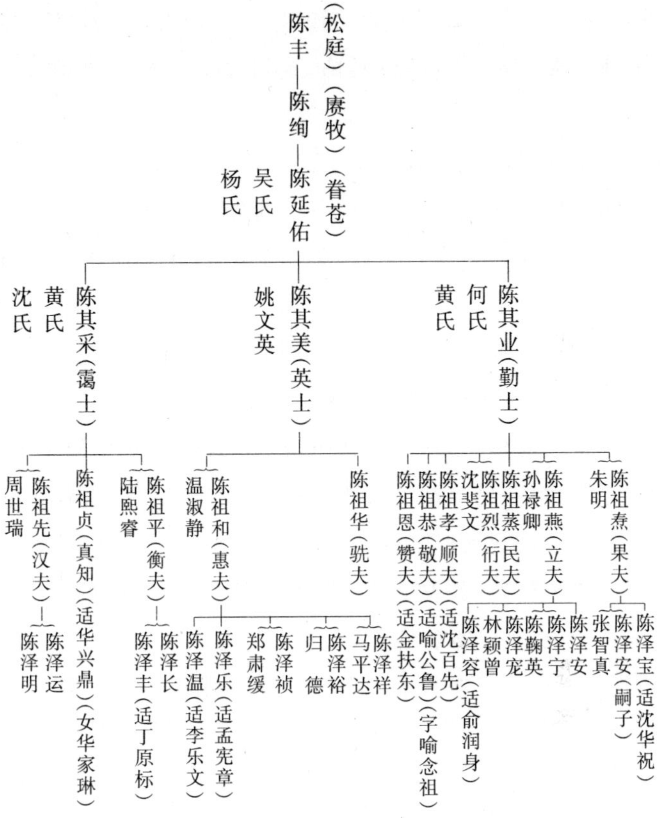
陈丰（松庭）
陈绚（赓牧）
陈延佑（眷苍）
吴氏
杨氏
陈其采（蔼士）
黄氏
沈氏
陈其美（英士）
姚文英
陈其业（勤士）
何氏
黄氏
陈祖先（汉夫）
周世瑞
陈祖贞（真知）（适华兴鼎）（女华家琳）
陈祖平（衡夫）
陆熙睿
陈祖和（惠夫）
温淑静
陈祖华（骁夫）
陈祖恩（赞夫）（适金扶东）
陈祖恭（敬夫）（适喻公鲁）（字喻念祖）
陈祖孝（顺夫）（适沈百先）
沈斐文
陈祖烈（衎夫）
陈祖蒸（民夫）
孙禄卿
陈祖燕（立夫）
朱明
陈祖焘（果夫）
陈泽运
陈泽明
陈泽长
陈泽丰（适丁原标）
陈泽乐（适孟宪章）
陈泽温（适李乐文）
陈泽祯
郑肃缓
陈泽裕
归德
陈泽祥
马平达
陈泽容（适俞润身）
林颖曾
陈泽宠
陈鞠英
陈泽宁
陈泽安
张智真
陈泽安（嗣子）
陈泽宝（适沈华祝）

陈氏三兄弟

有人说陈家宅地风水好，不出帝王也出将相。我们说，与其说陈家风水好，不如说陈家家法严，教子有方。在陈家的家谱中有箴言相告：“教人以学，教人以诚，教人以仕。”

实际这三条，还逃不出传统的篱笆，只是“万般皆下品，唯有读书高”的翻版而已。三个孩子出生后，信奉“教人以学”的陈延祐，统统把孩子送到学堂里去。陈氏家长渐渐地发现，三个孩子虽说是一奶同胞，可个性迥异。老大陈其业、老三陈其采更像自己，传统本分，所不同的是老三的脑子比老大还要活跃,生就是读书的料;老二陈其美,聪明活泼,爱动不爱静,板凳坐不住。成绩自然不如老大和老三,是爸爸常训斥的对象。

一生只求奉献不求索取的陈延祐,直到大病一场后,才改变了他的人生初衷。

这年陈其业刚满20岁,陈其美15岁,陈其采11岁。

话说一天,老爷子急急地把三位下学的公子唤到床前,吩咐道:"教人以学。原指望你们能学多高爸爸就供你们多高,你们能走多远爸爸就送你们多远。现在不行了,爸爸的身体一天不如一天。爸爸的丝绸事业是从先祖那里继承下来的。我们陈家的丝绸家业从盛唐开始,到今天已有千余年的历史了,卖房卖地,不能断家业灭香火。以前我没有多虑,现在我不得不考虑了。我想你们哥仨,谁来继承这份家业?你们先说说?"

因为事起突然,三兄弟都没有准备,你看我,我看你,谁都一时难以表态。长子陈其业说:我听爸爸的。爸爸说让谁继承谁就继承呗!

爸爸咳嗽了一声说:要说继承就得弃学啊,你们都愿意吗?

三子陈其采说:只要爸爸说了,我看没问题。

好,那我就说啦。爸爸看了二子陈其美一眼说:老二,我看你就跟爸爸学吧。

二子陈其美道:爸爸,你看我能行吗?

能行!爸爸斩钉截铁地回答。

陈其美耸耸肩说:要说行我也行。可是话说过来,上有大哥顶着,下有小弟等着,我老二想捞这个美差也轮不上啊,爸爸你说是不是?

小子,你是不想干?爸爸一针见血。

不,我是说轮不上。

轮上轮不上,还不是我说了算。爸爸说到这里有点儿生气。

这时,长子陈其业说话了,爸爸,不行就让我跟你学吧。

爸爸十分生气地说:谁跟我都没问题,关键要看你们的成绩。你们都把年底的成绩单给我统统拿来,谁排后谁下学。

这一下,陈其美傻眼了,情知自己不如人,于是就说:大哥,小弟,你们都不要争了,爸爸说了,我就依了。爸爸,你该笑了吧?

你早说这话,爸爸早不笑了。

就这样陈其美改变了自己的人生轨道——读书—科举—做官。

这一夜,陈其美哭了,痛心疾首地哭了,小弟陈其采来劝他,他反倒开导小弟说:二哥没实现的愿望全靠小弟了。小弟陈其采提出来要到日本求学,陈其美当即表态支持,并给了他极大的鼓励。

花开三朵,先表一枝。

先说陈其业,开始走上爸爸为自己设计的路,好景不长,他读书的劲头也不足了,因为他目睹了清廷政府的腐败无能。1894年,中日甲午战争的爆发,堂堂的中华帝国竟输给了东瀛岛国。他为清廷政府感到羞耻。于是身为秀才的他淡漠了纳官取仕之路,心灰意冷回到湖州,早早结婚生子,使他成为了陈果夫、陈立夫的父亲,继承家业,经营丝绸。

陈其业回家继承家业,也解放了老二陈其美,陈其美才得到外出求学的机会。

再说陈其业回家,他对政治虽不感兴趣,却对公益事业颇感兴趣,做了很多好事。

——那一年水大,不少人家绝收,他拿出了自己的积攒,帮助穷人度过了青黄不接的三春。患难见真情,人们一下记住了他的名字。

——为了抵制洋货在中国的倾销,他带领当地人走上街头宣传,呼喊口号。同时他又用自己学到的知识,改良蚕丝,提高品格,与洋货竞争,使湖州丝绸上了一个层次。

——修订陈氏宗谱,他不但亲自出马,并且还为10人开了工钱。

——城隍庙年久失修,由他出钱,使破庙重露峥嵘。

——为了减少当地洪涝灾害,他又倡导乡民走出家门,疏通河道,大修水利。

……

所有这些,都深得民心和民意。在当地有民谣为证:

湖州有个陈老大

不做秀才做管家

公益事业他留心

修桥铺路干得欢

若不是后来他有两个政治明星的儿子陈果夫、陈立夫,陈其业充其量是一位湖州的开明绅士。可是在政治明星的光环下,原本不想做官的陈其业又有了做官的念头:

——1931年,蒋介石在铲除自己的对立势力后,召开国民大会公决,陈其业一下子当选国民议会代表,主持浙江省的蚕丝、水利、典库工作。一时间,权倾一方。

——1937年7月7日,卢沟桥事变拉开了全国抗战的序幕。由于日寇占领了江浙一带,国民党政府西迁入川。陈其业被迫携家跟随"二陈"到达陪都,又走鸿运,官升三级,当年就被选为国民参政员;后又当选国民大会代表,担任全国商联会常务理事,之后再任全国工商会执行主席。

国民党兵败大陆后,面对共产党的隆隆炮声,蒋家王朝即将瓦解,自己的辉煌和拥有将烟消云散,80岁高龄的陈其业哭了,哭得十分伤心,后经二陈(陈立夫、陈果夫)的再三劝说,"共军攻势十分强大,不走就要当炮灰",陈其业害怕了,跟随二陈,追从老蒋仓皇出逃到台湾。

台湾在陈其业眼里,又称孤岛。再加上这时二陈的权落,陈其业本身就思乡尤重,故乡虽隔大海相望,却不能归,这成了陈其业的一块心病。陈其业忧郁成病,最后病入膏肓,命归黄泉,担心葬不到家乡却变成了残酷的现实。这是1961年的事,享年91岁高龄。

陈其业死后,蒋"总统"念其恩德,明令褒扬:

综其生平,其与人也恕,其律己也严,其宅心也厚,其治事也勤;盖诚存乎心,而仁显于外,故能表率子弟,成功成仁,睦辑乡里,以尊以亲,终甘澹泊,以乐天年。

︱ 陈其采威震上海滩

应该说，真正让湖州陈家声名大振，当数老二陈其美，而陈其美的成功得益于老三陈其采的相助。陈其采在三兄弟中最早崭露头角。

且说陈其采沿着父辈指引的路："读书—科举—做官"走下去，到 16 岁那年，他中了头等秀才。

这时的中国，已变得衰落下来，昔日我们祖先发明的火药装入了列强的炮膛，我们祖先发明的指南针也装入了列强入侵我国的战舰，列强的炮火轰开了中国的大门，顷刻间中国成了列强的瓜分对象。

19 世纪后的中国，国衰力微，宛如一头气喘吁吁的老牛被西方近代发达工业国家的蒸汽机车远远甩在后头。

国将不国的乌云，笼罩着中国的上空，不愿做亡国奴的惊雷，不时地回荡，震撼着人们的心灵。陈其采中得头等秀才的第二年，日本发动的侵略中国的甲午战争，以中国大败收场。接着是《马关条约》的签订，台湾割让日本，中国东部沿海地带也几乎放弃，巨款赔偿迫使清廷大借外债，江浙一带内陆也被迫向列强开放。面对着清廷的软弱无能，少年陈其采和其他同学一样举起了拳头：国家这般受欺，百姓遭难，我们要奋起，洗雪国耻，重振国威。

于是陈其采不再满足于文字的学习，在二哥陈其美支持下，陈其采报考了留日军校学习。按照二哥的说法："要抵抗外国列强，武备不可缓。"

一个晨曦满天的早晨，在二哥陈其美的金钱支持下，19 岁的陈其采踏上了东瀛日本的求学经历。与他同去的还有吴锡冰、许葆英和舒厚德。

开船了。陈其采站在船头，向送行的二哥陈其美使劲地挥手。

陈其美挥手应道："船上风大，回去吧，小弟。"

在日本军校，陈其采最不忘的是陈其美讲给他听的两个动人动情的故事：一是民族英雄岳飞精忠报国的故事；一是民族英雄文天祥为国分忧的故事。就是这两个故事让陈其采永记心中，激励他学习，时刻记住自己与别人不一样。闲散时间，别人游山玩水、会亲访友，他却如饥似渴地苦学。腊梅开放，喜鹊登枝，苦去甜来，1902年，他以第一名的优异成绩毕业于日本士官学校。

回国后，有志的陈其采却去了湖南。在中国的近代史上，湖南成为了革命的大本营，因此陈其采的选择不是没有道理。在湖南陈其采创办了湖南武备学堂，任总教习，不久又荣升标统。在此期间，他又与孙中山领导的革命党接上了头，暗中策划新军暴动，配合孙中山密谋推翻清廷统治。此后陈其采一发不可收，成为民主革命的骨干分子。1907年奉命调南京任第九镇参谋，后因剿匪有功，升中枢军咨府第三厅长，掌理全国新军事宜，并一度兼任保定军校监督及主办秋操。后来他衣锦还乡，在湖州广传佳话。

不幸的是他参加革命党之事终为清政府获悉，在清政府捉拿他之前，南下奔沪，任驻沪新军统带，统帅驻沪新军，负有维护地方治安的责任。

陈其采在上海活动期间，做过一件以后对上海革命党人影响非常大的事情，那就是和上海的帮会建立了非常融洽的关系。

且说上海滩，以青帮、洪帮力量最大。青帮与洪帮比，青帮又强于洪帮。

再说这青帮，又称"清帮"、"安清帮"，是近代重要秘密会社之一。在明代是罗祖教的支流，最初分布在密云、山东一带，后由北沿运河向南发展到江浙一带。从清初康雍至嘉道年间，其成员大都为运输工人，主要为清政府承办漕运，也有其他手工业工人，是以运输工人为主体的下层社会的秘密团体。它按辈分收徒，长期在运河漕运中保持封建行帮的地位，要求其成员相互"帮丧助婚，济困扶危"，从而团结了广大粮船水手。后因漕粮改由海运，粮船水手大多失业，流为游民，便"密行贩盐，或以偷税为业"，出没于皖北、江北，逐渐转向太湖流域广大腹地，旋又向上海发展，成为以贩私盐为主体的游民团体。

当时上海青帮的龙头老大，为人见人怕的范高头。一听这名字就让人生畏，范高头就是高人一头。再说这青帮老大的龙椅不是谁都能坐的，说破了得有一定的本事。首先得自身武艺高强。在上海滩这地盘，他是一场场"真枪实弹"考验出来的。胜者为王，败者为贼。

青帮范高头,本是盐枭出身,在"白癞痢"去世后,接任了青帮老大。上海有名的帮会头子黄金荣、李超五、刘福彪、潘玉卿都是他的手下,号称"四庭柱",又称"四大金刚"。不说范高头功夫如何,一听他的手下,也让人冒汗,毛骨悚然。

据说这范高头长得五大三粗,打谷场子的石磙,他能抱起围场跑三圈。遇到打架斗殴的事,他一人顶十人。此人脑门上长着一个肥肥的肉瘤,就像头上还长着一个小脑袋,因此他便得一个"高头"雅号,而且这雅号广为流传,久而久之,竟取代了他的真实名字。在上海滩,妇女哄孩子睡觉,常说"伢子伢子快睡吧,高头来了俚打他!"

这青帮、洪帮在上海滩都有自己的地盘。不过这地盘有大小之分,是根据自己的实力划,就像动物世界里的动物一样原始。

应该说这地盘是他们自己抽打油水的地盘,也是他们赖以生存的地盘。这些流氓们一方面向自己地盘内的店铺、妓院和烟馆抽头,获取经济利益;另一方面也负担一定的义务,出面交涉和打架,保护自己地盘内的各种店铺、妓院和烟馆等不受其他流氓帮派的欺负和滋扰。对任何一个帮派来说,不能保护自己地盘内的店铺、妓院和烟馆等,都被认为是相当丢脸的事。丢脸的事是不能干的,这是一条"法律"。干了没面子的事,你的龙头老大的交椅就坐不成。在帮派内部,这也是一种弱肉强食之争。

再说陈其采和范高头素不相识,更谈不上有什么交情,他们二人攀上交情,完全出于偶然。就在陈其采走马上任时,上海滩发生一件让范高头丢面子的事。

话说范高头的一个手下"高徒",名叫芮德宝,一天在城隍庙巡逻,当巡逻到一个名叫"绿波廊"的点心店里时,见到一个英国人在挥拳拼死地殴打女招待,女招待在地上来回打滚,发出尖厉的求救声……

这是英国租界,芮德宝虽然是流氓出身,但对洋人轻易还是不敢招惹的,所以走上前去轻声劝解:"不要打了! 不要打了!"

"你是干什么吃的,关你屁事!"英国人破口大骂。

芮德宝也动了情,提高了声音:"不要打人!"

"你给我滚蛋!"英国人说完就将拳头对准了芮德宝,一拳下去,脸上戴上了"红花"。

"你敢打人?"

"打的就是你这种人!"

"好吧,我让你来打!"芮德宝劝说不成,反而也挨了打,愤急之下,忘了洋人是招惹不得的这回事,不顾后果,将打架斗殴的本事全拿了出来,左一拳右一脚,脸上身上,只要没有对方防备的地方,都是他出击的地方,直打得英国人天昏地暗,鼻青脸肿,跪地喊爷求饶。

恰在这时,一队英人巡逻队过来,见到这一场面,不分青红皂白地就把范高头的徒弟芮德宝抓了起来,遂向清廷起诉,状告芮德宝胆大包天,竟敢在光天化日之下殴打英国人。按当时清政府和列强所签订的不平等条约规定,芮德宝应由英国领事馆审讯。

这一下,惹火烧身——出了范高头难以摆平的麻烦。范高头作为青帮老大保护不了自己的弟子,显然是件十分没面子的事情。

清政府得罪不起洋人,范高头也没有敢跟租界当局抗衡的力量,看来范高头这个跟头是栽定了。范高头急得抓耳挠腮,不到半天,两腮肿得老高,牙疼病也犯了。

不料想,正当范高头急得要跳楼之际,陈其采出于正义,站了出来。作为主管一方治安的他,主动将官司揽到自己的手里,首先巧妙地将芮德宝劫了过来。英国领事馆向他要求引渡芮德宝,有正义感的陈其采断然拒绝了英国领事馆的要求说:"这是中国的领土,我们中国政府有权也有能力审理此案!"

"芮德宝是打人凶手!"

陈其采道:"树有根,水有源,一切都要弄个水落石出!"

"好!咱们走着瞧!"

后来,英国领事见要挟不成,遂找人调停。结果,以英国人赔礼道歉,承担经济损失为代价了结此事。

话说芮德宝被陈其采放出的那天,范高头虽为青帮老大,一生讲义气,对有爱国心、正义感的陈其采感激涕零,于是拎着酒肉鸡鸭,带着喽啰,坐着大轿,故意在英租界转了个圈儿,来到陈其采的府中道谢,并设宴感激陈其采,并要求与陈其采结为生死弟兄。

两根烂香插上,八支蜡烛点亮,二人金兰相敬如宾,跪在红地毡上,举杯邀天敬地,同发誓言。

且说这一结拜,不但让陈其采在上海滩站住了脚,也为尔后的二哥陈其美,小侄陈果夫、陈立夫在上海的辉煌打下了根基。尤其是陈其美后来在上海成为"沪军大都督",军政大权一手把握。

同时,更应该看到,初建的民国政府在上海有了立足之地,使民主革命势力能够得到帮会力量的支持。

后来,范高头在陈其采的策动下,带领青帮到外滩公园门口,在"华人与狗不得入内"牌子面前,呼口号,搞静坐,直到撤掉了牌子为止。这也成为上海人的美谈。

1911 年辛亥革命取得胜利。

元旦那天 11 点整,载送孙中山赴南京就任临时大总统的专列花车在礼炮和欢呼声中徐徐离开了上海。孙中山端坐在靠窗的座位上凝视着窗外。而陈其采作为大总统的贴身警卫,守卫在孙中山的左右。孙中山出任大总统后,陈其采被任用为总统府咨议。孙中山将大总统职位让给袁世凯后,一朝天子一朝臣,陈其采离开了总统府,到家乡湖州创办自己的经武学堂。其事外扬,被袁世凯知道,下令查封了经武学堂。于是陈其采就过起了隐士生涯,直到 1927 年,蒋介石在上海发动四一二政变,成立了独裁统治的国民政府,陈其采才成为了蒋介石的教父,历任浙江省财政厅长、江海关监督、江苏省财政厅长、导淮委员会副委员长等职。1930 年,南京国民政府筹创超然主计制度,陈其采任筹备委员会主任。

第二章　其美其人

| "善长典"的新学徒

要讲清楚陈家二兄弟(陈果夫、陈立夫),必须要讲清楚其父辈陈氏三兄弟(陈其业、陈其美、陈其采),要讲清陈氏三兄弟,必须要讲透陈其美其人其事。没有陈其美,就没有陈氏二兄弟。

1891 年 9 月 3 日。

清晨,随着太阳从东方的升起,位于石门县城东街、热闹繁华的城区"善长典"铺的红门,哗啦啦一声开启了。

随着大门的开启,两位小学徒,身着长衫,脚穿布鞋,一高一矮,一胖一瘦,手拿扫帚,走出门来,清扫门前,点首谢客营业。

不说别的,单说那位扫街的高一点儿瘦一点儿的学徒,就是青春少年陈其美。

陈其美命苦,7 岁时生母吴氏因急病,引起腹痛难忍,早晨起病,晚上呜呼。生母去世后,10 岁那年,父亲续娶杨氏。父亲也一直身体不好,花钱吃药,弄得家庭败落。1891 年父亲久病不愈而去世。失去了父亲如同房屋少了顶梁柱,家中经济一落千丈。继母杨氏变卖了自己手上的一对金镯子,埋葬了父亲。

继母无力同时供养三个娃子上学,对其美说:二娃,家里的情况我不说你也知道。按照你父亲生前的遗愿,让大娃和三娃继续上学,安排你弃学经商,我也不落忍啊!如今到了这般境地,你看怎么办?

杨氏说罢泪水涟涟。

陈其美也哭了半天,才快快不乐说:妈,我也不为难你。我下学!

继母杨氏停止了哭泣,说:二娃,你答应了?

接着,继母又托人安排工作。很顺利,在石门县城的"善长典"铺找到了一个学徒工的工作。这让继母欢喜不尽。

行前,继母为他缝制了过冬新棉衣、新棉裤、新布鞋,拉着其美的手,说:孩子啊,小小的年纪,让你受苦了!少年异行,必成大器,当妈的等着这一天啊!

陈其美望着继母为自己做的"全身新",泪流满面:妈妈,你要保重,我会努力的。

于是,陈其美背着那个在屁股后面打鼓的小包袱,一蹦一跳地离开了家乡和亲人,来到了一个陌生的地方——"善长典"铺,当上了一名学徒工,开始了独立谋生的人生之旅!

陈其美来典铺后的半个月,又收到了长兄其业的书信,信中勉励他自强不息,先安定下来,如有想法,长兄再与你参谋!你刚十五,来日方长!

望着长兄如父的信函,陈其美心里涌起一股暖流——他想"既来之则安之"。

石门位于浙北平原的东侧,是石门县治所在。春秋时代,这里是吴国和越国接壤之地,曾垒石为门作界,所以称"石门"。现在这里已经改名为桐乡县崇福镇。

晚清时期,石门镇上有善长典、永丰典、仁大典、济恒典四大当铺,"善长典"是其中最大最老的一所,号称"百年老当"。

来到这里,陈其美才知晓,"善长典"最初是由清代"红顶商人"胡雪岩开设的。

胡雪岩在经营钱庄,从事丝、茶贸易的同时,在湖州、德清、海宁、嘉兴、石门、杭州、金华、衢州、苏州、镇江、湖北、湖南等地设了23处典库。初设时,善长典资本在10万元上下,在石门镇是极其风光的。但1883年,它依旧没有逃脱易主的命运。陈其美来到时,善长典已改由湖州帮、绍兴帮的商人合股经营。望着那高高的柜台,陈其美的心中不时涌起一阵阵沧海桑田之感。

应该说,典当业是一种独特商业形式,是在城镇中经营的金融机构之一种。表面上,它济急便民——事实上,某些时候也的确如此——收受押品,累计高额利息,少数能如期赎回者,典当铺获取了高额利息,多数无力赎回者,就籍没押品抵充本息。由于典当者多数是在穷途末路、告贷无门的情形下投物典当的,度过眼前的困境,接着是困境又至,根本无法赎回。所以,典当铺在当年属于暴利行当。

典当铺所采取的是散发着浓厚的封建气息的管理制度,内部等级森严,职员升迁呆滞。按照典当铺的传统规矩,如果上一级职司没有出缺,下级就一辈子升不上去。晚清年间,一般商店的学徒,三年满师后,就可以立柜当正式的伙计,然后是二伙、二伙、大伙,其中大伙相当于经理。就是一般的木匠、泥瓦匠,三年学徒期满后,也最多再为师傅半义务劳动两年,五年便可以自立门庭。唯有典当铺这个行当,学徒是无限期的。长典的学徒额规定为十名。如果在十名以外添收一名,则第十一名便分成两个半名,而要是收到第十二名,则第九、十、十一、十二这四名就得变成四个半名。1891年春天,陈其美来到善长典时,在学徒中位列第十二名,上面十一名师兄如同十一座山,他要想升一次,就得等一座山挪走。挪走一座山,谈何容易。

在典当中学徒,主要是要学习对货物的鉴别能力,如金银的成色、旧货的质地等,只有掌握这些技术,才能对进当来的货物开出合理的价钱。另外,察言观色,掌握顾客心理也是极其重要的环节,这要长期跟随有经验者学习才行。但陈其美的学徒生涯是从杂差杂役开始的。[①]

| 典当行的"猫馆儿"

在"善长典"铺的三里远的北关,有一处鱼虾货市场。每天天不亮,小商小贩们,把在湖里打来的新鲜鱼虾,挑到这里卖个好价钱。市场很大,从东头走到西头,足有三华里,说是鱼虾市场,靠近东头的地方,还有不少卖新鲜蔬菜的摊位。这里热闹非凡,小商小贩的吆喝声,买方人的讲价

---

① 白希著:《上海第一都督陈其美》,金城出版社1997年版,第19—20页。

声,还有空气中弥漫着臭鱼烂虾的气味,充斥着这里。刚下过一场小雨,路面湿漉漉的滑。

早晨,人很多,在里面挤来挤去。

陈其美也挤在其中,他戴一斗笠,挑一担挑,担挑上是两只木桶。在一个卖鱼虾的大户前停了下来:掌柜的,我要的货准备好了吗?

正在忙活的鱼虾老板,应承着回答:好啦——

接着,那老板把一桶小鱼小虾,过了秤,说:30斤半,高高的,老客户,就算30斤吧。

陈其美咧嘴笑:掌柜的,照顾啦。

老板称完鱼虾后又道:陈伙计,我还有一些烂虾,昨天没卖完,喂猫没问题,价钱折半。

陈其美拿一根树枝在桶里搅动了一下,认为不是很烂:那就给我过过秤吧!

好啰——老板像唱歌的一样拉着长腔。

过完秤,老板又唱道:八斤二两算八斤。

陈其美说:结结账。

老板说:好哩。

半天,老板又唱说:大洋一拾陆元陆。

陈其美付完钱,把鱼虾放在两只木桶里,然后站起身,挑起桶,朝老板打声招呼,往回走。当他穿过长街,回到"善长典"的时候,还没进到当铺的后院仓库,猫儿就闻到了腥,发出喵喵的叫声。长期下来,猫儿也有了条件反射。而陈其美也对猫儿有了感情。他像照顾孩子一样,照顾自己的猫儿。

说起陈其美"猫倌儿"这个雅号,得回到"善长典"铺里讲。

且说"善长典"是四大当铺的龙头老大,门面最大,院子最深,员工最多。进了"善长典"的门面后,你再往里走,幽深的院子里,隐藏着十几个库房。里面分门别类地放着各种典当物。为了防止老鼠的利牙,他们饲养了百十只猫。因此,做杂役的陈其美就成了这百余只猫的长官。每天天不亮,他就起了床,担着担挑,到鱼虾市场上,购买小鱼小虾,回来佐以碎米煮作猫食。应该说这是很琐屑的事,但陈其美不厌其烦,百十只猫个个养得膘肥体壮。他在养猫的三年间,由于经常出入集市买鱼,在当地结识了许多朋友,朋友们都十分喜爱这个外表精悍、口齿伶俐的小堂倌。当地人谁家有婚丧嫁娶之事,都喜欢邀他这堂倌儿前去做客。

后来,陈其美的职务有所升迁,曾做过"寻包囡"。这是一种专门为客户存放或寻取典物的角色,这个角色显然比喂猫要重要得多,尽管他还依然是个未入流的角色。

在"善长典",陈其美还有一个绰号,叫"书生"。他爱读书,常用读书写字来打发寂寞单调的日子。特别是晚上,当当铺的红门一关打烊后,高墙内的生活如同牢狱一般,所有的学徒工是不准出大门的。随着黑夜的降临,他会想到鬼怪们,越想越害怕,因此他用读书写字来排除心中的恐惧。经过不懈的努力,他终于练就了一手好字。这也算陈其美在"善长典"期间的一个额外的收获。也为他日后的成功打下了基础。

"善长典"的高墙,阻隔不住陈其美对外界世界的关注。

白天是他接触社会的好机会,一天,他在外出办事中,遇见一个老者,送给他一份小报《时务报》,老人告诉他:天要变了,娘要嫁了,西风盛了,东风衰了,国将不国了……他很新奇。后来他和这位老者成了朋友,每过一段日子,老者总要来店送上一份《时务报》。于是小报成了陈其美窥视大千世界的一扇窗口。每次他都能从小报找到他要看的消息。有的让他激动,有的让他愤慨。于是他对人生和世界有了自己的看法。

陈其美在"善长典"的时期,正是中国社会风云迭起的时代。

1840 年,西方帝国曾用我们祖先发明的火药,或说我们的火药错装了帝国的炮膛,轰开了中国的国门。在八国联军枪炮的迫使下,一条条丧权辱国的条约——《马关条约》《南京条约》《辛丑条约》《北京条约》等 29 个不平等条约强加在中国人民头上。

这一时期既是中国由君主专制社会走向半殖民地社会的开端,也是列强在中国建立殖民体系的形成阶段。在这一阶段中,《南京条约》的签订标志着中国不平等条约体系的建立与初步形成。《南京条约》又与《望厦条约》《黄埔条约》构成了中国不平等条约体系中最重要的奠基石。通过这三个不平等条约，当时世界上最强大的三个资本主义国家：美、英、法三国在中国取得了如下权利：

1. 取得自由对外贸易的通商权与片面最惠国待遇。
2. 取得协定关税的权利。
3. 取得在华传教、租地建房的权利。
4. 取得领事裁判权。
5. 取得部分中国领土的占有权。

这些不平等权利构成了中国最早的不平等条约体系，无论是今后的租界、内河巡航、高额赔款都不过是上述权利的延续、发展与补充。

1853 年在上海的一场小刀会起义令英国人取得了控制中国海关的绝佳机会；第一次鸦片战争后 14 年，英法为扩大在华权益再度挑起第二次鸦片战争，这场持续四年的战争带来了一系列新的条约：

中英、中法、中俄《天津条约》、中俄《瑗珲条约》和中英、中美、中法、中俄《北京条约》。

这次战争带来的新的不平等条约加深了中国半殖民地化的程度，欧美各国又取得了一些新的特权：

1. 胃口大开的领土要求。
2. 扩大对外贸易窗口的要求。
3. 内河航运权。
4. 鸦片贸易合法权。
5. 内地自由行动权。
6. 劳工出国权。

应该说，这一时期的不平等条约大多围绕着贸易而进行，对于当时的资本主义国家而言，工业革命后生产力的提高带来了大量的商品，在本国市场销售商品取得利润不能完全满足资本家的欲望，因而就要开辟新的海外市场。所以各国采用的都是自由贸易的经济方针,政府制定的对外政策无不以扩大贸易对象、实现商品输出为主要目的。打开中国的大门,建立殖民地,要求五口通商、协定关税都是这一方针的具体体现。面对顽固不愿开放的清朝政府,各国就采用了先以武力手段迫使中国政府谈判,再取得交易特权与商品市场。

自 1860 年后,清帝国进行了一场洋务运动的变革;在 1860 年以后的一段时期内,清政府"内外祥和",称之为"同治中兴"。但是,好景不长,西方资本主义国家相继进入帝国主义阶段。1876 年因马嘉理案签订《烟台条约》。1883 年,法国为侵略越南而挑起战争。在这场被称为中法战争的战争中,清军于马尾海战大败后在陆地战场上取得了决定性胜利,此时清政府却主张趁胜求和。1885 年李鸿章和法国公使巴德诺签订了丧权辱国的《中法新约》。这场战争显示了洋务运动的成绩,更暴露了洋务运动的严重不足。

此时,日本正处于明治维新时期;他们制定了入侵中国的"大陆政策",并通过不断扩军备战一步步实施他们的计划。在一切就绪之后,1894 年,日本发动了日本称为日清战争的甲午中日战争。由于清政府的腐朽,战争迅速失败。1895 年李鸿章和伊藤博文在日本马关春帆楼签订了《马关条约》。

此后,列强在中国大肆划分势力范围,强占租借地,中华民族同外国列强矛盾日趋激化。以"扶清灭洋"为口号的义和团运动迅速在中国北方兴起(南方也有类似性质的运动,规模较小)。义和团运动在反侵略的同时也极端排外,仇视一切外来事物;在华北四处杀害外国人与信仰基督教的中国人,烧毁教堂、铁路等一切跟外国有关的事物。外国人纷纷躲入使馆避难。列强以保护侨民为名,英法美俄德日意奥八国联合起来,组成联军进入中国,在天津登陆后向北京进发。清政府则以"义和团可用",让义和团及清兵在北京围攻外国使馆,并向 11 国宣战。八国联军攻入北京后,清皇室仓皇离开;并以政府之前是被义和团挟持为名,由李鸿章出面跟列强求和。义和团则被中外联合剿杀。同时俄国更乘机占领中国东北。1901 年,李鸿章代表清政府同 11 国签订了《辛丑条约》。因为列强之间的矛盾,中国免于被瓜分。但条约加给中国惩罚性的条款,包括允许外国在北京至天津驻兵,并对各国赔偿大额军费。李鸿章不久病死。这些条约像一条条绳索勒紧了中国人的脖子,人不人,鬼不鬼,国将不国。

这些条约让中国人窒息。

"善长典"的高墙让陈其美窒息。

当高墙内的陈其美听到这些不平等条约时,陈其美认为:这不平等条约比"善长典"的高墙更令他窒息。

"善长典"的高墙尽管阻隔了外界的联系,但是它永远阻隔不了陈其美渴望了解外界的心。

江浙沪是当年革命风暴的中心。尤其是上海是新文化的发源地,离石门仅百余公里,离杭州更近,不足百公里,离南京稍远,不足两百公里。上海出版的《申报》《时务报》《昌言报》《新学报》《励志报》当天都能传到石门。以抨击清王朝腐败的小说《官场一形记》《二十年目睹之怪现状》等,也通过进步报纸进行连载。进入 20 世纪,一批进步的作家又创作了一批革命排满的书籍,在《大陆》《童子世界》《萌芽》等杂志上连载,纷至沓来。陈其美置身于书报的海洋中,每日不辍地阅读上海各报,广泛地了解国际国内形势,虽然置身于石门,却眼望中国、世界。天长日久,耳聪目明。一种埋藏在心底的革命的种子要发芽了——我要救国!我要革命!终于让他从胸中呼喊出来了。

此时此刻,他觉得石门小了,自己的工作不大称心了,他要走出石门,去外界寻找真理,一种朦胧之心也开始萌生了。

当《马关条约》签订的消息传到石门时,陈其美对清当局内行暴政、丧权辱国的行径极为愤慨。他"愤慨殊甚",驰书亲友,预言中国人必须卧薪尝胆,自图振作,20 年后始能重振国光,洗雪国耻。他致函其弟陈其采,劝习西学,以求实用。表达了一个爱国青年对国家民族命运的关切之情,同时也表明了"位卑未敢忘忧国"的态度。第二年,陈其采获得清府选派,赴日留学。初始,他进的是成城学校,不久又升入士官学校。他给二哥陈其美回信说:进入士官学校后,又欲改习文学,校方没准。陈其美又回复说:"吾弟改文,谅难如愿,足见洋人办事认真,不容中改。畏难苟安,殊亦非理。"并鼓励他说:"凡能立志不苟,断不致降落人后。"

1898 年 6 月 11 日,清光绪皇帝接受资产阶级维新派的主张,下诏变法维新,史称"戊戌变法",但变法很快遭到以慈禧太后为首的顽固派的强烈反对。9 月 21 日,顽固派发动政变,囚禁光绪皇帝,维新派领袖康有为、梁启超被迫亡命海外,谭嗣同、杨锐等六君子喋血京城,戊戌变法彻底失败。次年,又发生了义和团运动,八国联军侵华。八国联军攻陷天津、北京,清朝最高统治者慈禧太后挟持光绪帝仓皇出逃西安。陈其美从报上获悉这一连串重大事件后,义愤国事不振,痛恨满人内行暴政,外辱于强权,他在致陈其业的信中愤言清廷昏庸,妄信妖惑,并赞许两江总督刘坤一"能见其大"。①

陈其美及其"恶作剧"

许多年后,人们来石门采访时,石门还留有陈其美的"恶作剧"的传说。
那传说活灵活现,甚至有些滑稽……

石门县城总管衙门口,墙上绘有无常的鬼像,香火甚旺。
当地石门老百姓都认为:这个无常鬼像"灵应如响,莫敢撄其锋"。
陈其美听后极为愤怒,说:"此魅竟敢祟人乎?"
于是他趁弄里无人的机会,对着此像说:国将不国,你白吃俸禄,吃我一刀!于是他一刀下去,将其身首分家。

1892 年 12 月的一天,正是所谓城隍菩萨诞辰之日。
陈其美与一位朋友结伴来到城隍庙游玩。进入庙门,只见到处香烟缭绕,一群群善男信女正跪在泥菩萨前顶礼膜拜。陈其美看到此情此景,不禁又好气又好笑,便在心中怒斥泥菩萨:"老百姓已经受到愚弄,你还在

① 徐咏平编:《民国陈英士先生其美年谱》,(台湾)商务印书馆 1980 年版,第 16 页。

这里骄横自在,假作正经。"说完,便乘人不备,挑了两尊菩萨带回"善长典",将其鞭打数百下,随后丢进了烘坑里,并道:"尔无端受民之香烟久矣。今以臭务相委,亦当恪守其职。"

第二天早晨,陈其美的同事朱和庭发觉后,将泥菩萨捞起洗干净,送回城隍庙。陈其美得知后,"怒甚,仍袖之以返,碎其形,投之于溺"。

"善长典"的主事知道后,狠狠训斥了陈其美,这也为陈日后离开"善长典"埋下了伏笔。

还有一次,正当当地百姓在城隍庙里问卜求签时,陈其美偷偷地将庙内的仙方签与西寺观音殿的仙方签对换了位置。求签人不知其故,以为是菩萨在发怒,地方要遭殃,因此惊骇异常,逢人便说,见人便讲。但久而久之,无有异样,人心这才安定下来。但乡民们并不知其故,直到陈其美离开石门后,才有人说破嘴,是陈其美当年搞的恶作剧。

······

不过,陈其美在石门的恶作剧和思想言行,在石门这个弹丸之地,还是开风习之先的。笔者认为,陈之所以有这样的恶作剧,表明他自己在向石门人提醒:快醒来吧,烧香磕头是不顶用的,只有靠我们自己! 从来就没有救世主,我们要做新世纪的主人! 陈的思想言行还是开历史先河的。

应该看到,当年这种恶作剧只是起到对神灵的嘲讽,直到若干年后,许多石门人才开始了对神灵的质疑。

| 男大当婚

陈其美自 1891 年进"善长典",直到 1903 年离去,一共当了 12 年的学徒。

有言道:男大当婚,女大当嫁。

在他当学徒第十个年头时,也即是 1901 年,陈其美年方 25 岁,家里有人给提亲。姑娘是同乡湖州人,大户人家,姓姚,名文英。陈其美与其只见了一面，就回乡迎娶了新娘。有记载：姚氏"性温恭，事姑孝，协理家务，有条不紊"，二人结婚后，相敬如宾，日子过得和和美美，不过使陈其美遗憾的是，爱妻姚氏一生没有生育。

这在当时"无后为大"影响下，陈其美又纳妾田氏。

田氏 1913 年 11 月生子陈祖华（字先夫）。1932 年陈祖华考入杭州笕桥航空学校。同年 9 月 9 日在试飞时，空中发生飞机相撞事故，遇难身亡，陈其美痛不欲生。

1915 年 2 月 13 日，陈其美在日本又与一名叫神谷山川的日本女子相见心动，与之结合。当年 9 月，生下次子陈祖和（字甘夫）。

有关陈其美私生活的资料极为缺乏。但 1914 年陈其美从大连写给陈其业、陈其采的信中透露出对小妾田氏的评价和二人间的紧张关系：

> 小妾田氏，年幼无知，其家人毫无教育，种种悖理妄为，祈勿与之认真可也。美现在亦只有听之自然而已。

同一年，陈其美又致函侄儿陈果夫，再次提及田氏，信中说：

> 家事，叔不能兼顾。田氏妾属种种无理犯上，叔亦不能遥制，唯心中甚觉不安也。

另外，楚厂在《陈英士先生五十年祭》一文中讲了一个陈其美以风流自诩的故事，顺手拈来，以飨读者：

> 民初军政要人豪商巨绅，每多于伎家宴客，银灯珠箔，锦桁明簾，清歌载酒，不亚东山丝竹，如上海之书寓、京津之小班，规矩慕严，比于日本之艺妓，只容侑酒，不许留须。申江十里，开埠最先，声色甲东南，一般人士，于周末或度假休憩时，或有所征选，癸丑后袁氏报纸及反动政敌，竟以之为诋毁之具，称英士为"风流都督"，闻者多为不平，英士转不以为意，有时笑咏东坡"大江东去"，以公瑾当年自解。

在日时，日本名士冈田有民、出云弥助、藤田进、宫崎寅藏、山田纯三郎、萱野长知等，多通汉字，每邀英士、展堂、精卫、仲恺诸人，为文酒之会。一日，聚于热海酒家，依山面海，风景殊胜，一艺妓颇明艳，能通华语，指点林泉邱涧，远近无遗。

英士先生极度近视，于其指之绚丽风景，仅能仿佛依稀，漫为领略，艺妓见状嘤然。时因联吟，诸人中聆声而集栏旁的有戴季陶、汪精卫，因询以何事？英士备述所以，精卫因得句："下临谿壑疑无地"，这句是写景，也含有嘲近视之意，遂叫艺妓取笔写下，居然笔致娟秀，作管道升体。英士喜其慧且多能，回顾二人以上海话对戴说："簪花妙格也。"季陶因以日语详说管仲姬故事，并询问其名，知为"雪子"，英士问："你能作对句吗？"雪子深思有顷，取笔在原纸上写"再造可山赖有人"。

诸人激赏叫绝，冈田有民等并举杯为诸党人贺，以为佳谶。

因述"风流都督"，并忆及此，以见前辈之流风余韵。[1]

▎其弟赴日归来

1902 年的冬天。

早晨，一场瑞雪刚落下。

"善长典"铺的营业红门还没开启，一位西装革履的先生已在叩门了。

他不是别人，正是陈其美在东洋留学的弟弟陈其采。陈其采结束了在日留学的五年生涯，昨天到达上海港，今天一早就匆匆赶到石门镇，与五年没有见面的二哥相见。

咚咚咚……

他终于敲开了红门。

一个当铺的小伙计开了门，问："先生，你找谁？"

---

[1] 秦孝仪主编：《陈英士先生纪念集》，中国国民党党史委员会 1977 年版，第 263 页。

"陈其美。"

"你是——?"

"我是他的弟弟其采。"

"他在后院。"小伙计点点头:"你屋里坐。"

陈其采进了屋,找一座位坐下来,小伙计又奉上一杯香茶,便说你先暖和一下,我去后院把其美喊来。

不一会儿,陈其美从后院跑过来,与其弟拥抱而泣,令所有目睹者感动。

"小弟,你什么时间回来的?"其美问。

"我是昨天到的上海,今天就来看你了。"其采答。

"早饭吃了吧?"

"没有。"

"咱们一块儿吃早饭。"陈其美说完就带着其采去街边一家老店吃早饭。

兄弟二人在店中落座,要了三笼小蒸包,两碗热米粥,外加两碟小菜,便有说有笑地吃起来。

对于留洋归来的弟弟,陈其美最想问的是:日本为什么这么快就富强起来呢?

陈其采想了想,说:"我看日本富强的源头应当是明治维新,维新后大办实业,国力日增。经过明治维新而渐趋富强的日本,利用强盛的国力,逐步废除了与西方列强签订的不平等条约,收回国家主权,摆脱了沦为殖民地的危机;而后随着经济实力的快速提升,军事力量也快速强化,分别于中日甲午战争与日俄战争中击败昔日强盛的两个大国——大清帝国与沙皇俄国,受到西方列强的注意,成为亚洲第一强国。"

"明治维新是怎么回事?"陈其美又问。

接着,陈其采讲述了在留学期间对他刺激得最深的两件事:

一是有一次与一个日本同学闲谈时,日本同学说:"我们日本本国有许多东西都是从中国学来的,我们的法律是从你们那里学来的,我们的佛教是从你们那里学来的,我们的文字是从你们那里借来的,我们的京都是从你们那里学来的,甚至我们生活中的茶道、书道等等也是从你们那里学来的,但我们能打败你们靠的却不是这些从你们那里学来的东西。我们所靠的是从西方学来的东西。要不是明治天皇革新变法,我们大日本国也和你们中国一样要面临亡国灭种的危险了!"

陈其采深以为然,点点头。

同学接着又说道:"中华民族是个优秀民族。但是我却不明白如此优秀的民族为何却不思进取呢?好不容易有个康有为出来倡导变法,却不为你们所容,只好跑到我们这儿来。难道你们中国人都不懂得变法图强吗?"

陈其采说:"懂得的人还是有的,只是力量太小了。"

另一件事是在一家书屋,陈其采想买一些书消遣。

店主在交谈中得知他是中国人后,随即向他推荐了两本书,一本是有关文天祥的,一本是有关岳飞的。店主说:"岳飞、文天祥是贵国的恐龙,也是我们大和民族所尊敬的英雄。如果你们中国人现在再多几个像他们一样的英雄,中国也许就不会亡于满族人手中。"

停了停,店主又很倨傲地摇了摇头,"可惜你们现在还没有。"

店主的话刺痛了陈其采的心,在默不作声地买下有关文天祥和岳飞的两本书的同时,他又从书架上找出诸葛亮、王阳明、史可法等人的传记,一并买下。

说着,陈其采从行李箱中拿出十几本书递给陈其美,"你要有兴趣,就读读这些书吧,一些不易懂的地方,我都用汉文注释了。"

以后的日子里,陈其美如同饿汉遇到面包一样,每日身心全放在了那些书上。越读,他心里感慨越多,越读,他越觉国事日非。中国必须作一番彻底的改造,才能跟上世界潮流,才能摆脱亡国灭种的危险。虽然他只是一个普通的青年国民,但他坚信:"天下兴亡,匹夫有责。"

这一年的冬天很冷,很多夜晚陈其美都难以入睡。他原以为,自己终年苦读,见识极高,但弟弟留学归来后,见闻比自己广博无比。想想自己身居石门,苦苦挣扎,至今才混到现在的份上,实在是有点儿井底之蛙的味道。

大丈夫当以天下为己任,石门这地方是再也不能待了,不然,此生都将一事无成。①

---

① 白希著:《上海第一都督陈其美》,金城出版社1997年版,第26—27页。

第三章　首闯上海滩

｜　离开石门镇，是在一个朝霞满天的早晨

再见了，石门。

再见了，故乡。

再见了，朋友。

1903 年，也就是弟弟陈其采留日回国的第二年，3 月上旬的一天。陈其美终于耐不住"善长典"铺的单调和寂寞，走出了当铺的高墙，去寻求自己的理想。

早上 8 点，他登上了首班去上海的小火轮，心情澎湃着。应该说这是他第一次出门远行。

本来，当铺老板娘还一再挽留，请他再考虑一下，他说决心已定。

老板娘又说：如果你真的决心已定，那 12 年的学徒白学啦，你不觉得可惜？

陈其美再次摇摇头。

老板娘推心置腹地说："本来我打算下个月，就给你升级，增加你的薪水。"

陈其美说："那就谢谢啦。"

望着执意要离开的陈其美，老板娘一脸的无奈。

最后，老板娘不再挽留，倒与他谈起了心：辞了职，准备到哪里去？他说他想求学。老板娘说，求学已过了学龄。他说他想到上海去求学，那里的学校已经说妥。老板娘又问："谁为你牵的线？"陈其美说："我的表叔杨信之。"老板娘笑了："杨老板不也是咱们湖州的名人！"陈其美说对了。老板娘说：如果是杨信之，我们还沾点儿亲哩，那我就让账房给你结账好不

好？陈其美说："那就谢谢老板娘啦。"

老板娘一共给陈其美结算了四年另三个月的工资，共计 370 块大洋。这些大洋就在他身旁的旅行包里。陈其美在美美地合计着，如果说商校每年 100 大洋的学费，三年再打打工，可以顺利地毕业。陈其美边合计边又紧盯了眼旅行包。他伸手摸了摸，那大洋还在，因为它是他的希望所在。

天渐渐下起了雨。

陈其美把脸贴近窗子，向远方望去。天水一色，水雾茫茫，20 米开外就看不见东西了。陈其美把脸转过来，正好撞到对面座位上的一个年轻貌美的姑娘，穿了一身学生装，一笑两个"哈嘴窝"。姑娘望着迎来的目光，开言了：先生，你要到上海去？

陈其美点点头：小姐，我看你像位学生？

姑娘笑了：好眼力。我是女师的。那你是——，陈其美接过来说：我去读商校。

陈其美又说：我们认识一下，你贵姓？

姑娘说：我姓陈，喊我陈郁小姐就可以了。那你——，陈其美说，我也姓陈。家是湖州的。

姑娘说：我也是湖州的。

陈其美说：我有异乡遇故知的感觉。

姑娘说：我也一样。

陈其美望了一下窗外，说：啊哟！雨又下大了。

他们隔着窗子望去，风也大了，雨点大如豆粒，哗啦啦地打在船舷窗的玻璃上，像小河一样地哗啦啦地流着。不一会儿，他们发现这雨水流进了船舱里，自己的脚下都有了水。

陈小姐惊叫说：你的旅行包那上水了！

陈其美弯下身子，取出旅行包放在头顶的行李箱里。然后他们又去清理脚下的积水，一直到雨渐渐地小起来，最后不下了。

他们乘坐了九个小时的船，在上海的十六铺码头靠了岸。

落日的晚霞，映衬出大上海的美丽。

上海的居民建筑都是石库门,这也是江南一带常见的居民建筑样式。石库门里有许多悠长的弄堂。这里东临黄浦江,西逼城池,码头周边,大小店铺鳞次栉比,货栈、客栈、洋房、商行、烟馆、妓院、茶楼、酒店,令人眼花缭乱。尤其是码头旁那座高楼,让他数了半天层数。上海啊,真大真高! 这是陈其美走进大上海的第一感觉。

在码头上,他与陈郁小姐分手后,陈小姐就叫了一辆黄包车走了。而陈其美因是初到上海,他还等着杨信之表叔来接。再说,杨也是答应他这样做的。

他在码头上等待杨信之,甚至有些焦急。

此时,一个晃晃闪亮的东西映在了他的眼前,他走出十步远,伸手捡到那个亮闪闪的东西,定睛一看,是一个入时的绿宝石水晶钻戒。好漂亮啊,他的心在跳!

几乎就在同时,一名时装特异的男子走了过来:这是我的钻戒,你是从哪偷的?

陈其美辩驳说:我是捡的不是偷的!

谁做证明?

我……

没容陈其美再说,又走出来两位穿"警服"的人:跟我们走一趟吧!

陈其美不从,不过他已控制不住自己了。

接着他被带到码头外的一个公厕里,被穿"警服"的人搜身,把他入商校的学费 370 块大洋搜去。此时,太阳已经落山。来码头接陈其美的表叔杨信之,也因没接到陈而离去。

此时天又淅淅沥沥地下起小雨来。

陈其美的心情顿时也由晴转阴。他的心情一片灰暗。就像这淅沥小雨的天空。

多亏陈其美在船上与陈郁小姐结识,留下了她的电话。他与陈郁小姐及时通了电话,讲了在码头发生的一切,结果还是陈郁小姐派车接他,并把他送到了杨信之的同康泰丝栈。要不,陈其美就要在码头挨冻了。

| 同康泰丝栈的记账先生

在同康泰丝栈，杨信之老板把陈其美数落个没完没了。

杨说：我是去晚了一点儿时间，不过也就是一刻钟。原本是接上你就回来，不料想找不到你了。我又上了船，让他们用喇叭喊你你也不应，不知你上哪去了。我还以为你是报错了船班。这么接不到你，我们就回来了。

杨接着又问：其美，你到底到哪里去了？

陈其美因吃了亏，受了劫，不愿意把事情原委说出来，说出来也怕表叔笑话。

杨说：今天是怎么啦？

陈其美抹眼泪了。

你到底怎么啦？说呀！

我被劫了。

被谁劫了？

接着，陈其美说出了自己被劫的原委。

杨问：有多少学费被劫走了？

陈说，全部。

杨说，全部是多少？

陈说，370块大洋。

杨说，这可不少！我给你报案去。

杨的屋里人说：这个世道，报也白报。

杨说：那就吃个亏，不报了？

杨的屋里人又说：这个世道街上杀人越货的多的是，你见警察管多少？

杨说：商校已说好，没钱是进不了校门的！

杨的屋里人说：其美怎么办？

杨耸耸肩，说：条条大路通罗马。世上谋生的道，也不只限一个求学啊。我看不行先安排在丝栈里做记账，然后再说求学的事？杨说到这里，又抬头望了陈一眼：我说了这个学先放放，你到丝栈记记账？

陈其美许久才说话：万般无奈，也只有这样了。

就这样，陈其美当上了同康泰丝栈的记账先生，实际是会计助理。

同康泰丝栈是杨信之先生所开，早在清光绪元年，杨信之就来到了上海洋场，曾任过清政府的驻法公使，是湖州帮在沪资本家中的头面人物。他以前任过意商信义洋行和荷兰安达银行的买办，1890年后投资民族工业，创办了延昌丝厂，开设同康泰丝栈。当天晚上，陈其美被安排在同康泰丝栈楼上的一间临街小阁楼里住了下来。

好在阁楼外面是霓虹灯闪烁不停的夜上海。不过，自己太霉气了，到了上海，就被抢劫一空，学不能上，只能静观时局了。不过他并不后悔，庆幸自己终于走出故乡那片狭小的天地。前面纵是雷区，他也别无选择了。

| 结识蔡元培

陈其美到达上海的这一年（1903年），上海街头巷尾传颂着两个新生事物：一是宣传革命的《苏报》诞生；一是爱国学社贴出了招生启事。接着，在上海发生了声势浩大的拒法、拒俄运动。一队队游行队伍，高喊口号上街示威。上海法俄领事馆高度紧张。群众在街头焚烧法、俄的汽车。此时，爱国学社起了动员作用，《苏报》起了推波助澜的作用。尤其是《苏报》先后刊登了一大批驳斥改良派、鼓吹革命的论著，特别是邹容的《革命军》和章炳麟的《驳康有为论革命书》，先后在《苏报》上刊出，给当时的社会带来了极大的震动。莘莘学子更是如醉如狂，在大街上谈论革命已成时尚。

革命也在鼓舞着陈其美。

身处革命潮流激荡的大上海，身为丝栈伙计的陈其美，此时此刻在政治上虽没有太多的表现，但革命思潮的激荡，在陈其美的心灵激起涟漪片片，他仍不满意眼下的职业，很有感叹地说道：商贾征逐末利，何补于国家的危亡。

在这个时期,他崇拜革命,特别是一些革命领袖,如蔡元培、邹容、于右任等。

在一个多云的傍晚,他结识了蔡元培,让他兴奋不已。

那是陈其美到同康泰丝栈不久的一天傍晚,表叔杨信之让他去爱国女校接表妹杨兆良回家。在校门,他见到了崇拜已久的蔡元培校长。随着表妹的一声"蔡校长好",他马上意识到这就是他崇拜的蔡元培校长。于是,他立即掏出印有《革命军》的报纸,让蔡元培签名留念。

显然蔡元培校长很高兴,给他签下了蔡元培的大名。并询问他叫什么名字。

陈其美回答:我叫陈其美,是同康泰丝栈的职员。

蔡元培看他是一位爱国青年,当即表示:你可以到爱国学社做我们的会员。

陈其美睁大眼睛:真的?

蔡元培说:我说了,没问题。

陈其美说:我求之不得。

蔡元培说:欢迎,欢迎! 于是他又伸出手来,紧紧地握住了陈其美的手。

这天晚上,陈其美睡不着觉了,他久久沉浸在与蔡校长握手的幸福中。第二天晚上,他就如约来到了爱国学社。

爱国学社是由中国教育会设立的。中国教育会由章太炎、蔡元培等人发起创办,他们设想了编辑教科书、发行报刊、实行办学的计划,从文化教育入手,传播革新社会的思想。中国教育会刚刚成立,上海南洋公学、南京陆师学堂相继发生学潮,不少学生被迫退学。中国教育会为这些失学青年设立了爱国学社,接纳他们入学。这些热情奔放的青年,聚集一堂,意气风发,议论时政。上海的爱国人士,以爱国学社师生为基础,借张园开会,倡言革命,爱国学社还编有一种宣传革命的刊物《童子世界》,并积极在《苏报》上撰写鼓吹革命的文章。

在爱国学社的会场里,陈其美见到会议组织者蔡元培先生。

蔡元培领他报了名,然后为他在会场里找了一个座位,让他坐下,报告会很快就要开始了。

陈其美对这里的一切都感到好奇。会场上有 30 余人,他扫视着每个面孔,一个个都是陌生的。

蔡元培敲击了一下桌子,让大家安静下来,并说:今晚演讲的人是于右任,他演讲的题目是《迎接新革命的到来》。下面欢迎。

随着大家的掌声,一位教师打扮的年轻人,戴着金边眼镜,文质彬彬地走上台,向大家鞠躬,开始演讲。

对于演讲的幽默风趣,大家不时地报以掌声。

从此,于右任就成了陈其美心中的英雄。对他那富有鼓动性的演讲十分赞同。

应该说,于右任比陈其美小一岁,陕西三原县人,幼年家里很穷,少年时在山沟里做过工,放过羊,因而对生活有着火样的热情。不久前,因友人帮他排印出版了一本《半哭半笑楼诗草》,被奸人检举,到陕甘总督衙门告密,说他的诗是"倡言革命,大逆不道"。督抚衙门向朝廷密奏后,朝廷传下密令,要逮捕他归案。

而他当时正在开封赶考,得到老父托人送来的急信后,连忙化名潜逃,来到上海。到上海后,受到上海名人马相伯的赏识,吸收他入震旦学院学习,并用他为私人秘书。这期间他结识了蔡元培先生。

陈其美结识了于右任,对这位比自己小的兄弟竟然懂得那么多知识敬佩异常。在以后的岁月里,他们一直并肩战斗。

于右任和陈其美交谈一晚后,觉得陈其美谈吐爽快,日后必会成为一个坚强的革命者。

"来,我给你介绍一个革命者。"快分别时,于右任把陈其美拉到邹容面前。

"这位是邹容先生,《革命军》的作者。"

"久仰!"陈其美热情地抱拳行礼,而邹容却显得拘谨。

接着,陈其美出口成章,背诵出《革命军》来,让邹容非常感动。

接着,于右任又把章太炎介绍给陈其美:他就是章太炎先生。

久仰,久仰! 陈其美又激动地背诵出章太炎为《革命军》所写的警句来,又令章太炎大受感动。

此后,在谈论《革命军》过程中,很快他们就都成为了好朋友。

┃　他乡遇故知,结识张静江

一天中午,他在上海爱国学社会见完邹容回家时,想不到在张园的后街遇上了初来上海在船上认识的陈郁小姐,此时她身穿红衣红裤,披肩长发,走起路来,有如飘飘欲飞的感觉。

陈郁小姐。陈其美突然认出并喊道。

陈郁一惊:你是陈先生。

陈其美忙不迭地:老乡,湖州老乡。想不到分别半年,我们又见面了。

陈郁小姐说,是啊,这是在我家门口。说完用纤手一指,又说:到家玩去吧?

陈其美有些犹豫。

陈郁小姐说:湖州老乡,还有什么介意!

陈其美也就随着陈小姐进了家门。

爸,妈,我给你们带来一位湖州老乡! 陈郁小姐一进门就喊。

陈郁的爸妈迎过来,接待了陈其美。陈其美自我介绍说:半年前我从乡下坐船到上海,想不到我与你家小姐坐在一条船上,半年后又想不到在家门口相遇。

陈郁的爸妈见陈其美很文静英俊,也很高兴,便问先生在哪里上班?

陈其美说:在下供职于同康泰丝栈,离这里不远。

陈郁的爸妈说:你们年轻人谈。

于是陈其美就跟随陈郁上了她的闺房。一个小时后,陈其美临走时,特意来到陈郁爸妈房间告别,陈郁家又多了一位跛脚客人。陈郁的爸爸又把客人介绍给陈其美:他是上海滩的奇人张静江先生,也是我们湖州人。

陈其美抱拳施礼:如雷贯耳,久仰大名。

可张静江表现得异常冷淡,他压根儿就没有看上这个乡下来的小伙子。

陈其美说:你是我们家乡的名人和骄傲。在家乡我到过你的府上,很开眼界。

陈其美还要说什么,被他伸手拦下了。

后来,陈其美再次来陈家玩时,陈其美从陈父那得知张静江为什么跛脚。陈父说:张静江是张定甫的第二个儿子,也是张石铭的堂弟,幼时便聪颖过人,生性侠义,此人少年时在一次救火中从屋上跌下,伤了坐骨神经,因而成了跛足,故称跷脚二先生。

后来我们又查阅资料,顺手摘来张静江的人生简介:

张静江是一个传奇式的人物,是 20 世纪初江浙财团的四大亨之一,是国民党"四大元老"之一。孙中山称他为"二兄"、"中华第一奇人";蒋介石称他为"革命导师",陈果夫称他为"党国理财第一人";毛泽东称他是"有经济眼光"的人。25 岁时随孙宝琦出使法国巴黎,开办通运公司,成立世界社,创刊《新世纪》周报,宣传各国革命壮举。1906 年春,海上邂逅孙中山,开始从事反清斗争,为孙中山反清斗争出谋划策,并倾家资助革命经费。"二次革命"失败后,张支持孙中山成立中华革命党,并任财政部长。孙中山曾题"丹心侠骨"相赠,称他为革命圣人。1914 年后,张回国开办上海证券物品交易所,蒋介石曾长住张家,为蒋做月下老人,与陈洁如结为夫妻。张提供大量经费给蒋,并多次为蒋指点迷津,亲赴广州向孙中山说情,使蒋窃取黄埔军校校长之职。孙中山逝世后,他力挽狂澜,支撑危局,在担任国民党中央常务委员会主席、代理中央执行委员会主席期间,为蒋介石攫取党政军最高权力不遗余力,出谋划策。他还担任过中华民国建设委员会主任、浙江省政府主席等职。他主张走英美资本主义国家的道路,大力发展民族工业,对电力、交通、电讯的发展做出了重大贡献,还举办中国最大的西湖博览会。1930 年 11 月与蒋闹翻,辞职避居杭州,1938 年寓居美国纽约,致力于世界和平运动。没有他就没有辛亥革命的早日成功,没有他就没有蒋介石在国民党内的迅速崛起。1950 年病逝。

虽然陈其美给张静江的第一印象并不是太好,很快几个来回接触后,让张静江汗颜的是他竟改变了当初的第一印象,发现当初见面的这位湖州"小老乡",谈吐有序,儒雅有礼,他竟喜欢起他来了,因而,陈其美也成了张静江的倾诉对象。

陈其美在上海的日子里,不光听了一些革命理论,又结识了一大批新朋友,常有茅塞顿开之感。那些日子,他常常置身于亢奋之中。

| 反动派围剿《革命军》的出版者

邹容的《革命军》一文像一枚炮弹射向了敌营,引起了敌人的恐慌。于是清政府围绕着《革命军》的大搜捕开始了。

1903 年 6 月 30 日凌晨。

一队警探与巡捕急匆匆跑出老闸捕房,搭乘老式警车,向坐落在同一条南京路的泥城桥福源里爱国学社《苏报》所在地风驰电掣地包抄而去。

在这前一天,捕房已抓去了另一反清志士程吉甫。此事惊动了蔡元培,那晚避走青岛;邹容也在蔡元培催促下,避住在虹口的一个美国传教士家中;只有章太炎爱国不怕杀头,不为所动。

"开门!开门!"警探和巡捕们闯进爱国学社后,指名要抓蔡元培、章太炎和邹容。章太炎坐在一张高椅子上,一副文人傲骨的样子:

"他们都走了。要拿的章炳麟,就是我!"

于是,章太炎被铐上手铐,押进了巡捕房。

捕房万没有料到,已避居他处的邹容竟在第二天来投案了。这位年轻的"革命军中马前卒"是听说章太炎被捕,不愿置身事外,才决定挺身而出的,我没有做错,何必逃走?!

沪上报纸很快报道了此事,人们听说章、邹二人被捕,不禁大哗,有的暗自垂泪,有的失声痛哭。可见当时邹容和他的《革命军》影响之大了。

6月21日,清廷向沿海沿江各省督抚发布命令,缉拿革命党人,严禁革命宣传。

两天后,两江总督魏光焘致函上海道台袁树勋,急令把章太炎、邹容等拿下,并把《苏报》查封,《革命军》查禁。同时,他授意袁树勋,与租界的工部局打通关节,以清政府的名义,向上海会审公廨控告。为了加快进程,魏光焘又派出南京候补道俞明震到上海,协助上海道台办理,并特别叮嘱俞明震:多对外国人说些好话,让外国人答应允许我们查拿,不要让他们逃了。

会审公廨当天接受清方请求。7月7日下午,工部局正式查封《苏报》。

封报时,当天的《苏报》已经出版。也就是说,章太炎被捕后,《苏报》还出了七天的报纸。在《苏报》被封的前一天,还发表了章太炎被捕后所写的《狱中答〈新闻报〉记者书》一文,以激昂的文字表达了反清革命的意志。

于是,一场围绕两位革命志士长达几乎一年的幕后谈判在上海滩开始了。

清政府的目标是将章太炎、邹容等人从洋人手中"引渡"到手,立即置于死地。内阁大学士张之洞就《苏报》案被捕诸人"解宁"息事,致电湖广总督端方,转达中枢意见,强调要依靠《新闻报》总董、美国人福开森的力量,完成这项计划。

起初,美、英两国意见不一。美国因福开森的游说,主张把章、邹等人一律交给清政府,而英国则从维护列强在华的治外法权方面考虑,声称:租界事,当由租界管。

清政府为了引渡章、邹两人,竟然同意出卖沪宁铁路铺设权而贿赂洋人,遭到租界拒绝。

7月15日,会审公廨对章太炎、邹容等进行了第一次审讯。

参加会审的有清方代表、租界方面的代表等。这样,在上海租界这块中国土地上，以章太炎、邹容为被告，以清政府为原告，以外国人为法官，出现朝廷与自己的百姓打官司，而任由外国人定夺的奇闻。

7月21日，会审公廨第二次开庭会审，原告和被告的律师就能否立案问题，进行辩论。章太炎和邹容的律师琼斯说："界内之事，应归公堂讯理，现在原告究系何人？其为政府耶？抑或巡抚耶？上海道台耶？本律师无从知悉。政府律师如不能指出章、邹等人所犯何罪，又不能指明交涉之事，应该将此案立即注销。"

原告律师是古柏，也是西方人，他知道，按照西方的法律，个人言论自由，此案无法判决。但他拿了清朝官吏的大笔钱财，便里外串通一气，胡说八道。

时间到了半年后的12月24日，会审公廨判章太炎、邹容为无期徒刑。这个无理判决立即遭到了社会舆论的猛烈抨击。

时间又拖了半年，到1904年5月21日，会审公廨不得不改判章太炎为监禁三年，从到案之日算起。

真真实实是一件历史奇案！

是一件朝廷状告百姓的奇案！

在牢狱里，邹容受尽刑法折磨，精神出现恍惚，身体越来越坏。时间到了1905年2月，他终于病倒，多次昏厥，急坏了狱友章太炎，他多方托人从外面买来黄连、阿胶等药物，给他滋养，但没有收效。章太炎又再三向狱方交涉，要求请医生为邹容诊治，竟遭拒绝。直到病情危急，宣布不治，会审公廨才同意保释出狱就医。

出狱前一天，邹容在工部局医院看病，医生给了他一包药。他回狱后服了药，第二天凌晨突然去世。死时口吐鲜血，人们怀疑是被毒死的。

邹容的尸体被扔在狱墙之外，不久又被收殓停放在北四川路的四川义庄里。上海县华泾乡的义士刘三（季平）冒着危险把邹容的遗骨运到家乡，葬在黄叶楼旁。

邹容的死，深深地刺激着陈其美的神经，他觉得自己再不能继续做商人了，应该作为这位小兄弟的后继者，去寻求救国的道路。不然，此生就枉为男儿了。[①] 殊不知此时的陈其美已上了清政府的黑名单,国内已难容身了。

| 湖南之行

1905年深秋的一天,陈其美乘上去湖南的邮轮。

再见了,上海。从1903年来上海,至今已跨三个年头了。不是他不爱上海,而是上海已不容他一个革命者存身了。

昨天,清兵还搜查了他的住处,多亏他没有在家,扑了个空。要不,他也被捕了。发生这件事后,蔡元培第一时间见到他,告诉他远走高飞! 于是他决定赴日留学。

今天,为筹措赴日学费,他要到湖南长沙,向在新军中供职的弟弟陈其采求援。这时的陈其采从日留学回来,已升至新军统带,相当于今日的团长。无父尊兄。对于兄长陈其美的到来,陈其采自然高兴,问道:兄来有何打算?

陈其美说:我想赴日留学。

要学什么专业?

弟学陆军,那我就学警察,可不可以?

陈其采首先肯定:那好啊,各行当都有我们的人。

据其弟陈其采在日记中回忆:

> 当时我在湖南治军,先兄以我国实业不振,由于政治不良,决计抛弃商业生活,愿出洋留学,于是到湖南来同我商量。当时官费殊不易得,遂将我平日积余的钱,先挪去用,以后再继续接济。至所习学科,先兄说:"你从前学习陆军,我则学警察,可乎?"我极赞成。学科及经费既决定,次年(年三十)即东渡入警监学校。[②]

---

① 白希著:《上海第一都督陈其美》,金城出版社1997年版,第二章。
② 何仲箫:《陈英士先生纪念全集》(一),(台湾)文海出版社1970年版,第146、147页。

据说,陈其美在长沙期间,还参与组织了"湖南全省绅商抵制美货禁约会"。事情的缘由是这样的:

1905 年中国发生抵制美货运动,使罗斯福的对华政策遇到前所未有的挑战。抵制美货运动系由美国长期执行的排华政策所引起。华工入美和美国排华是中美关系史上的一个大问题。19 世纪中期,由于淘金热和避太平天国战乱,大批中国人移民来到美国。尽管华人对加州贡献巨大,但由于经济和就业竞争加剧,美国排华情绪开始发酵,美国国会于 1882 年 5 月 6 日通过了《排华法案》。美国排华运动的方式多种多样:

一是美国人在各地进行驱逐、虐杀等暴行;二是各地非法违宪的苛律迫害;三是美国联邦政府正式立法排华反华。于是,掀起了美国人在各地对华人虐杀的暴行。

中国政府虽几经交涉,但无奈国力衰微,未能为华工争得平等地位,也没有使美国政府改变其排华政策。

罗斯福本人也是支持限制华工入境的,认为"低劣的劳工"是不能与"我们自己的工人竞争的",而且,"廉价劳工也就意味着廉价的公民资格";但他并不反对中国的知识人才入境,感到"我所面临的最大困难之一",来自于"把本应入境的中国人拒之门外";他这种区别对待中国移民的主张,基于一个更富心机的打算:"希望扩大对中国的贸易;希望更牢固地从精神上掌握中国。"1904 年罗斯福为在大选中赢得力主排华的西部的支持,赞成国会通过新的排华法案。此时中美就移民问题所进行的谈判又告破裂。中国人和在美华人心中长期积压的不满和愤怒,顷刻间火山喷发般爆发出来。

中国商人和爱国人士准备在 1905 年 7 月发起抵制美货运动,得到在美华人的热烈响应。届时中国人均不购买美国出产的货物,不乘坐美国船只,不送孩子上美国人办的学校,不与美国进行商务上的往来,连在居华美国人家里干活的人也将罢工。消息传出,美国商界政界甚感震动。美国亚洲协会(American Asiatic Association)的负责人约翰·富尔德致信罗斯福,指出:一旦抵制运动发生,美国对华贸易将受到沉重打击,新英格兰的纺织业所受损失将会更大,故须重新考虑排华问题。

罗斯福将此信转给商务部长,并指示各级移民官员,不得对来美的中国绅士傲慢无礼,强调说:固应限制华工入境,但对获准入境之中国人必须以礼相待,"国家利益"和"文明"都要求这样做;并表示"我将尽一切努力使这里的中国人处境好一些"。罗斯福的这种姿态,是迫于那些与中国有关的资本集团的压力而作出的。对中国抵制运动最为敏感的美国亚洲协会,在6月间派出一个代表团,向总统递交呈文,要求政府改变其排华政策。罗斯福的反应是于6月24日发布一项通告,申明严格执行有关法令,一方面绝对禁止华工入境,另一方面则公正对待允许入境的中国商人、教师、学生和旅游者,违者将予以立即解职。

罗斯福的这些举动当然不能平息中国人的愤怒。

7月,抵制美货运动在中国中部和南部掀起高潮。美国国内的不安情绪也在发展。新英格兰的纺织业主抱怨,中国的抵制一年将使其损失2000万美元;美孚石油公司则称抵制会给美国石油业带来灾难;英美烟草公司的销售额下降50%;美国面粉在中国也失去了买主。受到中国抵制影响的这些集团,纷纷要求政府改变排华政策;担心华工竞争的工会组织等利益集团力主继续排华;而那些对美国在华的长远利益较为关切的社会名流,如塞思·洛,则提醒罗斯福,如要保持美国在中国的影响,就必须与中国有权势的阶层恢复良好关系。

罗斯福几面受压,仍旧谨慎行事。他在分析抵制的原因时显得比较冷静,认为事情是由对待华人的不公而引起的,"归咎于我们自己的错误行为和愚蠢举动"。

他收到一份秘密报告,得知英、德等国故意在中国制造反美情绪,以排挤美国势力。他担心英、德坐收渔人之利,但也无良策可施,只是向清政府施加压力。清政府不仅不理会美国的要求,反而提出重新订立有关移民问题的条约的主张。这种态度使罗斯福"非常不满"。

至8月31日,事态始有变化。清政府以同意出面平息反美运动换取美国修改排华法的允诺。罗斯福指出:既然引起抵制的原因是美国对华人不公正,那么国会,特别是西部的议员们,应当同意修改排华法;他还指示正在东亚访问的威廉·塔夫脱前往广东,与当地政府交涉平息那里的抵制运动,因为广东实际是整个抵制美货运动的核心,但他又要塔夫脱不要作出任何具体承诺。当塔夫脱抵达广州时,正值全城抵制运动处于高潮,广东巡抚支持反美行动,对塔夫脱的接待甚为冷淡。看来清政府一时也难以控制民间的反美情绪。

10月间罗斯福连续几次举行内阁会议讨论排华问题。他决定采取一软一硬两手。他并不打算从根本上改变排华政策,而只在执行上做点儿文章。他建议国会修改排华法,明确规定除劳工外一切中国人均可入境。同时他又对清政府实行武力恫吓,令美国海军到中国沿海炫耀武力,对菲律宾调兵遣将,做出准备对中国开战的架势。关于将发生第二次义和团起义的议论,也在美国国内流传。1906 年 2 月,罗斯福向清政府提出一系列强硬要求,包括:敦促其采取"有效措施以防 1900 年的暴乱重现";严惩一切排外运动;对于未能履行保护在华美国人职责的地方官吏亦应惩处;宣布抵制美货运动为限制贸易的非法联合。罗斯福的这些要求通过柔克义转告中国政府。清政府吃不住罗斯福的软硬兼施,同意按美国的要求办。罗斯福于是长长松了一口气,"我想不会对中国实行远征了"。

对于罗斯福处理抵制美货运动的举措,美国国内毁过于誉。批评的意见认为:抵制美货运动的发动者代表了中国新生的希望,触怒他们,就等于斩断了美国与新生中国的关系。企业界也有人认为武力恫吓的做法损害了对华贸易。

《排华法案》连同其他歧视性法案,在长达 60 年的时间里,禁止华人在美国买房,禁止华人与白人通婚,禁止华人在政府任职,甚至禁止华人妻子儿女移民美国等,严重违反了基本人权。

再说,当 1905 年上海、广州等地抵制美货的消息传到长沙,华兴会会员禹之谟即通过长沙商会发起召开全省绅商学界拒美货禁约会,到会数千人,一致认为爱国为同胞应尽之义务。据陈其采回忆,当时在长沙的陈其美也满腔义愤,立即在长沙的浙江会馆召集各界开会讨论,响应上海拒美货的运动。据说,开会前一天,陈其美邀请在长沙的浙籍人士王正廷、吴承斋等人参加。不料王正廷却以他是基督教徒,明天要去做礼拜为由,拒绝赴会。对此,陈其美大为不满,他反问王正廷:"如果明天什么地方着火,基督教徒是否不去救火,而去做礼拜呢?"王正廷回答:"当然去救火。"陈其美便进一步说:"此次檀香山及爪哇侨民居留地的被烧,甚至平常的着火,你难道还要去做礼拜吗?"王正廷对此无言以答,只好应允参加第二天的会议。①

据说,陈其美在长沙期间,还多次参观了陈其采所率领的长沙新军训练,并嘱咐弟弟"留意联络湖中革命志士作为反满革命的准备"。据此,章君谷还进一步回忆道:

> 陈其采陪同陈其美参观他所部的营房,检阅他的部队。陈其美欣然发现,清朝新军大都是知识分子,水准相当的高。他便暗地里督促陈其采,加强部队的精神教育,对士兵们多多灌输爱国思想,借机联络新军中的革命同志,由于陈其美的这一次长沙之行,加以他三弟陈其采的多方配合,通力合作,在湖南新军之中普遍而深入地散布革命种子,因而才有六年以后,辛亥十月武昌起义而湖南省垣长沙立起响应,从而促成了推翻清朝,以及中华民国的建立。②

---

① 何仲箫:《陈英士先生纪念全集》(一),(台北)文海出版社1970年版,第146页、147页。
② 章君谷:《陈其美》,(台湾)金兰出版社1985年版,第23、24页。

第四章　赴日留学

｜　离开上海，是一个落霞的傍晚

起风了。

上海黄浦江发怒了。

一浪接着一浪地冲向码头和岸边。

1906年的夏天，一艘开往东京的邮轮，鸣放着沉闷的笛声，起锚离开码头，向着大海深处驶去。此时，陈其美站在甲板上，风吹散了他的分发头，他一动不动，凝望着身后的祖国，潸然泪下。本来他是在压抑着自己，不让泪水流出来，可是他怎么也控制不住自己的眼泪。那泪水顺着他的脸颊，像条小河，汩汩而下……

作为一个青年人，谁说他不爱自己的国家？而是腐败无能的清政府，外崇洋人，内压人民，国将不国，人民怨声载道。

作为一个青年人，谁说他没有自己的家？昨天他的家还被清兵搜查。

作为一个青年人，谁说他没有自己的朋友？不久前他的朋友邹容已被监狱抛尸荒野。

他从长沙回到上海后，清兵就一而再、再而三跟他过不去。他已经没家了，流浪就是家。

在这个国将不国的日子里，陈其美更加迫切地感觉到，国家不需要商人，而需要大量振臂一呼的革命者。

他崇拜革命领袖，昨天，他在上海的街头书摊上买来一本《孙逸仙》，让他看了一夜，今天他还把它带在身边。书中记载着革命的故事，最让他感动的还是《伦敦蒙难》一章。于是翻腾的大海化成书中故事，展现在他的眼前……

这时,邮轮经过四天五夜的航行,舱上方的播音喇叭响了:东京港就要到了——

陈其美格外激动。

他来日本的第二愿望就是有一天,他要见识一下革命领袖孙中山,争取加入孙中山的中国同盟会。

早在上海期间,东京同盟会总部也派何海樵由东京抵沪,秘密介绍蔡元培加入同盟会。前几天,同盟会执行部庶务长黄兴执总理孙中山书信也来到上海,正式委任蔡元培为中国同盟会上海分部负责人。

东京,陈其美革命人生的转折第一站!

1904年的春天,正是中国留学生东移日本东京之际。

革命经过几多失败,孙中山已把目光盯上了留学生。他认为留学生觉悟高,素质好,是革命队伍的先锋。革命如果不与他们结合,便没有希望。

孙中山住在牛达区。当时,在这个区里,还居住着章士钊、杨度等几十名留学生。在这些学生中,杨度名气最大。为了号召革命,发展组织,商议起义大事,孙中山曾找到杨度等人,畅谈关于满、汉民族问题,关于革命与改良问题,无所不谈。他们尽兴地谈了三天三夜,双方都十分高兴。最后,杨度推心置腹地说:"我赞叹你的高论,可我投身于宪政已久,难改初衷,不过我有个同乡好友,名叫黄兴,他真可以称得上是当今的奇男子,要文有文,要武有武,出类拔萃,他来辅助你,一定能成全你的大业。同时,我也愿意把他引见给你。"

"很好。"孙中山十分高兴,"不行,我可以前往拜访。"

杨度说:"还是叫他来见你好了,他是小辈。"

孙中山急忙说:"这样的事,没有什么前辈与后辈之分,我去找他!"

黄兴一见孙中山,大叫一声,一股热流直涌心胸。两人志同道合,相见恨晚,滔滔不绝一口气谈了两个多钟头。

从此,这两个革命伟人就开始并肩战斗了。

在黄兴的推荐下,又有76名留学生加入了兴中会。

这是孙中山楼上的一个大房间。

黄兴、宋教仁、陈天华、朱执信、汪精卫、张继、田桐、程家柽等 17 个省的留学生代表共七八十人,衣衫各异,或着制服,或着西装,间有着和服者,大都是青年人。大家挤坐在榻榻米上。

黄兴拍了拍手掌,宣布开会:"17 省的留学生代表到齐,请先推举会议主席。"

立刻响起一致的提名声:"孙文君!"

"孙君为 4 万万人之代表!"

"先生是中国英雄中之英雄!"

孙中山站起来,语调激昂而又深沉:"诸君,我们都是中国人。4 亿中国人占了地球上人数的四分之一,算是地球上最大的民族,而且是最古老文明的民族。可是,现今世界上有谁看得起中国人呢!我们既是专制政府的奴隶,又是列强的奴隶,备受压榨,横遭杀戮……"

不一会儿,屋子里一片低泣声,许多人都热泪纵横。

孙中山:"洪秀全创建太平天国,还是打倒皇帝做皇帝,内讧发生,终归覆灭。康梁倡导维新,囿于和平手段,戊戌变法,昙花一现,'六君子'血洒街头。……要救国,只有走国民革命这条路!我们要相互联络,同仇敌忾,推翻清廷,建立光辉灿烂的共和国。当务之急,在于结束各自为战的状态,建立统一的革命政党,结成大团体!"

掌声雷动。

等孙中山把话说完,年轻人便跳起来争相发言。但因地方狭窄,跳起来的人只好又重新坐下,一个个像日本武士一样喊话。

"先生,只要 17 省同志齐心协力,中华的复兴指日可待!"

"先生,马上成立大团体!"

"叫'反满同志会'!"

"叫'讨满同盟会'!"

在嘈杂的喊叫中,最后一个声音越喊越响。

孙中山举起手,声音静下来:"革命的宗旨不专在反清排满,我们只反对压迫他人的满人。国体民生,皆当变革。至于名称,我提议定名为'中国同盟会'!"

提问声:"誓词呢?"

孙中山的回答强劲有力:"驱逐鞑虏,恢复中华,创立民国,平均地权!"

争论声:"为什么要平均地权呢?"

孙中山说:"在文明富庶的欧美的城市中,到处都有贫民窟。我到过伦敦的街头,真是悲惨世界。同盟大罢工的爆发,绝非偶然。我们要思患于预防,勿使托拉斯跋扈专横。故于民族、民权主义外,复行民生主义,俾民族革命、政治革命和社会革命并举,毕其功于一役,建立一个独立、统一、民主、富强的共和国!"

从那天起,东京便成了革命的中心。在这个革命中心,有他们自己的报纸《民报》和刊物多种。

| 警监学校轶事

1906 年夏天,陈其美乘坐的邮轮经过十多天的航行,终于到达了目的地——东京港。当陈其美走下邮轮、望着这座海滨城市,他心旷神怡。

异国求学,是他多年的梦想。今天,他终于步着弟弟陈其采的足迹来到了东京,该让他多高兴啊! 他深吸了一口空气,好新鲜啊,这与上海压抑的空气形成了鲜明的对比。

这次与他偕同一起来东京求学的还有徐锷、谢持等同学,大家都一致赞叹东京的空气比上海的新鲜。

东京警监学校是清政府驻日公使与日本文部省协商,由日本大学代办的。以招收清政府派遣的官费留学生为主,但也有少量的自费留学生。学校开办后,进校学习的中国留学生越来越多,到次年(1907 年),学生已达到 800 多人。

陈其美上的是自费生。

陈其美进入东京警监学校第三班,而徐锷、谢持则是第二班,主要是学习警察法律及业务。据说,陈其美特别聪明,对"功课领悟甚易",成绩相当不错。

晨曦中，你可以看到他早起锻炼的英姿；月光下，你可以看到他练武的身影；星夜中，你可以看到他苦读的情形。功夫不负有心人，在班级，他的成绩总是第一名。

他的"文体"特别出众。他是班级中的活跃分子。他爱运动，他的擒拿格斗的成绩又是出类拔萃的。好警察必须有一手好的枪法，于是他"冬练三九，夏练三伏"。据称，他花钱买了 100 只活兔，活蹦乱跳的，放在训练场上，当做活靶子训练，使他练就了百步穿杨、弹无虚发的本领。

据说，陈其美十分崇拜邹容、吴樾、陈天华等革命烈士，1906 年 10 月，陈其美在东京革命党人主办的刊物——《洞庭波》上发表了热情洋溢的五言诗《吊吴君樾》：

> 国运丁阳九，狐兔不掩形。
> 即我在草莽，哪堪震威霆。
> 烈士是以起，杀贼红尘里。
> 一击天地崩，余响复振耳。
> 偾车未及展，武士不暇威。
> 丑类四方窜，血肉风雨飞。
> 贼但一已破，君躯一已殒。
> 不异一士命，唯欲戒来轸。
> 异族钳吾民，悠悠数百载。
> 日短心自殷，途穷辙将改。
> 彼美多芳华，及时正可采。
> 不图方就道，遽尔遭倾殆。
> 独夫一何愚，暮四而朝三。
> 用心良独狡，路人畴不憕。
> 我爱吴夫子，视死忽如归。
> 慷慨赴大义，初阳生光辉。
> 志士赫然怒，有家且不顾。

使吴君而在,执鞭所欣慕。

读了陈其美的诗,不少人啧啧称赞。这个说人不可貌相,海水不可斗量。那个说,这个陈其美,不光人长得帅,诗文也漂亮!

就是这首诗,让他认识了孙中山,加入了东京同盟会,真正成为革命人。

这首诗发表后的第三天,陈其美到商店买来了一把剪刀,随即把自己脑后像绳索一般的辫子剪了下来:要做革命人,不戴清人小辫子!

一个月后的一天,一位自称同盟会同志的人,来到了陈其美所在的学校,声称要见陈其美。

陈其美说:我就是陈其美。你是——

对方说:我是同盟会的宋教仁,《洞庭波》的主编。

屋里坐。陈其美用手一指说。

二人在屋里落座后,宋教仁说:你是不是那个在《洞庭波》发表《吊吴君樾》的陈其美?

陈其美:不错,那首诗是我写的。有问题吗?

没问题。宋教仁直摆手说:我是说孙先生看了,叫好,并大加赞扬。顺便让我来看看作者。后来有人说是警察学校的学生,我就来了。

陈其美哈哈笑了:我以为是来兴师问罪的,原来如此。

宋教仁又问:最近还写了什么?

陈其美说:最近学业很忙,没再写什么。

接着,宋教仁又问陈其美的一些情况,陈其美一一作答。

临分手的时候,陈其美突然问道:宋先生,你是中山先生身边的人吧?

宋教仁点点头说:你有什么事?

陈其美:我能加入同盟会吗?

宋教仁说:加入同盟会,是要被清政府杀头的。

陈其美说:我不怕!

宋教仁说:我给孙先生汇报一下,再回答你吧。

陈其美说:我等着你回话。谢谢。

会见孙先生，加入同盟会

半个月后的一天，宋教仁来找陈其美，表示可以见到孙总理。

陈其美很高兴，在宋教仁带领下，来到孙中山的住处——小石川区的武藏野。

武藏野在井之兴公园旁边，是个风景优美的地方，这里松柏青翠欲滴，鲜花四季开放。

陈其美很快见到了孙中山。

这一年，孙中山年届40岁，血气方刚。他穿着一套在日本极常见的黑西服，中等身材，脸庞端正，留着两撇八字须，眼眶微陷，但双目炯炯有神。见陈其美到来，忙迎到门口，热情握着他的手说："欢迎！"

宋教仁说："总理，这就是陈其美先生，今天特来见你。"

"噢，你就是写'使吴君而在，执鞭所欣慕'的那位？那首《吊吴君樾》我拜读过，有气魄，有见地。"

"先生过誉。"陈其美有些不好意思。

在客房落座后，宋教仁为陈其美倒了一杯茶。

孙先生又道："古人说，诗言志，陈君的诗抒发了自己的心志，应该说是好诗。"

陈其美说："我的拙作何足挂齿。这几年，我陆续读到先生的许多文章，也读到你的传记，常常被先生的宏论所折服，极为仰慕先生，真乃有人所云'生不用封万户侯，但愿一识孙逸仙'啊。"

"惭愧！"孙中山真诚地说，"在下鼓吹革命十数年，也组织不少起义，可惜收效甚微呀。"

"不，中国所缺者，唯先生之革命精神也。有了先生这种精神，何愁革命不成功？其美不才，愿追随先生，为革命肝脑涂地。"

"太好了！"孙中山激动地站起来，"如今革命势头甚健，正需陈君这样的人才。欢迎你加入同盟会。"

"这就来做陈其美先生入盟的宣誓吧。"宋教仁说。

接着,孙中山把陈其美带到里面的密室。陈其美举起左手,面对同盟会旗,手执宣誓辞,道:

> 联盟人,浙江省吴兴县人陈其美。当天发誓:驱逐鞑虏,恢复中华,创立民国,平均地权,矢运丙午年十一月二十八日,中国同盟会会员陈其美。

宣誓完毕,孙中山紧握着陈其美的手:你又成了同志。[①]

在孙中山住处,先生又把前来开会的黄兴介绍给陈其美。

陈其美加入同盟会后,立刻投入到革命党人广泛联络的活动之中。

1907年夏,陈其美回国度假,并筹措留学经费,了解国内革命形势。在此之前,其弟陈其采已由长沙调至南京新军中任职。

陈其美到南京小住了几天,从弟弟处取到300元,准备重返日本。路过上海时,陈其美在租界发现一所学校因欠租而被查封,该校当事人被拘捕,菩萨心肠大发,当即捐出陈其采给他的全部学费,帮助学校渡过难关。之后,陈其美又回到南京,向弟弟陈述了事情的经过,陈其采听了也为哥哥的义举感到高兴,再次为陈其美筹集到数百元,使他能够得以继续学业。

当陈其美回到警监学校时,发现学生已经多达800余人,每人每月学费5元,校方收入共4000元,而大学老教员到校授课者少,挂名的多,与学校当局所标榜的延聘大学著名教师授课的宣传不符。这里有欺骗。陈其美当即与学校当局争论了起来。

陈其美并以学校"只知自己图利,罔顾学生学业"为理由,印发传单,利用日本学派分歧,要求同学赞助,另办一个东斌学校。

陈其美的同学魏伯桢站出来劝说:警监学校是清政府所指定,不能轻易改变,现在警监学校鉴于学生要求办新校,允许添聘几位名老师以满足

---

① 白希著:《上海第一都督陈其美》,金城出版社1997年版,第80—81页。

学生的愿望，你陈其美适可而止，不要再吵了。

但陈其美不听，说办新校就要有正文。庄之盘也站出来附和陈其美。

后来，东斌学校的牌子终于挂了起来。

东斌学校由孙中山请日本人寺屋亨博士出面主办，专门收容被振武学校等拒之门外而且具有革命思想的自费留学生，旨在秘密训练革命骨干，学生大多富有民主革命思想，陈其美在东斌学校结识了徐锡麟、秋瑾等革命志士。

陈其美此时已年届 30 岁，在同学中年长，便以大哥自居。据说，陈其美还和一些同学组织了"军事体育会"，要为革命学好军事知识，练好体魄。陈其美对自己的留日生涯十分珍惜。后来，他为日本友人萱野长知题词时写道：

> 十年游侠千金尽，九世仇雠一剑知；
> 为问门前车马客，还能杯酒忆当时。[1]

｜　他乡遇故知，结识蒋介石

蒋介石 6 岁上学时，正值清王朝走上衰败，国防空虚，财政拮据，国运日危，孙中山为推翻大清正奔走呼号。这年中日甲午战争爆发。7 月 25 日，日舰在牙山口外丰岛附近的海面击沉清政府运载援兵赴朝的兵船高升号，清军七百余人丧生海底。7 月 29 日，日军攻击牙山东北成欢驿清军，清军败走，牙山失陷。8 月 1 日，中日两国宣战。

学生时代的蒋介石以顽皮和淘气著称。因为淘气，时常有家长或学校来家告状，母亲也感到为难。于是，在蒋介石 13 岁那年，母亲执意把他送到了外婆家的溯源堂求学。老师名叫姚宗元，是当地名师。姚找他谈话时，他心不在焉，姚一眼没看到，他就跑到了竹林下打秋千乘凉。姚触

---

[1]　章君谷：《陈其美》，(台湾)金兰出版社 1985 年版，第 18 页。

景生情地道:"一望山多竹",对方随口应答:"能生夏日寒。"一副绝妙的对联!姚老不禁点头称许,大为感叹。于是他像伯乐识马,见人就说,逢人便夸,后生可畏,如教养得法,此生前程不可估量。遂教他《尚书》《诗经》《易经》。因为姚宗元与孙中山的同盟会有联系,也常向蒋讲解孙中山的反清革命,尤其是孙中山在伦敦蒙难的故事,在蒋介石心中掀起了冲天巨浪。于是尚武救国的思想深深地扎在他的心底。

同年夏秋之交,一位孙中山的同盟会员,亦称革命党人竺绍康,骑着一匹高头红马,来到学堂访问。蒋与其交谈后,极赞其风度。

陈其美与蒋介石第一次邂逅的时候,是在东京浙江同学会的回家路上,在一片小树林里,一男一女相互间追逐着,言语挑逗着,你跑我追,戏耍着,引起了路人注意。

陈其美抬眼一看,男的是中国人模样,一口浙江奉化口音;女的是本地女子,像是妓院的妓女,涂脂抹粉。片刻二人滚到了小树林里的石板上,男的追上了女的,二人使劲地亲吻起来……这让陈其美肉麻。

陈其美心想,这个浙江同学,也不参加同乡会,在这里斯文扫地,成何体统?于是他上前制止说:要讲文明,不要野蛮!

蒋介石听后一惊:你是谁?

陈其美厉声道:我是浙江同乡会会长陈其美。

听说过,没见过人,原来是你啊!

陈其美说:你把浙江同学的脸都丢没了,还不害臊?

蒋介石说:你们才不知道,饱汉子不知饿汉子饥,有会长在此,下不为例。

你敢保证吗?

有什么不敢!

你叫什么名字?

蒋志清。

好吧,今后要清清楚楚地做人!

这时,蒋介石又提出来一个条件,说你认识孙中山吗?我刚来东京,我想认识认识他!

认识他干什么?

我要革命!

我看你的辫子还是好长啊。

是,我一会儿就理!让孙总理看不到我的辫子!

好吧,我给你记住这件事。

二人说完就匆忙分手了。

等陈其美第二天再看到蒋介石的时候,他的辫子真没有了。虽然第一面印象不大好,第二次见面却给陈一个惊喜:真要革命了?

蒋说:那还能作假!

陈说:好,我祝贺你。另外,火车不是吹的,推翻清政府不是说的,还要有行动啊!

蒋说:没问题。过几天,我再给你一个惊喜哩,才叫双喜临门。

好,我等着这一天。

接着,他们又无拘无束地谈论起革命来,让蒋介石眼睛放光。从此,陈其美不知为什么竟喜欢起这个比他小10岁的小弟弟来。

再说,蒋介石当面保证搞女人下不为例,那绝对是嘴上说说而已。他到东京后就与一位叫兰子的妓女一直有染。这一天,兰子对蒋说:蒋先生,我们相好一场。有件事我想告诉你这个革命者。

蒋问,要告诉我什么?

一个很重要的事。

什么重要的屁事,让你说出这么难?

孙文先生要大难临头了,你们的革命就要完蛋了!

蒋介石一惊:你不要吓人了!

兰子说:我可从来不吓人。

那你是从哪里听说的?

兰子说:我并不只有你一个情人啊。还是我的老情人,他是这场暗杀主谋者。话都说到这份上了,还能有假?

蒋介石若有所思地点了点头:我信,我是百分之二百的信。说完,他就穿衣服，兰子拦住了他：你这是干什么？

明天再来，明天再来！

兰子把嘴一噘生气了：早知道这样，我还不如不告诉你。

再说蒋介石穿好衣服，就匆匆忙忙地赶到陈其美的住处：大哥，不好了，有人要暗杀孙先生了——

陈其美也紧张起来：慢说，谁要暗杀孙先生？

蒋介石说：一个日本人，被清政府买通。

什么时间？什么地点？

蒋介石回答：就在今天，广场演讲会。

陈其美看了看手表：10点已到，孙先生正在广场演讲。走，我们一块儿去，以防不测！

二人大步流星，来到广场，人山人海，孙先生演讲已经开始。

陈其美耳语蒋介石几句，自己便向孙先生身边挤去。蒋介石则在外围溜达着，监视着每一个可疑的人。

突然，一个黑大汉子，贼眉鼠眼，四处张望，像有心事，他转了一圈后，选择一个地方，开始往里挤时，蒋介石机灵地上前拦住了他，并狠狠地踏住了他的脚。

黑大汉说：你要干什么？

蒋介石目光如炬：你要干什么？

黑大汉迎来如炬的目光，心里打战。陈其美趁他犹豫的当儿，一个飞脚上去，踢在了他的腋下，“当啷”一声，一把暗藏的雪亮的刀掉落在地上。

那人要跑。蒋介石急速又是一个飞脚，把大汉重重地放倒。这时，很多人都围了上来，有人递来了绳子，蒋介石三下五除二，就把黑大汉捆了个结实。

这时，陈其美的纸条已传到孙先生的手中，孙先生结束了演讲，迅速离开。

回到住处，蒋介石把凶手已捉拿归案的消息，告诉了陈其美，又让陈其美一惊喜。

蒋介石说:双喜临门,我可以拜见总理了吧?

陈其美说:总理还要给你记功哩!

当天,陈其美引领蒋介石见到了孙中山。

孙中山大赞蒋介石为人机敏,且有阳刚之气。孙中山说:这个事虽然虚惊一场,但是你是有功之臣。你用行动证明了革命人的精神,证明了你符合加入同盟会的条件!由其美作介绍,我作证明,你就宣誓吧!

于是,在密室中,东京同盟会又一位新同志庄严地举起了左手:

联盟人,浙江省奉化人蒋介石。当天发誓:驱逐鞑虏,恢复中华,创立民国,平均地权,清光绪三十四年五月二十日,中国同盟会会员蒋介石。

宣誓完毕后,孙中山紧握蒋介石的手说:推翻清王朝,不是光喊几个口号,而是要用行动啊!打铁先要自身硬,希望在振武军校学好军事,练好本领,将来回国,大有用武之地!

蒋介石应道:我会认真学习的!

陈其美说:我们正在上擒拿格斗课。

孙中山赞扬说:那好哇!

此后一段时间,陈其美与蒋介石交往甚密。

陈其美发现蒋介石为人做事都极投自己的脾性,禁不住江湖豪气勃发,提出了拜把子结盟的要求,有酒同饮,有福同享,有难同当。

结盟那天,两炷香插上,八支蜡烛点亮,兄弟相敬如宾,跪在红地毡上,举杯邀天敬地,同发誓言。

参加结盟者除陈其美、蒋介石以外,还有黄郛。

三人互换了兰谱,陈其美居长,黄郛其次,蒋介石最小。事后,蒋介石特意把结盟的誓约刻在宝剑柄上,送给大哥、二哥,誓约云:"安危他日终须仗,甘苦来时要共尝。"这段誓约后来也确实成为他们兄弟共勉的准则。

此后,蒋介石成为了浙江同乡会的积极分子,又是陈其美各项工作的支持者。陈其美感叹地道:得一知己,如同长一手臂矣。

| 回国反清

1908 年的春天,稍纵即逝,已到了樱花凋谢的时节。

陈其美正在练习射击,突然总部秘书通知他傍晚到总部去一趟,孙先生有话要谈。

当晚,陈其美按时来到总部。

原来是孙中山从南洋回来。继黄冈、惠州、防城、河口、钦廉、上思起义后,孙中山去年 12 月又发动了镇南关起义,亲自到阵地操炮,鼓舞士气,最后也以失败而告终。尤其是一些勇士的牺牲,比如徐锡麟、秋瑾的牺牲,让他格外扼腕。孙中山没有被失败所吓倒。"失败,起义,再失败,再起义"这就是孙中山百折不挠的意志。他这次来东京,是想动员更多的革命志士回国,再接再厉,继续组织发动起义。

陈其美听了孙先生一席话,立刻表示要尽快回到上海,投入到革命的洪流中去。

"英士,你还没有毕业呀?"孙中山关切地问。

"我的军事课基本上都学到手了。再说,革命不是学校里教出来的,花盆难栽万年松,我争取在实践中锻炼自己。"

"好!有志气。"孙中山拍着陈其美的肩膀说。

"我打算后天就走。"

孙中山示意陈其美坐下来,说:"用不着这么急躁,一切都要从容行事。告诉我,你回去有什么打算?"

"上海是我起家的地方,我也熟悉,争取以上海为中心,发动会党,聚集力量,一旦时机成熟,就举义旗,先夺南京,再渡江北上,进而夺取全中国。"

"很好!上海是长江下游的咽喉要地,扼住它,江浙一带就有希望了。要吸取我们以往的教训,诸事要谨慎,各方面都要准备充分,方能行动。"

"先生的教诲,我一定切记。"

于是 1908 年春,陈其美从东京取道香港,顺利回到了上海。

陈其美回国后,奔走于上海、浙江、北京和天津等地,联络革命同志,但由于清政府的严密控制,革命暂处低潮,一时尚难有大的作为。

到了夏天,陈其美决定以上海作为活动基地。他通过表叔杨信之的关系,到杨信之创办的湖州旅沪公学担任代课教员,并以此身份进行革命活动。他发展的第一位同盟会会员就是杨信之的弟弟——杨谱笙(1879-1949),名兆鉴,湖州大丝绸商。

此时杨谱笙担任湖州旅沪公学教务主任(校长为进士出身的南浔富绅刘锦藻)。1903年,陈其美初到上海时,其兄陈其业托杨谱笙"就近督教之"。陈其美赴日留学,杨谱笙出力促成。陈其美介绍杨谱笙参加同盟会,以杨谱笙的北浙江路私宅和湖州旅沪公学作为联络点和活动基地。于是这里成了他秘密活动的据点。

这年秋天的一天傍晚。

陈其美已经洗脚上床睡觉了,突然有人敲起了门。

原来是徐锷带着一位大户乡亲来府拜访陈其美。

徐锷先把应桂馨介绍给陈其美说:大哥,这应桂馨可是浙江的大户,想为我们革命活动办点儿善事,捐点儿款。

应桂馨把礼物放下,自我介绍说:在下浙江鄞县人,家父应文生在沪开了一家石匠作坊,生意不说好也不说差,还算可以,今天特来拜访陈先生,先生如需经费支出,在下当效犬马之劳。

陈其美挥挥手说:谢谢应先生的革命之心。

自己人,不用谢。应桂馨说到这里,话语一拐道:这几年响应政府办学号召,在咱们家乡办了一所崇义学堂。遭到有人眼红,日子过得也很烦心。如果先生能为小弟出面调停,小弟永不忘大恩大德。

听话听声,锣鼓听音。陈其美听出了所以然,立马拍板道:这个事我去给你摆平! 不是说吗,革命者就是抱打不平!

随后,陈其美便偕魏伯桢等一行人马来到宁波,调解崇义学堂纠纷。陈其美先后拜访了鄞县教育会、宁波夜教育会及宁波府中学堂的负责人,他每到一处便和该地负责人话不投机争辩起来。

但当地"地头蛇"并不买账,他们大声对陈其美说:这是我们宁波人的事,你是吴兴人,与你无涉,请你去管管吴兴的事好了。

陈其美说:路有不平总要有人平!

结果弄得不欢而散。

一次不成再寻他途。陈其美调查完毕后回到上海,即以"学生陈其美"的名义致电浙江巡抚,大批宁波教育会偏听、武断、摧残教育。陈其美并将此电文印成传单,广为散发,造成影响。浙江巡抚根据陈其美的电文,要求宁波知府彻查禀复,一时传为奇谈。因此之故,应桂馨便与陈其美结为手足兄弟,并成为陈的得力帮手。

此后还有一事。那便是 1908 年秋末,在上海,陈其美还与郭恩泽、龚斌、庄士杰、王树懋、郑隆骧、黄宝箴、虞恺、徐锷等人策划筹办《大陆新闻》杂志。为躲避敌人耳目,刊物决定设在湖北汉口英租界区。不几天,当陈其美等一行到达汉口后,不知为什么走漏了风声,为清朝两江总督端方侦悉。他们连夜密电湖广总督赵尔巽,说陈其美等人名为办报,实为从事反清革命,请赵尔巽予以逮捕。

这时急煞了一个人。他不是别人,正是汉口商会卢会长。卢某与陈其美颇有交情,得此消息后,急忙密告陈其美,并奉送川资,让他赶快离开汉口。陈其美才得以免于被捕。[1]

陈其美回国活动一年,虽然碰了不少钉子,遇到了很多挫折,但有孙中山做榜样,他毫不气馁。他说:"机会不可待而得之,须造而得之。即使我人自身不能成功,而可造一大潮流使中国趋于进化。"[2]

---

[1] 张继学著:《民国先驱陈其美》,兰州大学出版社 2002 年 3 月版,第 22 页。

[2] 何仲箫编:《陈英士先生纪念全集》(一),(台北)文海出版社 1970 年版,第 245 页。

第五章　经营上海

| 重整待发

这一夜,陈其美与于右任二人睡不着觉了。

他们俩谈论到很晚很晚……面对现实,革命跌入低谷,上海同盟会的骨干人物此时大多已离开了上海,原负责人蔡元培已到德国留学,留下来的同志也都萎靡不振。去年间孙先生举行了四次义举,全部失败,同盟会的元气大伤。加上清政府大肆镇压,全面搜捕革命党人,一些人吓破了胆,叛变了组织,同盟会也受到破坏。

最后,于右任说:其美,眼下思想这么乱,形势这么复杂,上海同盟会是否要整顿一下,不然就应付不了新形势下的工作。

陈其美说:是,这个问题已经摆到日程上来了。再者,还有一个问题,就是肃清流寇思想,立足上海,面对全国。去年我全国几乎跑了一圈,形势几乎都一样。所以,我们经营好上海很重要。

于右任说:是,我也有这个想法。不能流寇下去,必须先把大本营搞好,扩大一点儿,就是江浙沪,其次再向外发展。再者我们二人,既然孙先生信任我们,也要分一下工,有主内的,有主外的,有搞组织的,有搞宣传的。

陈其美说:应该分一下工。你抓全面,你主内我主外,你抓组织我抓会党联络。

……

他们二人这次长时间的交谈后,接着,又召集会员们开了三次秘密会议,也算是思想整顿。会后,陈其美按照组织对自己的分工,开始了会党联络工作。

陈其美首先想到了以"江洋大盗"闻名的王金发。

王又是清政府缉拿的钦犯。

王金发，谱名敬贤，字季高。早年在家乡与胡士俊等创立大同学社，秘密进行反清活动。王曾参加竺绍康的平阳党，也叫乌带党，被推为"龙头"老大。1905年在绍兴大通学堂加入光复会。同年冬赴日本，入日本大森体育学校学习。在日本期间，与陈其美结识，相见恨晚。

1906年，王金发回国，在秋瑾主持的大通学堂任体育教员。1907年，徐锡麟、秋瑾谋组织光复军，在安徽、浙江两省同时举义，推徐锡麟为首领，秋瑾为协领，王金发与竺绍康、张恭、吕凤樵等任分统。王金发任绍兴光复军分统。不久，徐锡麟在安庆起义失败，紧接着，绍兴大通学堂被查抄，徐锡麟、秋瑾先后遇难，王金发被清政府悬赏通缉。王金发改名子黎，带领大通学堂革命党人，潜入浙东山区，过起绿林生活。

陈其美想到这里，喊来了蒋介石。

陈其美说：我想把"江洋大盗"王金发找回来。

蒋介石问：他现在在哪里？

陈其美说：潜入浙东山区，当起了绿林好汉，杀富济贫。

蒋介石回答：那好，什么时间出发？

陈其美说：没有别的事情，你今天就出发。

且说蒋介石当天出发到了浙东山区，打听了三天，没有消息。后来又到了王金发的家乡嵊县去寻找，又未找到。真见鬼了！于是蒋介石回来禀报。

接着，陈其美又派杨侠卿扮成樵夫进入剡山，边访边歌，终于找到了王金发，将其带到上海。陈其美与王金发拜天地，结为金兰兄弟。陈其美并介绍王金发加入了同盟会。

起初，陈其美与王金发在上海"开设一外国木器店于美租界"，但"意不在贸易"。不久，王金发又潜回家乡，"售卖所余家产，得千余金更筹借千余，共二千余金来沪。未几，即与陈英士、竺谪仙（即竺绍康）辈在沪开设天宝客栈"。

后来，应桂馨又来入股，越开越大，生意兴隆。

因为王金发是清政府缉拿的钦犯，不便公开活动。因此，王金发主要从事惩恶除奸和秘密联络工作,时人誉之为"摄政"。据杨庶堪写的《陈英士先生墓志铭》称:"大盗王金发独屈服之(指陈其美)。"此后王金发成为陈其美的得力助手。

天宝客栈成为革命党人在上海的重要联络机关,或称交通站。凡是从日本和国内其他地区到达上海的革命党人,一般都落脚在天宝客栈。陈其美因此认识了各地的会党头目和革命党人。

| 扩大地盘,智斗黄金荣

天宝客栈生意兴隆,财达四方,自然引起了"青帮老大"黄金荣的眼红。黄金荣便以收取保护费为名,派来两个喽啰。

他们进门便嚷:老板,要收安全费,200大洋,不得拖延!

店小二说:老板不在家,明天来吧。

两个喽啰说:老板不在家,我们就等着,先给我们二人端来两碟菜,一壶酒,我们喝着等着。

店小二无奈,请示了陈其美,给上了酒和菜。

趁这两个喽啰吃肉喝酒的时候,陈其美抬脚到了新军军营,找到了昔日的好友张营座:今天遇到了两个吃酒不给钱的无赖,你找两个兵给我摆平一下。

张营座与陈其采为同期东洋留学生,一见是陈其美来了:大哥,你先头走,我带人马上就到。

陈其美说:好。说完就往回赶。

刚赶到天宝客栈,两个无赖酒足饭饱后,便说:今天要不了,我们明天再来。再见。

店小二出来:客人慢行,你们的酒钱菜钱还没有付呢。

两个无赖说:你过来我给付!

店小二没有多想,抬腿就过去了。

一个无赖假装朝衣兜里掏钱,说:给!

　　店小二刚刚伸出手来,对方就是一巴掌。接着另一个无赖对着店小二又是一个大嘴巴:还要吗? 这是我们的地盘! 我先给你打个招呼,不交安全费,我让你卷铺盖走人!

　　两个无赖见店小二捂着嘴不说话,扬长而去。还没有走出客栈大门,两个新军士兵拦住了去路:吃饭付钱,天经地义! 你们交钱了吗?

　　店小二马上说:他们吃饭不付钱还打人! 说完大哭。

　　快交钱! 两个新军士兵一人一枪,顶住了对方脑门。

　　两个无赖见不好,交了钱,仓皇而逃。

　　两个新军士兵说:告诉你们的主子,这是我们新军的地盘! 不准你们胡作非为!

　　再说这两个无赖,回到大本营,向主子黄金荣一五一十地作了汇报。黄金荣听后心中一颤:好个陈其美,新军在支持他?

　　黄金荣不甘心天宝客栈的失去,第二天一大早,带了一帮荷枪实弹的弟兄,来到了天宝客栈的门前叫号:有种的,给我下来一个,我点你的天灯!

　　陈其美知道黄金荣不会善罢甘休,肯定会来报复的。于是他早准备了一个排的新军士兵,暗藏在天宝客栈的各处,以防万一。陈其美听到黄金荣号叫,先让店小二上前应付,说他马上就到。实际他在布防士兵。

　　店小二上来说:列位,稍等! 老板片刻就来!

　　你说话算数?

　　我说话算数!

　　不等店小二说完,几个无赖就上来把店小二五花大绑起来:老板来不了,你也回不去了!

　　休得无理! 陈其美威风八面地走了上来,冲黄金荣一抱拳:黄先生息怒,以你的地位和名声在这里撒泼耍野,有失你的身份啊! 有话好好说,何必先把我的人抓起来再说话,这样也太无理了吧?!

　　黄金荣说:昨天我的人收款不给。据我了解的情况,不是那么简单吧?

　　我倒听说你的人喝酒吃肉不付钱,还动手打了我们的店小二,岂有此理哪！

黄金荣说：没那回事！

陈其美也摆下了姿势，以硬对硬：要是有那么回事呢?!

黄金荣见陈其美来硬的，恼羞成怒，取下腰中烧鸡枪，向天一声鸣枪：兄弟们，给我拿下！

几个无赖呼啦啦把陈其美围了起来。

哪知陈其美练过武功，一个扫堂儿腿，转了一圈，扫倒了一片。

黄金荣见势不好，慌忙举枪朝陈其美射击，陈其美早已向他开了枪，打伤了他的手腕，击落了手中的枪。

其他倒地的无赖起来，再次向陈其美扑来。

眼见陈其美寡不敌众，新军士兵从桌子下面钻出来，一阵枪响，平息了这场混乱。这场天宝客栈的争斗，以陈其美的胜利、黄金荣的失败而告终。

| "天宝客栈"事件始末

1909 年仲夏的一天傍晚。"天宝客栈"外面已经布置了暗哨。革命党人的一个秘密会议正在进行。

光复会领袖陶成章讲着自己的举义行动计划，他说：虽然前面几次起义都遭失败，我们不能因噎废食，更不能一朝被蛇咬，十年怕井绳。我主张苏、浙、皖、赣、闽五省联合起义。我愿亲自出马领军，与清政府决一死战！

陈其美摆摆手，他认为：五省的面太大，应该把拳头握起来，对着一个地方打，这样才有胜利的可能，不然又将面临着失败，不是失败不起，是给大家的打击太大。

蒋介石随着陈其美的讲话说：集中优势兵力，攻其一点，这是兵书告诉我们的智慧。五省都发动，一是我们没有那个精力，到现在为止，各省民众未及宣传组织，搞起来困难很大。还是五省选一省为好。

陈其美说：五省选一省，我们要选择哪一个省呢？

王金发说：我是浙江人，我觉得浙江条件成熟，胜利把握较大。

陈其美说：大家都发表发表意见！

那就我们浙江吧！张恭最后作了表态：我愿统领！

大家一阵掌声。

陈其美说：讲讲你的想法？

张恭侃侃而谈：我打算准备时间为 20 天，下月初一行动。

有人认为，准备时间要长一些。张恭认为时间太长效果也不一定太好。陈其美最后表态：还是张恭说了算！散会，大家分头准备。

按照会议商量的方案，浙江各府属的革命党代表先后在一个星期内到达上海"天宝客栈"，研究行动方案。先后到达上海的有：

杭属有徐无生、盛碧潭；嘉属有褚辅成、蒋志亲；湖属有陈英士、姚勇忱、杨谱笙；宁属有庄子盘、周淡游、蒋著卿、董梦蛟；绍兴属有竺绍康、王金发；台属有孙及泰；温属有张云雷；金属有张恭、周华昌；处属有吕逢樵、吕月屏。只有衢、严两属代表尚在赴沪途中。

大家正在紧锣密鼓地行动着。不料就在这时，原同盟会会员刘师培、何震夫妇，以及他的表亲汪公权从国外回到上海，得知了陈其美浙江起义的消息，竟然见利忘义。这天傍晚，刘师培夫妇找到表亲汪公权：有一个好的买卖，陈其美要发动浙江起义，你眼下穷困潦倒，何不做一文章？汪公权脑瓜一转，心领神会：我知道了。当晚他就跑到了清廷两江总督端方处，告了密。

端方大喜，说：你不但给我消息，还要想办法一网打尽，我可是说话算数，大大有奖！

汪公权说：你说怎么办就怎么办。

端方说：设计诱捕。

在哪个地方设计？

花楼大戏院，我看可以。

那就一言为定。

二人哈哈地笑起来。

　　第二天,霓虹灯下的花楼大戏院前,人头攒动。革命党王金发、竺绍康等人春风满面,持票入场。实际他们身后已有暗探盯梢。他们入场后就看见几个人贼头贼脑,鬼鬼祟祟,去抢他们的座位。王金发对竺绍康耳语了几句,随后他们就离场回走,刚到楼梯口,有警察拦住:此处不能出,前面有要人过来,请走侧门!

　　这时,竺绍康主动上前,递上金质烟嘴:家有急事,给个方便!

　　不行! 不行! 对方软硬不吃。

　　王金发、竺绍康情急生智,急忙进了厕所,破窗而逃。

　　这时,密探也随后跟了进来,不见了人影,枪声大作,戏院乱成了一锅粥。其他革命党人,也趁乱逃离现场。

　　接着,密探们又包围了"天宝客栈",进行搜捕。

　　他们前院搜到后院,后院又搜到前院,恰巧陈其美出去吃夜宵去了,没有搜到,只有没去吃夜宵的张恭被搜了出来,抓捕而去,秘密将其送往南京陆军监狱监禁。

　　陈其美等人吃夜宵回来,知道了此事,气愤填膺。

　　第二天,陈其美派王金发在英租界寿康里附近处决了叛徒汪公权。

　　随后他们利用夜暗,潜入刘师培夫妇的睡房,突然举枪道:我们是革命党人,今天奉命处决叛徒!

　　吓得刘氏夫妇,赤条条地滚到了床下,跪地求饶:老爷饶命! 老爷饶命! 只要不死,做牛做马都行!

　　王金发道:能否保证张恭人身安全?

　　给我一命,我负荆请罪,亲去南京疏通,保证张恭生命安全。

　　好,我先饶了你,如不成,我再问罪! 王金发放了他们夫妇二人。

　　次日,刘师培夫妇踏上去南京的火车,向端方求情,端方思索良久,才同意将张恭转到南京上元县地方法院关押。

　　在张恭被关押期间,陈其美还秘密到狱中看望,并以重金贿赂狱卒,使张恭没有在狱中十分吃亏。直到南京光复后,张恭才得以获释出狱。

　　因"天宝客栈"事件,陈其美的浙江义举计划胎死腹中。

陈其美与霍元甲筹办精武学校受挫

"天宝客栈"被破坏后,陈其美、于右任不得不在英租界重建革命机关。

据陕西革命党人张奚若回忆,辛亥革命前,他到上海联络工作,也是在堂子里认识陈其美的。陈其美借勾栏作为从事革命活动的场所,经常出入于秦楼楚馆,"阳为纵情声色",确实给他添加了几分"风流"色彩。辛亥革命后,政敌们攻击他为"风流都督"、"杨梅都督",原来事出有因,此为后话。

1909 年秋天,著名拳术家霍元甲来到上海传授武术,教授弟子。

陈其美很敬佩霍元甲的高超武艺,在与其交往中,发现霍元甲不仅武艺高超,而且极富爱国思想,便私下与其商量,在上海一起筹办精武学校以储备军事人才。霍元甲欣然答应。陈其美计划挑选 50 名志向坚定、体格强健的同志由霍元甲教授拳术并授以军事学,以 6 个月为期,然后以毕业的 50 人分到各地去组织同样的学校,每人再教授 50 人,照这样下去,不到 10 年,就可以练成数十万或百余万体力强健并有军事学识的青年。陈其美与霍元甲等人创办精武学校的举动引起了日本人的注意。日本柔道会挑选了十余名选手,来到上海同霍元甲较量,结果,日本选手不堪一击,遭到惨败。日本人比武失败,感到丢了面子,便图谋不轨,进行报复。

日本人了解到霍元甲患有热症,便介绍他到日本人秋野开设的医院去治疗,趁机暗下毒手,在给霍元甲配的药中掺了慢性毒药。霍元甲服药后,病情急剧恶化,不久即去世。这样一来,陈其美通过设立精武学校,培育革命军事人才的计划未能实现。[①]

这一时期,虽然陈其美的活动受到限制,但他很重视舆论宣传工作,他还参与创办了《中国公报》《民声丛报》《民立报》等革命报刊,鼓吹革命,为举义再造舆论。

《中国公报》1910 年 1 月创刊于上海,为日报。编辑及发行人为陈其美、陈毓川、陈去病。从创刊号起,连续三天登载《中国公报宣言书》,其中警句用大字刊出,如:"我国之政府乃营私之政府也,而欲为官吏者,须先

---

① 张继学著:《民国先驱陈其美》,兰州大学出版社 2002 年 3 月版,第 28—29 页。

带有一种营私之目的。稍知自爱者即常以入官为戒。"该报主要内容有论说、专电、短评、世界大事记、国内大事记、小说、漫画等。除在国内发行外,还行销至日本。大约在 1910 年 10 月 3 日以后停刊。[①]

时间到了 1911 年 4 月。

陈其美收到了同盟会南方支部的一封信,信中表明领导人黄兴、赵声、胡汉民等准备筹划在广州发动一次更大规模起义。陈其美大为振奋,决定前往助阵。在一个落霞的傍晚,陈其美偕王金发等人上了南下的船。

谁知黄兴的起义提前于 27 日(农历三月二十九日)仓促发动,当陈其美从上海赶到广州时,起义已经失败。此时的广州市清政府官吏正大肆搜捕革命党人,一大批同盟会的骨干分子英勇牺牲。

一时间,黑云压顶,恐怖气氛笼罩广州城。

陈其美在广州期间,以《民立报》记者身份作掩护,冒险进入广州城活动。据说,他公开走访了两广总督张鸣岐和水师提督李准,当面劝说他们要考虑舆论,对革命党人不可妄加杀害,以免自食其果。陈其美还请广州巡警教练所所长夏寿华协助,帮助一些革命党人脱险。后来清政府官吏发现陈其美的革命党人身份,立即派兵追捕,陈其美机敏地坐了一顶大力轿去拜访一个官员,从前门进,后门出,摆脱追捕,逃到了香港。

广州起义的失败,使同盟会遭受了巨大损失。孙中山痛心地说:"吾党菁华,付之一炬。"领导起义的黄兴、卧铺声等人受此打击后,心灰意冷。赵声因悲愤交集,无以排遣,经常狂歌大呼。一日,胡汉民招饮。食后,赵忽觉腹中剧痛,延医诊治后知患了盲肠炎,但他急于远行,不愿割治。拖延一段时间,火症加剧,不得不开刀治疗。据说陈其美很崇敬赵声,在赵治病期间,陈其美一直陪侍左右,"躬为看护"。病中的赵声不时高声朗读杜甫的"出师未捷身先死,长使英雄泪满襟"的诗句,陈其美被感动得热泪不止。赵声终于不治身亡,陈其美将赵声安葬在香港茄菲公园之侧,并在墓碑上为之题写了"天香阁主人之墓"几个大字。[②]

---

① 方汉奇主编:《中国新闻事业通史》第一卷,中国人民大学出版社 1992 年版,第 88 页。
② 张继学著:《民国先驱陈其美》,兰州大学出版社 2002 年 3 月版,第 31 页。

第六章　同盟乐章

中部总会在上海成立

1911年广州起义失败后,在港的同盟会机关更加涣散,赵声病死,黄兴异常消极,扬言今后将专意于暗杀,胡汉民则避不露面。应该说组织混乱,人心起伏。

谭人凤看到此情此景,心灰意冷,决定回老家,不再言革命。6月初,谭人凤路过汉口,遇到焦达峰、孙武等人。焦、孙等人正拟乘湖南铁路风潮而动。焦达峰劝谭人凤说:"事在人为,何必抛弃前功?"谭接受了焦达峰的意见,决定不再消极。

不久,谭人凤到了日本,在日本见到了孙中山,开口便说同盟会组织涣散,等于名存实亡。孙问你有什么建议?谭人凤说必须改良会务,不改革会务,内部思想更乱。孙中山点点头,表示同意。

实际上,孙中山所领导的同盟会是由几个明显的带有地域色彩的革命团体,如兴中会、光复会、华兴会、军国民教育会等团体成员结合组成的。在同盟会成立后,作为总会的革命领袖孙中山仍将工作重心放到南方几个省、市,比如广东、广西、云南省的起义上,无暇北方,引起内部会员议论。他们说:孙中山只注意广东自己的家乡,对于长江流域的各省起义一点儿也不关心,华侨们捐的钱都砸在广东省去了,北方的起义别想得到支持。特别是广州起义失败后,大家更坚定了这种看法。不少人把矛头指向了总理。

这时,有人进行了还击说:"党员攻击总理,无总理安有同盟会?经费由总理筹,党员无过问之权,何得执以抨击?"

宋教仁提出了"上、中、下"三策纲领,认为:"在边地发动为下策;在长江流域发动为中策；在首都和北方发动为上策。"有人归纳说："下策太不济事，上策太不容易，我们还是取中策为好。"于是，便有了组织中部同盟会的主张，坚持在长江流域发动起义。事实这个对策是正确的。

这个会后不几天，谭人凤便沿江乘船东下上海，与陈其美等人商议组织中国同盟会中部总会事宜，得到陈其美有力支持：我早有此看法。此事不宜再推！马上开会，马上决定。

7 月 31 日。深夜。

上海北四川路湖北小学的一间教室里，灯火通明。

这是一次历史上的转折会议。

陈其美与宋教仁、谭人凤、范光启、姚勇忱、吕志伊、章梓等 29 人集会在此，宣布成立同盟会中部总会。

会议通过举手，选举了中部总会领导人：

陈其美为庶务，管理一切不属其他各部的事务；

潘祖彝为财务，管理筹款事务；

宋教仁为文事，管理参谋、立案、编辑及其他一些事宜；

谭人凤为交通，管理联络等社会选举、会籍、纠察、赏恤等事；

杨谱笙为会计，管理财务收支事务。

会议还通过了由宋教仁和谭人凤分别起草的《中国同盟会中部总会章程》和《中国同盟会中部总会成立宣言》。《宣言》和《章程》表达了对同盟会进行改组和改造的意思。《宣言》批评同盟会"有共同宗旨，无共同之计划；有切实之人才，无切实之组织"，"唯挟金钱主义临时招募乌合之众，搀杂党中，冀侥幸以成事，岂可必之数哉？此吾党义师所以屡起屡蹶，而至演最后之惨剧也"。[①]

《宣言》还强调：在组织上，中部同盟会"奉东京本部为主体，认南部分会为友邦"。总机关设在上海，"取交通便利，可以联络各省，统筹办法"。各省设分部，"收揽人才，分担责任"。机关内部实行"合议"制，"救偏毗、防专制"。各团体对于总部，必须"同心同德、共造时机"，不可有"省界情

---

① 上海社会科学院历史研究所编：《辛亥革命在上海史料选辑》，上海人民出版社 1981 年版，第 7 页。

感"之宿见,"举义"必须"由总部召集各分会决议,不得怀抱野心,轻于发难"。

会中总理之职,暂不设置,"留以待贤豪"。

《中国同盟会中部总会章程》计23条。

它宣布自己的宗旨是:"以推覆清政府,建设民主的立宪政体为主义。"发展对象为同盟会会员。它还强调指出:"会员皆一律平等。"会员在法律范围内,"操持身体、财产、职业、居住、信仰之自由"。会员得按法律"陈请保护利益,及陈诉冤案","有选举、被选举之权"。会员须"保守本会一切秘密","不得入反对本会主义之他团体",有"纳捐项、出劳力"的义务。

8月2日,中部总会召开第二次会议,一致推选谭人凤为总务会议长。

得知中部总会成立的消息,黄兴从香港专门发来了贺信:

> 欣悉列公热心毅力,竟能于横流之日,组织干部,力图进取,钦佩何极! 迩者蜀中风云激发,人心益愤,得公等规划一切,长江上下自可联贯一气,更能力争武汉。老谋深算,虽诸葛复生,不能易也。光复之基,即肇于此,何庆如之!

不久,黄兴又致书陈其美,要他以过去的失败为教训,"严剔内部之人,用一人必深悉其底蕴,绍介者尤宜负其责任","用人不可不择";并告诫陈其美:"吾党发难之组织,不可不以军律成立。"他特别提醒陈其美:"沪上虽仅有机关,其乞丐侦探甚多,亦当注意。"

孙中山也给予了肯定。

接着,各省分会相继成立。

在陈其美的悉心经营下,同盟会中部总会"会务益振"。

关于陈其美在中部总会的作用,另有文章描述:

> 原来辛亥革命时期的第二流领袖沪军都督陈其美,是上海青帮

的大头目。上海的戏院里、茶馆里、澡堂里、酒楼、妓院里,无论哪个角落里都有他的党羽。所以一辈革命同志无论有什么活动都要拉他入伙,尤其是辛亥年中部同盟会之成立,大家都要依靠他做台柱子。[1]

武昌胜利枪声为中部总会成立剪彩

在同盟会中部总会的推动下,文学社和共进会终于于 9 月 14 日在武昌正式召开联席会议,商谈两团体联合,成立领导起义的统一机构及起草武昌起义的计划。会上推蒋翊武为总指挥,孙武为参谋长。并设政治筹备处,举刘公为总理。

1911 年 10 月 10 日。夜。

暗夜中的武昌城炮声隆隆,火光熊熊……

战火中,一匹奔马昂首长嘶而来。奔马上的骑手高擎一面大红旗,旗上赫然三个大字:"孙武到"……

衣衫各异的民军挥动十八星旗高呼万岁,从各个角落欢拥而出,汇在一起,直到江边。

江面一艘军舰的舰桥上,两名海军军官执望远镜观望。

江边,"孙武到"大旗迎风拂动。

江面上轮船纷纷鸣笛致意……

公元 1911 年,当历史进入这个年头时,孙中山所宣传的革命已被国人接受,同盟会播撒的火种已遍布全国各地。国人觉醒,义举连绵。历史已完成了重要转折:新军已代替了会党;义举已由沿海向内陆蔓延。面对这一突变的新形势,湖北新军决定加紧武昌起义,以策应全国局势的变化。虽然武昌发难于偶然,成功则早已孕育其间。湖北党人对军学两界的发动,始于吴禄贞在军界任职之时,继续于科学补习所成立之后,中经

---

① 杨思义:《二次革命失败后国民党人形形色色》,《文史资料选辑》第 48 辑,第 135 页。

日知会、湖北同盟分会的努力,到 1907 年,已在军队中站稳了脚跟,成立了 30 多个革命小团体。1908 年,湖北新军中的革命党人实行联合,组成了湖北军队同盟会,成员遍及各标营。湖北新军成了党人重要的活动基地。同年 12 月,军队同盟会改组为群治学社,改变主要在新军军官中发展成员的方针,以士兵为主要对象,并与另一个革命组织共进会湖北分会进行联络。

至 1911 年夏秋之交,全国各地保路风潮迭起,四川尤为激烈,发展到武装起义的阶段。保路同志军在川籍同盟会员领导下,于 9 月初围攻成都,清廷震动。为镇压川路风潮、防止起义扩大,清政府急调湖北新军三十一标及三十二标一营入川。湖广总督则调二十九标、马八标及三十二标另在鄂第二、第二营驻防宜昌、沙市、郧阳、岳州、襄阳、恩施等地,以控扼川鄂、豫鄂、湘鄂等要冲。这时湖北新军中的革命力量实际上处于分散的局面。

孙武何许人也?

时势造英雄。武昌新军起义已基本就绪,但针对缺少一位有号召力、有影响的总司令一事,文学社社长蒋翊武与共进会参谋长孙葆仁密商,叫孙葆仁改名为孙武,自称为孙文之弟,一文一武,又自号为孙遥仙,与孙逸仙正好"兄弟相衬"。两人议定,十分高兴:"像不像,就这样干! 群龙无首不行!"

接着,他们在新军中开展了宣传,介绍孙文的人品、功绩,与其弟孙武的密切关系。一时间人们都知道了:"孙武奉孙文之命来号召起义","孙文就是中国的华盛顿","孙文已在国外购买了很多兵舰、枪炮","武昌义举在即!"

一个名字是一面旗帜。一面旗帜是一声号令。

这一宣传果然见效,很多年轻人崇拜孙中山,一时间都投到孙武麾下,愿听其指挥,成就一番大事业。很多新军士兵、青年学生都纷纷参加。入会的人越来越多,仅在湖北 1.5 万人的新军中就有三分之一的人入会了。

为了加快起义的进度,他们一方面抓紧与孙中山所领导的中国同盟会主要领导人黄兴联系,报告义举,获得支持;一方面加紧组织工作的落实。

9月30日,黄兴致函在加拿大的冯自由,请其转告中山先生急速筹款,以响应四川。黄兴此时对湖北的革命起义计划,尚不大清楚,自云"不能妄断"。

10月2日,吕志伊、刘芷芬抵达香港,请黄兴北上武汉,但黄兴此时热心于暗杀张鸣岐、李准,无意马上北上,即日电告孙中山和南洋各埠,急筹款项,以接济武汉的军事行动。

10月3日,黄兴经与吕志伊、刘芷芬深谈后,方知武汉义举发动在即,如箭在弦上,遂又改变计划,于10月5日致函冯自由,请电告中山先生,武汉地区起义势在必行,请从速助款,并说明他不日即赴鄂中,与鄂中同志再举义旗。他说:"弟本以躬行荆、聂之事,不愿再为多死同志之举,其结果等于自杀而已,今以鄂部又为破釜之计,是同一死也,故许与效驰驱,不日将赴长江上游,期与会合。"信末再请冯自由转告中山先生,竭力援款为要。

10月7日,黄兴在去武昌前,又致函南洋和美洲各同志,呼吁尽快筹款,以应鄂省起义之举。

孙中山得知武昌起义已经完成部署,十分高兴,于10月8日晚,着深色大衣并戴礼帽,至旧金山《大同日报》编辑部,镇静而欣喜地转告同志们此一消息。次日,又致函筹饷局会计李是男,除汇出港款外,余款以中山先生名义存入银行,以备急用。同时告诉李是男,近日他将赴欧洲一行,联系外交之事,不能即时回国。

再说武昌革命党人此时却发生了意外。10月9日,孙武在汉口俄租界宝善里制造炸弹,不慎发生爆炸。俄国巡捕闻声赶来搜查,将准备起义的旗帜、文告、印信、名册等搜去,起义计划因而泄露。蒋翊武仓促下达命令,通知革命党人当晚12点,以鸣炮为信号举行起义。命令下达后,下午5时20分,由杨宏胜负责运送子弹至各营,途中于工程第八营营门口为清弁发觉,派兵尾追,杨以炸弹阻挡,及其抵达寓所后,又因失误被炸伤,旋被拘捕。这时蒋翊武、刘复基、彭楚藩正在小朝街机关部等候发难,亦为清吏侦悉,大队清兵来捕。蒋翊武因形象如学究,得以逃走;刘、彭和龚霞初、牟鸿勋均被逮捕,解送督署。到晚,各营党人均枕戈待命,而炮队寂然未动,均惶惶不安,这是因为传达起义号令的邓玉麟到中和门时,城门已闭,不得出城,南湖炮队未得到命令所致。翌日拂晓,刘、彭、杨三烈士慷慨就义于武昌督署门外。

湖广总督下令关闭城门,按名册搜捕革命党人。当晚 7 点,武昌城内黄土坡新军第八镇工程第八营的一个排长巡营时,发现士兵熊秉坤、金兆龙有"越轨"行动,正做起义的准备,便令士兵将他们捆绑起来。金兆龙对着士兵大喊一声:"同志们,反吧!"他们当场打死了那个排长,鸣笛集合了四十多个士兵冲出营房,枪声爆响,直取楚望台军械局。

枪声就是命令。一方枪声,八方响应……

先是驻唐角的炮队十一营与工兵十一营同时响应,火烧营房。

辎重十一营亦行动。炮、工、辎总代表余凤斋统一指挥以上三个营,以炮队十一营攻武胜门,工、辎两营予以掩护。

守通湘门的第三十标代表张鹏程见唐角火起,又闻枪声,即率队直趋楚望台,与守楚望台的工程第八营代表联合占领楚望台,打开军械库,分发子弹。

第二十九标排长蔡济民、李达武、李济臣等,听到工程营枪声,整队由保安门进攻督署。

第三十标排长吴醒汉、徐达明、方维、陈伟、钟仲衡,也相应发动,占领蛇山。

测绘学堂学生,也临时参加起义,急至楚望台领械,驻守通湘门和楚望台。

第三十标钟仲衡、卢雅卿等率队出中和门迎接南湖炮队,遂与炮队同驻楚望台,并分队到蛇山、黄鹤楼等处驻守。

马队八标徐国钧、黄冠群,听到枪声便率队入城,巡逻各城门和传递战讯。

第三十二标代表单道康、孙昌福,也闻声率留守部队,由保安门入城,协同第二十九标进攻督署。

第四十一标第三营代表阙龙和胡培才、李文灿、邹栋、王世龙、顾鸿、梁栋、柳涤凡、李必胜、郑继周等闻声齐集操场,大呼站队,争取到队官胡廷佐。第二营廖湘云和姚钧,亦争取到队官李铭鼎。两营的管带分别逃走。两营由阙龙、廖湘云指挥,由长街协攻督署。

第三十一标代表江光国,见四十一标发动,亦率队分守宾阳门和忠孝门。

湖广总督瑞澂闻变召第八镇统制张彪商讨对策,用电话调兵,各标营无一应者,只有辎重第八营奉命分守各街口顽抗。

三十标、四十一标急攻督署不下,阙龙受伤,犹力战不退。王世龙则以火攻督署前之钟鼓亭,炮队则开炮射击。起义军进攻总督衙门,瑞澂、张彪仓皇登上长江的"楚秦"兵舰逃跑。

继而蛇山、凤凰山炮台合击清廷布政使藩署,官吏闻声而逃。至此武昌完全光复。

11日晚和12日晨,汉阳、汉口的新军也举行起义。武汉三镇很快被革命党人占领。11日,起义军把藏在黄土坡的二十一混成协协统黎元洪搜出,带到武昌红楼原湖北咨议局。当天,成立了湖北军政府,任黎元洪为都督,又推湖北咨议局议长汤化龙为民政总长,目的是想借助他们的"名望"以号召民众,争取民心。

此次起义,揭开了辛亥革命的序幕,敲响了清王朝覆灭的丧钟。

犹如武昌一声枪响,全镇立即响应一样,武汉起义的一举成功,也极大地鼓舞了华夏四方。人们看到了希望,看到了成功。各省纷纷响应。

10月22日,湖南宣布独立,成立军政府,推举焦达峰为都督。

23日,陕西宣布独立,成立军政府,推举张凤翙为都督。

29日,山西宣布独立,成立军政府,推举阎锡山为都督。

11月1日,云南宣布独立,成立军政府,推举蔡锷为都督。

2日,江西宣布独立,成立军政府,推举吴介璋为都督。

3日,上海革命党在陈其美、李燮和等领导下起义。4日,革命党占领上海。7日,上海军政府成立,推举陈其美为都督。

5日,江苏独立,推举原巡抚程德全为都督。

　　至 11 月下旬,全国 25 个省区,已有 15 个省宣布独立。清朝政府处在土崩瓦解之中。

｜ 革命胜利的日子

　　中部同盟会庶务部长陈其美接到武昌急电后,他很高兴,他似乎从武昌起义胜利中看到了上海胜利的希望。于是他便电召在日本的留学生、同盟会员立即回国投入革命。这时,他也清楚自己以前的工作重心多在联络会党和资产阶级上层的工作上,对于当地军警"鲜通声气",缺少在上海发动起义的军事实力,条件尚不成熟。于是他把蒋介石叫到身旁,密商一阵。10 月 12 日,蒋介石潜赴杭州,督促浙江革命党人起义响应。

　　陈其美与蒋介石到了杭州,了解到政府新军中第八十一标和八十二标倾向革命,可以成为起义军的主力。他们又和杭州的革命同志拟订了起义计划,然后他让蒋介石留在杭州继续发动,自己抽身又去了南京。

　　几天后,蒋介石找陈其美汇报。

　　"干得漂亮!"陈其美表扬了蒋介石后,又交给蒋介石军费 3600 元,让他组织一支 100 人的"先锋敢死队",由蒋率领赴杭州参加起义。蒋带队于 11 月 3 日返回杭州,将敢死队员分别埋伏在杭州城外的奉化试馆、仁和火腿店和革命党人李汉臣家中。当天深夜,传来上海革命同志已发动武装起义的消息,杭州革命党及时响应。4 日深夜,蒋介石接到杭州起义指挥部的命令,率敢死队立即出发,由望江门进城攻打浙江巡抚衙门。敢死队员个个奋勇作战,清军溃不成阵,逃跑的逃跑,投降的投降。浙江巡抚曾韫被起义军活捉。革命党于当天成立军政府,推举汤寿潜为都督。

　　杭州光复后,蒋介石回到上海,协助陈其美整编革命军。陈又组建了沪军第五团,蒋为团长。

　　武昌起义后,正在上海的清政府公使伍廷芳,也宣布赞成共和,先后致信摄政王载沣和内阁总理大臣庆亲王,劝告清帝退位。情急之中,庆亲王劝载沣重新起用袁世凯。

"这不成!"载沣摇摇头。1908年载沣要为哥哥光绪报仇,想杀袁世凯,怕引起军变,没敢动手,就以"回籍养疴"为名,把他赶出宫廷。这时袁世凯住在河南彰德府洹上村。

"挽救危局要紧!"

"就这样定啦。"载沣犹豫了半天,终于下了决心。于是任袁世凯为钦差大臣,节制冯国璋、段祺瑞的北洋军和湖北水陆各军。就在这一天,北洋军受袁密令,向汉口的革命军发起猛攻。

黄兴接湖北军政府电请,赴武汉"以资镇慑"。黄兴多次组织领导过武装起义,且身先士卒,临危不惧,威名远扬。

10月28日,黄兴偕同夫人徐宗汉与宋教仁、刘揆一等乘江轮到汉口,旋即南渡武昌。黎元洪派代表及乐队、仪仗队在江岸隆重迎接。29日,黄兴以战时总司令身份赴汉口督师,设指挥部于歆生路满春茶园。11月2日,北洋军攻占了汉口。革命军退守汉阳,黄兴回到武昌。3日,都督府在阅马场举行了盛大的拜将仪式,特建一座拜将台,各机关人员及军队官佐,并派军队一标,于正午会齐军政府参加仪式。台上四角竖立军旗,中央挂着一面大旗,上书"战时总司令黄"。黎元洪在台上亲将印信、委任状、令箭授予黄兴。黄兴慷慨陈词道:"此次革命,是光复汉族,建立共和政府,无知虏廷仍无觉悟,派兵来鄂,与民军为难,我辈宜先驱逐在汉口之敌,然后进攻,收得北京,以完成革命之志。今日承黎都督与诸同志举兄弟为战时总司令,责任重大,实难负荷,但大敌当前,不敢不勉。因念军人以服从命令为天职,以艰苦奋斗为己任,兄弟愿从黎都督与诸同志后,直捣虏廷,恢复神州,虽捐躯献身,均所不惜。"

黄兴当日即戎装出发,赴汉阳备战,将湖北军队编为第一军,分片划区,保卫汉阳,并准备反攻汉口。

袁世凯攻占汉口后,一方面源源增兵,一方面急欲与武昌军政府谈判。他派蔡廷干、刘承恩带着他的信件来到武昌军政府。呈上信文:"如以承认君主立宪,两军息战。否则,仍难免以武力解决。"态度之横蛮,间有诡诈,立遭斥责。革命党人把信文公开,民众团体也在军政府门外示威抗议。黎元洪虽心有动摇,但迫于革命党人和示威群众的压力,不敢公开表示什么，只是说道："为项城（袁）计，即令返旆北征，克服汴冀，则汴冀都督非项城而谁？以项城之威望，将来大功告成，选举总统当推首选。"蔡廷干和刘承恩在黎元洪卫队的护送下返回汉口。

在和平试探受挫后，袁世凯见软的不行，又来硬的，即令冯国璋集中3万兵力猛攻汉阳，企图迫使武昌军政府就范。汉阳民军只有12000多人，不及敌军一半。黄兴指挥民军奋勇抗击，但因敌我力量悬殊，敌军攻入汉阳。黄兴在城破之际，决心与城共存亡，经同志劝止才撤出汉阳，乘轮返武昌。

"丢人啊，丢人！"黄兴大呼。江轮渡至中流时，黄兴纵身投水，被左右救起，免于死难。当晚11时，渡江到武昌军政府，立即召开紧急会议。黄兴悲愤万分，深以为愧。他分析了汉阳之败，原因有三："第一，官长不用命；第二，军队无教育；第三，缺乏机关枪。"黄兴主张放弃武昌，攻取南京，但被否决。27日，汉阳失陷，"武汉人心，悲痛异常，甚至车夫、舟子皆相视对泣"。

当时，最最使人忧虑的事是南北议和，此事在革命党内部呼声越来越高，暗中的进程也越来越快。

11月11日，江苏都督程德全、浙江都督汤寿潜（原咨议局议长和铁路总理）和上海都督陈其美联名致电各省军政府，建议派代表，像美国独立战争那样，在上海开各省代表大会，但黎元洪却通电全国，要各省代表到武昌组织临时政府。以后，虽然各省代表陆续在上海集会，组成了"各省都督府代表联合会"，但公认湖北军政府为中央军政府。同意到武昌组建临时政府，这样，就更使黎元洪有资格代表南方革命党人同袁世凯谈和了。

再者，各省革命党人在建立军政府时，大都效仿湖北的做法，把都督这一最高军政要职交给原来的巡抚或协统等旧官僚。这些旧官僚，在革命党人的枪口下，依然两怕：不摘下红顶花翎怕革命党；穿上都督服，却怕半倒不倒的皇帝。可见，他们是一帮混在革命营垒中的蛀虫。

接着，程德全致电各省军政府，建议公请孙中山回国组织临时政府。此时，孙中山正在美国为起义筹款奔走呼号。

陈其美收复上海记

陈其美在辛亥革命史上的最大功绩,还不仅在于他能会同宋教仁、谭人凤等筹组中部同盟会,积极策划支援长江流域的革命运动,而是在武昌起义以后,迅速光复上海,影响了整个的革命战局,奠定了辛亥革命成功的基础。

上海的革命党人在陈其美组织下,加紧筹划起事响应。

参与筹备起义的有中国同盟会中部总会、光复会上海支部和上海商团公会三方力量,主要负责人是陈其美、李燮和、李英石、李平书、钮永建等人。革命党人除了由同盟会、光复会志士及帮会成员组成的敢死队,以及商团公会所办的地方武装可以依靠外,还得到了淞沪地区部分军警的支援。

且说 1911 年 11 月 3 日(农历辛亥年九月十三日)上午 11 时,枪声大作,起义者跳出战壕,边冲边打,率先占领了闸北巡警总局。由于大势所趋,人心所向,驻沪清朝军警纷纷倒向革命党人。

午后 2 时许,各路敢死队与商团武装数千人至西门外斜桥西园(也称九亩地)举行了出战誓师大会。陈其美等人上台发表演说,宣布上海光复战开始,在反清中争取独立!起义军应声,口号声连天。

接着义军挥旗向上海县城猛攻,县知事衙门、道台衙门均很快被占领,上海县知事、道台逃入租界避难。至晚上 8 时,上海城内外已全部光复。但在攻打江南制造局时,意想不到的事却发生了……

江南制造局位于上海县城南门外的高昌庙,创立于 1865 年,是当时国内生产新式武器的最大兵工厂之一。革命军若能将制造局控制在手,军火便不愁缺乏。此时的制造局总办张士珩(字楚宝,号弢楼)是安徽合肥人,系李鸿章的外甥,所部卫队 300 多人,都是安徽老乡,外人无法入手,必须硬碰硬地以武力去对付。另外,防守制造局的,除驻军以外,还有特别巡警队,同时在黄浦江中还泊有一艘炮艇,协同防御。

情况十分危急!怎么办?

下午 4 时,陈其美赶赴火线,另行组织一支百余人的敢死队前去攻打江南制造局,并亲自动员,随队督战。

炮火连天。

敢死队携带向商团公会借来的 40 支步枪、子弹若干发,以及自制的土炸弹数枚,由杨谱笙、高子白带队,在陈其美督战下,边掩护边冲击,很快到了制造局门前。

陈其美一方面是急于求成,一方面也是感到在大局已定的情形下,实在不必要造成敌我双方无谓的人员伤亡,于是他请各同志暂停攻击,自己则准备入局劝降。杨谱笙站出来劝说:"千万不可以,这是非常危险的事,万万不能冒险。"

陈其美坚定不移地说:"只要有益于大局,个人安危何足计较!"

接着在枪声中,他扬起了自己手中的白毛巾,示意对方和谈。

对方大哗的枪声立刻停了下来。战场恢复了死一样的平静。

陈其美大喊:"为了不必要的双方牺牲,我愿意做人质,双方进行谈判!"

对方喊道:你是谁?

"我是陈其美——"

"我们不认识——"

"你的长官认识我,我可以赤手过去,让长官认识,好吗?"

"好吧——"对方也扬起了白毛巾。

这时杨谱笙再次相劝:"对方居心险恶,先生万不可去!"

陈其美说:"为了上海的光复,为了不必要的流血,我已把自己置之度外了! 大家不要劝了!"

陈其美说完跳出战壕,扬起手臂高呼着:我是陈其美——

枪声暂停,两军对峙的阵地显得出奇的宁静。

陈其美高喊:我是陈其美,我是陈其美——

他身穿白衫,在这一片开阔地上飘然地、镇定自若地朝前走着。"哒",像是一枪走火,把大家的心紧悬起来。鲜血从陈其美的白衫上慢慢渗透开来。

应该说，这真是一种错觉。难怪这种错觉在为后来沪上都督竞选时加分。

陈其美在人们的错觉中到了对方的阵地。

果然，等他进去之后，便消息杳然。实际上是他劝说无效，反被扣留了。

当时陈其美进去，劝说张士珩投降，免遭流血之祸，并晓以大义，说革命党已在外面围攻，声势赫赫。软硬兼施之下，不料张士珩丝毫不为所动，喝道：送上门来了，还不给我绑起来！

于是几个膀大腰圆的人上来，立马将陈五花大绑，并骂道："你们这批亡命之徒，待我将外面这些狐群狗党打死，再来杀你。"

劝降失败，只得硬攻。下午5点，枪声大作，战斗重起。

敢死队乘制造局放工的时候，拥入局门。当时守军中一部分人同情革命，但还有一小部分人在总办张士珩的督率下负隅顽抗。守军先放空枪以示警告，敢死队见无子弹，便冲上前去投掷炸弹，守军于是以实弹射击，当场打死一人打伤二人，敢死队进攻受挫。待击退革命党人后，得意洋洋的张士珩便要来杀陈其美：陈其美，你的部队被打下去了，你还嚣张吗？

陈其美说：我不相信！你赶快投降，我会给你一条生路！

你高兴得太早了！说完一个巴掌扇向了陈其美。张士珩恼羞成怒：给我开刀问斩！

当时制造局内有一个名叫张杏村的士兵，暗中支持革命，在局中充当内应，在旁眼见陈其美生死系于一发之际，乃挺身而出说："此人乃微弱书生，有何本事，杀不杀，无济于事，但他们党人很多，均不怕死，今若杀他，设异日他们专来找总办谋报复，可了不得。"

张士珩还嘴硬："我不怕他们，更不怕死。"

张杏村复晓以利害："总办所说甚是，但总办的少爷、小姐均在外居住，身家性命以及财产，也当顾虑。即我等在此自当同总办出力，设若革命党成功，他们必不饶恕我们。请总办想想，何不等到大事平定，再来杀他不迟，横直他在这里哪能跑得脱。"

张士珩听了张杏村之言："你的话有道理，我可以让他晚死一会儿。"便放弃了立即杀害陈其美的念头，但仍要让他吃点儿苦头，将陈其美捆绑在柱上，命人用冷水从口注入，使其难受。

听说陈其美被俘，李平书赶忙与李英石一起到制造局见张士珩，谓陈其美系《民立报》记者，请求将他释放。张士珩哪里听得进去，说什么书生不知利害，妄思革命，徒送死耳！李平书察言观色，见不能立即释放，只好先行返回。

深夜，李平书与沪上名绅王一亭再次赴制造局，以上海城自治公所、上海县商会名义，保释陈其美。张士珩顽固地表示，既然声称是《民立报》记者，那就要该报馆出具担保书，保证以后不再来局滋扰。

陈其美被扣押的消息，不胫而走，传遍了上海，广大军民纷纷前来搭救陈其美。唱戏的伶人夏月珊、夏月润，也率领同班同台演武戏的几十名朋友，提着刀枪棍棒，争先赴援。革命党人见陈其美不得获释，决计以敢死队再次进攻。

革命党人发动了猛攻。起初局中以机关枪抵御，防守严密，不得入。不久，清军起义士兵和商团武装前来支援革命党人。制造局被团团围住，受到商团、敢死队与士兵数千人的猛烈攻击。起义军从防御薄弱的制造局后墙翻入，举火焚厂，局中顿时陷入慌乱，守军非逃即降。4日凌晨，清政府在上海的最后堡垒江南制造局终于被攻破了。总办张士珩见大势已去，携襄办乘小火轮逃往租界，仓皇逃命的他当然顾不上杀陈其美了。

起义军冲进制造局后，起初到处找不到陈其美，最后才在局后厕所旁一间储存废铁的小房间里发现了他。只见他席地而坐，被钉上了脚镣手铐，身体被粗麻绳绑在一张木凳上，头紧紧贴着墙壁，头发被钉在墙上，全身动弹不得。同志们赶紧把他放下来，打开脚镣手铐时，他早已周身麻木。陈其美被人扶着走了几步，活动活动身体，然后被送回去休息。至此，上海胜利光复。

第七章　沪上都督

| 刘福彪的一枚手榴弹摆平了都督人选

自 11 月 4 日上海光复当天起,革命党人与上海地方各界人士,便在小东门内海防厅旧址连日召开大会,讨论独立后的措施。

大家都认为上海乃地方冲要,必须推举一个统领军政的人任都督,但在都督人选上,却发生了严重的分歧,有功于上海光复的三大势力都想染指,差点儿酿成内部火并。当时,同盟会方面竭力推举陈其美,帮会、报界和留日学生也都拥戴陈其美;光复会方面拥戴李燮和,淞沪一带的起义军警也支持他;上海地方绅商则推举钮永建或李英石当都督。

话说 11 月 6 日这一天,推举沪军都督的大会在上海城小东门的旧式五开间高大平房海防厅内举行。海防厅内外,人流如潮;进门处,由肩背步枪的 10 名卫兵,分列两排站岗警戒;厅内正面会场上空悬挂着"沪军都督推选大会"的红色字幅,整个会场庄严肃穆。

下午 2 时整,鼓敲一阵,陈其美身穿学生装到达会场,前后跟着陈其美的把兄、青帮老大范高头的徒弟,号称"四庭柱"之一的刘福彪率领的几十名敢死队队员,一个个膀大腰圆,威风凛凛。刘福彪跟着陈其美走入会场,敢死队员们则留在了厅外。

陈其美进场后,一阵鼓鸣,李燮和骑着高头大马也进了会场,腰悬佩刀,背后跟的是几十名商团团员,一个个凶神恶煞。

两军到齐,陈其美与李燮和分别抽签,然后演讲。

结果李燮和抽得上签,先上台演讲。台下一阵阵掌声雷动。

李燮和演讲结束,陈其美上台演讲,自然也是掌声雷动。

两人演讲后,推举都督的会议不久便陷入对峙的局面。且说商团代表以李燮和"军事学识渊博,指挥上海光复任重功高"为由,提议李燮和出任都督。而同盟会和会党方面则坚决不同意,推荐陈其美为都督。

你声高我声更高。争执之中,黄郛拔出了手枪,声称是陈其美先进入制造局,九死一生,立下第一功。这时在场的商团军官也拔出了手枪,称陈其美进制造局后即被拘捕,后来是李燮和指挥全党和商团攻下制造局的。

双方争论不休,大有火并的气势。这时刘福彪高举手榴弹,突然大声吆喝:"攻打制造局,陈先生身先士卒,生死置之度外,吃了那么大的苦头,都督非选陈先生不可,否则我手榴弹一甩,大家同归于尽!"

在这样的威胁下,其他人都屈服了。

最后经过斡旋协商,大家同意由陈其美出任沪军都督,李平书为民政部长,钮永建为军务部长,伍廷芳为外交总长,沈缦云为财政部长,王一亭为交通部长,张承櫆任沪军北伐军总司令兼沪军敢死队总司令。

11月8日,沪军都督府正式成立。

辛亥革命是我国近代历史的转折点,在这个时期,之所以能转危为安,挽回当时的革命局势,关键一点就是上海光复。在武昌发难以后,如果没有上海的光复来作为对武昌大力的支援,面对疯狂反扑的清军,则革命事业可想而知一定会遭受到重大挫折,说不定清朝政权或可再苟延若干年的命运。上海光复,革命局势发生极为有利的改观。因为上海是中国最重要的工商业城市,媒体又比较发达,国际舆论和国内民意,多以上海的反应为标准。上海成功摆脱清政府统治,令革命军声势大振,全国民心因此日益倾向于革命军。

在上海光复的影响下,11月5日,江苏省会苏州、浙江省会杭州几乎同时宣布独立。至12月2日,江浙沪革命联军攻克南京,长江下游一带遂全部光复。

在上海的三位都督:沪军都督陈其美、江苏都督程德全、浙江都督汤寿潜同各省都督代表举行会议,决定临时政府设在南京,并公举黄兴为大元帅,黎元洪为副元帅。但是,黄兴由于汉阳之役受挫,在内部很遭一些人的非议,他自己也很沮丧,大有饮恨终身之意;再加上黎元洪反对推举黄兴为大元帅,结果黄兴竟然在上海为欢迎黄任大元帅而举行的大会上宣布:"鄙人才力不胜,请各位容许辞此大元帅之职!"全场一片哗然。

当然,宋教仁等是能理解黄兴的。这位忠勇的战将,同盟会的柱石,心地坦荡无私,他推辞不就的原因,除了以上那些消极方面,还有一条,就是他认为最高职务应当虚位以待孙中山。黄兴虽然也认为利用袁世凯逼清帝逊位,不失为一条策略,但他到底是希望孙中山赶快回来主持大局。考虑到局面的复杂性,如果黄兴执意不就大元帅之职,此职就毫无疑问地落入黎元洪之手了,但黎元洪是宋教仁等革命党人无论如何信不过的。所以,宋教仁坚决主张在孙中山回国前,应当由黄兴来主持大政方针。经过多人劝说,黄兴总算勉强答应暂时担当大元帅之职,一俟孙中山回国,理应由这位同盟会总理执掌大权。

然而,黎元洪几乎立刻作出反应。他通电全国,反对上海方面推举黄兴为大元帅。与此同时,加快了南北和谈的步伐。12月17日,作为袁世凯的谈判代表,唐绍仪到达上海,同革命党代表伍廷芳谈判。

同日,在南京,一群江浙联军的军官聚众闹事,迫使各省代表改选黎元洪为大元帅,黄兴当副元帅。南京的立宪党人、旧军官自称拥黎派,排斥黄兴;而革命派中拥护黄兴的人,有些人激愤难抑,提出逮捕闹事军官,惩办改选黎元洪的各省代表。南京,处于革命军内部火并的前夜。亏得能干的宋教仁巧于斡旋,才使南京的政局得以维持。

好像混乱、争权夺利还不够似的,光复会的领袖、一代文宗章太炎竟然在这时提出:革命军起,革命党消。革命阵营内部的思想非常混乱。宋教仁面对这一切,他焦急地、望眼欲穿地盼望着孙中山回来。他相信,只有众望所归的中山先生回来,才能扭转目前的混乱局面。盼啊!革命党中有多少人像宋教仁一样,翘首以待他们的领袖孙中山早日归国。

接着,各省代表在汉口英租界顺昌洋行开会三天,讨论的内容是成立中央政府,通过《中华民国临时政府组织大纲》。并议定,"如袁世凯反正,当公举为临时大总统"。这又为袁日后窃权埋下了伏笔。历史就是这般复杂、微妙。

12月25日,同盟会总理孙中山从海外归来,到达上海,陈其美朝夕不离左右,会商临时政府组织方案。12月29日,孙中山被各省代表推选为中华民国第一任临时大总统。1912年1月1日晨,孙中山由上海启程,前往南京赴任。陈其美不仅准备了专车,并派卫队护送。即日孙中山在南京就任临时大总统职,以那一天为中华民国元年一月一日。

| 街上流行招募站和剪辫子之风

陈其美走马上任上海都督的第一天,就约法三章,引用孙中山的话:革命尚未成功,同志仍需努力。一方面整顿秩序,一方面乘胜追击,扩大战果。

他上任的第二天,街头就出现了招募士兵的海报,筹建沪军,支援镇江、南京之战。戚家二姐妹,花枝招展,来此报名从军,惊得招募人员大喜,急忙报告陈大都督,陈大都督便下令成立沪上女子国民军,二姐妹为队长。后来南京光复中,沪上女子国民军起了很大作用,勇猛冲杀,把战旗插上城楼,受到了嘉奖。

再者,上海华洋杂处,车站码头处,剪辫子之风盛行。男人留辫子,女人裹金莲,是封建王朝留下来的旧习。陈其美一上台,就说:新人新尚新时代,辛亥革命推翻了皇帝老儿,我们是中华民国,要开一代新风。辫子不能再留,裹足不能再长,否则我们就不是中华民国。陈其美一发话,立刻在城池要冲,遍贴布告,晓谕市民剪辫。

布告有文:

> ……自汉起义,各省响应,凡我同胞,一律剪辫,除去胡尾,重振汉室。……

看到这则布告,仍有一些因循守旧者,记着太平天国当年革命不成人头落地的惨痛教训心存疑惧,仍然小心地留着长辫,出没街市。这惹起了上海光复中那些曾与清军浴血奋战的驻沪士兵的强烈不满,他们自动上街,三五成群,先在城池外围,见到留辫者就剪;后来又扩展到市内各繁华处,见人就拦,将长辫强行剪下后放行。

在主要的街道口,他们设有剪辫站,名曰"新人头",还配有宣传节目。

这时,从阴沟里也冒出一些地痞流氓,三教九流,则趁机兴风作浪,不但在街上拖着人剪辫,还闯入民居、店铺里去剪。一时间整个上海,被搞得人心惶惶,谈辫色变。强迫剪辫行动从11月中旬延续近十日,种种有损民军荣誉、丧失军政府威信的纠纷不断出现。陈其美一面发文各驻军营部,严禁士兵上街强行剪辫;一面就在11月21日这天分别在闸北自治会所和小南门群学会堂亲自主持演讲,沉痛劝谕市民从速剪辫。他的演讲恳切坚决,听者莫不动容。后记成文,在报上刊出,又印成传单发遍全城。申城华界各地,立刻就有不少团体或个人,组织起来,大力推行义务文明剪辫运动。

上海所有华界的剪辫运动,虽然轰轰烈烈地进行,但在租界,军政分府的布告、晓谕却贴不进去,行政命令也无法实行,租界内华人,仍然拖着长辫,在繁华街头摇来摇去。军政分府无奈,只得请外交总长伍廷芳,备函公共租界工部局和法租界会董局,明确照会:

> 上海业已光复,共和政体成立,华界汉族人民均将逊清强加之发辫剪去,唯贵局势力范围以内华人尚未剪辫,实未臻完善,故来函商请,允准租界内华人自由剪辫,请鼎力协助,勿稍加阻止为幸。

接到公函,法租界领事甘司东令巡捕房允准租界内理发店为汉人自由剪辫。一时间,亚尔培路、爱多亚路、霞飞路等理发店,纷纷亮出"本店欢迎来客剪辫理发"的招牌,有的店为了争取剪辫顾客,还张贴"剪辫加理发,愿留下发辫者,不但不收理发费,再贴小洋两角"的红纸来竞争。剪辫者日众。一些因循守旧老人,也在子女们的劝说下,无奈剪下拖了一生的"猪尾"。

法租界在法董的协助下,绝大部分汉人剪掉了长辫。

上海公共租界情况则不同,当时美英德日等十余个国家横行其内,他们在中国耀武扬威惯了,从不把中国官府政令放在眼里。他们原来就禁止华界的军民自发组织的剪辫团体进租界,也不准租界内理发店贴剪辫广告。接到伍廷芳商请协助公函,工部局采取的是"既不支持也不稍加阻止自由剪辫"的态度,使这场席卷全上海的"除此数寸尾,还这大好头颅"的剪辫行动,未能获得圆满成功。

紧急推动东南地区的光复

上海光复后,身为上海大都督的陈其美,作为同盟会中部总会的负责人,不以上海的光复为终点,积极配合同盟会驻沪机关,推动东南地区的解放。

几乎在上海光复的同时,杭州的光复战也已打响。

11月2日,陈其美接到杭州汤寿潜的通报,杭州起义在即,日期定在11月3日至7日间,请求上海给以人力、物力的支援。

陈其美把蒋介石、王金发、王文清、陈泉卿、张伯岐等一行唤到密室,让他们率领百人敢死队速赴杭州支援。另派庄之盘、庄正瑛、赵平之等一行携带起义经费和军械弹药前往杭州。

上海义举的胜利,极大地鼓舞了杭州义军的士气,起义指挥部当即决定于4日夜发难。枪声一直响到拂晓,义旗插到城楼顶,浙江巡抚增韫被活捉。汤寿潜被推选为都督。

应该说,蒋介石等人率领的敢死队发挥了相当重要的作用,原以为杭州光复后能占一席之位,谁知事与愿违,令蒋介石大为失望。

陈其美安慰他说:"把心放长远些,不以一地一城,患得患失。杭州光复了,接下来就是镇江、南京。"

蒋介石不语。

11月5日,镇江的枪声打响了。

镇江位于江苏省南部,长江下游南岸。长江与京杭运河交汇于此,镇江港为长江下游重要河港之一。

为了拿下镇江,陈其美曾动员说:"镇江为长江第三门户,吴淞、江阴光复后,长江第一门户和第二门户为我军所有。因此,镇江亦不难即日攻取。"

陈其美号召"忠义豪杰之士,均应乘时奋兴,共伸天讨,诛锄胡虏之恶政府,建立共和之新国家"。

陈其美又指出:"对于驻防旗兵,凡是诚归顺者,则以人道为怀,概免其死;对于顽抗革命军,为虎作伥者,杀无赦。"

11 月 6 日,陈其美在上海与同盟会会员、驻镇江新军第三十六标一营管带林述庆等人具体研究了镇江光复事宜,决定由上海支援弹药。

据时任新军第九镇正目、参加过光复镇江的高骞回忆:

> 辛亥阴历九月十六日夜,约近 9 时,林述庆特由沪向陈英士接洽妥当,将沪军攻下的制造局所获得的六厘米五口径子弹三百多万发完全运输到镇,准备接济镇江光复之用。子弹妥当,林旋赶回镇江防次。

且说林述庆得到这批子弹后,如鱼得水,随即攻城战斗打响,次日凌晨攻入城心,驻防旗兵缴械投降。然后四门打开,迎接革命军。

镇江光复,军政府成立,林述庆因有功而被推选为都督。

上海四周主要城市光复后,只剩下南京城还在清军手里。

辛亥革命胜利的奠基之战

在公元 1911 年 10 月爆发的辛亥革命的武装斗争中,南京城的光复之战,以其战斗激烈、战果辉煌而载入史册,成为辛亥革命胜利的奠基之战。

南京地处南北要冲,战略地位十分重要,历来为兵家必争之地。武昌起义爆发时,南京驻有两支军队,一支是以旗兵和绿营兵为主的旧军,约2万人;另一支为新军新建陆军第九镇(师),5000余人,由统制(师长)徐绍桢率领。以旧军、新军为别,南京的政治力量明显分为两大派,清两江总督张人骏及铁良、张勋等,极端仇视革命,效忠清廷,其中尤以张勋最甚。新军中的广大官兵多为知识青年,受民主革命思想影响,对清朝的腐朽统治普遍不满,加之著名革命党人赵声、柏文蔚等曾在第九镇中广泛宣传革命思想,使得不少官兵倾向革命。

各地新军的起义,强烈地冲击着第九镇官兵的心灵,也使张人骏等提高了对九镇的戒心。经过密谋,他们将第九镇部队调出城外,驻防于离城三十多公里的秣陵关。并扣发新军的弹药,每个士兵只发三颗子弹;派出江防营部队在距秣陵关十多公里处驻防,以防御新军,同时每天派出侦探到第九镇驻地刺探军情;更有甚者,铁良的亲信桂城竟企图行刺徐绍桢,被当场抓获。消息传开,九镇官兵义愤填膺,纷纷要求起兵举事。此时,上海、杭州、苏州、镇江、常州、无锡相继光复的消息传到兵营,徐绍桢遂决定率部起义。他一面派人去上海与陈其美联系,以求得弹药的援助,一面召开各团队指挥官会议,布置行动计划。

11月7日晚9点多钟,埋伏在城内的苏良斌派人送信给徐绍桢,说已密约巡防营、督署卫队营士兵半夜起义,请第九镇部队攻城接应。徐绍桢对这一消息未辨真假,加之时间仓促,而且大部队调动已来不及,就未采取行动。8日凌晨,苏良斌起义失败。第九镇在不知消息的情况下,决定按原计划起义。

8日拂晓,第九镇官兵向南京城挺进。中午11时,各路纵队到达距花神庙不远的一条河边时,立即分散行动。中央纵队的骑兵继续向花神庙前进,三十三标的部队通过姑娘桥,向望江矶一线展开,三十四标也向双哑巴树一线进击。设在石马村的起义军司令部与前方失去了联系,三个纵队互相之间也不通音讯,只好各自为战。下午5时,总指挥沈同午得到情报,说虽然城内苏良斌的起义已经失败,但仍有一支炸弹队埋伏城里,准备与攻城大部队里应外合。于是,他派出传令兵命令各纵队全线出击,进行夜袭。

　　晚 7 时许,中央纵队向雨花台方向发起冲锋,当部队冲到离雨花台只有一公里的地方时,士兵的三发子弹早已用完,只得隐蔽在田埂后。9 日凌晨 2 时 30 分,中央纵队组织了敢死队,在手榴弹爆炸的烟幕中,敢死队员一度攀上雨花台东峰,插上白旗,并徒手夺得两挺机枪,终因后续部队未能跟上,又被清江防营夺回阵地,几十名敢死队员壮烈牺牲。

　　在激烈的战斗中,虽然第九镇官兵作战英勇,战术灵活,但由于没有弹药,部队分散行动,无法配合,所以伤亡惨重。除中央纵队外,左、右两个纵队的进展也不顺利。9 日天亮时,战斗局势已经明朗,攻城无望。为了避免更大的牺牲,沈同午下令全线撤退。在浓浓大雾的笼罩下,攻城的起义部队相继撤出战场,向镇江方向退去。这一仗,第九镇官兵伤亡数百人。

　　攻打南京城失利之后,第九镇统制徐绍桢立即东去上海,与同盟会上海总部陈其美和各地革命党人驻上海的代表会商。

　　由此,上海都督陈其美亲自主持会议,分析全国形势。当时全国的形势较为复杂,一方面,不断有新的省、市宣布独立,就全国而言,革命党人的力量日益壮大;另一方面,武汉危急,被清廷重新起用的袁世凯玩弄反革命两手,在用北洋重兵围攻武汉的同时,又派代表到武昌进行和谈试探。武汉的起义军队在黄兴的率领下正苦苦支撑。

　　陈其美开场便说:"鉴于南京城内清军实力较为雄厚,必须联合江浙各地革命军一致行动,才能攻下! 不然,必遭失败。"

　　粤军参谋长犹龙说:"欲定大事,非速攻南京不可。南京一日不下,武汉必危。武汉不支,则长江一带必不能保,满虏之焰复炽,祖国亡无日矣!"

　　会议经过讨论,决定组建江浙联军,以徐绍桢为总司令,会攻南京。

　　会后,陈其美随即派黄一欧等人先到杭州和朱瑞联系,向朱瑞力陈组织联军会攻南京的重要意义,朱瑞欣然同意。随后,黄一欧等人又到苏州见程德全、刘之洁,到镇江见林述庆,他们都同意组织联军,并且认为越快越好。

　　在征得各方同意后,陈其美即于 11 月 11 日以沪军都督的身份致电江苏都督程德全、浙江都督汤寿潜，提议组织江浙各处联军，会攻南京，并推徐绍桢为联军总司令，电文称：

> 江宁民军退却，集合镇江力图恢复。徐督绍桢素为新军爱戴，此次剧战，亲冒锋镝指挥，退兵仍守纪律，尤见大将伟略。现苏、浙、沪赴援各军，若无主将，殊为危险。敝处决拟公推徐都督暂充此次克复江宁各军总司令，凡各路赴援水陆军队，统归节制调遣，以期统一兵权，早日克复，东南大局在此一举。一面电请徐都督即日任事，贵都督谅表同情，祈即转饬各军长官，均应暂归节制，至接济军火，敝处当殚力以筹。

对于陈其美的提议，程德全、汤寿潜迅即回电赞成。但镇江都督林述庆却因不满意徐绍桢在起义前后的表现，通电要求改推总司令。柏文蔚"恐失上海诸君感情"，极力劝说林述庆"隐忍"，林始勉强同意。

13 日，徐绍桢在镇江设立联军总司令部。陈其美派遣洪承典为沪军先锋队司令，率领由商团与学生军临时编组的 600 人的队伍开赴镇江，听候调遣。苏、浙各地先后加入联军战斗序列的部队还有：林述庆率领的淞军 3000 人，朱瑞率领的浙军 3000 人，刘之洁率领的苏军 3000 人，黎天才率领的淞军 600 人，以及松江等地的巡防营等，总兵力 2 万人马。

11 月 15 日，参加会攻南京的各路人马齐聚镇江。

正在围攻武汉的清海军"镜清"、"保民"、"楚观"等 14 艘舰艇，顺江而下来到镇江，投奔革命党，使得会攻南京的联军水陆并进，军威大振。

革命军大兵压境，袁世凯给张勋电报称："东南半壁，悉赖我公。"

张人骏、铁良、张勋等决定死守南京，以江防营和巡防营为主力，在南京城内外各要点设防，准备依仗地形和武器的优势与革命军大战一场。

11 月 20 日，江浙联军会攻南京的战斗打响。

在攻打南京的战役中，陈其美负起了后勤保障的重担。江浙联军总司令部的总兵站设在上海，各军所需的军械、军饷、服装、医药等等的补充均依赖上海供给。在此期间,陈其美"不分昼夜,兼筹并顾,苦心调度,使各方面都能如愿以偿,全力作战"。戴季陶后来也感慨万端地说:"南京之克,其军需之接济,亦赖上海。"

联军为了切断张勋逃跑的退路,联军司令部首先派镇军和扬军的两个营渡江进攻六合。22日,浙军朱瑞部进击麒麟门,与张勋江防营交战,战斗十分激烈。此时,清军在乌龙山、幕府山的大炮不时发射炮弹,威胁着前进中的联军部队。曾任幕府山炮台军官的同盟会员宫成鲲联络两台的一部分官兵,将炮栓拆下收藏。24日夜,粤军和浙军游击营乘军舰在乌龙山麓登陆,炮台内起义士兵开栅内应,一举占领炮台。第二日,粤、浙两军继续配合,激战数小时,攻占幕府山炮台,使清军失去城外两座堡垒。同时,驻守在下关江面的清水师十三营的40艘战船起义,下关东西两座炮台也归向革命军。张勋失去了江防。

革命军用幕府山的大炮向仪凤门、太平门的守军猛轰,张勋在城内的指挥部北极阁及两江总督署,也不时遭到大炮的轰击。11月25日拂晓,浙军先头部队百余人与清兵数千人相遇,陷入重围,正午时分,浙军大队赶到,与清兵混战。下午4时,浙军攻占孝陵卫,击毙清兵千余和张勋的得力助手、巡防营统领王有宏。26日,江浙联军全线出击,苏军刘之洁部由淳化镇进攻上方镇,下午占领高桥、龙桥,翌日晨攻占七桥瓮和上方镇;扬军徐宝山部进攻浦口,海军协同作战,炮轰浦口和狮子山炮台,使下关与浦口交通断绝;浙军朱瑞部和沪军洪承典部击退张勋的反扑,击毙清兵数百人,进至朝阳门(今中山门)外。战至此时,守城清兵基本上处于被包围态势,但城东的天堡城炮台,仍对联军构成威胁。

天堡城位于东郊紫金山第三峰(今紫金山天文台所在地),城高坡陡,张勋在此驻扎江防军一营和机枪四挺、重炮十余门。联军以镇军、浙军、沪军围攻天堡城,激战数日,死伤众多,仍未攻下。

徐绍桢总司令急电陈其美,要求上海火速增调兵员和枪支弹药。

陈其美接电后,立即增派革命部队。29日,从吴淞调陆军一标,用火车运往南京。30日,新招沪军第一、二标也开赴南京助战。11月30日,陈其美还向李平书等人借得快枪 500 支火速运到南京前线。

11 月 30 日晚,浙军组成近 200 人的敢死队,冒雨强攻,经过一天一夜的战斗,于 12 月 1 日攻克了天堡城。这一仗,联军伤亡了数百人,山上山下,到处可见尸体。镇军管带杨韵珂事迹尤为感人,他身中枪、炮弹,伤 40 余处,临终前高呼:"不夺此要塞,不要收殓我尸。"死时年仅 30 岁。同日,苏军也攻占了雨花台,将清兵压至城内,团团围住。

张人骏、铁良和张勋知败局已定,遂请美国领事和鼓楼医院院长、加拿大籍马林出面,要求联军允其出城。江浙联军命令守城清兵全部缴械投降,张勋所掠公款 80 多万银元必须全部交出,否则将于 12 月 2 日中午发起总攻。

12 月 1 日晚,张人骏、铁良在下关乘上日本兵舰,狼狈不堪地逃离南京,躲进了上海租界。张勋则率领残兵败将 2000 余人,出汉西门经大胜关渡江逃往徐州。

2 日,江浙联军发起总攻,攻城部队所向披靡,势如破竹。苏军自雨花台入南门,镇军自紫金山入太平门,粤军入仪凤门,其他部队也相继入城。

3 日,浦口被扬军攻克,南京完全光复。

| 　陈其美诛斩陶骏保始末

要说清这个事件,必须重新回到攻打南京的战役。

在江浙联军总司令徐绍桢的指挥下,四路联军齐攻南京城。哪四路联军?

一是洪承典领导的沪军;二是林述庆领导的镇军;三是朱瑞领导的浙军;四是刘之洁领导的苏军。

四路大军箭在弦上,直捣南京两江总都督府。

且说南京守敌张人骏、铁良在下关乘上日本兵舰,狼狈不堪地逃离南京,住进了上海租界。张勋则率领残兵 2000 余人,出汉西门经大胜关渡江逃往徐州后,12月3日四路联军发起总攻。

林述庆领导的镇军,在其副手参谋长陶骏保的主张下,要占先机,拔得头功,先于四军抢占山头,占山为王。

林述庆领会其意,忙下令淞军,停止眼下攻击,绕道占领两江总督府。于是淞军一路冲击,首先攻进了总督府,安营扎寨。林述庆占山为王,自称起宁军总督来。镇军参谋长陶骏保也居功自傲地说:林总督每次进出总督府时,你们都要吹号行礼才对。

林述庆抢占了总督府后,不到五分钟,联军总司令徐绍桢也打了过来,见林述庆住进了总督府,占山为王。也在总督府内找一地方,挂起了"江浙联军总司令部"的牌子和旗帜。

接着其他攻城各军在总督府外分别找了地方驻扎下来了。

四军会合后,军中高层,大家互相走动,弹冠相庆。南京社会名流也来总督府,一一参拜攻城英雄。南京城内城外也不时地响起鞭炮声,以庆贺攻城的胜利。

再说林述庆,占山为王,自称宁军都督,趾高气扬,自行号令,根本不把其他三军头目放在眼里,包括联军总司令徐绍桢。

一时南京城群龙无首,气得徐绍桢跳脚直骂娘:这个野心家不得好死!

镇军陶骏保暗自得意,他自摇羽毛扇,看徐绍桢跳脚。

一时,南京社会陷入混乱。

徐绍桢无奈只好发电给上海的陈其美,他不光是沪上都督,而且还是同盟会中部总会领导人,请他拿主意。

再说陈其美作为中部总会的领导人,也是密切关注南京的形势的。林述庆、陶骏保的种种劣迹,早有人向他报告。还有一事,让陈其美愤愤不平,那就是在江浙联军攻打南京最为紧急的当儿,陶骏保自作主张,在镇江车站扣留了陈其美发往南京前线的弹药。据有人报告说,陶的目的是希望联军攻城失败,彼可率领镇军继攻南京,即可因光复南京之功当选南京都督。

……

陈其美想到这里，知道徐绍桢的难处，立即回电徐绍桢说：

> 文电悉。我公功成身退，高义可风，唯鄂难正炽，北雾尤恶，尚非大君子洁身独善之时，此间已公推程雪老移驻江宁，为江苏都督，并推林公为出征临淮总司令，东南要人，本党英俊，共表同情。程老今日赴宁，此征尤为重要，大局安宁，必资伟划，唯为国知玉，不尽欲言。

徐绍桢接电后，虽因陈其美没有让他主持南京军政而有所失望，但他对这件事情的处理还是基本满意的。很明显，若是举徐绍桢为南京军政长官，林述庆必然不服，定会酿成其他不可预测的后果。

再说重镇南京攻克后，北伐问题提到重要议程上来了。

为处理南京的有关善后问题，陈其美就电邀徐绍桢、林述庆、陶骏保一起来沪，然后部署进军北伐问题。

徐绍桢接电后，话不投机，未和林、陶商议，匆匆叫上代理第十七协会统沈同午，连夜赶赴上海。第二天上午9点徐绍桢偕同沈同午一起来到沪军都督府。

陈其美正开始一天的办公，见徐绍桢、沈同午前来：欢迎，欢迎，此次攻克南京，二位劳苦功高。

二位道：哪里哪里，全凭陈都督运筹帷幄！

落座后，徐说：林述庆野心勃勃，小人得志，不把我放到眼里也就算了，还有程雪老，也是骂声不断，说什么大清遗老，狗屁不通，自以为有战功，实际什么也不是！

沈同午也在旁边敲边鼓说：物以类聚，人以群分。还有那个陶骏保，狼狈为奸，他们一唱一和，臭味相投。上次攻打南京时，就是他在镇江扣押了你支援南京的军火，导致前方失利。攻下南京，又要称王称霸，岂有此理！

陈其美说：噢，你也这样认为？

沈同午说：不是我一个人这样看。事后我也查清了，命令是陶下的。同时他还说徐绍桢仅会纸上谈兵，不懂打仗！子弹送给他，等同放鞭炮。

陈其美又把脸偏向徐绍桢,想听听他的意见。徐说:他比林述庆更坏!

陈其美说:我们革命队伍中有些人自以为是,老子天下第一,总以为自己的功劳最大,只有自己才是最革命的,无法无天,想怎么做就怎么做,其实,这是革命的大敌。现在革命尚未成功,就如此居功自傲,革命成功,还怎么得了? 看来,我们有必要清理门户。同盟会的门不能只进不出!

徐绍桢点点头说:要清门户,革命得有纪律。姑息只会养奸,杀一才能儆百。如果把林、陶处理掉,今后定然不会再有不听命令的人了。

陈其美说:这事要慎之又慎,还得从容考虑,我要征询克公和程雪老的意见,然后才能作出最后的决定。

徐绍桢、沈同午走后,陈其美立即密电程德全,询问徐、沈二人所言是否属实,并问处置意见。程德全随即回电,说徐、沈二人所言是实,并指出:

> 镇江地处要冲,扼介于沪宁之间,对弟处所受威胁固大,对兄处亦属难保安宁,唯有捕杀此獠,翦除荆棘,方是为革命前途铺平道路。

陈其美又与宋教仁、章太炎等谈话,均是杀声一片。林、陶犯了众怒。

接着,陈其美又想起了上海光复后,争选都督一事,陶对陈其美反唇相讥,那话语那眼神还深深留在他的记忆里。

最后,陈其美把程德全的电报送到黄兴处,并说:"我想执行军纪。"

黄兴说:"革命军就是应当有铁的纪律。你核准事实,该执行的就执行。"

有了黄兴的这句话,陈其美算是有了主心骨。

再说林述庆和陶骏保二人,接到陈其美的电报,也未与徐绍桢商议,直奔上海。不同的是他们二人,并不着急,慢腾腾地到了上海。到了上海,天已黑了下来。林述庆告诉陶骏保说:今天放假会朋友,明天再说。

这话说到了陶的心里。原来陶在上海有一情人,叫沈慧芝,多年未见,想重拾旧欢。南京光复后,陶就托人打听过沈慧芝的下落,结果"非陶不嫁的沈慧芝"与上海滩的史量才结婚生子。让他气急败坏,不过他得知了沈慧芝的地址。

陶骏保与林述庆分手后,叫了一辆黄包车,带了两个卫士,直奔沈慧芝的住处,叩开了门,恰巧是史量才开的门:你是?

陶说:我是沈慧芝的男人! 说完递过来一张名片:上写镇江军参谋长陶骏保。

史量才倒抽了一口冷气,连说屋里坐。

陶骏保自己先进了屋,撞见了沈慧芝,沈十分惊恐,不知所措。

陶说:不认识我了? 跟我走吧? 这个地方太寒酸了! 陶说完向门外的卫士使使眼色,于是不由沈慧芝分说,两个卫士就把沈押到了黄包车上,被陶拉到了一处豪华宾馆住了下来。

在宾馆里,陶得到满足后,美美地睡了一大觉,直到第二天天已大亮,心想坏了,拜见陈其美约定的时间过了,于是他赶快穿上衣服,随便吃了早点,便匆匆忙忙赶到陈其美府上,要求接见。

门卫让他不要急,安排他在会客厅里等待接见。

陶骏保接过门卫送来的一杯茶刚喝一口,沪军都督府卫士队兼侦缉队队长郭汉章走出来叫道:"陶骏保!"

"到!"陶骏保立马站起,还以为陈其美要接见他呢。

一位戴臂章的人,拿着一张纸走过来,"陶骏保,你听候判决!"

陶骏保大吃一惊,顿时脸颊冒出了豆大的汗珠。只听那人一口气念下来,罪名如下:第九镇在进攻南京雨花台时,陶骏保中途截留由沪运往南京的械弹,以致第九镇士兵遭受极大牺牲;还有陶骏保进入南京后不听命令,胡作非为,搜刮民财等。最后处以死刑,立即执行!

陶骏保大呼道:"我冤枉! 我要找陈都督申诉,这是天大的冤枉!"

郭汉章义正词严地问:"你的罪行,白纸黑字写得清楚。你还有什么话说?"

陶骏保说:"白纸黑字就能定人死罪吗? 我违犯军纪,应经军法会审,你们这样不明不白,算是什么?"

郭汉章一听,觉得有理,忙跑到里面,直陈陈其美说:"都督,陶骏保不管怎么说也是革命军高级军官,是否应慎重处理,以防激变?"

"治乱丝,无从理,快刀斩乱麻。执行吧!"陈其美态度坚决,丝毫没有改意。

5时许,郭汉章亲自执行枪决。

他把陶骏保拉出辕门外,掏出手枪,连打13枪,陶骏保才晃晃悠悠地倒下。

接着,郭汉章枪毙陶骏保后,又率领便衣卫士前往跑马厅三泰旅馆二十一号房间,捉拿林述庆。不过,他们迟了一步,林述庆得到报信已经逃走。

郭汉章一边指派卫兵前往沪宁车站和各轮船码头分头缉捕,一边回都督府报告。

听到陶骏保被枪决一事,身在南京前线的淮军司令柏文蔚第二天亲自赶到南京,发表反对意见。说陈其美听信了徐绍桢的一面之词,杀了陶骏保。如此惨杀,对革命事业有损失,以后希望大家慎重,时宋遯初在座,对其言深表同情,主张追回正法林述庆的命令。

为了对这件事情有所说法,陈其美在《民立报》上刊登了枪毙陶骏保的告示。告示如下:

> 照得令行惟肃,难容附饱之认鹰;绝恶从业,宜去害群之马。昔汉高含泪而斩丁公,诸葛掩泪而诛马谡。盖既为军界罪人,则难稍舒法网也。兹查镇军参谋陶骏保,前于联军会攻江宁时,所有沪江解赴前敌军用弹械,胆敢妄肆意见,私自截留,致张贼未能即除,民军颇受影响,东南大局,几被贻误。幸各军不分畛域,奋勇力攻,始得于本月十二日将全城光复。迨后正应合群策力,以图北伐,直抵黄龙。乃陶骏保一味营私,拥兵自卫不放联军入城,占据各要隘,通电各处,捏报军功,几酿大变,致临时政府未能即日成立,而义旗北伐,因之迟延。种种行为,令人发指,前日复敢潜来沪上,广布谣言,煽惑人心。所有劣迹,经本都督彻底查明,爰与大元帅黄、江苏都督程诸公再四筹商,

均以此等汉奸，实难宽纵。当于本月二十三日酉刻，将陶骏保在军前
明正典刑，以昭军纪。深恐我各同胞，不知底蕴，妄相疑猜。为此出
示晓谕，仰军民人等一体知悉，勿违。切切特示。①

智取"地头蛇"

上海光复后，财政拮据。

无钱难生存。陈其美便召财政总长沈缦云到都督府商议，让沈想办
法保证日常开支。沈说：万事开头难。摊派只能一时，创设中华民国银
行，发行公债和军用通票是当务之急。陈其美说：我这都督只能给你一周
时间，就要拿到现款，保证政府的运转。沈说：请放心，我会加班加点工
作，争取百万没问题。陈其美说：一言为定。

沈缦云说完就去落实，先把"中华银行"牌子挂出来，再去设计公债和
军用通票，设计完以后，又让陈其美一一过目通过。通过后，又拿至印刷
厂监印，然后再开新闻发布会，请来了专家、学者和记者，还有各大银行的
老板。这一切办下来，沈总长是一路小跑，到了第七天，公债正式发行，除
了个别的散户认领外，几家银行的老板并不买账。承诺没有兑现，这让沈
缦云大伤脑筋。

陈其美听了沈的汇报，哈哈大笑说：承诺没实现不是你的问题，是那
些银行家不把我这个都督放到眼里的事，我来处理此事。今晚开一个银
行家的会，我来主持，你去通知召集。

沈缦云一听很高兴，长官没怪他，反而出点子开会，他何乐而不为呢？
于是他满口答应：我现在回去就通知。

当晚8点钟，座谈会在都督府会议厅进行。上海市各家大小银行的
老板都到了。沈缦云清点了一下人数，见都到会了，便对陈其美都督
说：大家都到齐了，开会吧？

---

①　白希著：《上海第一都督陈其美》，金城出版社1997年版，第403页。

陈其美说:到齐了,就开会。今天的会,是《民国公债认领会》。长话短说,效果第一,谁认领完谁就可以走人。不走者我与沈总长相陪。革命者不分先后,识时务者为俊杰。以前是大清,现在是民国,革命军政府遇到了一些问题,那就是罗锅上树——钱紧,紧到了什么程度呢?揭不开锅了。现在是我这个都督和沈总长在向你们诸位讨饭,说求也好,说逼也对,我的门外有士兵放哨,安全第一,谁也跑不了。我要说的话说完了,沈总长你补充吧?

沈缦云说:要说的话陈大都督都说了。在座的不少是我的好朋友,我的公债已开始发行,爱国爱家,希望大家认领,有钱多认,无钱少认,多少不拘,早认早回家。现在开始吧。

大家你望望我,我望望你,没人讲话。

沈缦云说,我可点名了。长存,你是我的老同学,就算学兄遇到了困难,算是帮忙,你认领多少吧?

那个名叫长存的先生,应该说他不但是沈缦云的学弟,还有点儿沾亲带故的关系,听到总长点名,也不好意思了,说:我抛砖引玉吧。我不像在座的诸位有实力,我先报 10 万吧。

像点燃了的鞭炮哗啦啦地响开了:

这个说我报 20 万。

那个说我也报 20 万。

我报 30 万。

……

我报 50 万。

我报 100 万。

大家鼓起了掌。

到了有人报 100 万的时候,有人溜出了场。他不是别人,正是上海前大清银行的总经理宋汉章。大清银行的前身是户部银行,是清朝官办银行,总行设在北京,全国有分行四十多处,枢纽在上海。上海光复后,该行宣布停业整顿,实际上是冻结资金,该行每年收放往来银达六七万两,名义上说官商各半合办,但官款居多。陈其美内查外调,得知该行资本少说也有 1000 万两银。

这时的宋汉章，出门后是上了卫生间，他不是小解，而在卫生间点燃了一支烟。陈其美眼尖，让手下人盯住他，别让他跑了。盯梢人见他没跑，等他抽完烟回到座位上，陈其美开言了：你上卫生间的时候，大家都报完了，最多者 500 万。我看你不必最高，也是 500 万吧？

宋汉章说：陈都督，我是真人面前不说谎，本行乃属北京的一个分行，而且又是个官商合办的银行，本人实不能做主，万望都督谅解！

陈其美一听，明显他是在耍嘴皮子，糊弄人，心想我要治治他：革命已经成功，理当接收大清政府的财产。我没有采取行动，知道吗？识时务者为俊杰，望尔三思而行，不要一错再错！

宋汉章并没把陈都督放在眼里，听后没有表情，两手一摊，无可奈何：我说的都是实话！若是不信，可以调查。

陈其美强压怒火说：500 万让你为难，那就 300 万，一个不能少！

宋汉章说：手续没法走。

当时的大清银行设在租界区，公章票据都在洋行，宋汉章认为陈其美奈何不了他。

陈其美怒气冲天：我看你是敬酒不吃吃罚酒，你先回去吧，明天再说！

宋汉章见陈都督软下来，腿肚子打转：陈都督，你说话当真？

陈其美拿眼扫视了他一下：走吧，看着叫我恶心！

宋汉章匆促离开，他刚一走出都督府门外，就被陈其美的沪军上来把宋汉章捆绑起来，塞进一辆马车里，向郊外驶去。

陈都督是让我回家的，你们要干什么？宋汉章惊慌不安。

到了，你就知道了。

马车拉着宋汉章，一直往前跑。很快，马车驶进了一个军营，一个军官说，都督说了，我们即将北伐。你不愿拿钱，就到前线送命去。

宋汉章答应认购公债 300 万。

陈其美的脸上终于露出了笑容。

为此事，有人对陈其美大加指责。

陈其美笑说：只要对革命有利，我可以不择手段。他的银行是在租界,如果是在华界,他不合作我就封了它!

11 月 21 日上午,中华银行已发行公债 800 万,并召开了新闻发布会。

陈其美主持了这次仪式,并在会上讲了话。中华银行所发行的"中华民国军用钞票"立即进入流通领域,票面上有"沪军都督"、"财政总长"的红色印章。这种钞票直到二次革命时,还被革命军大量用作军饷,不但保障了军政府的正常开销,还为革命军北伐奠定了基础。

为了扩大中华银行的实力,陈其美又照会海外华侨商会,希望动员华侨认购股份和公债。海外华侨们热心支持,筹得了相当一笔款项,这更让陈其美心喜。

第八章 扶助孙文

| 中山归国，16 年的海外漂泊终于画上了句号

孙中山到达英国不久，10 月 12 日傍晚，在到一家饭店就餐前，购得一张报纸，从上面看到了"武昌被革命军占领，革命政府成立"的消息。孙中山喜出望外。他心情异常激动，多年的奔波，多次起义的失败，始终有一片愁云在笼罩着他。今日消息传来，愁云不驱自散。

今天我请客。孙中山对同伴高兴地说。

要请客必须到高级餐馆去。

那当然啦！

于是，在孙中山的带领下，几个同伴直奔杨氏饭店而来。

要知道这杨氏饭店相当豪华，东西很贵，顾客多是上层英国人，华侨很少去。招待人员都是日本人和中国人。孙中山带同伴昂然直入，选择中央的座位，挥手请大家入席。傍晚来用餐的人很多，原先招待还好，坐定后，刀叉餐盘跟着送来。后来人越来越多，情况就变了。邻座有比他们后到的，都已有菜来了，而他们的仍迟迟不来。孙中山环视四周，随即拿起餐刀连续在餐盘上猛击几下，发出"当、当、当"的响声，这么一来，大家都把视线集中到他的身上。餐厅的管理人马上跑过来，问是什么事。

孙中山正襟而坐，庄严地说：我们是来用餐的，不是来看别人吃饭的。

管理人立即道歉，并另调专人招待，非常客气。这虽是一件小事，但却给同伴留下了深刻的印象。

孙中山本想回国亲自指挥作战，像当年指挥镇南关战役一样，亲自发炮，以快平生之志！但又想到共和国即将成立，它将遇到外交、财力方面的重重困难，也为了切断清政府在国外的援助，决定暂不回国，先在国外

开展外交活动。此时他认为:当尽力于革命事业者,不在疆场之上,而在樽俎之间,所得效力更大也。不料,后来半个月,国内革命党人的电文接踵而来,有黄兴、宋教仁、宋嘉树、陈其美等。有报告喜讯的,有邀请他回国任总统的。

在英国伦敦时期,他依旧住在老师康德黎先生家,各地信件也都寄往此处。

一天,邮差送来一封由清使馆转来的电报,正巧孙中山不在。康夫人一见"清使馆"三字,中山伦敦蒙难的恐惧又在她心中复出,唯恐泄露中山行踪,为慎重起见,便将电报号码抄录,并临摹下中文译文,将电报退回清使馆,表示孙文不在此处。

孙中山回来后,康夫人呈上电报,他看了一眼,笑着塞入口袋。

康夫人疑惑不解地问:由清使馆转来的电报是不是秘密的?

不是,电报要我回去做新共和国的总统。

真的?我还以为有别的事呢!夫人道。

康德黎听后连忙从内室走出来道:那你愿意不愿意就任这个大总统啊?

孙中山想了想回答说:假如没有更合适的人选,我是愿意就任的。

孙中山的态度平平常常,毫无狂喜之色,他依旧筹款,致使归国之期一拖再拖。康德黎十分钦佩,盛赞他这个弟子"大有耶稣的救世精神,确无一丝自私自利的野心"。

一个月后,在国人的急切催促下,中山先生终于起程回国了,12月12日抵达香港。

1911年12月25日,一个不平凡的日子。这是耶稣诞生的日子。

然而今天,一个压倒一切的新闻吸引了全上海的注意:就在圣诞节这天,孙中山抵达上海吴淞口。

以黄兴为首的革命党人和前来欢迎孙中山的党、政、军、民各界人士云集在码头上。

无风的黄浦江,被笼罩在蒙蒙的雨雾中,透着一股透骨的寒意。孙中山一行乘坐的"香港"号邮轮,很早就停泊在吴淞口外,等候靠岸。由于雾太浓,沪军都督陈其美派去迎候他的"建威"号军舰转了一圈竟然没有找到。

孙中山站在甲板上焦急地眺望着,身后站着胡汉民、廖仲恺、美国人咸马里、日本人宫崎滔天等人。面对着祖国,孙中山此时心潮起伏:经过16年海外流亡生活,终于回来了。其间虽然多次返国,但都是秘密的,都必须乔装打扮。今天终于作为一个堂堂正正的主人回来了。这个将一生贡献给中国民主革命事业的伟人,从来置个人荣辱生死于度外,现在也深深地感喟起来。然而,他没有更多的时间沉浸在个人的情绪中,他知道他面临着严重的局面。他要为中华民国谋得财政贷款的希望都一一落空了。而国内,根据宋嘉树和其他同志不断拍发的电报,看来情况极其严峻。清军尚控制北部中国,其军事实力显然非革命军所能相比。且革命军内部纷争不已,艰难的革命刚刚开始啊!

想到这里,孙中山更急了,他多么想赶快踏上国土,去澄清那纷乱的天宇,去扫平清廷盘踞的北国,统一大好河山。

正在这时,一艘汽艇穿过雨雾,急速地划了一个大的圆弧,轻巧地在"香港"号一侧靠上了船舷,翻身上来一个精悍的中年人。他便是宋嘉树。

当孙中山见到似乎从天而降的老朋友时,两人紧紧地拥抱住了。咸马里觉得很奇怪,宫崎滔天是认识宋嘉树的,便敬佩地介绍:"查理·宋,同盟会的老革命家!"胡汉民也是认识宋嘉树的,便悄声向廖仲恺介绍他的特殊身份和勋业。廖仲恺赶紧走上前去,握住宋嘉树的手:宋先生,真是劳苦功高啊!

大家在甲板上热烈地叙谈着,宋嘉树想把一切都告诉孙中山,孙中山也是一切都想问,结果谈话是又零碎又急促。雾中的细雨虽然很小,但却很密,不知不觉就把大家的衣帽打湿了。大家正要返回船舱时,远远传来一阵隆隆的炮声,众人猛一惊,但旋即省悟,必定是"建威"号发现"香港"号而发出的礼炮声。果然,不一会儿,一只小艇驶近"香港"号,上来两个慌慌张张的军官,一个是"建威"号舰长的代表,一个是沪军都督府的代表。他们是来欢迎孙中山一行的,预定上岸的地方是金利源码头。

孙中山一挥手:"好,那就准备靠岸吧。"

宋嘉树忽然叫一声："不行。"然后指着孙中山说："你就穿这身湿漉漉的衣服在上海上岸?"孙中山这才发觉自己的衣服已湿透了,皱巴巴地贴在身上,他不好意思地笑了一笑："我只此一套衣裳。"

宋嘉树知道他的老朋友一向生活简朴,但今天不同寻常,金利源码头成千上万的人在等着一瞻孙中山的仪容,新闻记者必定会在此刻拍下无数照片,这些照片将会在历史上反复出现。让中国革命的领袖、同盟会的总理,穿这么一身有伤尊严的衣服出现,那是一种不可宽恕的过错。因此,他眼睛滴溜溜地在周围众人身上扫过,忽然把沪军都督府的代表拉过来,同孙中山的个子比了比,然后以不容置疑的口吻说:

"你,马上把身上这件外衣脱下!快!"

在场的人开始都愣住了,等到弄清宋嘉树的用意时,都高兴得笑起来。让孙中山戎装和上海人民见面,又精神,又有意义。

船在薄雾中稳稳地开往金利源码头。

宋嘉树将孙中山拖到一边,掏出孙中山当初在法国时拍到国内的电报,不满地说:

"逸仙弟,你怎么能拍发出这样的电报?"

孙中山当时的电文是这样写的："今闻已有上海议会的组织,欣慰。总统自当推定黎君。闻黎有推袁之说,合宜亦善。总之,随宜推定,但求早巩国基。"他已觉察到这电报的失误,所以现在很爽快地承认："查理兄,这是我的过错,给国内同志带来麻烦了,很对不起。"

"还好,《民主报》在刊登这封电报的同时,发了一条很巧妙得体的编者按,说是孙先生不以总统自居,系一种谦虚之美德。况且将来大总统一定要按国民公意选举产生。"

孙中山在这位兄长兼诤友的面前,总是那么亲切、坦率、自如:

"查理兄,你真是我的好参谋,好顾问。当初胡汉民、廖仲恺都主张我去广州,一边战备,一边静观天下之变;倒是你一直催促我立刻直赴上海。那一封封电报,催得好啊!我反复思考,现在我革命党人所可倚仗的就是人心,假如我不到沪宁前线,对内对外大计,其他人绝不能统筹担负。党内部纠纷,必然贻误战机。东南一旦失利,两广何能独守?"

宋嘉树高兴地赞扬:"太正确了,国家之重任,民众之期望,集于你一身!"。

孙中山突然说道:"查理兄,返国以后,内政势必纷繁难理。请为我物色一个能干的秘书,尤其要精通英文。"

"现成有一个——霭龄。怎么样?她已经做了我好几年的秘书了,肯定可以胜任这个工作。"孙中山赞许地点点头,把机要工作托付给霭龄,他完全放心。说着说着,金利源码头已不远了。只见码头上人头攒动,很多人都在不停地挥动帽子,而且隐约可以听到不断传来的欢呼声浪。孙中山大约也没有预料到眼前会出现这样热烈隆重的欢迎场面,他身着戎装,脱下军帽,高举右臂,满面春风向人们微笑着致意。人们回敬以雷鸣般的掌声。码头上鸣礼炮 21 响致敬,霎时,鼓乐齐鸣。

到码头来迎接的有黄兴、陈其美、蔡元培、汪精卫、黄宗仰等。孙中山在与陈其美握手时说:上海的都督,好样的!

陈其美说:先生一路辛苦。

孙中山一行好不容易同各位同志一一握手问好以后,立即就被中外记者团团围住。

这时,宋嘉树赶紧把霭龄找来,告诉她从今以后,要当孙中山的秘书,并要她立刻就着手工作,现在的任务是尽可能详尽、正确地将孙中山同别人的交谈记录下来。宋嘉树等到霭龄挤到孙中山的身边,又远远地瞥见孙中山和蔼地说了什么,这才悄悄地离开。

一群记者围拢上去,争先恐后地向中山先生提出各种问题:"您带回多少武器以助革命军北伐?""听说您这次回来,为革命军募捐到很多款项,这是真的吗?"

孙中山回答道:"予不名一钱也!所带回者,革命精神也。革命之目的不达,无和议之可言。"

他环视一下四周,又对人们表示:"创业难,守业更难,从前革命的困难已破除,但今后,会远远大于从前,必须同心协力共同克服,否则从前的奋斗也就半途而废了。"

宋嘉树从商团书业公会分团中,亲自挑选了一批有文化的排字工人充任孙中山的贴身卫队。事先已经选定法租界宝昌路 408 号一幢三层法式洋楼为孙中山的住处。但是当宋嘉树这天到法租界公董局，要求让持枪卫队进驻宝昌路时，公董局却推三阻四，他们只同意沪军都督陈其美派四名卫兵当门卫，说其他安全问题，租界当局可以维持。

交涉再三，宋嘉树急了，因为如果保卫工作不落实，孙中山不能贸然住下。他抓起桌上的帽子断然地说："好吧，孙中山先生无法在这样的安全措施下住进法租界，我们可以另想办法。不过，报界是知道孙先生预定的住址的，如果他们作出的报道，有损于一贯以自由、平等、博爱为宗旨的法兰西的声望的话，我就无能为力了。"

公董局的头面人物出场了。他们觉得与其得罪可能成为新中国统治者的孙中山，还不如稍稍显示友好与关怀。所以他不仅同意两排军队驻扎在宝昌路，而且派出了十几名军警探员，作为辅助。宋嘉树刚刚把他们安置妥当，天就黑下来。

远处的教堂响起了悠扬的钟声，欢乐的圣诞节之夜开始了。

当晚孙中山在上海都督陈其美陪同下，观看为他归来而举行的《长生殿》演出。

孙中山的护卫由年轻的尹维志与尹维峻姐妹两人担任。在杭州起义中她俩是叫敌人闻风丧胆的敢死队员。

《长生殿》中的御林军司令陈玄礼的扮演者，是清朝多年豢养的刺客李方行，此刻正欲乘机刺杀孙中山。两姐妹也接到将有刺客活动的情报，所以每时每刻都十分警惕。

剧情在紧张地进行，陈玄礼上场了，一阵高腔之后，猛然来了个亮相。就在此时，维峻发现陈玄礼的袖筒里有一支手枪正对着孙中山。

维峻大吼一声，箭一样蹿上舞台，扑向刺客。一声巨响——枪打偏了。

与此同时，维志掏出手枪，几乎不用瞄准，只听"砰砰"两响，最亮的两盏灯顿时破灭。她对都督陈其美喊："你设法挡住刺客！"而她自己护卫着孙中山，趁屋中大乱，迅速夺门而去。舞台上的维峻也在群众帮助下生擒了刺客。

孙中山安然无恙。号称巾帼女侠的两姐妹又一次立了大功。

中山先生一行从哈同公园抵达宝昌路下榻处。宋嘉树跑出去迎接，迎面见孙中山神采奕奕地走进来，后面紧跟着宋霭龄。孙中山笑着悄悄对宋嘉树说："查理兄，你推荐的秘书是美国式的高效率秘书。"跟着进来的有黄兴、陈其美、汪精卫、李平书，一个个都急于同孙中山谈话，宋嘉树却不等孙中山坐定，就说：

"现在，基督徒们，让我们一起来祈祷！"尽管汪精卫等人颇为不满，孙中山却欣然跟着宋嘉树认认真真地做起晚祷来了。

倡组中央，拥护孙文做总统

革命的重要问题是政权问题。

孙中山领导的这场资产阶级革命，其梦寐以求的就是推翻清王朝的封建专制统治，建立一个资产阶级的民主共和国。

早在武昌光复后，全国各省市纷纷效仿，枪声不断，胜利的消息频频传来。随着各省市的光复，为共和国的创建打下了一个坚实的基础。于是酝酿共和国的建立，分别在武昌和上海两地开始了重要活动。

先说上海，在陈其美的倡导下，先征得江、浙二都督程德全、汤寿潜的个人同意，以三人名义，13日，向已宣布独立的武昌、长沙、安庆、南昌、苏州、浙江、太原、西安、广州、济南、桂林、云南、贵州等军政府都督发出通电，称"今接湖北黎都督及镇江林都督两处专电，意谓上海交通轻便，组织机关，用为开会之地。闻命之下，距跃三百，亟当遵照输用特通电贵省，商请公举代表，定期迅赴上海，公开大会，议建临时政府，总持一切，以立国基，而定大局"。

据曾任江苏都督、出席各省代表会议的代表袁希洛回忆：

> 陈其美任沪军都督后，发起组织各省代表团，商议组织中华民国临时政府。陈其美主张代表由各省都督指派，江苏人士则主张由各

省临时省议会或咨议局推出代表，因此两者之间发生了摩擦，进行了明争暗斗。

此电发出的当天，立即得到了各省的热烈反应。江苏代表雷奋、沈恩孚，浙江代表姚桐豫、高尔登接电的当日，就提出建议，建议在中央临时政府未成立之前，先推举伍廷芳为革命军各省临时总代表，负责办理外交，争得外国承认。

接着，15日，上海热闹非凡。江、浙、赣、湘、皖等七省代表带着使命，齐聚上海。

上海都督府，华灯初上。

在陈其美的主持下，七省代表畅所欲言，协商成立"各省都督府代表联合会"。会议正开到热闹处，内务局的同志进来把一份电报呈给陈其美。电报内容是：湖北军政府黎元洪邀请各省代表到武昌开会，商讨革命军成立国民临时政府一事。

陈其美看了看电报发出的时间是：11月9日。上海收到已过了六天。

陈其美说：我们已经相聚上海了，是再到武昌去，还是怎么办？听听大家的意见。大家你一言我一语，最后七省代表的意见是：武昌是革命首义之地，理应表示尊重。不过武汉一地正在激战，安全第一，会议地点仍是上海为宜。再说"上海一埠，为中外耳目所寄，又为交通便利，不受兵祸之地，急宜仿照美国第一次会议方法，于上海设立临时会议机关，磋商对内、对外妥善之方法，以期保疆土之统一，复人道之和平"。

七省代表又建议"以武昌为中央政府的所在地，在中央政府未成立之前，先推举湖北都督黎元洪代行中央职权，请其委派伍廷芳为临时外交总代表"，一致诚恳要求黎元洪速派代表来沪开会。

电报发出后，上海七省代表仍开会，等待黎元洪的到来。这一天，代表联合会通过了《革命军各省代表大会组织大纲》，规定革命军各省派代表二人，由都督府、咨议局各派一人组成代表大会。这种规定把清政府所设的咨议局与革命军都督府并列，同样有选派代表之权，陈其美是有自己的看法的。但是基于大多数的同意和大局观念,他没有坚决反对。这也表明当时时局的复杂性和彻底推翻清政权的艰巨性。

总统人选是成立全国性中央政府的首要问题。在武汉主持战事的黄兴主张成立以孙中山为总统的中央政府,并派专人于 11 月 10 日将电稿送至沪军都督府,"嘱转发大北公司,催孙中山返国,并报告军情"。11 月 16 日,陈其美发表通电,公开提出选举孙中山为临时总统。18 日,陈其美又致电各省都督,转告江北都督来电的意思,称"大统领一席,非孙中山莫属"。

孙中山是众望所归的革命领袖,对此连一些立宪派和旧官僚也是承认的。江苏都督程德全 11 月 14 日致各省都督的电报中也称:"大局粗定,军政、民政亟须统一,拟联东南各省军政府公电恳请孙中山先生迅速回国,组织临时政府,以一事权。"但他同时又指出:在孙中山回国以前,应由黎元洪代理。

11 月 24 日,陈其美又收到了湖北方面黎元洪的电报,见到了黎元洪特派员居正先生,转告他们认为代表会议一定要在武昌召开!

陈其美又让七省代表商讨。

最后统一意见:为尊重湖北军政府意见,决定各省到沪代表一人赴鄂参加代表大会,一人留守上海担任联络事宜。

11 月 30 日,革命军 11 省代表齐聚汉口。

代表大会在敌人炮声的"祝贺"中开始了。

三镇危机四伏。此时的汉阳已经失守,会议原计划在武昌召开,不料武昌也开始炮火连天,只好暂时迁移汉口英租界顺昌洋行召开第一次革命军各省代表大会。会议公推湖南代表谭人凤为议长。

正说话间,一发拖着长长尾巴的曳光弹带着呼啸从洋行的窗外飞过。

黎元洪镇静自若,他把英国领事建议南北两军停战三日的来文念给大家听,让代表商讨。

来文转达北方所提的两个方案:一个是全国性的,由袁世凯内阁代表清政府,希望独立各省公推全权代表一人,与之进行全国和平谈判;一个是局部性的,由北洋军将领冯国璋代表湖北前线北洋军,黎元洪代表湖北革命军,先进行湖北地区的停战谈判。

英国领事还转来北洋军所提的局部地区的条件,其中有"匪军必须退出武昌城十五里,所属炮舰必须卸下炮栓交英国领事代保管"等条。这哪里是什么停战条件,纯粹是迫降书。而且条件中仍称革命军为"匪军",是对革命的极端轻蔑!与会代表针锋相对,提出:"清军必须退出汉口十五里,其运兵火车必须交英国领事代封存。"

对于英国领事转来北洋军所提的局部地区的条件,大家当时就炸锅了。这个说:"娘的,把我们当成'匪军',太不正眼拿人看了!"那个谈:"还要我们退出武昌十五里,什么他妈的条件?""把炮栓交给英使馆,必须他先交。"……

大家你一言我一句,把北洋军阀的条件驳了个体无完肤,而作了"以硬对硬"的回答。但应该看到,这次来武汉的代表多为立宪党人,他们还没有把脚站到革命军的一边,对革命仅是同情,对袁世凯的议和派抱有强烈的幻想。只要袁反正倒向革命军一边,清王朝就可以顷刻轰倒,革命军就可以兵不血刃马到成功。

于是,12月2日,代表会议竟然作出决议:"虚之临时总统之席,以待袁世凯反正来归。"会议通过时,陈其美以黄兴曾提议孙中山为临时总统为题,进行了说明:"孙中山虽流亡海外,他的威望和威信,推为临时总统当之无愧!"

结果,应声者没能过半。

民国京都之争:是武昌还是南京

隆冬的汉口,虽然冰天雪地,但清军的炮声还是响彻云霄。

汉口英租界顺昌洋行灯火通明,11省革命军代表大会仍在正常进行。

12月3日,代表大会通过了《临时政府组织大纲》。

12月4日,在汉阳失守、武昌告急的情况下,传来了特大喜报:东南重镇南京都城光复,被革命军攻下。听到这个突来的消息,大家欢欣鼓舞。正在这时,一阵炮弹打来,惊天动地。有的代表当场提议:临时政府应该迁到南京,南京曾是几代皇帝的都城!

不少人附和:我们的会议应该搬到南京去开!这样也避开了清军的炮声。

有人不同意:此地为首义之区,离开这里,就等于无源之水、无本之木。甚至说是四不像了。

这时,又是一阵清军的炮声响起,比刚才的声音更大更强。

清军的炮声,以及战场形势的变化对于临时政府所在地的争议产生了决定性的影响。

陈其美和宋教仁等人本来就不愿意各省代表去武昌开会,更不愿看到黎元洪在湖北成立中央政府,当南京光复的消息传来,他们就集议将临时政府所在地由武昌改为南京。这时又传来黄兴在湖北督师失利,将要回上海,陈其美立刻表示:作为东道主的上海,我们由衷地欢迎:"克强为革命领袖,果来,吾辈当竭诚欢迎之,并以全力拥护之。"

再说,伍廷芳则因武汉形势不好,不愿到汉口与清廷谈判,希望唐绍仪到上海进行谈判。唐又满口答应下来。于是,代表会议又决定改以上海为议和地点。

黄兴抵达上海时,"英士及上海同志,欢迎拥护,一如其言",让黄兴甚为感动。次日,在沪军都督府召开了一次重要的紧急会议。参加会议的除陈其美外,还有黄兴、宋教仁、章太炎、程德全、汤寿潜以及各省留沪代表。

会中,关于临时政府的地点,黄兴主张南京,章太炎主张武昌,二人相持不下,争个脸红脖子粗。

陈其美的天平还是南京。为了达到这个目的,他提议由黄兴担任大元帅,并向江浙的立宪派作出让步:提议程德全担任江苏全省都督;张謇出任两淮盐务总理。结果是大家一片掌声。

12月4日,陈其美与江苏都督程德全、浙江都督汤寿潜三位,以及赵凤昌、章驾时、章太炎、王一亭、蔡元培、顾忠琛等知名人士,和留沪各省代表在上海的江苏教育总会集会,决定南京为临时政府所在地,并选举黄兴为暂定大元帅,黎元洪为暂定副元帅仍驻武昌。

但选举黄兴为大元帅的动议,仍遭到了一些与会代表的非议,一位老名士说:"黎宋卿在武昌首义,劳苦功高。先头赴武昌一部分代表,已举黎为中华民国军政府大都督,事实上为大元帅。今反被选为副元帅,在黄兴之下,太不合理矣。"程德全的代表,湖南人章驾时感情冲动,极力附和其说,坚决要求推翻成案,以黎为大元帅,黄兴为副元帅。

但陈其美等人没有理会这些反对意见,他一面为黄兴布置行辕,调遣军队,一面与程德全及各省代表准备召开欢迎大元帅大会。但黄兴鉴于反对意见很多,不肯贸然担任大元帅一职,经陈其美、程德全再三劝说,"大元帅为一时权宜之计,将来中华底定,自当由全国公选大总统"时,黄兴才勉强答应就任大元帅。

当天,陈其美与会代表致电武昌:

> 临时政府前经议定武昌;现在南京光复,鄂军务适紧,援鄂之师、北伐之师待发,亟须统一。今同人分议不如暂定南京为临时政府所在地,举黄君兴为暂定大元帅,黎君元洪为暂定副元帅兼任鄂军都督,藉色动摇而牵大局,俟赴鄂代表同到南京再行发表。所有编制日内并力准备,俾进行无滞。事关紧要,不得不从权议决,务乞鉴谅,并请转达到鄂各省代表,请即日来沪会议。

在汉口的各省代表听了这个消息,大多表示反对。他们对黄兴任大元帅一职非常不满,要求黎元洪以都督名义通电全国取消上海方面的选举案。最后这个方案两方都做了妥协。同时他们还认为留沪代表违反了11月24日代表联合会议的决议,那次会议决定留沪代表仅负联络之责,并无组织政府之权,此项选举应作无效。

陈其美不同意这种意见,他说:"代表不分留沪赴鄂,权力地位完全相等。你们一去无消息,自行怎见得上海的就不能行使正当权力呢?"他力劝黄兴出来承任。

12 月中旬,汉口、上海各省区代表分途到达南京,大家聚首一堂,所谓的地区和职权都不存在了。通过协商,决定根据《临时政府组织大纲》,在 12 月 16 日开会选举临时总统。

接着,又有消息传来,说唐绍仪曾在汉口表示:"袁世凯并不反对共和制。"于是,又有不少代表在选举临时总统的问题上动摇起来。

12 月 16 日代表会议上,有人临时动议:"应当根据 12 月 2 日汉口代表会议的决定,暂时不选举临时总统虚之此席,以待袁君世凯反正归来。"

又有人提议:"在此过渡时期应先成立中央军政府代行临时政府的职权。"

以上两项提议均获通过,大元帅的问题因而又被重新提到会场上来,同盟会代表与非同盟会代表通过协商,采取了相互迁就的态度,将留沪代表所选出的两个元帅颠倒了一下,以黎元洪为大元帅,黄兴为副元帅,大元帅在武昌主持军事不能分身来宁,由副元帅黄兴代行其职权。

组织军政府的问题决定后,很多人希望黄兴早日到南京组织军政府。此时,陈其美接到胡汉民来电,说孙中山已在回国的途中,准备迎接孙中山。

孙中山回国后的 1911 年 12 月 26 日,在上海寓所召开同盟会高级干部会议。会上,在中华民国政府形式、结构等重大问题上出现了分歧。

宋教仁主张责任内阁制,效法法国,总统为名义国家元首,由总理执掌大权。孙中山主张美国总统制。他说:"在国家政治生活正常情况下,实行内阁制是可以的。但是当前是个非常时期,实行内阁制就不适宜了。我们不能对一个唯一可以信赖的人加以种种限制,我也不愿意处处依从别人的意志,耽误革命大事。"

但宋教仁不顾陈其美、黄兴、张静江等大多数人的反对,依旧坚持己见,孙中山为了顾全大局,同意了宋的方案,并提议黄兴任内阁总理。但是,各省都督府代表会却以 16 比 1 的绝对优势否定了内阁制而通过了总统制。

接着,在上海宝昌路 408 号孙氏寓所,孙中山主持的这次同盟会在沪领导人会议,形成了一个重要的文件:《同盟会本部宣言书》。

会上,尽管汪精卫等人竭力主张要同清廷议和,但因为孙中山坚决主张以革命武力统一中国,彻底扫除北方的专制余孽。《宣言书》号召:"愿我将士少希望于和议之可成,急整军旅,俟一旦停战期满,即率大军北进,以慰国民之热望。"这份宣言一扫当时的和谈风。

孙中山到底高瞻远瞩啊!这使陈其美、黄兴赞叹、钦佩。他在原则问题上寸步不让,但对党内同志却宽容厚道。百川之所以归海,本来是因为大海能够容纳。这才是领袖的风范!孙中山回国以前,革命阵营内部对大总统的职位之争,从武汉到上海,又从上海到南京,始终争斗不已。孙中山一回国,一切其他选择都因之相形见绌而烟消云散。未来的大总统,非孙中山莫属。

孙中山出任临时大总统

1912 年元旦,孙中山从上海出发,到南京宣誓就职。为孙中山在这样的神圣时刻、庄严场合穿什么样的服装,党内高级领导层颇费了一番脑筋。清朝的长袍马褂显然不行。西装呢,又有些人认为,别人穿可以,总统不行;平时穿可以,而今天不行。他们坚持说西装毕竟是外国人的服装,今天民国初始,民族新生,总统穿外国人的服装有伤国体,有失民族尊严;因为几十年来西方列强给中国人民造成的伤害太深了,穿西装恐怕老百姓感情上不好接受,甚至可能引起误解。而孙中山亲手设计、中国人一直穿到现代的"中山服"这时又没有设计出来。议来议去,莫衷一是。最后决定还是穿刚回国在军舰上换上的那种军服。

这身军服是连夜特制的。最高档的呢料,更合身的尺码,镀金的大铜扣闪闪发亮,精神焕发的孙中山穿上后平添了一股威严、正气和帅气。但是他坚决拒绝一切绶带和徽章,坚持以简朴和平实的形象面对人民。

孙中山乘坐的专列停在上海北站。这是慈禧太后用过的专车,它豪华舒适,车厢内还有许多珠宝装饰,里里外外透着一种皇家气象。今天车头上又披红挂彩,成了一辆地道的花车。

孙中山由宝昌路寓所出发,前往北站登车。查理和党内汪精卫、陈其美其他高层人士簇拥在孙中山周围。霭龄则是手提机要箱,寸步不离地紧跟在孙中山身后。上海北站早已人山人海,欢送的人群身着节日盛装,手持气球彩旗,人人脸上喜气洋洋。孙中山到达车站时,惊雷般的掌声自发地响了起来,口号此起彼伏。陈其美力劝孙中山直接进入车厢,马上开车。孙中山却被热情的群众感染,坚持在月台上走了一个来回,向群众挥手致谢。

上午 11 时,陈其美安排的花车从上海北站徐徐驶出。沿途到处是迎送的人群。孙中山心头燃烧着烈火,他觉得不能冷落拥护革命的人民,不顾警卫人员的劝阻,一次次拉开窗帘,向沿途群众招手。同时他也想饱览一下江南的大好河山,这是他在海外一直魂牵梦萦的祖国风光啊!

车过苏州、无锡、常州、镇江等大站,都有成千上万的群众迎送。人海、旗海、军乐、鞭炮,那场面任何人看了都会感动。

列车走走停停,直到下午 5 时,才汽笛高鸣驶进南京下关车站。这里欢迎的场面更为壮观。下关江面上停泊着的中外军舰齐放礼炮 21 响,隆隆的炮声既是对大总统莅临的热烈欢迎,也是对亚洲第一个共和政权建立的祝贺。

黄兴在上海向孙中山汇报完情况,已连夜赶回南京,亲自组织了车站的欢迎仪式和总统的就职典礼。霭龄紧跟孙中山下车的时候,只听得礼炮雷鸣,十几支军乐队争相鸣奏,“共和万岁”、“中华民国万岁”、“大总统万岁”的口号响遍行云。车站上成千上万的人都踮起脚尖,竞相目睹新总统的丰采,人群像潮水一样涌来涌去。各种肤色的外国驻南京领事也来到车站迎候。大街上都挤满了人,沿街店铺、房屋张灯结彩。孙中山兴致勃勃,首先同黄兴率领的 17 省代表一一握手,接着同各国领事见面,向他们表示感谢,并请他们转达自己对各国元首和政府首脑的敬意。

孙中山同群众见面的时候,陈其美忽然得到一份情报,一股清军已经化装潜入城里,伺机对孙中山行刺。按照预定计划,孙中山在这里要换乘马车前往总统府。从车站到总统府几公里的路上早挤满了人,甚至房顶、树杈上都有人,虽然黄兴对警卫工作检查了又检查,但这人山人海之中,谁分得清哪是热情的群众,哪是阴险狡诈的敌人?何况马车对炸弹、子弹几乎没有什么防护能力,这段路上怎么保证总统的安全?眼看孙中山一边向群众挥手,一边向马车走去,大庭广众之前,如何向孙中山报告这个最重要最机密的情况?陈其美心急如焚,情急之中,他连忙写了一个纸条:发现敌情,总统不能走预定路线!!!一转身,交给了走在孙中山右后侧的黄兴。黄兴看罢纸条,心里咯噔一下,不管情况是否确实,都必须做出改变,万一发生问题,那就无法交代。他把纸条塞进口袋,决定改走第二条进城路线。

孙中山走近了马车,几十辆披红挂彩的马车已经做好了一切准备,驭手们一手高举挂着红缨穗的长鞭,一手扶着车辕;侍卫人员在车前摆好了大红毡垫,已伸手请总统登车。孙中山正要迈过去,只见黄兴紧走几步,跨到孙中山前面,用手向前一伸,示意孙中山继续向前。孙中山疑惑地望了黄兴一眼,只得又向前走去。黄兴引路,他们绕场一周,又回到了车站跟前,进了休息室。这时黄兴才向孙中山汇报,实行第二方案,继续乘专车进市内铁轨,直接开到总统府。陈其美悬着的心才放了下来。

总统府是由清朝两江总督衙门改成的,太平天国建都南京,这里曾是洪秀全的天王府。黄兴主持对这里进行了修葺。孙中山对选择这里也比较满意,年轻时他曾以洪秀全第二自诩。

6点15分,孙中山一行抵达总统府。按原定计划,吃过一顿简单的便饭,就举行就职典礼,但是为《临时大总统誓约》和《临时大总统宣言书》这两份最重要的文件,各方意见还不统一,还在为临时大总统的任期和去职时间、条件等争论不休。陈其美对那些坚持和谈,并主张袁世凯一旦答应逼清室退位,孙中山就应自动辞职让位给袁世凯的人恨得直咬牙,但这样的场合他是插不上话的,只好干坐在一边生闷气。

眼看时间一分一秒过去,胡汉民提议说:"今天天气已经不早,总统宣誓就职是件隆重的大事,半夜三更的恐怕不好,是否延迟到明天上午进行。今夜仔细斟酌,把文件改好。"

孙中山勃然变色:"不行!今天是1912年元旦,中华民国一定要在今天宣告成立。1912年的元旦也就是民国元年元旦,这样的时间有特殊意义。半夜三更怕什么？民国新生，普天同庆！上午虽好，小时间不如大时间。一定要马上把文件改好，赶在 12 时之前举行仪式。"

在孙中山亲自主持下，两份文件又逐句作了敲定。

晚上 11 时，胡汉民、陈其美等人陪同孙中山走进礼堂。会场上每一个人都目不转睛地盯着孙中山，向他欢呼致意。孙中山稳步走上主席台，庄严地举起右手，朗声读道：

"倾覆满洲专制政府，巩固中华民国，图谋民生幸福，此国民之公意也，文实遵之以忠于国，为众服务。"

读到这里，孙中山稍微停了一下。接着朗朗的声音又在整个礼堂轰响起来：

"至专制政府既倒，国内无变乱，民国卓立于世界，为列邦公认，斯时文当解临时大总统之职。谨以此誓于国民。中华民国元年元旦。孙文。"

典礼结束，霭龄立即把经汪精卫改定的孙中山简历散发给中外记者。她想象着，民国成立、总统就职和孙中山的革命功绩将通过一束束电波传遍中国的山山水水，传遍世界上每一个重要的地方。明天当人们读到报纸，得知消息，海内外的炎黄子孙和一切关注中国命运的外国友人都将为此而欢呼。中国，一个新的世纪到来了！

第九章 追随孙文

| 陶成章大闹总统府

孙中山在南京就任临时大总统的第二天,陶成章就向孙中山发难。

这天,孙总统要接待外宾。他还没出门,就被破门而入的陶成章撞了个满怀。孙总统一看是陶成章,满面笑容:你怎么这么快就来了?

陶成章说:我有急事相谈。

孙说:我不是说了吗,万事开头忙,忙过这几天,我找你专谈一次,你这就等不了。这不,我正要出门接见外宾。

陶成章说:我的事比接见外宾还要急!

孙问:你什么事吧?

陶答:你骗取总统,南洋筹款时私吞公款之事!

孙一听就火了,责问:你在南洋发布我"孙文罪状"哪一条是实的?

这时,秘书宋霭龄赶上来说:办什么事也不看点儿,这是什么地方?再在这个地方撒野我让卫兵收拾你!

陶气煞凶神:一个臭秘书就这么趾高气扬!

霭龄机灵,向卫士使了个眼色,两个膀大腰圆的士兵上来,不由陶成章分说,就像老鹰捉小鸡似的把他当场架出了总统府。孙中山的公务活动才得以正常进行。

事后,陶成章又在总统府骂人,历数孙中山的"九大罪行",也激起了天怒人怒。

蒋介石看到了这个事,当天晚上跑到陈其美府上,诉说事实真相。

陈其美问:你都看到了?

蒋介石说:在总统府内的事我不知道,在府外骂街我是亲眼所见。

陈问:他骂孙文什么啦?

蒋说:九大罪状,还有贪污腐化什么乱七八糟的事,我看都是旧事重提。

陈说:积怨太深。要说清这件事情,还得从陶成章参加同盟会说起。于是陈向蒋讲起了陶成章的发家故事……

陶成章(1878—1912),字焕卿,曾用名汉思、起东、志革、巽言、匋耳山人、会稽山人等,绍兴会稽陶堰西上塘人。幼时家境贫寒。6岁入本村陶氏义塾读书,15岁为塾师。天资聪颖,过目成诵。少年时就接触新学,阅读爱国思想书籍,渐萌革命思想,欲改革封建专制。父亲陶品三惧祸,多次告诫,其志不变。中日甲午战争爆发,陶忧心如焚,即定下从戎之心。义和团运动爆发,曾两次赴京拟刺杀慈禧未果。1902年只身至日本,进入清华学校,后转入成城学校学习军事。1904年初学成从日本回到上海,参加中国教育会的活动,奔走于浙江各府县,联络会党,策划反清革命。

同年10月,陶成章与蔡元培、龚宝铨等在上海发起成立光复会,推举蔡元培为会长,其誓词为"光复汉族,还我河山,以身许国,功成身退"。光复会成立后,陶成章担任联络苏、浙、闽、皖、赣五省会党之职,他深入各地开展细致的工作,在会党中享有较高的威望。

1905年9月,陶成章与徐锡麟在绍兴创办大通师范学堂,作为革命的联络机关。1906年,陶成章被推为光复军五省大都督,计划在各省同时发动起义。消息走漏,旋即被清吏侦破,机关遭破坏,陶成章不得不再次东渡日本避难。

1907年1月4日,陶成章在日本东京参加了孙中山领导的同盟会,稍后担任了同盟会浙江分会长。同年夏天,因徐锡麟在安徽活动卓有成效,陶成章便秘密回国到芜湖中学任教,以便就近联系,共同推进革命工作。同年7月,徐锡麟在安庆刺杀安徽巡抚恩铭后,率巡警学堂学生起义,战败被俘,惨遭杀害。不久,秋瑾在浙江绍兴响应起义,也被清吏捕获,壮烈牺牲。陶成章也受到清政府的通缉,被迫流亡南洋一带。

1907 年夏间，章太炎、张继、刘师培等借经费问题为名掀起反对孙中山的风潮，并且无理地要求革除孙中山的总理职务，改推黄兴。只是由于黄兴坚决支持孙中山，章太炎等人的企图才未能得逞。但经过这次风潮后，孙中山心灰意冷，就不大愿意过问同盟会东京总部的工作了。1908 年，孙中山在新加坡设立同盟会南方支部，委任胡汉民为支部长，南方支部实际上成为与东京总部并峙的中心。

1908 年 3 月，陶成章到东京接替张继主编同盟会机关报《民报》。同年 9 月，陶成章前往南洋为《民报》筹款，要求孙中山为他筹款 5 万元。由于章太炎与孙中山不和，而陶成章又支持章太炎，以致孙中山对陶成章来南洋活动心有戒备，借故拒绝了陶的要求。陶的要求没有得到满足，对孙中山更加不满，遂决定与孙中山分道扬镳。

1909 年 9 月，陶成章在南洋槟港，与李燮和等人以川、粤、湘、鄂、江、浙、闽七省同志的名义起草了一份《孙文罪状》，罗列了孙中山的所谓"谎骗营私"、"残贼同志"、"蒙蔽同志"、"败坏全体名誉"等，共三种十二款"罪状"，要求解除孙中山的总理职务。陶成章带着这份罪状来到东京，找到黄兴，要求同盟会总部开会讨论，作出决议。[①]

应该说"孙文十二罪状"纯系不实之词！它虽然得到了章太炎等少数人的支持，但遭到了黄兴等大多数革命党人的拒绝。黄兴、谭人凤、刘揆一联名发表长达千余言的致李燮和等公函，逐条为孙中山辩解。黄兴还表示："陶等虽悍，弟当以身力拒之。"

陶成章等见反对孙中山不成，便决计与同盟会分家。他对章太炎说："逸仙难与图事。吾辈主张光复，本在江上，事亦在同盟会先，遏分设光复会？"陶成章的提议，得到章太炎等人的赞成。1910 年 2 月，光复会在东京成立总部，推举章太炎为会长，陶成章为副会长。在光复会会员较多的南洋设立执行总部，代行东京本部职权，李燮和、沈均业、魏兰为执行员。

光复会成立后，公然"以反对同盟会干部为号召"，并"骄骄有取同盟会而代之之势"。陶成章等人将会党中的宗派情绪带到革命队伍中来，导

---

①　张继学著：《民国先驱陈其美》，兰州大学出版社 2002 年 3 月版，第 70 页。

致了革命队伍严重分裂,甚至是分庭抗礼。这让孙中山十分生气。

在黄兴说和、陈其美协调下,时间到了 1911 年,为筹备广州起义,光复会与同盟会的关系才有所缓和。李燮和且在南洋为起义也筹到了款。

接着广州起义失败后,赵声忧愤成疾,不治身亡。陶成章等怀疑是胡汉民下了毒,两次对同盟会发难。同年 7 月,陶成章应尹维志、尹维峻姊妹之邀,回到上海,组织“锐进学社”,作为光复会的秘密联络机关。当时,陈其美、宋教仁、谭人凤等正在酝酿成立同盟会中部总会,准备在长江中下游发动革命。

7 月 26 日,陈其美与陶成章在沈缦云宅开会,协调同盟会与兴复会合作一事。会议中,陶成章与陈其美话不投机,发生争执。话赶话儿,陈其美一怒之下,竟掏出手枪要打陶成章。陶成章从窗口跳出,匆匆离开上海,前往南洋。

武昌起义后,陈其美与李燮和合作,共同光复了上海。

在上海光复过程中,李燮和立有大功,而且从事革命活动也要早陈许多。按理说,上海都督当属李燮和。甚至连黄兴在获悉上海光复后,也写信给李燮和,要其主持沪事。而结果,陈其美却采取非常手段出任了上海都督。李燮和不仅没有当上都督,而且连原来的沪军总司令职务也被解除,陈其美仅给他安排了个小小的参谋职务。这样一来,光复会方面“大哗”。“有人主张逮捕陈其美,治以违令起事,篡窃名义罪”。但李燮和考虑再三,以为武昌起义不久,上海刚刚光复,全国形势还没有稳定,如果兄弟阋墙,不但引人耻笑,而且要贻误革命全局,因而坚决主张退位。[①] 来了个大哥让小弟。

这时,李平书也出来斡旋,他对李燮和说:“今日之事以大局为重,愿公一言。”李燮和答曰:“我听你的。”11 月 9 日,李燮和率部去吴淞成立吴淞军政分府及光复军总司令部,自任总司令,并宣布只承认苏州军政府为江苏全省军政府,而与陈其美的沪军都督府处于对立状态。

陈其美大为不满,首先派出刺客企图刺杀李燮和。

---

① 全国政协文史资料委员会编:《辛亥革命回忆录》(四),文史资料出版社 1963 年版,第 33 页。

据余焕东回忆：

> 　　当他与李燮和在吴淞车站乘车往上海时，忽有人从车窗外开枪，将李燮和的随身卫士击毙。陈其美本想以武力解决吴淞军政分府，但因实力不够不得不放弃。陈其美随后派出某会党头目持枪到李燮和的吴淞军政分府，与李谈判，勒令李取消军政分府。李表示服从，改为光复军总司令部。

武昌起义后，陶成章也从南洋回国，在江苏、浙江等地号召各地旧部起义响应。1911 年 11 月 5 日，杭州光复后，推汤寿潜为浙江都督，陶成章任总参议。蒋介石虽以敢死队的领导身份参加，并在杭州的光复中立了头功，本应该在政权机关有所考虑，在陶成章的反对下，此事落空。这时的陶成章仍采取与同盟会对立的立场。

12 月 2 日，南京光复后，在上海的各省代表联合会上，陈其美等人极力推举黄兴为大元帅，而光复会的章太炎、陶成章等人则主张推选黎元洪。

12 月 4 日，会议本已推举黄兴为大元帅，黎元洪为副元帅，可陶成章等运动军队出来反对。在陶成章等人的鼓噪下，以朱瑞为首的江浙将领对黄兴肆意侮辱，他们说：“此人（黄兴）弃武汉而来，若令守南京，不又弃南京耶？”他们扬言“不愿隶汉阳败将之下”。黄兴受此大辱，愤而拒绝接受大元帅职。

对于陶成章等人的蓄意作对，陈其美恨得咬牙切齿，他托浙军参谋吕公望转告陶成章：“勿再多事，多事即以陶骏保为例！”可见陈其美此时恨不能诛之而后快。[①]

　　……

谈完了陶成章，陈其美把脸偏向了蒋介石：兄弟，还听到什么风声了？

蒋介石说：最近几天，革命阵营里还流行什么“革命军起，革命党消”

---

① 张继学著：《民国先驱陈其美》，兰州大学出版社 2002 年 3 月版，第 72 页。

的言论,说什么孙总统别看这两天神气,秋后的蚂蚱蹦跶不了几天了云云。

陈其美问:谁说的?

蒋介石说:章太炎。

蒋又说:章太炎是11月18日由日本回到上海的。他见中部同盟会控制了上海的局势和政权,心中大为不满。为了挑起是非,他致电中部同盟会总干事、武昌军政府北方招讨使谭人凤说:"革命军起,革命党消,天下为公,乃克有济。"在革命党人提议选举孙中山为共和国临时大总统时,章太炎也在上海,他十分反对孙中山当总统,到处宣称:"若举总统以功则黄兴,以才则宋教仁,以德则汪精卫矣。"

陈其美说:太炎先生其实是支持革命的,但他的一些主张的确让人难以接受。我想,随着形势的发展,他的思想是会改变的。

蒋说:你太天真了。他和陶成章自从宣统元年脱离同盟会,重组光复会后,就一直没有停止过反对中山先生。你不是不知道。

陈其美叹息一声,说:前些日子,我向浙江协饷,陶先生不愿汤都督协饷的事,我问过他,他说钱在汤都督手里,他根本不知道这回事。而汤寿潜说,并不是我不答应,而是陶成章等议员不同意,我也没有办法。

蒋介石说:那是他们俩一狼一狈在玩你!

陈其美说:是吗?他们耍我不是一次两次了。

说到这里,有人找陈其美开会,他与蒋介石的谈话不得不结束。三天后的一个傍晚,蒋介石又找到陈其美,又接着上次的话题谈下去。

陈其美说:总统内阁已组成了,孙中山今天给我发来了电报。

蒋介石耸耸肩:说说看?蒋介石极为关心。

陈其美从案头拿来电报说:你看吧。

蒋介石接过电报,认真地看起来。电报全文是:

今日组织内阁,各部部长人员已定:陆军总长黄兴,次长蒋作宾;海军总长黄钟瑛,次长汤芗铭,司法总长伍廷芳,次长吕志伊;财政总长陈锦涛,次长王鸿猷;外交总长王宠惠,次长魏宸组;内务总长程德全,次长居正;教育总长蔡元培,次长景耀月;实业总长张謇,次长马君武;交通总长汤寿潜,次长于右任。以上伍、王、陈、程、蔡、张、于诸公在沪,乞告知,并派专车延请速到宁视事。

蒋介石看完电报后,说:这与小道消息传说的没有两样。只是汤寿潜出任交通总长后,浙江都督一职空了出来。有人推举你陈其美接替这一职位,有人推举章太炎,更多人推举陶成章。浙江省内是一片拥陶声,有的说:"成章早一日莅任,即全浙早一日之福。"有的说:"非陶公代理,全局将解体矣!"有的人甚至说:"继是任者,唯有陶焕卿,斯人不出,如苍生何!"之所以出现这种情况,除浙江是光复会大本营,陶成章的部下大多在浙江外,还因为章太炎也积极为陶成章活动到处说:"浙中会党潜势,尤非焕章不能拊助。"

陈其美说:陶成章之所以敢与孙先生较量是因为章太炎在后煽风点火。

蒋介石说:我也这样认为。孙先生也很气愤说:"予非以大总统资地与汝交涉,乃以个人资地与汝交涉。"

陈其美说:陶成章如此不顾大体,令人发指!庆父不死,鲁难难平,此人必当除之,才无妨革命大局。

这时蒋介石又向陈其美透露了一个细节问题,就是陶成章最近以同乡之情拉拢他,要他除掉陈其美。蒋介石说:我早想除掉此人了,只念他毕竟于革命有功,不忍下手。现在看来,必须得先下手为强了。

陈其美这时站起身,拍了拍蒋介石的肩膀说:三弟,这件事就交给你了!

蒋介石心领神会:大哥,你就听消息吧!

先下手为强

世上没有不透风的墙。

在陶案发生之前,上海已有陈其美将行刺陶成章的传说。开始陶有些不信,直到南京的好友王文庆致信他时,陶才如梦方醒,意识到事态严重。他隐隐约约感到有人在盯梢自己。连日来,他已开始不停地转移地方。先在客利旅馆住,后搬江西路光复会机关,又搬到汇中旅馆,折腾来折腾去,最后感冒发烧,秘密住进了广慈医院。

后来,好友王文庆从南京到上海出差,找了好多处地方,才在汇中旅馆找到他。王文庆一进门就埋怨道:你让我好找哇!

陶成章说:若不是你相告,我不会躲得这么深。

王文庆说:原来你还怪我了? 不是我老兄说你,冤家宜解不宜结,同盟会与光复本是一家人,为什么矛盾不断呢?

陶成章说:说来话长,同盟会处处压制光复会,这不是一天两天的事。孙中山这门大炮,打打苍蝇还可以,当大总统断为不可!

王文庆说:我们在南京,听到的可不像你说的,孙中山当总统是众望所归。我觉得在潮流面前,不应该再诋毁他!

陶成章一听不高兴了:我怀疑你是当说客来了。我可以当之无愧地说,孙中山是个大骗子。他的总统也是骗来的!

王文庆问:何以这样说?

陶成章说:他从国外回来时,记者问他身上带多少钱,他当场回答说一钱不名。这是天大的谎言。说是革命精神,鬼才相信他哩! 据我知道,少说也有 125 万。他们真会吹破牛皮,连你们也信了他。

王文庆说:不是我们信谁,我们也有耳朵、眼睛,我们也会判断。

陶成章说:你承认我也不说了。我想问一问南京方面的情况。

王文庆说:南京情况稳定,但也暗藏着杀机。你要多保重。

陶成章说:昨天(1 月 11 日),我已致电各报馆并转浙江各界:公电以浙督见推,仆自维轻才,恐负重任。如汤公难留,则继之者非蒋军统莫属,请合力对驾,以维大局。

王文庆听到这里,脸上露出了笑容:这就对了,要低调一些。

陶成章说:可是我们的同事,对我的退让并不理解。浙东的沈荣卿、毛修洁、蒋演、滕奇、滕珏等以全体党员的名义通电各报馆并转陶成章,声称："顷阅先生通告电,骇甚。先生十余年苦心,才得今日之收果。吾浙倚先生如长城,经理浙事,非先生其谁任? 况和议破裂,战事方殷,荣等已号召旧部,听先生指挥。先生为大局计,万祈早日回浙筹备一切,若不谅荣等之苦衷,一再退让,将来糜烂之惨不可逆料,敢布区区,敬达聪听。"①

王文庆叹道:林子大了,什么鸟儿都有,什么说法都不奇怪。我对你说还是慎之又慎。陈其美不会善罢甘休的! 这不是我一人的看法。我走了,你要保重。

王文庆走的第二天,陶成章感到汇中旅馆不安全,又转到了广慈医院。

再说陈其美将刺杀陶成章的任务交给了亲信蒋介石。蒋介石也不敢怠慢,他很快收买了光复会的叛徒王竹卿充当凶手。弄清了陶成章的广慈医院住址,设计了刺杀的一整套计划。就在陶成章住院的第二天,也就是 1912 年 1 月 14 日凌晨两点,夜幕下的广慈医院,突然间,两个黑影翻墙跳入,顺着墙根走。在一个拐弯处,他们悄无声息地上了楼,查着房间号码,走进光复会领袖陶成章休养的头等病房。

这时,陶成章正面里而卧,两个西装客连声呼喊"陶先生! 陶先生!"当陶成章转过身子的时候,西装客即掏出手枪射击,子弹从陶的左颈喉管旁深入脑部,立即血流如注。二人行刺后,扬长而去。

当日陶成章逝世。

1 月 15 日,孙中山致电上海都督陈其美,内称:

> 陶君抱革命宗旨十有余年,奔走运动,不遗余力,光复之际,陶君实有巨功,猝遭惨祸,可为我民国前途痛悼。孙中山要求陈其美严速究缉,务令凶徒就获,明正其罪,以慰陶君之灵,泄天下之愤。

然而,孙中山哪里知道,陈其美就是刺陶案的主谋者呢!

陆军总长黄兴也同时拍来了电报。

---

① 浙江省辛亥革命史研究会编:《辛亥革命浙江史料选辑》,浙江人民出版社 1981 年版,第 356 页。

21 日,沪军都督府和绍兴沪同乡会召开追悼大会,人们当着陈其美的面,纷纷发表演说,谴责这种卑劣的暗杀行动。会场上充满了悲壮激烈的气氛。

面对这些口诛笔伐、怒气冲冲的人,陈其美大气不敢出,豆大汗珠从脸上滚落下来,好不容易熬到追悼会结束。

蒋介石吓得再也不敢在公开场合露面了。他以生病为借口,辞去了沪军第五团团长(标统改称)职务。躲在秘密机关里,整日神情郁郁。为了使这位兄弟不寂寞,陈其美从清和坊召来一个妓女,整天陪着他消磨时光。

王竹卿也暗暗躲到嘉兴去了。但陶成章追悼会后,光复会的会员们追到了嘉兴,将叛徒王竹卿击毙在家中。

蒋介石闻知这个消息,不敢再在上海待下去了,他想去日本避避风头。陈其美很不想放这位得力的小兄弟走,但又怕他在上海有闪失,最后同意他暂去日本。

关于刺杀陶案的凶手,当时人们已普遍怀疑是陈其美指使蒋介石所为。后来,蒋介石在《中正自述事略》中坦率地承认,他是刺陶案的主凶,并列举了许多理由,证明他的行动是有功于革命的正义之举。但是,蒋介石的这份自白对于说明陶成章之死仍然具有重要意义,人们从中可以看出,这一事件既有远因,又有近因,远因是同盟会长期的内部矛盾,近因则是陈其美和陶成章之间的尖锐冲突。

光复会是辛亥前后东南地区的一支重要革命力量,陶成章被刺后,该会失去了一个重要的领导人,遂逐渐解体作烟云散。

犯众怒老蒋遁日本和风流都督

陶成章追悼大会的当天夜里。
上海都督府沉浸在浓浓的夜色中。
整个上海都在睡梦里。

陈其美的窗口还亮着灯光。因白天忙了一天陶成章的丧事处理,晚上还有一摞公文公函待他处理。他决定今晚就不回去了,直到结束。

黑夜的都督府只有大门口门卫那里有灯光,其他都笼罩在夜的神秘中。都督府上空的弯月被云霭遮蔽,夜色更显得浓重神秘。

突然间,东南角方向,一个大黑影接近都督府的高墙,很快跃上高墙,翻身跳进了都督府内。片刻,又有一个黑衣人,紧追其后,也是在前方黑影跳墙的地方翻身越过了高墙,只是比前人身体更轻盈些。

这两个黑影在高墙内,一前一后,一左一右,鹿行鹤飞,跑跑跳跳,在一片林子中消失了。片刻后又出现,前一个黑影向后院奔去,后一个黑影紧追不舍。

且说这两个黑影不是别人,前者是刺杀陶成章的凶手蒋介石,后者是光复会女侠寇志锐。寇志锐已把另一个凶手王竹卿处死在家中,接着她又去吴淞口码头截获了将要东渡日本的蒋介石,二人在码头打了个照面,蒋介石认出了寇志锐,见她剑佩在身两眼露出凶光,不由得打了个寒噤,接着拔腿就跑,寇志锐就追。这不就到了都督府里。

再说前一个黑影,跳跳跃跃到了陈其美的办公室前,见里面灯光通明,房门虚掩,手一拉门儿,就进了屋。陈其美听到声音,抬头看到来人是蒋介石,正要开口,蒋介石用嘴嘘了一声,然后又用手向身后指了指,示意有人在追杀他。

陈其美深领其意,站起身向门外走去,果然见一黑衣人追来。这时蒋介石趁机躲进了陈其美的隔壁卧室床下面。

寇志锐口喘粗气地问:陈大都督,我要杀的凶手已逃到了你的房里,请你立即把他交出来!

陈其美说:我就没有看到有人到我屋来。

寇志锐问:那你为什么出来望风?

陈其美道:我不是望风,我是累了,出来清清脑袋瓜子。

寇志锐说:不对,你撒谎! 为什么不早不晚,偏偏在这个时候你出来散风?

陈其美说:就是这样巧合,我不出来散风,还能迎到小妹? 陈其美说完去拂拭她的刘海。

寇志锐说：讨厌！什么小妹小妹的，我现在是公务在身！我已看到凶手跑到你屋里，我要拿你窝藏罪是问！

陈其美说：好厉害的一张嘴，你去搜吧！如搜不到呢？我可要拿你诬陷罪是问！

寇志锐说：好，一言为定。

陈其美说：你进吧！

寇志锐进了门，先是搜了办公室，没有发现情况。接着，她又去搜查他的卧室，陈其美不干了，拦住寇志锐说：这内屋有我的隐私，不能搜查！

寇志锐说：你说话不算话！

陈其美说：算话，你听我说。

寇志锐说：你不要拦我。接着她一屈身子，从陈其美的膀弯下溜进了陈其美的内屋。翻箱倒柜地搜查起来。搜来查去，没发现情况。

陈其美走上来说：小妹，不是我不让你搜，确实没有人进来！

寇志锐说：不对，你的床下我还没搜查到呢。莫非金屋藏娇不是？

就在这时，寇志锐趁势跑到床下，一把扯下了床单，露出了马脚。原来蒋介石就藏匿在这儿。再说蒋介石见已暴露，起身一跳，跳到柜子上，又从柜子上跳到窗户边，翻身跳出窗户，逃之夭夭。

寇志锐正要拔剑飞身去追，被陈其美拦腰抱住。寇志锐急了：陈大都督，我看透了，原来你们是一伙的！

陈其美哈哈大笑起来，说：你说对了。如果说蒋是凶手，那么说我就是主谋！

寇志锐问：为什么是这样？

陈其美说：你听我说。

寇志锐摇着脑袋说：我不听我不听！

陈其美说：你一定要听。如果我说的没道理，你可以拿刀问我！

寇志锐不再说话。

陈其美说：不是我陈其美空口无凭，而是陶成章死有应该、死有余辜啊！你想想，革命尚未成功，大清帝国依然盘踞北京，袁世凯又虎视眈眈，谁能与之对抗？可是陶成章回国后,不分青红皂白,把矛头对准孙中山,不断地发难。这是其一。

寇志锐说:这我知道。其二呢?

陈其美说:其二,孙中山当选大总统后,这是众望所归。陶成章应该反省自己,然而他不但不反省自己,反而又翻陈谷子烂芝麻的旧账,说孙总统贪污公款,骗取总统,在总统府门前叫骂,给总统难看不说,他站到了革命的对面去了,成了袁世凯的帮凶。

寇志锐说:那其三呢?

陈其美说:其三,他本是同盟会员,却又拉出来成立光复会,处处与同盟会作对,妄图以光复会取代同盟会。更不应该的是他收买蒋介石要行刺于我陈其美!

寇志锐说:陶先生要行刺于你,我不会相信。他要行刺,只会找光复会的人马,比如我们姐妹,不会找蒋介石啊!

陈其美说:小妹,你太天真了。事实就是这样无情。蒋介石你把他赶走了,他若不走,你可以当场求证不是?

寇志锐说:不,我受不了啦。接着她呜呜地大哭起来。

陈其美说:小妹,你若真受不了啦,可以朝我开枪!也可以拿我解气!对于陶成章来说,杀与不杀,人民自有定论。也许残虐了点儿,但我起码对得起天地良心,对得起民国共和,无愧于总统。你可以拿我定罪,但你若杀了我,就不要找蒋先生了,我们间算是摆平了对不对。你答应我?

寇志锐说:我不答应你……说着又呜呜地大哭起来。

陈其美说:如果你不说话,我就把你放在床上。事情一定出来了,我俩还是情人一对。

寇志锐只是痛哭不说话。

陈其美把她放到自己的床上,然后去亲吻她的脸蛋,说:好小妹,你让哥想疯了。这时寇志锐也停止了抽泣,顺从地让陈其美亲吻,享受人间欢乐。片刻后,陈其美的甜言蜜语消融了寇志锐心中的怨声,寇志锐顿时全身颤抖得厉害。陈其美狂吻她的额头、她的红唇,嘴里喃喃地叫着:我的宝贝。

室外,寒风呜呜,吹着窗户纸叫响。陈其美顺手拉起了被子,盖在了寇志锐的身上,然后又脱下她身上的衣服,寇志锐霎时像只小绵羊,也顺势拉下了陈其美的遮羞布。

| 十月沪上都督

从陈其美当选沪上都督,到他最终辞职,掰手算来,十月不到,九月有零。严格意义上说,它是一个资产阶级革命派为主体的政权。在陈其美的领导下,涤清封建王朝专制统治,建立健全新的统治秩序,开始资产阶级革命的新篇章,创造了无数个"第一":

——建功立业,开元改历。

1912 年 1 月 2 日,孙中山通令各省用阳历,并以 1912 年 1 月 1 日为中华民国建元的开始。同一天,陈其美发布通告,转发孙中山的通令,称:"本日(阴历十一月十二日)奉大总统孙谕令,以本月十三日为阳历元旦,我民国百度维新,亟应及时更用阳历,期于世界各强国同进文明,一新耳目等因。为此,布告军民各界人等知悉,以黄帝纪元四千六百九年十一月十三日,着改为中华民国元年下月第一日。从前行用阴历,一律变更。孙大总统即择于元年元旦就任,发号施令,与天下更始。合亟出示晓谕,咸仰知悉,自明日起,各界一律悬挂国旗,以昭庆贺而光大典,切切特示。"①

——豁免恶税,维持市面。

《上海军政分府宣言书》指出:"本军政分府又念我苏、浙等省,民困已久,暴征苛税,是皆满清之虐。而江南水荒,收获寡,谋生不易,用特将江、浙、皖、闽境内一切恶税,尽行豁免,以抒我父老之难,而免奔亡之苦。"其具体措施是:A. 除盐、酒、糖各税捐外,所有统税关卡,一律永远裁撤。B. 除海关外,所在税关一律永远裁撤。C. 本年下忙丁漕,概行蠲免。D.

---

① 上海社会科学院历史研究所编:《辛亥革命在上海史料选辑》,上海人民出版社 1981 年版,第 325 页。

本年以前积欠丁漕,概行蠲免。E. 各属杂捐,除为地方所用者外,概行豁免。[1]

关于市面,陈其美在致上海市总商会的照会中宣布:"上海为华洋巨埠,兼之市面紧急,深恐惹起意外。本军政府用特收回自保,要使中外侨民,安如磐石。久稔贵会为商界之总机关,务望在各商家启蒙给传单,剀切晓谕,维持市面。须知此次起义,为吊伐而来,师到之处,一草一木,秋毫无犯。商仍为商,工仍为工,幸勿虚事张皇,致碍贸易,无任盼祷。"随后,又发出了《各安生业开市贸易告示》,宣布:"所有本埠居民人等,俱可各安生业,开市贸易。"[2]

——稳定金融,稳定人心。

在《完全担保信成银行钞票告示》中,陈其美宣布:"照得本军政府自管理上海以来,首重维持市面,而以流通金融为第一要义。近来上海市面恐慌,达于极点。然目前急救之法,唯有流通钞票,使全市行用,方可补救。"[3]

——扩大城容,拆除城墙。

上海光复后,绅士姚文丹等以城墙阻碍商业发展为由,呈请拆除上海城垣,改建宽阔马路,以振兴商业。陈其美接呈后,当即批示:"拆城为振兴商业之基础,所见极真,应即照准。"[4]

——通令剪发,不留豚尾。1911 年 11 月 10 日,陈其美发布《剪辫告示》:"照得结发为辫,乃胡虏之殊俗,固地球五大洲所无之怪状,亦历史数千年未有之先例。满清入关,肆强迫之淫威,使和同于胡俗。试披发史,凡我同胞之乃祖乃宗,因此而受惨杀屠戮者,不可胜数,固吾同胞二百六十余年所痛心疾首,忍垢含辱,欲复斯仇而不得其机遇者也。今幸天福中

---

① 上海社会科学院历史研究所编:《辛亥革命在上海史料选辑》,上海人民出版社 1981 年版,第 139 页。

② 上海社会科学院历史研究所编:《辛亥革命在上海史料选辑》,上海人民出版社 1981 年版,第 286 页。

③ 上海社会科学院历史研究所编:《辛亥革命在上海史料选辑》,上海人民出版社 1981 年版,第 290 页。

④ 上海社会科学院历史研究所编:《辛亥革命在上海史料选辑》,上海人民出版社 1981 年版,第 326 页。

国,汉土重光,凡有血气者,追念祖宗之余痛,固莫不恐后争先,剪去发辫,除此数寸之胡尾,还我大好之头颅。而一般下流社会无智识之辈,犹复狃于积习,意存观望。迭据各团体及个人来府禀请严申禁令,本都督深不愿以强迫之命令,干涉个人身体之自由;但长此因循,殊非政体,且不足以表示万众一心,渴望共和之至意。为此出示晓谕,仰各团体苦口实力,辗转相劝,务使豚尾悉捐,不惹胡儿膻臭,众心合一,还我上国衣冠。本都督实有厚望,诸同胞其各勉旃。"①

——禁吸鸦片,反对贩毒。

1912 年 2 月 20 日,陈其美发布《禁吸鸦片告示》,严禁吸食鸦片。告示云:"照得鸦片之害,流毒于我中国已数十年矣。凡我同胞沉溺于鸦片之中,废时失业,败产荡家者以数百千万计。前清时代,曾以特设禁烟大臣,与外缔约,严行禁止,各省虽不能一律净除,吸者已属无多。现自民军建义以来,军务倥偬,不暇顾及,而吸烟者乘此时会,有死灰复燃之势,人格丧尽,实堪痛恨。上海五方杂处,匿居私吸,实繁有徒,倘非精密调查,重申禁令,恐我新造之共和民国,其人民程度反不如从前垂亡之满清帝国。伤心之事,莫过于斯。为此特布禁令,如有私卖灯吸者,一经查出,财产立即发封,本犯严行惩办。本都督欲以强迫手段施之同胞,实欲除恶务尽,不欲留污点,以贻民国前途之隐患。仰诸界人等,其各凛遵毋违。"②

——禁止赌博,革除陋习。

1912 年 2 月 21 日,陈其美发布禁止赌博告示云:

"照得正朔已改,阴历不行,只以商界习惯相沿,暂于阴历年底为清账之期,明岁并将商界习惯改用阳历,以昭划一。唯满清时代,民间于元宵之前开场聚赌,大则倾家荡产,小则争攘斗殴,伤风败化,莫此为甚。现在民国新立,旧染污俗,悉行蠲除,凡我同胞,皆当随时世之转移,为新国民之模范。为此,通饬严禁赌博,除照会各国依赖取缔租界不准华人赌博

① 上海社会科学院历史研究所编:《辛亥革命在上海史料选辑》,上海人民出版社 1981 年版,第 324 页。

② 上海社会科学院历史研究所编:《辛亥革命在上海史料选辑》,上海人民出版社 1981 年版,第 338 页。

外，仰各界一体遵照，如违定予严办。切切。特示。"[1]

　　以孙中山为首的南京临时政府如此软弱，以陈其美为首的沪军都督府同样也不敢触及反帝反封建的问题。

　　应该看到，陈其美虽然不敢反帝，但对被帝国主义列强欺凌压迫的弱小民族是深表同情的。据陈果夫回忆，1912 年间，陈其美与朝鲜志士组织了一个名叫"新亚同济社"的秘密团体，该社的目标是谋朝鲜独立。陈其美担任该社监督，在物质上、精神上均给予了支持。陈果夫回忆说：

　　　　民国元年底，袁（世凯）氏促叔出洋考察工商，先汇四万元来申，此款由我代管。但不满两个月即用罄。其中大半为帮助同志，其五之一约计八千元左右，为帮助朝鲜、安南、印度革命党人，及朝鲜在中国留学生之学费等，此可知其对于世界革命之工作也。某年寒假，予至沪省叔。见其寓处正举行会议，参加者有高丽、安南、印度、马来、暹罗等人。会后，由叔执行晚餐。予初不解，后请示于叔，始知系东方各民族联合革命团体而由叔主持者。此盖我叔坚信中国之民族革命，一方面自求民族革命之成功，同时并当协助东方各民族致力反帝工作。[2]

　　另外，越南爱国志士潘佩珠回忆，他于 1912 年 2 月下旬，到南京求见南京临时政府大总统孙文和陆军总长黄兴，谈及援越事。潘在路过上海时，也拜访了陈其美，他说：

　　　　陈（其美）豪侠慷慨，余前所亲稔。彼于奔走革命中，尤与余同病。余晤彼，乃不复作客气语，直告以困苦乞援之实情。陈素解余意，毫无踟蹰，以四千元相赠。余又告以派人回国内行大运动。剧烈

---

　　①　上海社会科学院历史研究所编：《辛亥革命在上海史料选辑》，上海人民出版社 1981 年版，第 339 页。

　　②　秦孝仪主编：《陈英士先生纪念集》，中国国民党党史委员会 1977 年版，第 128—129 页。

之暴动,陈初不以为然,谓君等宜于教育入手,无教育之国民,暴动不能为功。余答以我国教育权,完全在法人掌握,法人所立之学堂,完全为奴隶之教育,禁私立学堂学生出洋。凡百教育之工具,我辈无一毫自由。我国人求一生于万死之中,唯有暴动,暴动者为改良教育之媒介也。予因举马志民教育与暴动同时并行一语以告,且历举以来失败之详情如东京义塾、广南学会等事,反复详解。陈大然之,遂给予以军用炸弹三十颗。余所挟以来之希望,至此粗慰。①

在对待农民问题上,遗憾的是陈其美领导的沪军都督府没有发表过一件涉及土地问题的法令和政策。相反,当农民自发起来进行抗租抗税斗争时,陈其美却站在农民的对立面,采取了坚决镇压的措施,加剧了社会的动荡不安。当时的上海报纸上,有关陈其美派遣军队镇压农民抗租抗税斗争的新闻比比皆是,也颇令陈其美头痛。

例如1911年12月31日《申报》报道说:

青浦民政长因该邑香花桥一带乡民聚众抗租,扰乱治安,于前夜派人来沪报告民政总长及沪军都督,请兵防护。即经民政总长移知商团公会司令部,派令王济川君率同十字团团长凌有光君,督带团友四十名,又经陈都督命卫队管带师德贵君,选派卫队二十名于昨日下午持带枪械回赶该邑,竭力保持。②

1912年1月5日的《申报》又报道说:

南汇县民政长赵敬祺,前日电告上海民政总长及沪军都督,因该邑大团等处有沿海沙民抗租滋扰,聚众千余人,啰唣不休,掳人勒赎。该处原有沪军四哨,兵力单薄,不克防御,请即加派防护等情。陈都

———————————

　①　陈锡祺主编:《孙中山年谱长编》(上册),中华书局1991年版,第668—669页。
　②　上海社会科学院历史研究所编:《辛亥革命在上海史料选辑》,上海人民出版社1981年版,第704页。

督准即拨派两哨兵士,速赴大团驻防,并由民政总长移知商团公会司令部,选派团友二十名,前往浦东沟等处,竭力抵御,以防窜扰。①

可以看出,资产阶级在掌握了政权后,轻易地抛弃了农民这个最广大的同盟军。所以在以后捍卫政权的斗争中,资产阶级革命派总是显得力量弱小,不得不再妥协让步,及至丢掉了政权。

那时,青年毛泽东正在湖南进行农民运动调查,关注农民运动。他在后来的《中国社会各阶级的分析》一文中开篇明义道:"谁是我们的敌人？谁是我们的朋友？这个问题是革命的首要问题。中国过去一切革命斗争成效甚少,其基本原因就是因为不能团结真正的朋友,以攻击真正的敌人。"应该说,共产党之所以能胜利,就是团结了真正的朋友,打击了真正的敌人,把握了革命胜利的主动权。

---

① 上海社会科学院历史研究所编:《辛亥革命在上海史料选辑》,上海人民出版社1981年版,第711页。

第十章　共和悲歌

▎ 为共和烈士申冤雪仇

陈其美正在都督府办公。

一个申诉信函落到他的案头,标题醒目,落款人大名鼎鼎,柳亚子、朱少屏等 11 人联名上书沪上都督陈其美,要为死难的共和烈士周实、阮式平反昭雪,并捉拿凶手姚荣泽,申诉书上写:"虏令无状,一日薄西山杀二烈士,不捕杀此獠,无以谢天下!"

原来,周实、阮式都是陈其美熟悉的人。此书也引起了陈的联想……

周实字实丹,号无尽;阮式字梦桃,号汉宣,他们都是江苏淮安人。

周实出生在车桥镇的一个穷书生家庭,幼年就读于"无尽庵"家塾,18 岁入县学为秀才,后就读于南京宁属师范学校、两江师范学校。1909 年南社成立,周实欣然参加,是南社最早的成员之一,与同是南社成员的陈其美相识,与柳亚子、高旭、朱少屏等有密切的交往,被称为"社中眉目"。

阮式出身于淮安城内世代书香的封建大家族,16 岁入泮,后读于江北高等学校,又与周实共读于宁属师范学校,先后任宣城模范小学、淮安敬恭学校、山阳高等小学教师,上海《女报》编辑,《克复学报》撰述;曾应周实之约共创"淮南社",为南社"桴鼓三应"。

周实、阮式少年时代读书勤奋,晚明志士遗民思想对其影响颇深,他们又较早地接触了西方文化。周实 13 岁时便攻读美利坚独立史、法兰西革命纪;阮式 14 岁开始"广究新知"。在追求新知的活动中,他们都萌生了反清反帝革命思想,立定了救国救民革命的志向。

上海光复后,周实曾去拜会陈其美。

陈其美说:天下大势已定,你应该回淮安去,争取苏北的光复,再开新篇。

周实想了想,觉得有道理:我听你的。

于是他就和阮式去了淮安,组织"巡逻部",周、阮二人分别任正副部长,参加淮安的光复。

当时的淮安,在各地纷纷光复起义的影响下,曾任山西巡抚、卸任后住在淮安的丁宝铨等豪绅巨室携金银细软逃往上海,知府刘名誉听说苏州光复,也打开府库,携金带眷潜逃苏州避难。

城内只有山阳县衙还在"营业支撑",但县令姚荣泽的命令已无人听了。

在这种混乱局势下,周实、阮式召集旅宁旅沪回淮学生及本城中学生八九十人开会议事,成立"学生队",此时县政权几近瘫痪,城内无兵可恃,高户豪门如丧家之犬,惶惶不可终日。大局民团不足以抵御散兵游勇和土匪的掳掠,士绅们都希望有人出头来负守城之责,纷纷说服大局供给学生枪支、子弹。周实、阮式领导的学生队员掌握枪械后,来到县衙前放了一排枪,将龙旗扯毁,插上白旗。

周实、阮式还率领队员日夜奔走在城上城下,分班在城门口巡查奸细,至使城内秩序井然。

他们还令商店照常营业,并派人积极准备组织淮安军政分府。绅董见学生们奋发英勇保卫乡里,纪律胜于团勇,因而让周、阮把"学生队"改为"巡逻部",周、阮分任正副部长。守城的责任由巡逻部担任,他们顶风冒雨,荷枪持械,来回巡逻,日夜不辍。

周实、阮式还指派南京陆军中、小学生分别教操、训练,巡逻部控制了全城局势,清河县的十三协乱兵虽近在咫尺,而淮安却能安然无恙。

11月12日,清河(今淮阴)光复,陆军参议蒋雁行被推为江北都督。同日,蒋雁行传檄山阳县(山阳县在淮安府内)反正,并邀山阳官绅赴都督署议事。山阳县令姚荣泽抗令未赴,山阳士绅就推举周实、顾震福等五人赴会。

周实赴会期间,姚荣泽指使人散布谣言,说周实回来后就要"杀官劫绅",引起了劣绅的忌恨。

11 月 4 日,自清河回淮安的周实在旧漕署前召开大会,县令姚荣泽避匿未到。周实在大会上宣布山阳光复。周实说:"姚荣泽不到会,就是反对光复,我们要把他这个清廷走狗赶出淮安!"同时,周实还痛斥了那些对光复持诋毁情绪的劣绅。

革命形势的迅速发展,使反动势力很快麇集在一起。姚荣泽与典史周城郊、参将杨建廷和劣绅顾震福、秦保愚、阮钵香、何钵山等人,在海会庵秘密开会,拟定了谋杀周实、阮式的行动计划。

11 月 17 日,姚荣泽采取卑鄙的暗杀手段残杀了周、阮二人。这一年,周实年仅 27 岁,阮式 23 岁。

姚荣泽杀害了二烈士后,自知罪孽深重,不会坐以待毙,"挥金四处奔走",打通关节。于是在南通张謇家藏匿下来。

……

陈其美看完了柳亚子等人申冤书后,正义在胸,非常生气,挥笔批示:南通索姚!

这时,张謇包庇姚荣泽的所作所为,激起了人民的公愤,淮安学团顾振黄一行五十余人到达上海请愿,一时,军界、政界、学界、被害者家属的公函、公禀、呈示雪花般地飞向沪军都督府。再次激起了陈其美的正义感,忙派军司长蔡治民把柳亚子接到府中,让其起草了一个洋洋千言的加急电报,以陈的个人名义致电南京临时政府,要求为周实、阮式昭雪!

2 月 7 日,孙中山复电陈其美,同意由陈其美来审理姚荣泽案。孙并饬令南通张謇火速将姚荣泽及与此案有关的紧要证据卷宗,解交沪军都督陈其美,以使"秉公讯办,以彰国法而平公愤"。

张謇见了电报,不敢怠慢,知道陈其美的为人处世,是说得到做得到的,才把姚荣泽交了出来。这样姚荣泽被押解苏州。2 月 23 日,陈其美又派人把姚从苏州押解到上海。

事情似乎至此已经解决,然而半路上却又杀出个程咬金来。

姚荣泽深知自己落入陈其美之手,决没有好果子吃,于是暗中派人到南京活动,买通了临时政府的司法总长伍廷芳。伍廷芳出面干扰对姚的审判。

2月18日,司法总长伍廷芳首先致电孙总统,认为姚案应该由司法部主持审理,而不应由沪军都督府审理。伍廷芳指出:"民国方新,对于一切诉讼应采用文明方法,况此案情节重大,尤须审慎周详以示尊重法律之意。"伍廷芳还指出:姚案审理应由司法部特派精通中外法律之员承审,另选三名通达事理、公正和平、名词素著者为陪审员,并准许原告与被告两方聘请辩护士到堂辩护,审讯时,任人旁听,"如此,则大公无私,庶无失出失入之弊"。对于伍廷芳的请求,孙中山认为"极善",指示同意。

但陈其美并不打算放弃审理姚荣泽案。他也写信给伍廷芳,承诺将按照文明办法审理此案。

3月2日,伍廷芳复函陈其美,重申姚案应由司法部主持,审判官亦应由司法部指派。

二人书信频繁,互不相让。

最后,陈其美没有理睬伍廷芳的意见,3月8日在上海开庭审理,至3月23日宣判姚荣泽死刑,于两周内执行。

令人没有想到的是这两周时间,临时政府总统移位,由原来的孙中山,换成了袁世凯。旧官僚以所谓姚"罪有应得,情尚可原",致电袁世凯请赦免一死。

物以类聚,人以群分。袁世凯看在老姚杀戮革命党的功劳上,自然放他一马,于是大笔一挥:免其死刑!

于是,姚荣泽被"定为终生禁锢之罪"。后来又改为监禁10年,实际上姚荣泽被关押三个月即被放了出来,逍遥法外。陈其美、柳亚子的种种努力,被袁大总统一笔勾销了。

实际,这是共和的一大悲剧,又是"江苏省革命史上一大污点"。[①]

---

① 江苏省政协会资料委员会、淮安市政协文史资料委员会编:《江苏文史资料》第43辑:《周实、阮式纪念集》。

汪精卫语讯孙中山：你不会对大总统的职位恋栈吧？

就在陈其美极力为周实、阮式昭雪之事奔波时，新生的南京临时政府也在飘摇之中……

1月16日晨，袁世凯得知孙中山议和许诺后，亦于当天上午高高兴兴入宫拜见隆裕皇太后和小皇帝，以国务大臣联奏名义，跪奏太后，请清帝退位，亦谓之再次"逼宫"。

这日上午 11 时 45 分，袁世凯奏毕便乘双轮大马车出东华门。车过东华门大街，有大队骑兵拥于前后，大街有军警夹道林立，好不威风。

正在行走之间，已到三义茶店楼门口，张先培从楼上掷弹一颗，但弹发后，袁车已过。

"快走!"马车在袁的指使下飞驰起来，行抵祥宜坊前，第二组黄之萌、李献文各急投一弹，弹响车覆，卫队长与士兵数人当即命归西天。袁马车二马受伤，受到惊吓，腾起四蹄，狂奔而去，载受伤的袁世凯脱险回府，留下卫队拦截。

张先培等下楼追击，被卫队当场击倒，黄之萌相扶，并与卫队交战，顿时天昏地暗。一场乱战之后，无奈卫队人多，同盟会：杨禹昌、陶鸿源、许思训、黄永清、李怀莲、萧声、薛荣等人，均被逮捕，旋遇害。

一时间，京师大哗，恐怖笼罩。再说袁世凯此次朝见出宫后，即遭到上面所述革命党人行刺。袁世凯的奏折是以法国皇帝路易十六上断头台示意清朝皇室，使隆裕对袁大为疑忌。正好袁出宫后，即遭革命党人刺杀，复使隆裕又对袁氏信任。袁世凯心想，大难不死，必有后福。此时袁世凯不敢再出门，包括清室也戒备森严。

袁世凯遭行刺之后不到 10 天内，恐怖烟云未散，又有称作炸弹专家的彭家珍等积极筹划刺杀良弼等清室顽固派宗社党人的行动，其目的是消除共和障碍。

彭家珍，字席儒，四川金堂县人，陆军武备学堂炮科毕业，系清军天津兵站司令部副官，于天津加入京津同盟会。此人正义感较强，同情孙中山革命，支持共和。

良弼是清室的顽固派。1 月 24 日,彭在街上散步,经路人指点,觅得良弼新宅在西四牌楼红罗厂。此院高深,戒备森严。暗攻不如强取。25 日,彭即着军装携佩刀、炸弹到良弼宅访问,等候多时,良仍未归,遂辞出,刚出门不几步,良弼归来,彭即回车到大门口下车,当良弼下车时,彭假以投名片作掩饰,顺手投炸弹炸之,炸弹触地爆炸,良弼左膝炸断,彭则当场殉国,年仅 25 岁。

良弼被抬回苏醒后,闻言彭家珍已当场死去,亦赞彭为英雄人物。两天后,良弼亦死。共和一患被除。

不到 10 天内,接连出现两次暗杀,使京城再次笼罩在血色的恐怖中。

两次暗杀的插曲,加快了南北和谈的进程。

接着,孙中山派出了南方政府的议和代表团。主要成员是汪精卫和外交总长伍廷芳等,张竞生为代表团秘书。孙中山特在南京总统府一间密室里向张竞生单人作了如下的指示:

首先,孙中山说:这次南方议和代表团代表虽是伍廷芳,但实际暗中令汪精卫负责。伍虽是我方外交总长,此次由各省代表推荐为代表,表面是极适当的。但其人是大官僚,贪财、爱物质上的享受。当年他由清廷派为驻美公使时,随员各职,尽行贿赂出卖。回国后在上海买一座洋楼,骄奢淫逸,他不是革命党人。断不能再使清廷保留虚君位。总之,无论从何方面看,伍是不能真正代表我们革命方面的。各省代表推荐他,不能不任命他为代表,但我总怀疑他是否能称职。所以我们另命汪精卫、王宠惠、王正廷、钮永建等人为议和代表团参赞,暗中特授汪精卫全权,即是凡事须由参赞团同意,然后才能执行。

孙中山说到何以信任汪精卫的理由时说:因为他前时暗杀清廷摄政王的行为,轰动世界。出狱后,又在天津组织"京津保同盟会",仍然为了革命。这次议和,他还是会真心真意以达到我们革命党的宗旨的。所以我们授他全权,尽量发挥革命党人的意志。当然,他有时不免感情用事,所以我们又望参赞团与你们秘书团好好帮助他。

说到第二个问题时孙中山沉着表示:对袁世凯要采用"利用方法",使他上我们的圈套。袁是大官僚,狡猾成性。但他前受清廷的排斥,今虽起用,可是他心底里是要推翻清廷的统治,这一点上是与我们的目的一致的。至于人是否真心为民国,却是极可怀疑的。在这一点上,全靠我们利用他的方法,使他接受我们的宗旨。因此,为了达到革命的目的,我极愿让出总统之位,只要他能支持建立民国。这可以说,我是用总统的名义,促使袁接受我们革命的宗旨的。中山先生还分析当时的军事力量说:我们实在是不能与袁对抗的。我们虽有革命的勇气,但经费支出,连数千元也要由上海工商界来接济!而且军权不统一,各省军人各自为政,不能统一指挥。所以我们只好利用袁世凯来建立中华民国。这便是后来人们常说的"拿总统换和平"。

利用袁的势力来建立民国,当然危险性是极大的。可是我们革命党人如能团结一致,好好监督他为民国尽职,那么,他虽有野心,也不能不在我们的控制下做事。那么,初始虽则是我们利用他,结果还是希望能逐渐把他改变成为同我们一样拥护民国的人。所以我常说不怕袁世凯,只怕我们革命党人有二心、不团结。现在形势,各省纷纷独立,大多是军人与政客所主持,我们如怕他们,就不能成功了。所以我们也要不怕他们,利用他们,革命才能成功。

中山先生说到此时,语气极坚决。停一会儿,他又说:我愿意把总统之位让给袁世凯,有人说我是被迫的,这是根本不识大势的人说的。须知我不怕袁,而是利用他。不但是袁,无论谁,他如能"推翻满清,建立民国",我都极愿让出这位置;但无论何人,如不能做到这两点,虽用任何强力,都不能使我让出。我是终生抱定革命者的气节的,不但视总统是一个虚名,而且到必要时,虽自家性命也可牺牲的。总统是一个虚名,我不当总统,也可为国家做事。我立志让出总统后,就专心做实业救国的事务,并希望完成我的学说,以教人传世。试想总统有什么意义使我留恋呢?我所留恋的是"推翻满清,建立民国",而不是总统的名义。

临别时,中山先生神气极坚决地再次指示:第一,让伍廷芳名义上为议和首要代表,而实权则由汪精卫操持;第二,我们设法利用袁世凯,不是袁利用我们。这两点,望向汪精卫转达。并望你们保守秘密,不要外传。

孙中山送走了张竞生,秘书宋霭龄又走过来,呈上"北京方面清室优待条件最后文本",内容如下:

一、大清皇帝改称皇帝,相传不废,以待外国君主之礼待之。

二、暂居宫禁,日后退居颐和园。

三、优定皇帝岁俸,年支若干,由新政府提交国会议决,唯不少于300万两。

四、所有陵寝、宗庙,得永远奉祀,并由民国妥为保护。

五、保护其原有私产。

优待满、蒙、回、藏人条件:

一、满、蒙、回、藏人与汉人平等,均享受一切权利,服从一切义务。

二、保护其应有之私产。

三、先筹八旗生计,于未筹定以前,原有口粮暂仍其旧。

四、从前营业之限制、居住之限制,一律蠲除。

五、所有王公世爵概仍其旧。

孙中山阅毕,哈哈大笑道:"此乃条件,殊为可笑。"于是提笔复信伍廷芳,指示如下五条内容:

请告唐,清帝退位,共和既定,既推让出于诚意,至其手续,则须慎重。以为民国前途计,若两日为期,不特贻外人讥笑,且南方各省或有违言,转为不美。今以五条件要约如下:

一、清帝退位,其一切政权同时消灭,不得私授其臣。

二、在北京不得更设临时政府。

三、得北京实行退位电,即由民国政府以清帝退位之故电发各国,要求承认中华民国彼各国之回电。

四、文(指孙文)即向参议院辞职,宣布定期解职。

五、请参议院公举袁世凯为大总统。如此方于事实上完善。

次日,孙中山又电告伍廷芳,将三、四、五条并为一条:"各国承认中华民国之后,临时总统即行辞职,请参议院公举袁为大总统。"

同日,孙中山又对北京方面清室优待条件提出修改:"'相传不废'当改为'终生不废'。至交海牙存案,民国内阁反对者多,其理由:一、国内之事件,交列国国际公会,大伤国体;二、不信国民,存案于外,即为丧失国人信用,牵涉于国际;三、唯有用正式公文,通告各国政府,即可为将来之保证。"

19日,清隆裕太后见电,又召集御前会议于养心殿。此时隆裕有意退位。会议开始后,隆裕太后原文宣读南京关于优待皇室条件和优待满、蒙、回、藏人条件的电文,结结巴巴念完电文后,便问:"你们都听了,看是君主好?还是共和好?"闷了好长一段时间,溥伟等对曰:"臣等皆力主君主,无主张共和之理,求太后圣断坚持,勿为所惑。"

太后尖声笑道:"我何尝要共和?都是奕劻和袁世凯说的,革命党人太厉害,我们没有枪炮,没有军饷,万不能打仗。……"

接着她拂了拂袖子,又说:"现在内帑已竭……胜了固然好;要是败了呢,连优待条件都没有,岂不是要亡国吗?"

溥伟仍坚持不退位的好。

太后龙颜不悦:"就是打仗,也只冯国璋一人,焉能有功?"

溥伟道:"为了大清,我愿意自己率兵出战!"

最后太后问他:"他们主和了,你还出什么战?"

溥伟仍坚持:"请太后仍是主持前次谕旨,着他们要国会解决。若设临时政府,或迁就革命党,断不可行,如彼等有意外要求,请太后断不可行。"

隆裕则答道:"我知道了。"

会议不欢而散。

恰在这时,清廷驻俄国公使陆徵祥,致电请外务部,再次促请清室退位。清驻意大利公使吴宗濂、驻日公使汪大燮等亦随后电请内阁,呼吁清廷退位。

20日,孙中山再电伍廷芳,重申五条件:

一、清帝退位,系帝制消灭,非只虚名。

二、袁须受民国推举,不得由清授权。

三、袁可对中外发表政见,服从共和,方为被举之地。

四、临时政府不容有二,以避竞争,今清帝退位后,民国政府当然统一。

五、袁可被选为实任大总统,不必用临时字样。如此,始得民国巩固,南北一致。并要求袁世凯来南京会谈。

袁世凯接电后,再次拖延,致使战火再起,革命阵营内也意见不一。一些原来不赞成议和的同志,也对孙中山不满起来:"议和,议和,这不,又打了起来吗?"一些主张议和的同志也针锋相对:"不能无谓地流血!先生你怎么又改变了初衷?"

袁世凯暗中促进清帝退位的实现,使驻外公使和段祺瑞等军人要求共和制,但表面上,有时又表现出左右为难的姿态,一会儿跪请清廷退位,一会儿又致电伍廷芳,仍要求召开国会公决国体,甚至还佯作备战,其中心目的,是以舆论为工具,窃夺总统大权,又因唯恐失去总统职位,不愿承认南京政府,故有意阻碍和平解决清帝退位的进程,与南京政府讨价还价,完全为个人一己之私而玩弄权术。

南京。陆军部的参谋部作战室。

会议桌边,围坐着陆军总长黄兴、秘书长胡汉民、陆军部次长蒋作宾、海军部次长汤芗铭、实业部次长马君武、交通部次长于右任及宋教仁、汪精卫等。

孙中山坐在绘有六路北伐进军的挂图前,环视与会者:"关于战局,务请各抒己见。"

黄兴首先发言:"战局令人忧虑,军费支出庞大,国库空虚。杯水车薪,无济于事,甚至连预算都无从算起……"

大家沉默。

孙中山道:"也不能只看财政,武昌起义以来,民气激昂,北方人心也大体倾向共和。海外华侨,继续踊跃捐输,美洲、南洋、日本等地,都有汇款……总之,和谈,北伐,不可偏废!"

马君武立即应声:"陆军总长是否应马上率所属 17 个师北上,不管袁世凯是战是和,我们都要直捣幽燕!"

宋教仁仰首冷笑。

马君武站起:"遁初,你笑什么?"

宋教仁:"我笑我辈不外纸上谈兵。"

马君武不快地坐下。

宋教仁:"兆铭兄刚从北京回来,谈谈那边的形势吧!"

风尘仆仆的汪精卫脱下大衣,走到地图前:"不仅要明白北方,还要统鉴世界大局。英、日、美、德等列强支持袁世凯,路人皆知。甚至横舰长江,阻拦民军在秦皇岛登陆,驱逐占领即墨的义军……公使团日前通电,不准在京奉铁路两侧十里内交战。日、俄增兵东三省和内蒙古,企图乘机分割……"

一种沉重的气氛压迫着会场,大家都不做声。

孙中山用期待的目光注视黄兴:"克强,刚才的话还未讲完。"

黄兴:"湖北实际上已经与袁世凯媾和,北洋七镇正向南京压来。陆军部所辖部队号称 17 万,但真有战斗力的也只有粤、浙两军……"他的话又被咳嗽打断了。

全场默然。

汪精卫:"项城若能促清帝退位,则我辈目的已达。战事如果再起,恐非国民之福!"

孙中山愤然:"袁世凯阴怀莽、操之志,居心叵测,反复无常,企图在南北对峙中渔利。共和肇始,将元首职务交给这个守旧官僚,似应慎之。"

宋教仁:"可是在临时大总统选举之前,不是已经商定虚位以待吗?"

孙中山："是的,但前提是他必须服膺共和主义!"

汪精卫浅浅一笑："先生,您不会对大总统的职位恋栈吧?"

宋教仁语带讥讽："先生当然不会有权力思想。"

马君武拍案而起："你们是暗指先生贪恋权势吗?"

宋教仁轻轻拉一拉马君武："你坐下。"

马君武怒不可遏："你这个袁某的说客!"说罢,一拳向宋教仁左眼打去。

宋教仁意外而委屈地:"你——"他的眼睛立刻肿起来。

与会者的目光都集中到马君武身上,然后又一齐转向孙中山。

孙中山痛心地、感情复杂地看着马君武:"君武——太粗暴了,应该向遯初道歉!"

马君武执拗地坐着不动。

孙中山叹了口气:"这不是什么恋栈职位和权力思想。既然历史把重任赋予我们,我们就要不辱使命!"

黄兴满怀同情地看着孙中山,断断续续地说:

"上海的和议若不成……兴自度不能下动员令,唯有剖腹以谢天下。"

说罢,低头吐出一摊鲜血。

"今也让,明也让。吃人的老猿称霸王"

1912年2月13日,就是7岁的宣统皇帝溥仪签署退位诏书的第二天,孙中山被迫向参议院提出辞职咨文,并推荐袁世凯继任总统。

局势急剧地变化。

就在宋嘉树帮助宋教仁起草《临时约法》的时候,2月12日,清帝在袁世凯的威逼下,宣布逊位。两千多年的帝制终得推翻。接着孙中山履行诺言,向参议院提交了辞职咨文。

他在致参议院的咨文中说:"清帝逊位,南北统一,袁君之力实多,发表政见,更为绝对赞同,举为公仆,必能尽忠民国。且袁君富于经验,民国统一赖有建设之才,故敢以私见贡荐于贵院。请为民国前途熟计,无失当选之人。"同时宣布,袁世凯必须遵守《临时约法》,又派出以蔡元培为专使,汪精卫等为随员的迎接总统候选人代表团北上迎袁南下,希将袁世凯引出巢穴,到革命党人占优势的南京来,以便监督其遵守《临时约法》。

但在临时参议院门外,陆军所属的沪军和浙军蜂拥而来,包围呐喊着:"我们要见孙大总统!""我们要见议员!""谁要让孙大总统辞职,我们就把谁绑走!"口号声一阵高于一阵,远处的炮台也传来隆隆的炮声……

参议员们一个个呆坐在座位上,心情复杂。

当时,既有革命党人表示反对推袁世凯为下届总统候选人,海外华侨也有来电反对推荐袁世凯的。孙中山复电说:

"今日目的已达。……我辈之义务告尽,而权利则享自由人权而已,其他非所问。"

2月15日,参议院举行选举,袁世凯以17票被选为中华民国第二届临时大总统。

2月18日一早,陆军第一军军长柏文蔚(民国元年6月任安徽都督)不赞成一味向袁世凯退让,主张利用革命气势组织力量打击袁世凯,亲到南京政府谒见孙中山哭谏。孙中山"亲为调牛奶、咖啡、茶并给以饼干"相待。

柏文蔚岂能吃下,痛哭流涕地对孙中山说:目前革命气势正在高涨,北伐军事不应停止。且北洋军实力尚在,"应利用当前革命优势,予以严重打击,将所有障碍扫除,方能实现本党政治主张,否则急于求和,恐难有好结果。"

"我非常同意你的主张。"孙中山道,但这时他只能向柏文蔚表明:只要清帝退位,袁世凯绝对赞成共和,他自己可以立即辞职,不再涉身政界,专求在社会上做成一种事业。关于今后的军事问题,则指示柏文蔚与黄兴研究。柏文蔚在总统府吃完早餐,向孙中山告辞。到了陆军部,他向黄兴说:"袁世凯乃是不讲信义之人,戊戌政变,他能卖友向慈禧告密,我们对他不能相信太过。"

黄兴向他解释说:"革命目的是推翻满清,建立民国。只要袁世凯承认这种主张,我们就可以将总统让给他。他虽狡猾,也一定与我们合作,假如完全靠武力解决,将来鹿死谁手,尚难预料。"此时,柏文蔚已看出黄兴,"亦大有放弃武力之意"。他后来很感慨地说:"当时和平空气浓厚,余之不放弃武力主张,已不为各方面所重视,诚所谓曲高和寡者也。"

2月20日,补选黎元洪为临时副总统。

3月30日,孙中山与袁世凯最后敲定了内阁成员名单,唐绍仪为总理,九名总长中,同盟会员占了四席,分别是司法总长王宠惠,教育总长蔡元培,农林总长宋教仁,工商总长陈其美。

4月1日,孙中山于参议院举行解职礼。他说:"清帝逊位,民国成立,民族民权两主义已经达到,只待实现民生主义。"他念念不忘修筑20万里铁路的宏图,表示10年之内不过问政治,一心完成铁路建设计划,使中国在经济上富强起来,与欧美同步。

辞去职务一身轻。

南京郊外。紫金山。

清明时节,细雨霏霏。

静寂的山林,偶尔响起回荡的枪声。

时断时续的哭声传来——人们在扫墓。

蜿蜒的山路,远远可见几个身着猎装、手执猎枪的人在攀登……

黄兴、胡汉民、宋教仁、朱执信等人依次攀上一块平坦地方。走在后面的孙中山也攀了上来,马湘接过他手中的猎枪。人们停下来歇息。

孙中山轻喟一声:"总算轻松些。"

黄兴眺望着山脚下,一群祭扫烈士墓的小学生列队走过。嘹亮的歌声隐约传来:

五色国旗照亚东,

问谁铁血功?

中华大总统,

孙中山与黎元洪。

　　两千余年专制毒，

　　一旦扫而空。

　　……

　　黄兴有所感地转向孙中山："我们终究在历史上留下了痕迹。"

　　似乎也在倾听孩子们歌声的胡汉民站了起来："几个月来，事变太过迅速和复杂，来不及思考，更遑论索解。"

　　宋教仁却执著于自己一贯的思路："我持乐观态度。议会、宪法，必使共和制度长存。"

　　他们起身，继续攀登。

　　路过许多小小的墓前，纸幡飘动，粗瓷碗碟里放着简陋的祭品——几个馒头，两块猪肉。

　　孙中山颇有感触："民生主义，迫待实施。……当务之急，先得修20万里铁路。"

　　朱执信好像自言自语："有的出国，有的做官，有的退隐，还有的出家——路漫漫其修远兮……"

　　散漫的谈话中断。孙中山凝望着嫩绿色的山峦，缓缓地对宋教仁说："既然我们在国会获多数，组织内阁是必然的，您也将出任内阁重任……"

　　大家朝他转过脸来。

　　孙中山回避开战友们的眼光，从马湘手中取过猎枪，走了两步，朝着从容飞过的一群白鸟随手射击。

　　回声在山谷中滚动，消逝。

　　林木萧萧。细雨霏霏。

　　鸟群像是没有受到任何惊扰，自由舒展地向着更高的苍穹飞去……

　　4月3日，卸任后的孙中山乘坐的火车抵达上海，陈其美率都督府官员及总务科全体人员到车站迎接。

　　说心里话，对于孙中山的请辞总统，陈其美是有其不同看法的。但是孙中山又是他最为尊重的人。为欢迎孙中山抵沪，陈其美特地动员上海戏剧界,在沪南新舞台演出新剧《波兰亡国恨》,为孙中山先生一行接风洗尘。

当陈其美陪着孙中山入场走进包厢时,楼上楼下的人都站了起来鼓掌,戏台上的演员,有的化妆已完,有的还没有化妆,有的方化妆一半,全都出来站在舞台上,他们首先举起帽子呼万岁,楼上楼下的人都应和着,孙中山激动得眼眶湿润。

散场后,陈其美陪着孙中山回到寓所喝茶。上海戏剧界的明星们也追随来访,陈其美把潘月樵、夏月珊等人一一介绍给孙中山,并描述了他们在上海光复战中勇猛冲杀的情形。当下,孙中山书写了"急公好义"四字赠潘月樵,"热心劝导"四字赠夏月珊,以鼓励他们的革命热情。

新剧作家,南社社员黄喃喃,极为羡慕地说:"先生也为我留一幅墨宝吧。"

孙中山欣然应承,遂写了"改良新剧"四个字相送。

这一晚,大家情绪激动,谈兴不止,直到下半夜方散。

翌日,陈其美又专门陪同孙中山等乘汽车到高昌庙江南制造局视察。

此时的江南制造局总理是李平书,按总统规格,他早早地就派出卫队、巡警执枪站岗迎接。孙中山在陈其美和李平书的陪同下到各厂察看了机器设备和各种军械产品后说:"江南制造局这样的工厂就是和国外的一些工厂比,也不逊色,只是我国这样的工厂太少了。现在民国已建立,今后我们一定要在实业上努力奋斗,把国家建设好。"

陈其美说:"你说得太对了。我也打算尽快撤销沪军都督府,今后和你一起,发展实业,振兴祖国经济,真正做点儿实事。"

"这个想法很好哇。不过,上海地处特殊,我已在电文中与你说过。沪督去留,当视情况发展而定。"

孙中山说的是指 2 月 17 日和 2 月 27 日两次发给陈其美的电文,在电文中,孙中山极力劝慰他留任沪军都督。说实话陈其美从当都督那天起,没有一天是安静的,也有一帮立宪派说三道四,逼他下台什么的。

在 2 月 17 日的电文中,孙中山说:

现在清帝退位,民国统一,上海为江南要区,非有大将镇守,不能维持一切。据各地纷纷来电,咸以公为民国长城,关系全局,力请挽留。人心如此,公不可告退,尚望勉为其难,勿怀退志。

在 2 月 27 日的电文中,孙中山说:

前得辞表,亟电挽留。顷闻执事去志仍坚,政府亦当成执事让德之美。唯以军事、财政、外交、交通诸大端言,沪上都督万难遽行取消,幸请顾全大局,再行勉为其难。俟前述诸大端,中央布置就绪后再商。至盼。

从电文上看得出孙中山对陈其美希望殷切。

在这期间,黄兴、谭人凤也都频频致电陈其美,建议陈其美,千万不能辞职。黄兴在电报中说:

前公辞职,经总统挽留,兴至沪又再三恳勉为其难,谅蒙允诺。兹阅报公决意辞职,为公个人计,未尝不美,但于军事交通上失公援助,宁中秩序恐致紊乱,万望以大局为重,辅助中央,筹划善后一切,必胜感祷之至。

比起孙中山和黄兴,谭人凤的电报就尖锐无比了,以至于陈其美气得要与他拼命。谭人凤在电报中是这样说的:

我公热心毅力,本党素所钦佩。自有辞职一则,前后几若两人。窃自广州败后,凤与执事规划长江流域,实以上海为总机关。武汉举义,湘赣继兴,若非光复上海,则海军官钥,掌自虏廷,苏浙联军,诸多障碍。昔曾国荃攻打南京,实赖李鸿章先规上海。然则汉阳新败之日,非执事克复上海,则南京有能骤得,民军之根据地极其动摇,此稍谙兵务者所应知也。都督一职,乃吾党起事时法律所规定,与虏廷督抚制不同。公既以实心任事,则不能以己意取消。现在南北尚未统一,诸事待理,如以为大功告成,可以捧身而退耶,是为不智。知而放弃责任,听其糜烂,是谓不仁。畏其难而希图苟安,是为不勇。捐弃会中秘密条约,是谓不信。不智不仁,不勇不信,而犹以孤洁鸣高,图个人之便利,则党中最后之手段,将于公施之。

陈其美接电,立刻回电道:

广州败后,规划长江,推功让能,究以何人为首,公岂忘凄然就道,力疾奔走时耶?现在目的既达,建设共和,自有人在。吾辈冒险家自有天职,公何不达人事,晓晓如此?其美辞职,在白头老友且不谅心曲,更望何人?前接中山、克强两公致电慰留,其美正拟与公熟商,一决行止,乃来书诘责竟与职、黄诸公一鼻孔出气。公等非岸畔闲人,何以不知舟中人支持之苦?欲其美为沪军都督,除都督之外,不能自由行事耶?公年老荒诞,牵率至此。他日如得卸此肩责,必与公一拼死命,以泄吾愤。

尽管陈其美如此欲辞沪军都督职,但一些立宪派旧人还是说他拥兵自重,想长期把持上海。为此,陈其美又写信给共和建设会、共和促进会等上海团体说:

沪都去留,应观事实,事实当去,挽我不留,事实应留,推之不去。始之担任及后之告辞,皆属事实问题,或挽或推,均非我知。

他写这封信时,正是蔡元培等人北上遇兵变之后,因而又说:

现在代表北上,惊变又闻,趾企北方,尚多隔膜。且国都既未解决,项城尚未南来。全局通筹,势未大定。因而,不得不以其美之躯壳,再延沪都之灵魂,非敢将顺舆情,借此见好。

在信中,他最后还说:

> 其美以冒险为天职,此后共和巩固,已无冒险者可为事,不得已而求其次,则管见所及,无过于实边之谋。满、蒙、回、藏,僻处边陲。地广人稀,利源未辟,欲将我国跻于强大,先应筹集巨款,实力经营,利用已集之军人,拓殖未辟之边地,则富强之基,实立于此。[①]

视察完江南制造局后,孙中山感慨万端,让陈其美跟随他一道回到寓所。

"此番国都已定,先生已辞去大总统职,我打算不日辞去沪督之职。"陈其美一边品茗,一边说。

孙中山拍着陈其美的肩膀说:"北京任命你为内阁工商总长,你作何打算?"

"我不打算去做什么总长。我辞职后,想去拓殖未辟的边地,为国壮富强之基。"

孙中山颔首:"这个打算我欣赏。我想今后修铁路,改变国内的交通状况。"

当天,孙中山应黎元洪之邀,乘车取道南京去武汉。

北京会见:孙中山与袁世凯握手

1912 年 8 月 24 日,孙中山应袁世凯之邀到北京会见。之后,又赴各地视察铁路。

在孙中山到达北京的前两天,袁就约清政府军咨府厅长冯耿光到铁狮子胡同老陆军部去见他。

袁说:"孙中山先生要来了,你知道吗?我有意请你替我招待招待。"

---

① 白希著:《上海第一都督陈其美》,金城出版社 1997 年版,第 469 页。

冯耿光回答说:"为什么不请招待处黄大礼官招待?"

袁说:"我希望你多留心一下,他见客说什么话,他有什么举动。"

冯耿光当时心想,让我做密探? 于是就回复他:"这事恐怕我无以报命,岂不反而于事有误?"袁又说:"你看着做吧。"听口气不做不行,冯耿光唯唯诺诺地答应下来。

孙中山在那天一早到达北京,下车后即到迎宾馆,即当时外交部街的老外交部,大礼官黄开文在那里主持接待。冯和黄是同乡,也很熟识,于是冯先去见黄。黄说:"这次总统谆谆盼咐我们也要称他先生,先生前面不要称名道姓,您要留心。"并说:"总统就要来拜会他的。"黄说过这话,当即向孙中山先生说明:"总统就要前来拜访先生了。"孙中山说:"还是我去吧,请他不要来了。"袁世凯从古字街炸弹案后,先是闭门不出,后来也很少出门。孙中山对此亦有些耳闻,所以这样说。

孙中山话说过不久,即听黄处有电话来说:"总统已出府门。"一会儿又有电话来说:"总统的车已到四牌楼。"继而说已到灯市口……一步步近了。黄说:"总统已到,就进门口了。"孙中山乃由内客厅步行出来,站在台阶口迎接。这时就听马队飞驰而过,大门外已经停下一部双马轿车,车旁站着五六个侍卫武官,黄开文开了车门,对袁说:"先生在台阶上面专程迎接总统了。"

袁世凯一向上下车皆需侍从搀扶,这时他摆手示意不要搀扶,自己硬撑着走上台阶,表示步履轻健的样子,走到台阶的最高两级他慢了下来。孙中山走前两步,前来握手,袁亦肃然趋前握手,说:"先生路上一定很辛苦吧?"两人一面说一面到内客厅中间坐下。

孙中山这次到京是与孙科的母亲卢夫人同来的。宾馆内客厅系一明两暗的大厅房,中间待客,孙、卢各住两配间。客室中间置三个沙发,孙、袁进来即坐中间大沙发上。彼此客气,互道辛劳。

袁世凯表面上显示得很庄敬,身穿军服、佩刀。当时的礼节是,内室宾客入须脱帽并摘下佩刀。袁或因当天过于兴奋又相当紧张,致将礼节忘记。他平素有搔头的习惯,常常以手搔鬓,因此有人说他"猢狲相"。落座以后,袁照常搔鬓,因手触帽,忽觉自己未曾脱帽、摘刀,于礼颇有不合。

这时只见他用手解摘佩刀,因座位甚低,佩刀挂在腰间撑得很紧,一时解摘不下,才慢慢用左手把军帽脱下。这动作为时虽然不久,而袁又故作镇静,但他窘促不安的神情,完全表露出来,与孙谈话陷于寒暄支吾。在旁的冯耿光起初预料"国内双雄初见,必然各抒韬略",借此相互领略胸襟,不料他们言之无物,尽属应酬之词,不禁大失所望。

孙、袁说话之间,卢夫人由厅旁内室走出相见,宋霭龄陪在卢夫人旁边。因卢夫人只能说广东话又不懂英语,因此宋兼为其做翻译。袁对卢夫人很客气,致问饮食及路上情形周到备至。

袁世凯当时五十二三岁,孙中山不过四十三四岁,孙态度肃穆自然,而袁则拘束异常,两人迥然不同。

当晚袁世凯为孙中山和卢夫人在总统府大礼堂设晚宴,约了内阁成员作陪,参加的不到 30 人,尽是政府要员、社会贤达。

袁世凯与孙中山对坐,饮到半酣,袁世凯起立讲话:"孙先生游历海外二十余年,此次来京,与我所商者,大有利于民国前途。各项政见,渐有端倪,一时间殊难叙及。先是谣传南北有种种意见。今见孙先生来京,与我所谈者,极其诚恳,可见前谣传,尽属误会。民国由此,益加巩固。"袁最后高呼"中山先生万岁"。孙中山起立致答词:

"袁总统富于政治经验,担任国事,可谓中国之幸";"袁总统善于练兵,以中国之力,练兵数百万,保全我五大族领土";"以我五大族人民既庶且富,又能使人人受教育,与列强各文明国并驾齐驱,又有强兵以为之盾,10 年后,当可为世界第一强国"。致词毕,举杯高呼"袁大总统万岁"。席间只是侃谈地方风土人情一些酬应的话,并未正面涉及政治问题。

孙中山在京期间,袁嘱冯耿光等陪孙共谒明陵,游居庸关,到张家口。袁每天都召冯到府里,问询孙的举止、言谈。但每天也无非都是些观山即景的闲话,因此冯就简要地回对。而袁世凯总是问:"他还说了些什么?"冯实在听不到什么,因此也就据实回说,看来袁对此很不高兴:"你让我失望。"

孙中山雍容大方,而袁世凯也就对他的大方产生出了疑忌。他认为孙在革命人物中毕竟是有威望的,因此想给孙一个全国铁路督办,通过这个特授，用钱收买孙中山；另一方面又把需款最多、兴办最难的全国铁路交给孙来筹划，使孙孤立无援，闭门设想，必将一无所成而失去在国人中的威望。不久，袁世凯果然实授孙中山以筹划全国铁路的全权。

"国内双雄礼见"，未能收到预期效果，袁世凯反而露了怯，这是叫他深感遗憾的事。

双雄相会不久，孙中山被选举为中华民国铁道协会会长。

每次会见时，袁世凯都对孙中山竭力恭维奉承，对他的话几乎是言听计从。袁世凯腆着大肚子在孙中山面前低三下四的，使宋霭龄转变了对他的一贯印象。有一次，她对孙中山说："我原来一直以为袁世凯是个猴儿精猴儿精的奸诈鬼，没想到是这样一位厚道慈祥的大头翁。"孙中山问何以见得，霭龄说："人太奸诈了老用心思琢磨别人，就不可能长胖，必定是尖嘴猴腮；只有心眼厚道的人才能心宽体胖，腆出大肚子来。这样的人即使想使坏，也必定不难斗！"孙中山听得大笑，故意说："听口气你还是个相面专家。我比袁世凯瘦得多，你看看是不是不如他心眼好啊？"

孙中山也对袁世凯失去了警惕，接受了"全国铁路督办"的委任。孙中山诚恳地对袁世凯说："今后我们二人分工合作，10 年之内，你练精兵百万，我筑铁路 20 万里，共同使中国走向富强。"

宋嘉树担任了全国铁路督办司库，与孙中山一起奏响了铁路狂想曲。

陈其美与袁世凯的较量

袁世凯窃取辛亥革命果实后，开始还假惺惺地组阁，3 月 30 日，一纸任命陈其美为唐绍仪内阁的工商总长。

应该说这是袁世凯顺江苏立宪派之意而采取的调虎离山计。为此有人高兴有人忧。江苏立宪派立刻表示欢迎，正如其首张謇所讲：此君有所归，江苏之大幸也！

再者上海的工商勇进党、实业联合会等急速跟进，也纷纷召开所谓欢送会，欢送陈都督高升，赴京就任工商总长。

黄鼠狼给鸡拜年，没安好心。陈其美看出了对方的计谋，对袁世凯的任命并没有表现出丝毫的兴奋来，相反他看出了袁世凯的用心。袁世凯催急了，他以结束上海军事为由，拒不北上。

4月11日，陈其美接受媒体采访时，说：是否就任北京方面工商总长，"尚待参酌"。

陈其美的拖延就职，让袁世凯十分生气，无可奈何之际，推出次长代总长的对策。

一个月后的1912年5月10日，陈其美在上海设奠纪念黄花岗七十二烈士，他在祭文中除了充分肯定黄花岗烈士的丰功伟绩外，也对南北统一后的前途表示了深深的忧虑。

祭文说：

> 迨今河山光复，新旧南北，一炉共冶，乘时以起者，因不管明达之士，然吾知七十二君而果尚在者，必不致仅成今日之现象。
>
> 茫茫后顾，来日大难，渺渺前车，群雄安在？是今日之现象，讵足以慰公等，适增公等悲耳？公等且自悲之，而美能不为公等悲乎哉？
>
> 美岂唯悲公等，抑为吾民国前途悲焉。

且说陈其美的忧虑很快就成了残酷的现实。袁世凯上台后，很快就暴露了专制独裁的反动本质。

他的第一步棋便是排挤和搞垮唐绍仪的内阁。这样一来，6月15日一早，唐绍仪忍无可忍袁世凯的专制独行，辞职远走天津。

应该说，唐绍仪内阁的垮台，是袁世凯蓄意破坏《中华民国临时约法》，追求专制独裁统治的第一步。对此陈其美表示了极大的气愤。

6月20日，他致电袁世凯，表示强烈抗议，责问其逼退总理的险恶用心。他的电文是：

> 临时政府甫成立，忽传逼退总理之恶耗。丁兹时艰，奚堪演此恶剧？唐总理因受逼而退矣，试问逼之者何心，继之者何人？果于大局

> 无害而有益,即更举总统可也。如其不然,宁勿躁! 鄙见世面止此,窃愿与大界诸君子亟起图之。

两天后的 6 月 22 日,袁世凯忙复电陈其美,极力否认,并反责陈其美"误听浮方"。同时,袁还唆使死党对陈其美展开反攻。6 月 26 日,北京《大自由报》发表北京报界联合会与《新纪元报》、《中国公报》、《民视报》的两封通电。在通电中,肆其颠倒黑白之伎俩,指责陈其美。

电文说:

> 唐绍仪弃职潜逃,法在不宥,推其心迹,实以监守自盗,恐被重诛,初无人逼迫之也。乃陈其美通电,挟持党见,肆其莠言,既以逼迫为辞,又欲总统、总理同时进退。按总理变置,乃是政界党规;总统猝更,必由国中异变。陈其美并为一谈,是何肺腑! 详查陈其美行多不法,残贼公行。前唐绍仪到沪,曲意逢迎,后被用为工商总长,犹复拥兵自卫,敢肆跳梁,腾布奸言,希图扰乱。此而不诛,法纪安在? 应请副总统通电各都督府,张皇六师,扫其巢穴,禽渠传首,以快人心,以奠国本。

临时参议院在袁世凯的授意下,就陈其美拒就工商总长和拒绝取消沪军都督府两次提出书面质问。与此同时,旅京江苏人士致电江苏省议会,指责陈其美"盘踞沪上,拥兵自雄,军政府应撤不撤,梗国家之统一,增苏民之重累。……横施构乱,煽惑人心,动摇国本,国贼民仇,不诛何等。"

这时的上海《大共和日报》等都刊载北京报界二电,要求缉拿陈其美归案。

《大共和日报》创刊于 1912 年元月,社长章太炎,主编张丹斧。章太炎创办这份报纸,是把它作为中华国民联合会的机关报的,发行初始,就以言词激烈而著称。孙中山就任南京政府临时大总统时,该报曾发表过不少攻击孙中山的言论。袁世凯上台后,该报对他也颇多抨击,但一个月后,该报对袁世凯的态度却突然来了个 180 度的大转弯,议论趋向缓和,对袁世凯褒多贬少。上海滩的人很奇怪，细究其由，才知道此报已被袁世凯收买了。

据说武昌起义爆发后，各省纷纷宣布独立，大有各自为政之势，章太炎认为这样于国家统一不利，便发起成立了中华国民联合会，旨在促进各省和全国统一。该会成立后，许多名人纷纷加入，一时颇有声势。当时有个杭州人程祖福也参加了该会。此人在清朝做过官，有些钱财，当他得知章太炎欲办《大共和日报》却苦于缺少资金，便慷慨解囊，借给章太炎二万元。

此事被袁世凯在上海的爪牙探听到，认为这是收买章太炎的一个好机会，忙电告袁世凯。袁世凯让该爪牙遣人送钱来，明知是收买，但章为救还债的燃眉之急，只得收下。

当送钱的人要章太炎写张收条时，章太炎心虚，不肯出正式字据，只是掏出一张自己的名片，在上面写了"收到二万元"五个字，将送钱人打发走了。

再说，对于政治反对派的攻击，陈其美也进行了强烈反击。

7月4日戴季陶看不下去了，发表《伤革命》一文，对袁世凯及其拥护者一一予以驳斥。戴季陶指出：

> 至谓动摇国本，吾国之国本，共和也。陈其美为建设共和之人，吾即知陈为确定国本之人。中华民国由革命战事而来者也，是中华民国本于革命，陈其美为实行革命之人，吾更知其为巩固国本之人，而此辈乃谓光复中华者为民仇，为国贼，是有意破坏民国，破坏共和也。
>
> 孰为民仇？孰为国贼？……共和成矣，孙文也，黄兴也，胡汉民也，陈其美也，皆宜乎人之攻击之也。世间无公理，强权而已；天下无是非，成败而已，举世皆盗贼，复何言哉？

7月15日，陈其美也发表通电，对参议院议员予以痛斥。指出那些提出质问书的参议员是"不称职分子"，要求将来成立正式国会时，应"慎重选举"议员以免祸害民国。

在此之前的五六月间,以柳成列、朱葆诚、蒯际唐、蒯左同等一批革命党人在陈其美的策动下,图谋由陈其美提供军火,以朱葆诚任团长的先锋团为主力,联合新军第四十六标,将原属张勋所部、光复前调到苏州的江防营包围缴械,然后消灭江苏都督府依靠的主要军事力量巡防营,以武力驱逐江苏都督程德全,拥戴陈其美为江苏都督。

然而,因事机不密,程德全侦悉陈其美等人的计划后,先发制人,于5月19日从南京返抵苏州坐镇,安抚军队,部署应变措施。

6月1日凌晨2时,程德全派兵将图谋起事的蒯际唐、蒯左同、吴寿康、程宏等全部捕获,仅柳成列一人逃脱。程德全在捕获蒯际唐等人后,立即向袁世凯作了报告,称:"苏州城近日谣言蠢起,少数军队密谋作乱,德全于昨今两日选派得力兵力,极力防范,已拿首要,严密审讯。"

当天下午8时,程德全奉命将蒯氏兄弟杀害,同时派军队将先锋团三个营包围缴械遣散。

陈其美在获悉倒程计划失败以后,曾致电程德全询问柳成列的下落,程德全轻描淡写地说:"敝处本不知柳成列踪迹,蒯案亦未闻及。特闻。"一场惊心动魄的斗争就这样双方心照不宣地掩盖了过去。

先锋营事件的失败,表明程德全在江苏的地位已经十分稳固,陈其美一时无法撼动。陈其美在孤掌难鸣、计无所出的情况下,不得不考虑交卸沪军都督职务。

7月12日,袁世凯任命了一批都督,其中有:湖北都督黎元洪、湖南都督谭延闿、浙江都督蒋尊簋、福建都督孙道仁、江西都督李烈钧、四川都督尹昌衡、陕西都督张凤翙、广西都督陆荣廷、云南都督蔡锷,但没有沪军都督陈其美。

一朝天子一朝臣,这让陈其美处境很尴尬。

第十一章　北京之行

┃　陈其美辞掉沪军都督

7月31日,江苏都督程德全奉袁世凯之命,由南京抵达上海,接收沪军都督府及其军队。

下午4时,接收仪式在沪军都督府举行。

沪军二万人在第一师师长吴绍璘、第二师师长黄郛、光复军总司令李征五的带领下,齐聚都督府门前广场,整齐划一,接受陈其美的检阅。

陈其美乘坐敞篷汽车检阅三军,然后走到主席台上,发表了演讲:从即日起,本都督宣布:沪军都督府撤销,改为江苏都督行辕。本人也随之去职。

陈其美话音未落,下面即有口号声,犹如雷动:

陈都督不能走——

陈都督好样的——

沪上解放,陈都督功高盖天!

……

接着台下出现了抽泣声。据说那些抽泣的都是福字营(刘福彪)的弟兄们。

陈其美也一度声音哽咽。

稍稍平静后,陈其美发表了简短的讲话,叙说了上海光复的不易,任职沪军都督的经历以及"迟迟交卸"的真正原因,然后说:

"数月以来,军中无一宿之粮,府内已停薪,从事勉任其难,心力交瘁,所幸中外商家挪借巨款,以资接济,将弁士卒,均能以真诚相感,欠饷数月,变端未生。在此,其美深表感谢!"

说着,他面向台下的军士们深深地鞠了一躬,表示自己的内疚。

"敬礼!"师长黄郛高喊一声。

只见下面的士兵纷纷行持枪礼,军官们纷纷甩刀行礼。

礼毕后,陈其美又接着说:

"现在沪军都督府已核准取消,承江苏程都督顾全大局,全面接收。各位将士应一如既往,听命于程都督,共矢一心,为国效力。"

在交接仪式上,程德全也讲了话。

最后,陈其美郑重宣布:以后各处凡与沪军交涉事宜,统由江苏都督直接办理。

演说完毕,原都督府的工作人员把中华民国军政府沪军都督大印捧过来,陈其美双手接过,然后恭敬地捧给程德全。

程德全双手接过印递给随从,又从另一随从手中拿过江苏都督上海行辕的大印交给有关人,交接仪式宣告完成。

当天下午,陈其美又通电发表解沪军都督宣言:

> 对于公家,并无未了事宜,今后得以藏拙养疴,还我自由,至为忻幸。俟病体稍愈,即拟游历务国,稍增学识,来日方长,再图报国。

当晚,刘福彪在张园安恺第举行欢送宴会,陈其美偕戚志锐参加。

身为福字营营长的刘福彪在宴会上致辞,他在致辞中回忆了与陈其美相识相交的经过,赞扬了陈其美只身闯制造局及就任沪督时"研究枪炮,训练军队,以北伐为宗旨"等功业,最后感慨良多地说:

"值此边疆多事之秋,内地恐慌之际,元气未复,国本动摇先生之初心,则人所能见也。后此之出处,则非人所逆忆也。军政府创设二百余日,勉其难于始,未见其成于终也。一旦舍去,发生之自为则善矣,其何以慰国民乎?"

刘福彪的致辞,勾起了陈其美对诸多往事的回忆,遥想10年前,自己从故乡初来上海滩,在十六铺码头见这位壮汉,恍如昨天,历历在目。那个时候,他是一个迷惘的青年!现在,革命虽不合其意,但终归成功,共和已建成,而自己正当壮年,应当更上一台阶了。不过他仍然很迷惘。

整整一晚上,陈其美没再说什么话,总是频频举杯,对酒当歌。

夜半时分,刘福彪握住陈其美的手,突然痛哭流涕:"大哥,今晚在此,以后你要去哪里啊?"

"福彪,我准备出国考察实业,追逐孙中山,大搞实业。"陈其美望着眼前这五大三粗的汉子,泪水突然流出来。

"大哥,带上小弟吧?"福彪央求着说。

陈其美安慰着他说:"不,福彪,你有你的位置。带好你的人马,说不定哪一天,你还会派上大用场的。我们不能都放下武器,都放下武器了,谁来保卫共和? 你说呢?"

刘福彪不好意思地点了点头,"我懂。你千万不要忘了小弟,今后常通信联系。"

出了张园,陈其美跟随戚志锐来到她的住处。

这时陈其美的原配夫人姚文英已搬到上海,他以往还是常常回家的。和戚志锐在一起时,他总是住在都督府里边。现在都督府不能住了,也不能带着戚志锐回家,只好跟着她了。

戚志锐和戚志峻住在一起。见陈其美来到,戚志峻十分热情地沏茶,切西瓜。收拾完后,戚志峻就早早地躲进自己的房间了。

陈其美吃着甜美的西瓜,觉得这两姊妹真是可爱,全都那么善解人意。

戚志锐的房间四壁洁白,如雪洞一般。一张单人床上,也是雪白的床单。

两人坐在床前后,戚志锐说:"这床小,不知夜里会不会挤着你。"

陈其美微微一笑说:"床小好啊,床小才能挤得紧啊!"

"哎呀,你坏死了!"戚志锐伸出拳头,对着陈其美就是一拳。

陈其美乘机抱住她,把她按倒在床上,脱去了她的裙子。戚志锐扯过毛巾被,把自己只穿着胸罩和短裤的身子盖了起来。陈其美俯下身,吻了吻她,说:"不要盖嘛,好乖乖,难得今天什么事也没有,让我好欣赏欣赏你的玉体。"①

……

　　一夜风流,陈其美虽然解职心灵不大好受,却在戚志锐这里找到了平衡。

| 北上的日子

　　1912 年 9 月 5 日。海风徐徐。

　　陈其美、黄兴一行终于踏上了北京之行的新铭轮。站在甲板上,眺望着晨雾蒙蒙的上海滩,想起前方将是他没去过的北京城,他心潮澎湃,像这眼前的海浪一样,让他兴奋……

　　自从袁世凯窃取了临时大总统后,革命的中心已由南京转移到北京。袁世凯为了拉拢人心,不断地要求南方的革命者到北方来,按他的话讲:"以消除北方之意见,真正实现南北统一。"

　　他先是邀请孙中山和黄兴到北京会谈。但当孙、黄二人准备启程时,一个令人吃惊的消息传来了——袁世凯与黎元洪相互勾结,杀害了武昌起义功臣张振武和方维。

　　这是一个令人发指的事件……

　　武昌是辛亥革命的发源地、首义之区。革命胜利后,首义有功之臣很多,需要给予适当的安置。可是黎元洪却一味从个人利益出发,致使军队风潮迭起,"倒黎"空气十分浓厚。黎为了巩固自己的地位,不得不向袁世凯靠拢,来镇压"倒黎"风潮。

　　4 月 4 日,黎元洪向袁世凯致电"请饬李纯派步兵一团到汉",维护地方秩序。袁世凯不是不理睬,而是提出交换条件,以削弱南方革命力量。作为副总统的黎元洪百依百顺。

---

　　① 白希著:《上海第一都督陈其美》,金城出版社 1997 年版,第 482 页。

大家都知道,武昌首义功臣有"三武":孙武、张振武、蒋翊武。"三武"之中最令黎头痛的是张振武。这个张振武贪污公款不说,更不把黎放在眼里,说话像是吃了炮药。"三武"一日不离开武昌,黎无一日安宁。眉头一皱,计上心来。于是黎与袁商量,调虎离山,把他们作为功臣人物供起来,就这样"三武"被黎推荐到了北京。

袁世凯以"总统府军事顾问"的美名授之。月薪千元大洋,生活悠闲自在。一个月下来,对这种闲散的生活,张振武不干了,无法忍受这种无兵无权,只有美女相伴的生活,于是大闹段祺瑞政府,多次向袁大总统上书,陈述边疆事务紧急,应派兵屯田,毛遂自荐,挂帅屯垦。

袁世凯也很精明,来个顺水推舟,给个人情,一纸令下,委以蒙古屯垦大使。

接着,袁世凯不笑了,他看到了张振武的申请报告:既设机构,就要有经费支出。批吧?袁世凯不情愿,于是就来了个不予理会。

你袁大总统不理睬我,我找副总统黎元洪去,于是抬脚就回到了武昌。张振武打着袁世凯的旗号,在武昌街头招兵买马,黎元洪急了,答应给他提供经费,每月千元大洋,要他不必再招兵买马了。

且说袁世凯听说张振武突然不辞而别,擅自返回湖北,招兵买马,心中一阵不快:这小子,太狂妄,他眼里还有我这个大总统吗?

不几天黎元洪来电:张振武在湖北独树一帜,招兵买马,袁世凯闻听此言,心头一震。这可是一匹黑马,如若处置不当,将来必然后患无穷!于是袁世凯又眉头一皱,计上心来:半个月后,张振武在湖北接连收到袁世凯三封急电,敦请赴京,共商国是,那言词的恳切和急迫,殷殷之情,跃然纸上,似乎张振武晚到一会儿,国家就有大厦将倾之危。

黎元洪心领神会,紧密配合袁世凯,当场送来了4000元路费,并设宴摆酒为张振武饯行,祝张振武此次进京为民国一展雄才,并不无献媚般表白:"对于张君,元洪可抚躬自问,绝无丝毫相待不好之心,此言可鉴天日。"

大总统盛情邀请,副总统热情相送,得到如此重视和厚爱的人,当时恐怕也难找到第二个。张振武也是粗人,觉得如果再置之不理,难免让别人说自己无礼。于是,他决定8月北上。

8月10日,张振武抵达北京。

此次来京,情形与前次明显不同。张振武一下火车,车站月台上大小官员前来欢迎,当晚大总统袁世凯亲自召见,亲自询问湖北情况,听取张振武戍边屯垦的宏伟规划。随后,政府军政要人轮流做东,张振武日日赴宴。

几天下来,张振武深受感动。他在白天里,奔走联络,宴请各党派领袖希望大家"消除党见,共维大局"。晚上,他也到八大胡同去走走,重叙旧情,放松自己。就在他彻底放松警惕时,京汉之间已密电往还多日,死神正在向他悄悄逼近。

8月15日晚8时,六国饭店,灯火辉煌。

为联络南北军人的感情,张振武在当时北京最豪华的饭店宴请北方将领。出席宴会的大都是北洋军队重要人物,如毅军统领姜桂题、拱卫军司令段芝贵、参谋次长陈宦等。席间,大家觥筹交错,谈笑风生,好不热闹。

且说北洋众将中,只有段芝贵显得有些心神不定,酒喝得极少。酒过三巡,段芝贵来个金蝉脱壳,走到张振武面前,他拍了拍上衣口袋:"春山兄,小弟有大总统军令在身,不敢久留,只好先告辞了,抱歉,抱歉。"

"香岩兄,既然军务在身,振武就不便强留了。走好,走好。"香岩是段芝贵的字。

走到门边,段芝贵转过身,对送他的张振武拱了拱手:"春山兄留步,后会有期!"

"香岩兄慢走,后会有期!"

钟鼓楼传来鼓声,将近午夜,宴会结束,张振武送走客人,也乘马车离开六国饭店,准备回下榻的西河沿金台旅馆。马车出东交民巷西口,行至棋盘街,突然马蹄被绞索绊住,一个马失前蹄,车翻人倒。

这时,一声警笛鸣放,顿时伏兵四起,一拥而上,张振武还未明白发生了什么事,已经被五花大绑。他正欲呼叫,只见灯光一闪,段芝贵走到面前。

张振武万分惊诧:"香岩兄,你没有搞错吧?"

"我没有搞错!"段芝贵挥手打断张振武,不慌不忙从上衣口袋里掏出一张纸,在张振武面前一晃。张振武只看清上面盖着朱红色的"大总统印"四个字。他怎么也想不到这就是段芝贵提前退席的原因。

"给我绑起来,押送京畿执法处!"

几个膀大腰圆的士兵立刻上来,把张振武五花大绑起来,推上警车。

张振武还不知道早在一个小时以前段芝贵的拱卫军和京师步军统领衙门的士兵已经冲进了金台旅馆,逮捕了方维等他的随行人员。

16日凌晨,北京城中一片昏暗,秋风掠过紫禁城高高的楼檐,射出阵阵寒气。执法处内以"杀人魔王"闻名的执法处总长陆建章,正襟危坐,一副公事公办的态度:"春山兄还有什么话要说吗?"

张振武望着这个几小时前与他举杯共饮的刽子手没有说话,只是盯着陆建章的那双耗子般的眼睛。陆建章却泰然自若,只是摇了摇头,显出无可奈何的样子,随后从桌子上拿起一张纸,站起来走到张振武面前:"黎副总统从武昌来电,说你'破坏共和,倡谋不轨',要求袁大总统立予正法!"

张振武看也没看那张纸,说"电报是假!"

陆建章阴笑着,"是啊,大总统也颇为疑惑,去电询问,但黎副总统回电:'不杀张振武,实为天下之害。'"

"电报是假的!"张振武似乎不是在说服陆建章,而是想说服自己。

陆建章坦然地把手中的纸往桌上一扔,"真的假的我不知道,我只知道执行大总统的命令。"

"生死我早已置之度外,但既然我破坏共和,图谋不轨,就应公开审判,拿出证据,岂可凭空杀人!"张振武想到法律或许可以救命。

"大总统军令上只有'立予正法',并未命令审讯。"说完,陆建章头也不回地走了。

天色阴沉,远处响起一阵沉闷的雷声,要下雨了。执法处偏僻的西跨院里,张振武被绑在一棵一人高的木桩上。他思绪万千,不禁仰天长叹:"不料共和国竟如此黑暗!"随即饮弹而死。

参与领导武昌首义，为创建共和国做出极大贡献的民国功臣、革命志士就这样倒下了。

张振武、方维被杀，消息传到上海，上海一片大哗。

……

蔡元培、吴敬恒连夜找到孙、黄二人，说："张振武一死，真相大白。袁贼之邀，并不足信，我们奉劝二位还是考虑安全计，不要再去北京了。"

吴敬恒也动情地劝说："公国民代表，共和坚城，必欲投入虎穴，某誓死反对。"

孙中山考虑良久，说："既已同意北上，就无论如何不应失信于人，再说这也是检验一下袁世凯到底可靠不可靠。你们说呢？"

蔡元培说："我们二人主要担心你们的安全，怕有意外，先生想好了，我们也没意见。"

孙中山又说："要不黄兴缓行，我先探路，安全再去不迟。如出意外也就是我一人。"

看来孙中山先生去意已定。就这样孙先生先去了北京。

孙中山到了北京，与袁世凯举行了会谈。加上袁的感情的拉拢，于是让孙中山很快致电黄兴等人，称袁世凯"绝无可疑之余地"，督促他们早日进京，以消除北方之意见，实现南北统一。

就这样，黄兴、陈其美等应允。

9月7日，新铭轮乘风破浪，抵达山东烟台港，稍作停息，受到烟台各界的欢迎，陈其美发表了热情洋溢的演说。然后又上了船。

新铭轮在大海中艰难地北行，站在甲板上的陈其美又陷入了如烟往事的回忆中……

说实话，陈其美辞去上海都督后，原计划出国考察实业。

在出国之前，陈其美于8月10日回到家乡湖州本拟在家乡安静地休养一个时期，多年来的秘密革命生涯，尤其是上海光复以来繁杂、激烈的政治斗争，使陈其美身心均已疲惫不堪。然而，开国英雄回到家乡，家乡人民不能不有所表示。于是，陈其美一回到湖州，湖州的各种团体纷纷开

会欢迎,使陈又陷入了无休止的应酬之中,陈在写给张馥祯的信中说:

> 兄沪事交卸后,仍苦于应酬,避居故里。原拟静养顽体,不意抵湖后,仍有多数团体开会欢迎,纷扰不堪。异地皆然,无可容身,奈之何可?

陈其美在湖州逗留期间,十分关注家乡的建设事业,并对他侄子陈果夫谈了他建设湖州的设想:

> 将来革命成功,如有余时,我当提议兴湖州之地。以湖人之财力兴湖,足有余也。治水道为湖州第一要事,水道通,不致有水患。移城市于东南门之外,另筑商场,因水利可多办工厂,筑铁道以通上海,设模范之各种应兴事业如藏书楼、博物馆、动物园、商品陈列所、农事及蚕桑试验场,各种工厂、银行、商场、学校、改良监狱等等,凡沪上之所无者,于吾湖备之,他处之所无者,于吾湖介之。至于湖州出产少,人口稀,则一言可以兴湖矣,湖州出口少,可使之多,人力所能致也。人口引之多,亦人力所能致也,申地非固有多数之出口又非固有多数之人民,乃一经外人之经营,人民则侨居之,工商则汇集之,苟无外人经营,则今之十里洋场,恐犹是田园荒芜也。抑吾之所谓振兴湖州者,非欲与交通便利之上海竞繁华也。我但求工业发达,教育振兴耳。[1]

乡贤毕至,乡音萦绕,指点江山,乡情融融。正当陈其美沉浸于故乡的建设蓝图之中的时候,一封从上海发往湖州的电报,让陈其美中断了故乡的停留,他很快回到了上海,参加黄兴、柏文蔚等50人联名发起的熊成基追悼会。

说起熊成基,这里不能不提一下,熊为何许人也?

---

[1] 何仲箫编:《陈英士先生纪念全集》(一),(台湾)文海出版社1970年版,第7—8页。

熊成基(1887—1910),字味根,江苏扬州人,光复会会员。青年时代即仰慕民族英雄岳飞、史可法。1904 年考入安徽武备学堂,结识倪映典、范传甲、柏文蔚等,参加岳王会。次年,入江南炮兵速成学堂,毕业后任第九镇炮兵排长。1907 年调回安庆,先在马营,后调炮营任队官。同年,倪映典策划于夏历除夕起义,被端方发觉,潜逃南下,熊成基遂被推为岳王会主持人。1907 年 11 月 19 日,熊成基与小燕子传甲、薛哲等在安庆发动起义,熊成基被推为总司令。起义失败后,熊成基于 1909 年初潜赴日本,加入同盟会。同年 9 月,化名张建勋,到东北从事革命活动。1910 年 1 月 30 日因叛徒出卖,熊成基被捕送至长春。熊在供词中写得精彩,令人难忘:

> 我今后早死一日,我们自由之树早得一日鲜血;早得血一日,则早茂盛一日,花方早放一日。

2 月 27 日,熊成基在长春慷慨就义。临死前还高呼:共和万岁!

1912 年 8 月,熊成基遗骨运抵扬州,陈其美与黄兴等发起在扬州召开追悼会,以表彰烈士的光辉事迹。8 月 30 日,陈其美又与黄兴、蔡元培、钮永建、吴敬恒等发起在上海召开熊成基、白雅雨、王汉、刘敬庵四烈士追悼会,到场万人。

……

陈其美从回忆中又回到了现实,只见新铭号轮乘风破浪,犁开黑色的海浪,鸣着笛驶向远方的城市——天津。

9 月 9 日,陈其美、黄兴一行抵达天津这个海滨城市。北京政府特派的代表程韵生、陈家鼎、宋教仁等已先期抵达天津迎候。

10 日,天津国民党支部和垦殖协会广东会馆召开欢迎会,张继在欢迎词中指出:

> 欢迎英雄,崇拜英雄,因对于时代有伟大之事业,必有伟大之国民,伟大之国民,不能不崇拜伟大之人物。前日欢迎孙先生,今日欢

迎黄先生和陈先生,即是欢迎其理想,崇拜其理想也。

11日,陈其美偕同黄兴与直隶新旧都督冯国璋、张锡銮会晤后,即乘专车前往北京,下午两点抵达北京。袁世凯为此举行了盛大的欢迎仪式。

据《民立报》报道:

> 专车到站时,署总理赵秉钧、陆军段总长、海军刘总长及各国务员均上车与黄兴及陈其美握手周旋。斯时莅站欢迎者,计有外宾、议员、政界、学界、各党会、工商界、女界,约数千人,均在站行列,脱帽鼓掌,表示欢迎。黄兴与陈其美亦脱帽答礼,态度谦和。旋于军乐声中,乘坐前迎国父时之朱轮黄幰双马车入正阳门,赴东单牌楼东石胡同荣实禄花园休息。沿途军警举枪致敬。男女老幼,观者如堵。①

下午5时许,陈其美陪同黄兴前往总统府会见袁世凯。

见面时,双方行鞠躬握手礼。应该说这是陈其美、黄兴与其政治对手袁世凯的首次会见。

他们三人谈话的内容已无从知晓。据当时报纸报道:会见结束后,袁世凯曾对黄兴和陈其美各下了一评语,称"黄克强人甚笃实,陈英士人甚明敏,均为今日难得之才"。

而黄兴则对人称:"大总统实为今日第一人物,深致倾服。"

陈其美在接受记者采访时表示:他和黄先生不准备投身政界,表示为国兴建实业。

路透社记者采访黄兴和陈其美后报道说:"彼等现均拟从事提倡实业。"陈其美也一再表示要"游历欧美,考察工商",并与各国驻华公使作了联络,进展顺利。

闪光灯在他们身上闪动,第二天,两英雄的照片都上了京城报刊的头版头条,轰动一时。

---

① 莫永明、范然著:《陈英士纪年》,南京大学出版社1991年版,第191页。

当天晚上,他们又与孙先生会合,明天共同参加前清摄政王载沣的欢迎宴会。

出席前清摄政王载沣的欢迎宴会

来到北京,着实让陈其美和黄兴感动的是出席前清摄政王载沣的欢迎宴会。

辛亥革命的功绩就是推翻了大清王朝。

应该说这是"胜者为王,败者为寇"的相见。

且说这天一早(9月12日),孙中山、陈其美、黄兴由前清文华殿大学士兼军机大臣清室内务府总管世续陪同,浏览红墙黄瓦的清内宫和风景秀丽的皇家颐和园。

过去这都是皇帝吃喝玩乐的地方,今天成了革命英雄的观光之地,令他们感慨万端。陈其美激动地对孙中山说:不把他们打翻在地,今天我们能站在这里吗?

孙中山哈哈地笑起来:是啊,晚上,对手们还要宴请你呢!

当晚7时,前清摄政王载沣的欢迎宴会按时举行。地点为金鱼胡同那桐宅第。

载沣因病未能出席,由贝子溥伦代表主持和致辞,皇族百余人参加。孙中山、陈其美、黄兴等被推为嘉宾,坐在上席。

大家落座后,溥伦站起来致辞,他手拿一纸,彬彬有礼地走到鲜花掩映的主持台前:

> 兄弟意见,革命本国家进化应有之举,故汤武革命称为圣人,且此次革命原属国体问题,现在建设共和,不特皇室仍受优待之荣,并使满洲人民同享共和幸福,迥非前古帝政时代可比,此敝皇族所极为感激。

孙中山一行鼓掌。

接着,他又掏出一纸,代载沣读欢迎词,道:

> 语有之,非常之人,始能建非常之业,斯言也乃于中山、克强两先生暨诸杰士见之。两先生洞观四千余年之历史,二十世纪之时艰,非以共和定国体,不能为人民谋幸福,不能与列强谈竞争,于是遍游欧美,悉以时机数十年苦口热心,始达共和目的,方诸华盛顿,何多让焉。此固两先生有志竟成,亦由我皇太后及皇上大公无私之心,遂以天下神器,举而还之天下。……本爵现因小恙,未能亲接鸿言,心殊抱歉,深愿海内长升平之治,将于两先生倚之赖之。

又是一片掌声。

黄兴站起来,代表孙中山、陈其美,走到主持台前,致答辞:

> 二十世纪之国家,须赖国民共同护持。专制政体不足以独立于地球之上,非建设共和,无以保全我五族同胞。孙先生与兄弟及诸同志协力,始有今日,君等乃归功于孙先生与兄弟,实为惭愧。且自武昌起义,甫及三月,大局略定,全赖隆裕太后、皇帝及诸亲贵以国家为前提,不以皇们为私产,远追尧揖让之盛心,遂使全国早日统一,以与法、美共和相比并。而北京首都不见兵革,社会秩序亦得安宁,尤为和平幸福。虽现在内政、外交诸形困难,然以五族同胞共和血诚,力肩斯任,于共和国家前途必能发展。兄弟等敢不竭其死力,以奠国家于大安,致负隆裕太后、皇帝退让之美举。今承开会欢迎,孙先生与兄弟得以诸君一堂聚首,畅余平生,区区此心,极为欣悦。并请贵爵将兄弟等诚意,转达皇太后、皇帝之前,实为感祷。

欢迎晚宴,在皇乐之中进行。

席间,大家频频举杯。

为了消除民族误解,陈其美主动上前与皇室成员搭话,说明民主革命并非排斥满族为目的,而是以平等地位,联合汉、满、蒙、回、藏五大民族组成一个多民族的中华民国,希望皇室勿为谣言所惑。

对方点点头,表示明白其意。

宴会至深夜才结束。

陈其美喝得要比孙中山、黄兴多些,他的脸颊微微发红。他对孙先生说:与对手喝酒,一醉方休。我太高兴啦!

孙中山说:逊清皇室与我们一起握手言欢,这本身就是一件有特殊意义的事情。

| 国民党应运而生

9月15日下午,国民党本部在北京湖广会馆集会,欢迎陈其美与孙中山、黄兴、贡桑诺尔布等。

国民党在京成立,是与宋教仁的努力分不开的。前些日子,是宋一生最为忙碌的日子。他的"毁党造党"工作是卓有成效的。在很短的时间内,他就与谷钟秀和吴景濂为首的"统一共和党",以伍廷芳为会长的"国民共进会",以岑春煊和伍廷芳为总理的"国民公党",以及董之云等所组织的"共和实进会"达成协议,四个小党愿与同盟会合并,以适应民初议会政治斗争的需要,通称国民党。也即是孙中山到京的第二天——8月25日下午3时在北京宣告成立。

孙中山作了热情洋溢的讲话,他说:"五党合并,从此成一伟大政党,或处于行政地位,或处于监督地位,总以国利民福为前提,则我中华民国将可日近富强。故兄弟于五党合并,有无穷之希望。""同盟会素所主张者有三主义,一民族主义,二民权主义,三民生主义。今民族、民权已达目的,唯民生问题尚待解决。"

关于男女平等问题,他说:"男女平权本同盟会之党纲。此次欲组织坚强之大政党,既据五大党之政见,以此条可置缓图,则吾人以国家为前提,自不得不暂从多数取决。然苟能将共和巩固完全,男女自有平权之一日。"

最后,大会选出孙中山为理事长,孙中山、黄兴、宋教仁、王宠惠、王人文、王芝祥、吴景濂、贡桑诺尔布等八人为理事,张继、柏文蔚、胡汉民等29人为参议。上海、汉口设交通部,上海交通部长为居正,评议部长邓家颜,陈其美为名誉总干事。

后因孙中山正致力于铁路建设,不能常驻北京,便委托宋教仁为代理理事长。

国民党本部设在北京湖广会馆。

在当天的欢迎大会上,孙、黄、陈及贡桑诺尔布先后发表演说。陈其美的演说尤为精彩。他强调了政党党德的重要性。

他说:

现在国家前途,最要者联络五族之感情,巩固政党之根基。政党可以扩张,可以巩固,即国家权力可以扩张,可以巩固,其所以集政党即所以造国家也,但是政党中最重要之点,在于党德。人无道德,即无人格;党无道德,即不党;国无道德,即不国;盖道德之重要有如此。然党德从何处发表,则又观乎时势为转移。从前同盟会之党德,全在破坏而救同胞,嗣后同盟会之党德在建设,建设一党不足以集事,乃联合他党以集联合党以合成国民党,同负建设之责任,同负巩固国家根基之负(责)任。国家根基巩固,五族感情联络,即是本党之幸,即是国家前途之幸。

兄弟在上海时,常与友人谈及中国革命,不特救中国,并且救世界。何以谓之救世界?盖中国革命之作用,在以破坏之手段,求和平之幸福,破坏而后永不再讲决裂,唯求永远和平。中国自己永远和平,世界上亦无战争发现,世界亦可以永远和平。不然中国有战争发现,世界亦不能和平,故救中国即救世界。兄弟以此语对外国朋友说,外国朋友亦以此为然。既以为然,就是赞同和平,就是同施辅助,而国民所以讲和平之方法,亦就在组织完全之大政党。政党之内第一要意见相同,不可因小事而起误会,一德一心以维持国家前途则不独本党之幸福,亦世界之幸福也。

黄先生顷谓内忧外患非常紧急,贡桑先生顷谓蒙古并非反对共和,实在不知共和幸福,愿担疏通之责任。凡此设想疏通之方法,消除内忧外患之筹备,第一要五族之感情联络,国家之根基巩固,然后始能得共和之精神,享共和之幸福,民国国民切无误会蒙古不可以联络,内忧外患之困难不能一时解决,总之无论用如何之方法如何之手续,总要和平解决不可再起争端,以扰乱和平。兄弟是极端主张和平之人,以为破坏而后建设未完,万不可再因蒙古之故,启猜疑不决之嫌,而复施破坏手段。[①]

……

9月17日,陈其美与黄兴兴致勃勃地出席了共和党在北京农事试验场举行的游园欢迎会。陈、黄在农事试验场参加了植树活动会后,共和党公宴黄兴与陈其美,并邀请章太炎出席作陪。

章太炎此时对黄兴、陈其美仍然余怒未消,不仅拒绝赴宴,而且在报纸上公开发表《却与黄、陈同宴书》,对黄、陈大加攻击:

共和党诸君子鉴:

昨者见招,令与黄兴、陈其美同食。……中山行迹,不无瑕疵,然而秕政,皆黄兴迫胁为之,非出自中山腹中。解职以还,大体不误,其于张、方逆谋,绝无牵挂,此尤为难得者。外人多以皮相抑之,仆诚不能不为讼直。若黄兴者,招募无赖,逼处金陵,兵无伍两,供饷巨亿,身虽辞职,而江南脂膏,自此垂尽。其募集国民捐法,比于摸金争丘,残酷尤甚,非所谓民贼者乎?张、方之事,路透电喷有烦言,仆虽不敢指为实证,参以武昌二次革命之迹,及身在武昌所闻者,不能臆断以为尽虚也。若陈其美者,阎茸小人,抑无足道,上海光复,攘李燮和之功以为己有,偷儿成群,拥为都督,自言饷糈匮竭,日有征求,而珍翠

_____

① 莫永明、范然著:《陈英士纪年》,南京大学出版社1991年版,第192页。

细饰，遗负数万，斯岂军中所用。陈来京时，债家恐其逸走，持不得行，黄兴为之保证，乃出发。陶成章之狱，罪人已得，供辞已明，诸君子亦当闻其崖略。自陶之死，黄兴即电致陈其美，属保护章太炎，仆见斯电，知二竖之朋比为奸，已发上冲冠矣。诸君子不以菲目视二子，引与为欢，岂承张、方之遗嘱，抑为湘吴谰言所簧鼓耶。……仆若与于斯宴，惧为各国公使所笑，昨已将花枝证券却还，今更陈其旨趣如此。[①]

章太炎与黄兴、陈其美等人昔日本为并肩战斗的战友。辛亥革命一起，革命阵营自相内讧，成为势如水火的仇敌，这种情况只对袁世凯有利。

在此后的十多天里，陈其美与黄兴还参与了一系列的应酬活动，包括国民党的一切事务。作为总部理事长的宋教仁给予了很高的评价。

10月4日，陈其美与黄兴邀请全体国务员、国民党籍参议员、国民党本部各部正副领导人、干事、记者百余人，在六国饭店举行了告别答谢宴会。在记者的提问中，陈其美再次提到了出国访问、想搞实业的想法。

10月6日，陈其美偕黄兴离开北京南行。

人贵有自知之明。陈其美在北京逗留期间，由于地位关系，很少公开发表政见。国民党宣传干部潘公展写的《陈其美评传》，对陈其美的北京之行却做了这样的描述：

> 陈其美在沪军结束之后，因为孙中山先生、黄兴等电邀入京，便北上，一觇北方的虚实。他会到了袁世凯，会到了世凯的若干重要干部，也看透了世凯的政治、军事、财政、外交等各方面的部署。但他只是很沉着地在观察，在评价，很少表示意见。有一次世凯问他革命完成了，还愿意干什么事？这一回打破了他的沉默，他很坚定地说：我相信还有些事可以干，就是：我愿意扶助共和的人；同样地：我亦愿以全力反对那些破坏共和的人！这简单而斩钉截铁的答复，怔住了袁

---

① 汤志钧编：《章太炎年谱长编》（上册），中华书局1979年版，第418页。

世凯，半晌说不下去。过后，世凯常常向人称道他的机警和敏捷，不失为同盟会中的健将，在世凯的内心里，对其美，显然地有着两种矛盾的意识，就是：第一，觉得在目前其美仍旧是一个最难应付的反对派；第二，如果能够把其美收为己用，而削弱同盟会的力量，岂不更妙。从此，世凯不时以各种的勋位勋章颁布给其美，只是都被其美婉拒了。

世凯的居心巨测，其美自然看得很清楚。回沪以后，劝勉各同志秘密戒备；尤其属望蒋公，劝他积极练兵，为将来讨贼之用。他曾撰了联语两句："安危他日终须仗；甘苦来时要共尝。"并请中山先生亲笔书写，赠给蒋公，互相勖勉。[1]

对于孙、黄与陈其美的北京之行，作家张继学则作了基本评论：

（它）所起的作用完全是负面的。孙、黄身为革命党领袖，在北京期间为袁世凯的假象所迷惑，对袁世凯这么一个专制独裁的枭雄大唱赞歌，说什么袁世凯"忠心谋国"、绝无"野心"，所谓"帝制自为"，纯属无识之徒妄为猜忌，而且同意了袁世凯提出的旨在加强其专制统治的所谓"八大政纲"，这在实际上麻痹了革命党和全国人民的革命斗志，加强了袁世凯的地位。其严重后果在不久以后即暴露了出来。陈其美由于地位关系，在北京虽然很少发表政见，但有证据表明，陈其美与孙、黄并没有异议。10 月 3 日，孙中山在上海回答记者提问时即指出：
"北京安谧异常，黄克强、陈英士与北人感情甚俱佳……"
虽然孙、黄等革命党领袖对袁世凯大唱赞歌，但袁世凯对革命党人却并没有放松警惕。特别是陈其美在上海方面的影响和力量使袁更感如芒刺在背。据说，陈其美在北京时，袁世凯当面向陈施加了压力，并拿共进会"闹事"问题压陈，要陈"南返时，便中调查"。陈与黄

---

[1] 秦孝仪主编：《陈英士先生纪念集》，中国国民党党史委员会 1970 年版，第 203 页。

兴回到上海后,袁世凯方面仍对陈其美进行了严密的监视,他们神经过敏,对陈旧部的一举一动感到草木皆兵。捕风捉影的情报,连篇累牍。他们想方设法要让陈其美出国,脱离国内政局的漩涡。1912 年10 月 16 日,袁世凯的机要秘书张一麐密电江苏都督程德全的秘书乃弟张一爵说:"奉谕,可由雪老(即程德全)电请公债票为卧子(隐指陈其美)还债。中央已发三万元游历费,陈至今未行,若债票到手,仍不出发,将若之何? 似应由雪老嘱卧子开债户,(指沪军都督储债户)清单,担任出发后为其代偿,俾卧子出洋,不致仍前中止。"由此看来,袁世凯千方百计想让陈其美出国。

但是任何事情都应该一分为二,他们的北京之行有负面作用,也有正面效果,那就是国民党的成立,同盟会联合四小党组成国民党,这是有远见的,为以后的政党议会打下了基础,为制约袁世凯的权力埋下了地雷。应该说,袁世凯心知肚明。因此他对长住北京的国民党总部理事长宋教仁恨之入骨。这种恨之入骨不久便表现在他的行动上。

第十二章　二次革命

｜ 谁是暗杀宋教仁的元凶

　　袁世凯当上了临时大总统，但这并不能满足他恶性膨胀的权力欲。他还想把"临时"二字去掉，改为正式。而且还做着至高无上的皇帝梦。因此他施展着各种阴谋家的手段！这便是诛锄异己，分化离间，谋杀暗害，褒奖加官，危言惑众，以及穷兵黩武，无所不用其极。

　　他首先一计是取消革命军力量，颁发"训勉军人令"，强调服从命令，听从指挥，缩编军队。南方政府撤销后，还有十几万军队分布在南方各省，袁借口经费困难，不发军饷。以黄兴为首的革命党人，为表示对北京政府的诚意，通令各地革命军裁军或解散。一时，在革命军中，出现了"功成身退"、"解甲归农"的运动。军权统一，袁世凯看了甚为满意，肥胖的脸上露出了奸笑。于是他再生一计，诛锄异己，想方设法把临时政府改造成他的独裁工具。

　　内阁总理的位置十分重要，而总理唐绍仪虽是他多年的老朋友，但此人不可重用。唐在与南方政府和谈期间，受到革命思想的感召，曾加入同盟会。再者，唐曾留学美国，受到西方民主思想的影响。因此，他在主持政府时，民主空气较浓，按职行使自己的权力，并非对袁言听计从，这使袁大伤脑筋。3月间，唐南下接收南京临时政府时，议会根据革命时期各省都督由咨议局推选的惯例，推选了靠近同盟会的军人王芝祥为直隶都督，唐当时表示同意，回北京又请示袁，袁也点头同意。唐自以为做得天衣无缝。可是由政府加以任用来京时，问题就来了。袁表面上对王大加赞誉，月支伕马费800元，但却在暗地里搞小动作，怂恿直隶五路军人通电反对王任直隶都督。唐一听就火了，当下找到袁。袁却说："王系革命党人，若使督直,不啻引狼入室,将来他和南方联合,能有我们的好吗?"

唐说:"前既答应,何能食言?"

这时,袁见遮羞布捅破,立时变了脸色:"是你答应的,我并未预闻。"

唐也不客气地道:"这是责任内阁职权,我要发表。"

袁一拍桌子:"我不盖章,就能生效吗?"

二人唇枪舌剑一阵子,可见袁世凯绝不放过用人权。

接着,袁竟公布了一项没有内阁成员签署的任王芝祥为南方军宣慰使的任命,把王远支南下。唐绍仪一气之下,留下一份辞呈,第二天就不辞而别,去了天津,然后转赴上海,过起了"隐士"生涯。

袁世凯并没有收敛,看了唐的辞呈,哈哈大笑:"你走了,还省得我下解职令。走得好!小子,你中计了。"当天,袁另举外交总长陆徵祥为内阁总理。人们都知道陆是个不学无术、不懂政治的洋饭桶。屈于袁的淫威,大家都投了赞成票。陆刚上任组阁,同盟会议员蔡元培、王宠惠、宋教仁、王正廷等联袂辞职。陆勉强出席了参议会,在谈到施政方针时,竟不知所云。当他提出事先与袁世凯商量好的六个新内阁成员名单时,竟大讲开菜单、做生日一类废话。参议员们啧有烦言,一气之下,把他的提名全部给否决了。陆徵祥闹了个无趣,谎称生病躲进医院去了。街头上传出了在共和时代,以武乱政的笑话。一传十,十传百,闹得满城风雨。

"这不等于打我的脸吗?"于是袁世凯唆使他手下一群军棍——北京军警特别联合会,通电指责参议员"只争党见,不顾国亡",向参议院提出警告。接着,袁世凯又另提出六位阁员,要参议院通过。他们是:财政周学熙、司法许世英、教育范源濂、农林陈振先、交通朱启钤、工商蒋作宾。24日,各种"军界团体"发传单、打电话、写黑信,对议员进行恫吓的事不断发生。7月26日,参议院再次开会,除将蒋作宾改为刘揆一外,其余总算被通过。

袁世凯当政三个月,把民国政府搞得乌烟瘴气。7月29日,他假惺惺地发表通令,劝告各政党说:"方今民国初兴,尚未巩固,倘有动摇,则国之不存,党将焉附。"为了掩人耳目,7月间,邀请孙中山、黄兴、黎元洪等来京举行一次没有名目的会谈,想以此欺骗和麻痹包括孙中山、黄兴在内的革命党人,骗取他们的信任,以便他在政治、军事、财政各个方面,做好对付革命力量的充分准备。

18 日上午,传来袁世凯和黎元洪合谋,在北京枪杀了武昌起义革命军官张振武(前湖北省军务司副司长)和方维(前湖北将校团长)的消息。黎元洪是怎样成为"民国元勋"的,湖北革命党人最知其底细。黎视他们为眼中钉,尤其最恨张振武。黎对张假称中央将任以要职,要他去见袁世凯,借袁世凯的手把他除掉。张、方事件发生后,天下大哗,震惊了革命党人。更严重的事件还在后面——如果说前者是明杀,后者却是暗杀。

很快,要暗杀宋教仁的消息在上海传开,特别是在 1912 年底到 1913 年初的第一届国会选举中,新成立的国民党以较大优势击败反对党,赢得了选举胜利。对此结果,宋教仁和国民党干部普遍大喜过望,大有"民国政党,唯我独大,共和党虽横,其能与我争乎"的气概,就在这时,一个黑色的枪口悄悄地对准了宋教仁……

1913 年 3 月 20 日的夜晚,阴雨连绵。四马路上的申江饭店笑语喧哗,灯火明亮。缤纷的光影,投射到被雨水淋湿的门前台阶上……离台阶不远,几辆带着篷布的轿式马车沿街排开。

堂会正在进行。窄小的台上,旦角在演唱。

双喜字贴满小戏台两侧。一场新旧仪式混合的庆婚酒宴即将开席……

在这热闹的气氛中,身着西装的国民党代理事长宋教仁和黄兴、于右任、陈其美、廖仲恺等,由一批在沪国会议员陪同,谈笑风生地从楼上雅座走下,出现在壁灯、吊灯和大红烛光交相辉映的大厅门口。

国会议员们和宋教仁殷殷握别。

一名中年国会议员说:"国民党在国会选举中大获全胜,中山先生知道了吗?"

宋教仁道:"当然知道,他最近在日本演说,还多次提到……"

另一名国会议员说:"既然我们在国会获多数,组织内阁是必然的,您也将出任内阁总理……"

一阵阵噼噼啪啪的爆响突如其来,打断了他们的谈话。众人惊愕地回头张望,原来是新郎新娘就位的鞭炮声。

宋教仁欢笑着转过脸来,穿戴风衣礼帽。他向议员们告辞。马车应声驶到门阶前停好,几个撑着雨伞的随从抢前把车门开了……

街市昏暗,冷雨纷纷。一个衣衫褴褛的疯子,衣领上插着几面五色小旗,口里咿咿呀呀地唱着,手舞足蹈地迎着马车走来。

宋教仁不安地看了一眼,跨上车去。马车在静寂中依次行驶。马蹄叩击着青石路面,溅起一阵阵水花。雨水飘飘洒洒,无声地落在了车篷上。

火车站。连接着检票口的旅客候车室。灯光暗淡,旅客稀落。火车喷汽声,鸣笛声隐约可闻。

宋教仁被黄兴、于右任等人簇拥着,从灯火明亮的贵宾休息室走来。几个记者穷追不舍地跑着上前拍照、提问。

宋教仁边走边谈,对似乎即将实现的议会政治的前景,满怀信心。自从 1912 年 8 月 25 日同盟会正式改组为国民党时起,他就一直在为由国民党组成"政党内阁"而积极奔走。

一记者抢到宋教仁身边:"宋先生荣任新成立的国民党代理事长,又将北上组阁,请问有何施政纲领?"

宋教仁侃侃而谈:"统而言之,无非是两条:拥护南北统一;实行政党政治。要使中国真正走上民主富强的道路!"

另一记者:"最近外间风传,北方守旧势力将有不利于你的行动,不知先生是否闻听?"

宋教仁停步,坦荡地:"我也听说了,但我不相信! 你说呢?"

记者无语。

宋教仁道:"现代议会政治,政党竞争是必需的,国民党此次竞选,就是本此精神。若有人采用卑劣手段,破坏民主宪政,那就是民国的千古罪人! 杀我者无异于自杀。"

黄兴拉住他的手轻声嘱咐:"遁初,千祈保重,多加小心!"

宋教仁感激地点点头。

他们走向检票口。

昏暗中突然响起"叭叭叭"的枪声。

黄兴警惕地猛然回首,向四周查看。宋教仁已经倒过来,紧紧抓攥住他的衣领:"克强……我冷,给我大衣,快……快……"

纷乱的候车室,旅客惊叫奔突。

黄兴、于右任、廖仲恺等人把宋教仁扶到一张长椅上。

背部中弹的宋教仁痛苦地呻吟着,凄恻地环视身旁友人,断断续续地嘱托:"致电……袁大总统……速开国会……制定宪法。"

他声音微弱哽咽,身躯软软地瘫下去。后经抢救无效,于 22 日 4 时身亡,年仅 32 岁。

凶手是谁?谁是凶手?人们要揭开这个谜底。

| 让凶手大白于天下

正当国民党干部普遍为议会选举胜利大喜过望的时候,枪声无情地粉碎了他们的梦想。

宋教仁被杀,震惊了全国。

孙中山先生当天就从日本拍来了电报:

> 闻遁初死,极悼。望党人合力查明此事原因,以谋昭雪。

再说袁世凯在获悉宋教仁的死讯后,自以为谋划诡秘凶手又当场逃之夭夭,可以瞒天过海,于是便自导自演了一出悲天悯人、贼喊捉贼的戏。当天,也拍来了电报,声称:

> 宋君竟尔溘逝,曷胜浩叹!目前紧要关键,唯有重悬赏格,迅缉真凶,彻底根究。宋君才识卓越,服务民国,功绩尤多,知与不知,皆为悲痛。所有身后事宜,望即会同钟文耀妥为料理。其治丧费用,应即作正开销,以彰崇报。

这还不算,接着 21、22 两日,袁世凯连续两次电告江苏都督程德全、民政长应德闳,要他们对宋案"立悬重赏,限期破获,按法重办"以及"迅缉凶犯,穷究主名,务得确情,按法严办"。

同时,袁大总统还指使御用报纸大造国民党内部倾轧的谣言,企图转移视线,混淆是非。据陈果夫回忆:"宋教仁被杀,这是袁世凯最毒的阴谋。他想挑起我们同志间的感情,故意说是陈某(英士)派人刺杀的……英士先生听得外间诉谣言,说是他刺杀宋先生的以后,便找了吴佩璜来。吴是替英士先生做情报工作的,在上海当电报局局长。袁和上海方面往来电报,我们都能拿得到,就完全靠吴佩璜的功。"

一天,陈其美在报刊上看到"宋教仁遇害,陈其美所为"这则消息,哈哈大笑:袁世凯贼喊捉贼。于是陈其美暗下决心:一定要让宋案水落石出,大白于天下,到底谁是凶手?让事实说话。

陈其美和黄兴积极与各方面联络,致函公共租界总巡捕卜罗斯和西探总目安姆斯特朗,悬赏万元,限期破案。

沪宁铁路局认为车站内发生凶杀案,事关路局声誉,因此也出赏金5000 元。江苏都督程德全、民政长应德闳通电全省各地官吏协拿凶手,限期破案。

宋案发生后,在上海的国民党干部几乎是全体出动,分头寻觅线索,对刺宋凶手大有食肉寝皮之概。23 日晚,一个自称叫王阿发的古董商的中年人,来到租界巡捕房,声称他知道线索,问悬赏万元是真是假?

印度大胡子巡长说:白纸黑字,那还有假!

没假我就说了。

王阿发说,一周前,他从一个扬州客人手中买进一幅名人字画,当天便送到国民共进会副会长、江苏巡查长应桂馨府上。那天,应桂馨高兴,给他的字画开了好价钱。临走时,应叫住了他,说我们都是老客户了,相互比较了解,说他有件大买卖,事成后,3000 元奉送,比卖字画强多了,问他干不干?他问什么事?接着,应桂馨取出一张照片让他看,并说把此人干掉。当时我就蒙了,说平时我连杀鸡都不敢,哪敢杀人啊!不是钱多少的问题,我是怕完不成老板的重托,交不了差。他说,看你紧张的,我只是向你开个玩笑而已。就这样生意没做成。不过,我今天看到宋教仁被刺消息悬赏缉捕凶手的布告,上附先生遗照,我左看右瞧,很眼熟,和应先生一周前让我看过的照片一模一样。

印度大胡子巡长问:是真的没看错?

王阿发说:不会看错。

大胡子巡长说:诬告是要坐牢的!

王阿发说:如需当面对证,我可以随叫随到。

就这样,王阿发在举报记录上签下了自己的名字并按了手印。

接着又有人报案说:住旅馆的武士英这两天行动怪异,自称枪法百发百中。

当陈其美跟随报案人到旅馆搜查时,谁知武士英已结账走人。到手的鸭子又飞了。但他们在其住的房间找到了一张残损的名片,上写:江苏巡查长应桂馨,法租界徐家汇路文元坊。这时,陈其美才恍然大悟,忙到法租界巡捕房报案。

当夜,巡捕房就把要犯应桂馨抓捕归案。次日,又抓获行凶枪手武士英。并对应桂馨家进行搜查,得五响手枪一支,及应桂馨与洪述祖、赵秉钧往来密电本和函电多件。

通过这些函电,宋案已真相大白。刺宋"主凶"不是别人,正是贼喊捉贼的袁世凯自己。

原来,袁世凯决定除掉宋教仁后,即交给国务总理赵秉钧负责进行。赵秉钧又将此事交给内务部秘书洪述祖负责办理。

应该说,赵、洪二人,都是袁世凯手下最得力的特务头目,他们专门负责监视和对付革命党人。

再说,应桂馨是怎样行凶刺杀了宋教仁的呢?

应该说,应是在跟随陈其美参加上海光复前,就认识了宋教仁的。知道宋是国民党的重量级人物。要除掉他,风险十分大,一是来自袁世凯,二是来自国民党。弄不好,猪八戒照镜子,里外不是人。经过再三权衡,还是选非沪籍人氏为好,这种人得手后便于远走高飞,神出鬼没。

他为物色这个人颇费周折。

这天,应桂馨带人在街上巡游,正巧碰到一个光天化日之下抢银行的亡命之徒,被他当场抓获。等银行方面的人追上来时,应说:把他交给我吧,我要好好审讯。

经审讯得知,此人名叫武士英,山西人也,刚来上海滩,身无分文,吃饭住宿已成问题,所以才出现先头一幕。

审讯完武士英,应桂馨很高兴。又问:你这样抢银行是要坐牢杀头的。

武回答:坐牢杀头我都不怕,只要不亏肚子就行了。

应说:这个话你要早说,我就给你解决了。

武说:现在也不迟。

应见此人的胆量不像王阿发那样小,于是说:这样吧,我要交你办一件事情,如能成功,你抢银行的事我可以给你摆平,再说我还可以有千元大洋相送。你干不干?

武说:这是天上掉馅饼的事,我能不干吗?长官,你快说吧!

这时,应从怀中掏出一张灰色的照片,让武看,然后说:把他干掉,有没有这个胆量?

武当场就应允下来说:抢银行的事都干了,杀人如同杀只鸡。再说长官对我不错,又免罪又给钱,我岂能装孙子!

好吧。应收起照片,站起身说:我们交易成功,今天我来请客。于是他们到一家饭馆,边喝酒边策划,一场罪恶的交易达成协议。

临分手时,应再三叮咛武:这些日子你先在旅馆小住等待,一有情况我就派人通知你,接头暗号为:货来了。

再说,北京方面洪述祖派出的暗探,一直在跟踪着宋教仁,寸步不离。当北京接到了应桂馨"一切就绪"的报告后,袁世凯便向宋教仁连发急电,要他急速返京,共商国是。

3月20日晚6时,黄兴、廖仲恺、于右任等在一品香酒楼为宋教仁设宴饯行。宴毕,宋教仁在众人陪同下,登上马车,于10时抵达上海火车站,进入贵宾候车室小憩。他们并不知道,当他们下车时,暗处已有个戴鸭舌帽的盯上了宋教仁,此人就是武士英。

原来当天午后,有个人到旅馆找到武士英,拉他到三马路喝酒,交代说:"应先生的仇敌今晚11点乘沪宁线火车离沪,应先生要你在车站采取行动。"随即交给武士英手枪一支,子弹五发。

当晚,武士英行凶之后,立刻逃进应府领赏金。

应命人为他摆酒压惊,然后给了他30元钱,说要等确切消息出来,其余的再补,并叮嘱武士英旅馆房子退了,住到妓院去。

谁知第二天报纸消息报道宋教仁身负重伤,并没牺牲,气得应立刻找到武士英,大骂他无能,只会吹牛皮。

武士英赏钱得不到反挨一顿臭骂,只觉得自己晦气,一连两天躲在妓院里。23日下午,他看见送殡的队伍从大街走过,才知道宋教仁确实已死在医院,当天下午就急忙跑到应宅来讨赏钱,谁知应桂馨一直未回,他就一直在等,结果等进了罗网。

陈其美等革命党人曾利用会党分子从事反清活动,但在辛亥革命后,革命党人不能很好地改造和处理这批会党分子,结果酿成革命党人被会党分子反噬的后果。其教训也是惨痛的。

| 把凶手推向斩首台

听到宋教仁被刺的噩耗,孙中山立刻中断在日本的访问,于3月25日回到上海,了解国内形势,主持国民党工作。

经过多次交涉,上海租界当局终于答应将应、武二犯交给中国上海司法当局审讯。

上海交涉使陈贻范一阅证据,十分震惊,觉得事情非同小可,此事牵涉总统、总理,因此立即邀请方方面面的头面人物:江苏都督程德全、民政长应德闳、国民党方面陈其美、黄兴,以及上海地方审判厅厅长黄涵之、检察厅检察长陈英等,到交涉使公署开会讨论。

会议一开场,就陷入了激烈的争论。

　　程德全说:刚才听了陈贻范的说明,我个人认为,此事牵涉到总统和总理二人,是否在小范围内审讯就可以了,不要扩大影响。

　　我不同意! 陈其美忽地站了起来说:法律面前,人人平等。一定要让真相大白于天下,一定要把凶手绳之以法! 不然,我们就对不起逖初的冤魂!

　　黄兴也说:要公布证据,人心自有公论,对凶手严惩不贷。

　　在陈其美等人的坚持之下,争论双方达成协议:决定 4 月 25 日以程德全、应德闳的名义,将证据电告总统袁世凯、国会参众两院、国务院,及全国各省军政长官,并决定同时由上海地方法庭公开审理,按照法律程序解决。

　　就在法庭公开审理的前一天,意外的事发生了:24 日上午,凶手武士英在严密的看守之下,突然暴亡。这让大家措手不及。

　　很明显,这是为了杀人灭口。

　　但法医检验了三次却说查不出因何致死,既无外伤,也无内毒。虽然武士英罪在当诛,死有余辜,但死因不明,至今仍是一大疑案。

　　4 月 25 日夜 12 时,程德全、应德闳将调查结果及证据通电公布。

　　次日,《民立报》以醒目的标题,独家刊出:"注意! 注意! 注意! 看民贼的手段。"宋案证据被披露并登载了证据的照片等。

　　宋案证据大白于天下,全国舆论鼎沸,一致吁请严惩凶手。

　　袁世凯如坐针毡,焦急万分。直到"二次革命"后,他才长出一口气。他以为,他已把国民党彻底打败了。不过,这个一贯心怀鬼胎的家伙,认为凶手活着对自己总是个威胁,便故技重演,干起了杀人灭口的勾当,一个个地把凶手除掉了。

　　先是应桂馨。1913 年 7 月 25 日,应桂馨被他的门徒从上海狱中救出,逃往青岛租界。躲到 10 月,"二次革命"失败,他认为请赏的时候到了,便公然发出"请平反冤狱"通电,并于 10 月 20 日大摇大摆到了北京,随即写信给袁世凯,要求遵照前约,事成发给奖金 50 万元,授二等勋。

　　忽有一天,有人来见应桂馨,暗交他 2 万元钱,并说:"这是路费。大总统叫你早日离开北京,以后不许胡言乱语。"

应桂馨瞪着眼珠,说:"当年大总统许诺的两个条件,一个也不能少,不然我就长住北京不走!"

来人气势汹汹,声色俱厉:"你敢违抗大总统的话? 请自重!"

"去他妈的,没有我应桂馨,他当不成大总统,我为他除了对头,吃了官司,他敢骗我! 老实告诉你,我应桂馨不是3岁娃!"应桂馨不买账,把钞票狠狠地往地上一甩。

当天深夜,四个彪形大汉翻墙进入应的住所,因应宿娼未归侥幸逃了这一关。他明白,再在北京赖下去,真的要死无葬身之地了,便匆匆离京。火车至天津杨村时,有人发现应桂馨已死在头等车厢里,身首分家,满身污血。

应桂馨被暗杀的消息惊动了赵秉钧,他知道这是袁世凯所为,不免有兔死狐悲之感,便把电话打到袁府:"自古以来,凡人主能恩待阶下者,则效死之士必多,应桂馨忠于大总统,竟然如此下场,今后谁能再愿为总统办事? 有谁肯以死相从?"

袁世凯没听完,就把电话啪的挂了。

袁世凯的这种专制态度,气得赵秉钧旧病复发,住进医院。

第二天,便有医生入见赵秉钧,说是奉总统之命,为大人治病,说着取出药丸,要他当场吞服。

赵秉钧心生疑虑,说:"只是我刚服药……"

医生"霍"地拔出手枪:"身体无病,心中有病,这药非吃不可。"

赵秉钧突然明白这是袁大总统赐死,劫数难逃,却又不甘心真的去死,慌乱中思得一计,高声喊道:"拿水来,让我吃药!"

他本希望卫士进来营救,哪知话音刚落,背后一人应道:"水已备好。"

他回头一看,是个陌生的面孔,原来他的卫士早被扣押起来了。

赵秉钧长叹一声,将药丸送进嘴巴,不一会儿便七窍流血而死。

接着,轮到另一凶手——内务部秘书洪述祖。

且说"宋案"证据披露后,上海《民立报》《民权报》等都把袁世凯、赵秉钧二人的照片登了出来,并在下面标着"袁犯世凯"、"赵犯秉钧"的字样,洪述祖一看,知道大事不妙,于是在宋案发生后的第六天傍晚,悄悄逃离了北京,回到了天津家中。他仍感到不安全,又乘火车连夜逃到德租界的青岛,过起了隐士生活。

洪述祖为了永远不再有拘捕之祸,他剃去胡须,把自己的名字改成王兰亭子,向德国胶州总督递交要加入德国籍的申请书。没想到总督下令扣押了他,并准备把他作为杀人犯引渡给北京袁世凯。

袁世凯马上派内务部长赶往青岛,将洪述祖押回北京。

洪述祖正在绝望之时,听说德国警务长要求卖一座住宅,正为没有买主而发愁。他马上表示愿意买下这昂贵的住宅,警务长喜出望外,忙到总督面前为洪述祖讲好话。胶州总督便不同意引渡洪述祖,并悄悄释放了他。

时间到了1917年,洪述祖见袁世凯已死,便秘密回到上海,化名张皎厂在美租界北山西路六二一号定居。有一天,他突然收到租界会审公廨的传票。原来他向祥丰洋行贷款1500元尚未归还,该洋行控告他逃避债务。

那天,洪述祖从会审公廨出来,刚跳上电车,背后突然被人用力揪住。

"还我父亲血债!"宋教仁15岁的儿子宋振吕喊叫着,拦住了他。

接着,巡捕房把肥头大耳的洪述祖扭到会审公廨,后转解北京,判处洪述祖死刑。

1919年4月5日,洪述祖死于从美国刚引进的电绞椅上。

至此,与宋案有关的大大小小的凶手,都得到了应有的下场。

沪上举旗讨袁

宋教仁的被刺给国民党领导人上了生动的一课。

3月25日,这是孙中山先生回到上海的第二天。

孙中山寓所,窗帘低垂,一个紧急会议正在这里召开。孙中山主持,出席这次会议的有黄兴、陈其美、居正、戴季陶、蒋介石、陈果夫等。

商讨议题是袁世凯是这场刺杀的幕后凶手，国民党方面应该怎么应对。

会议一开始，就出现了激烈的争论。

黄兴主张按法律程序推倒袁世凯。认为：南方武力不足恃，苟或发难，必致大局糜烂。主张以其人之道，还治其人之身，采用暗杀手段，暗杀袁贼。

孙中山则不然，坚持主张武力说话，主张"二次革命"，推翻袁世凯。他说：总统指使暗杀，则断非法律所能解决，所能解决者只有武力相对。

戴季陶支持孙先生意见，极力反对黄兴意见。二次革命，刻不容缓，越快越好。

黄兴说：我们要讲求实际。如果不看实际，一切都是空话。

戴季陶说：实际是我们争取得来的，要靠努力。不能坐而论兵，要动员发动民众。

孙中山又说：袁氏手握大权，发号施令，调兵遣将，行动极为自由。在我唯有出其不意，攻其不备，迅雷不及掩耳，先发始足制人。现在是宋案真相大白，证据确凿，人心激昂，民气愤涨，正可及时利用，不可失之。稍纵即逝，后悔莫及。

......

两派意见不相上下，最后采取举手表决，结果黄兴一派意见占了多数。

会后，陈其美、孙中山、黄兴，按照法律解决宋案的设想，与专程到沪的江苏都督程德全商议，决定组织特别法庭，审理宋案。

另外，孙中山对外主持新闻发布会：昨日以来，与党内之得力者协商，决意无论如何按正当之手段诉之于世界之公议，而将袁世凯排斥之。即考虑使议会按照预期集会，即弹劾袁之立场之丧失。

4月13日，宋教仁的追悼大会在张园举行。上万人参加了大会。大会由陈其美主持。

陈其美的致辞，赢得了大家的掌声。

他说：

> 宋先生抱利国福民政见,人所共喻。先生无私仇,故先生之死,为国为民。故吾国民应致追悼之意,而开此追悼会,并继先生利国福民之志,以慰先生。同等对于此会有无上之感触,愿与同人共纪念之。

会后,在陈其美、黄兴强烈要求下,程德全与应德闳于 4 月 25 日通电公布宋案主要证据 44 件,使宋案真相暴露于全国人民面前。

陈其美、黄兴经与程德全商议后,拟在上海组织特别法庭,公开审理,并呈请袁世凯任命特别法庭组成人员。

这时,袁世凯做贼心虚,唆使总统府秘书长梁士诒、司法总长许世英出面阻挠。国民党领导人不理睬袁世凯及其同党的阻挠,径自在上海成立了特别法庭,并令上海地方检察厅票传宋案主谋犯赵秉钧到案受审。但被告方律师却借口现任本庭法官未奉大总统、司法总长任命,不符合《临时约法》的规定,没有开庭的资格,被告拒绝到庭。

这样一来,宋案的法律解决出现了"公判不成,律师抗告,法庭冰搁,政府抵制,不但事实不进行,连新闻都没有"的冷落局面,所谓法律解决,完全成了纸上谈兵。

一时,引起了大家的愤怒。5 月间,上海发生了激进的中下级革命党人自发进攻上海制造局的事件。

这次事件是由参加过辛亥革命的一些会党头目发动的。其中有共进会副会长、铁血监视团发起人张尧卿,广东绿林改进团领袖柳人环,上海工党成员、铁血监视团成员韩恢等人。他们还联络了上海籍的工党成员徐企文,利用徐熟悉上海情形的有利条件,出头组织。张尧卿、柳人环并分别以黄兴、陈其美的名义来组织队伍。他们联络了在沪退伍军人、无业游民和驻守上海制造局的下级军官。但陈其美、黄兴此时仍幻想能与袁世凯调和,为避免被袁抓住把柄,轻率地决定抛弃这批本可利用的激进革命党人。5 月 27 日,陈其美、黄兴获悉张、柳等企图起事的消息后,一方面阻止制造局参与其事,一方面还派黄郛赴南京向江苏都督程德全报告,并用电话通知了制造局总理陈杳。程德全、陈杳得到确切情报后,立即作了周密的应变部署并派人打入起事者内部,充当内线。

结果 5 月 29 日晨,徐企文举旗进攻时,当即遭到有准备的还击,革命不战而败。徐企文被抓,押送北京审讯。后来袁世凯又企图借用审讯,栽赃陈其美等革命党人。但徐企文可谓是骨气之人,在袁世凯爪牙的严刑拷打下,始终没有捏词栽诬,报复陈其美与黄兴。1913 年 9 月 8 日,徐企文被袁世凯处死于北京。

这是一场悲剧,应该引起革命党的反思。

陈其美等国民党人希望不以武力,以妥协来缓和袁世凯的压力,以保存国民党现有的地盘和实力,事实上,这种委曲求全的做法是行不通的,必须拿起武器。这时,陈其美已改变态度,转向孙中山,成为革命派。

当袁世凯在政治、军事、财政等各方面做好了进攻南方的准备后,又立即露出了凶恶的面孔。6 月 9 日,袁世凯悍然下令罢免国民党籍的江西都督李烈钧,稍后又陆续罢免了广东都督胡汉民、安徽都督柏文蔚等人的职务……袁世凯对国民党地盘的剥夺,迫使国民党不得不作出最后的抉择:是束手待毙还是背水一战?

此时的孙中山、陈其美等人均被袁世凯的步步紧逼激怒了。孙、陈均主张不计成败与袁世凯一决雌雄。

孙中山说:“不战必然要被消灭;战,成败未可知。与其不战而被消灭,不如战败而发扬我们的革命精神。”

陈其美召见日方驻上海总领事有吉,发表谈话如下:

本人自始即持稳健意见,但现若仍旧不作改变,徒自招灭亡而已。国民不独苦于与革命前相同之苛政也,高见实深感谢。我党现亦分为稳健、过激两派,前者恃议会,虽欲成事,亦鲜见成效。即如本人,最近亦至于不得已而与之以过激之说。孙、黄二君多年流浪于外国,实际之见面不敏。去年之革命,亦系按我等人之手所计划者,孙、黄不过路途返国而已。因而孙此次广东之行,与其预期相反,因两三旅、团长被收买而丧胆,透露完全失望之口吻。黄则徒然多疑,坐失良机。此无非不通晓国内之情况而已。余等实际当事者,尚未至十

　　分悲观。云云。透露无论如何计划进行武装抵抗之口吻。①

　　经过反省，陈其美对黄兴等人此时仍持稳健态度极为不满，高论此路不通，错失战机，在与有吉总领事谈话时，"频频谓黄兴之徒，名曰自重而迟疑不决，结果误却大事"。

　　7月12日，江西都督李烈钧出兵占领湖口炮台，宣布江西独立。他随即组织讨袁军，"二次革命"爆发。

　　应该看到，孙中山虽然早有武装讨袁的计划，被黄兴一派否定后，已错失了良机，但看到基层自发讨袁，心里十分高兴。于是孙中山派朱卓文携款2万元，到南京运动第八师的几个营连长反水，让他们先杀了师、旅长，效仿江西宣布独立。然后孙先生到南京，主持全国讨袁运动。

　　这时在上海的黄兴本来还在观望，见孙先生已行动，即去找孙中山。与孙先生交谈后，便去南京挂帅讨袁。

　　7月15日凌晨，黄兴派章梓等人秘密切断了都督府与外界联系的所有电话线，并派军队包围封锁了都督府。

　　天不亮，第十一师的一支部队在都督府卫队的配合下，进入都督府直趋程德全的寓所。当程德全从睡梦中惊醒时，黄兴等已站在了他的床前，要求他讨袁："程都督，南京大街小巷已经以您的名义贴满了布告，列举袁世凯的罪状，宣布讨袁。"

　　程德全见木已成舟，只好同意下达讨袁命令，并说："袁世凯不法，天下之公愤，江苏何敢独异？公等骤然起事，幸甚，幸甚！"

　　黄兴转身离去，在都督府西花园成立了讨袁军总司令部，黄兴任总司令，何成浚为副官长，徐绍桢为高级副官。

　　与此同时，以程德全、应德闳、黄兴三人署名的讨袁通电正式电发北京。

　　黄兴在总司令部电令苏皖赣徐淮各军向北出击，兵锋直指袁世凯。

　　第十一师师长章梓看出程德全心怀二志，遂派人将他软禁在西花园

_____

①　《有关孙中山、黄兴反对袁世凯斗争的日本外文书选译》，《民国春秋》1988年第三期。

中。安徽讨袁军司令柏文蔚也劝黄兴说："万不可放此人离去,最好快刀斩乱麻,将程处死。"

黄兴没有应允。

就在讨袁军北上之际,7月16日深夜,程德全潜离了都督府,乘车径往上海去了。他到达上海不几天,居然宣布:江苏都督府发出的一切文电,均系假借我的名义所为……我仅是被人所逼迫而不得已。

程德全还电令都督府卫队长张朋矞立即捉拿黄兴、章梓等人。张朋矞却把电报交给了黄兴。黄兴哈哈大笑。

再说陈其美在上海闻知此事,叹息不已:"我们革命党人,往往总是心太软!对这些坏蛋,我们今后绝不能心软!"

陈其美在上海也开始积极行动,组织讨袁军。

在沪的海陆军将领,见陈其美准备讨袁,都表示愿意再聚到他的麾下,听其指挥。7月16日,大家一致推举陈其美为驻沪讨袁军总司令。

陈其美原以为"以海陆两军驱逐制造局北军,其事易易"。然而,此时的上海驻军已经变卦,不再支持革命。陈其美派黄郛去运动驻制造局的旧部第六十一团,但该团一营已被调入龙华,全团处于被中央军分割监视的局面,不敢先行发动。陈其美又企图调宁波顾斌旅来沪发动,但因尚未宣布独立,师出无名,顾旅也难以调动。陈其美在上海一时无法发动,只好请黄兴赴南京先行发动。

与此同时,陈其美也在上海紧锣密鼓地进行准备工作,但苦于兵力不足,以致迟迟不能发动。为此,遭到南京方面的指责。南京一位师长责问在宁沪间联络的赵正平说:"你说南京独立了,上海没有问题,为什么上海到今天还没有宣布?"

陈其美几经努力,以收容军校学生为主,组成了一支约200人的奋勇军,由其直接掌握,并从纽永建统率的松军那里获得了一些武器。

7月17日,纽永建在松江临时组织了约一个团的军队,和当地沈葆义的水师开抵上海龙华。陈其美还向南市请求支援。7月19日驻镇江的赵念伯第三十二旅一个团开抵上海。22日,刘福彪统率的福字营亦从南京调回上海,陈其美将福字营改编为特别敢死队。

7月18日,陈其美发布就任驻沪讨袁军总司令职通告,宣布在沪组织讨袁军总司令部,除节制所属各军外,"凡上海所有民政、司法、外交、交通各机关,统由本总司令管辖。各机关人员,均当照旧供职,慎守秩序,以维护地方治安,如有撤离职守,贻误要公以及不遵约束妄生事端者,无论何人,本总司令唯有按照军法治罪,决不宽贷"。

同时,陈其美以驻沪讨袁军总司令的名义,发布《上海独立宣言》:

> 北京参众两院、各省都督、民政长、护军使、各报馆、各法团暨各界同志、各讨袁军钧鉴:袁世凯违法殃民,逞兵南下,种种罪恶,无非破坏共和。现在各省继赣而起者,此斯响应。江苏已于前日由程都督宣布独立,并委黄兴君为江苏讨袁军总司令,并咨委其美为驻沪讨袁军总司令。上海为东南重镇,关系匪轻,业于十八日完全宣布独立。驻沪各军队皆深明大义,地方秩序亦照常安谧,足慰廑怀。深望各省爱国同胞克日兴师,诛锄国贼。俾得大局早定,真缔共和,无任盼祷。驻沪讨袁军总司令陈其美叩。

> 1913 年 7 月 18 日

同时又发表各省"讨袁通电",揭露袁世凯丑恶的嘴脸。

吴淞炮台随即宣布响应独立。陈其美令居正为吴淞要塞司令。

7月23日晨3点,上海讨袁战争拉开序幕。战争开始前,郑汝成已将中央军全部开进制造局,采取坚守待援的战略。

战争开始,陈其美指挥第六十一团和第三十七团进攻制造局西栅,福字营助攻;淞军、镇军进攻制造局正门。

讨袁军个个奋勇,人人当先,很快突破敌人的外围阵地。郑汝成和陈杳十分慌乱,忙斩杀了几个逃兵,才算稳定了局势。

中央军凭借坚固工事死战。海军总司令李鼎新指挥海军舰队从黄浦江上发巨炮压制讨袁军之火力。讨袁军的炮兵营被摧毁,讨袁军的进攻受挫。战至上午11时,讨袁军见攻击无效,不得不暂时停止进攻。

讨袁军鉴于白天攻击受挫,决定发起夜战。当晚10时,陈其美令进攻西栅的部队佯攻,集中兵力炮火猛攻东栅。午夜时分,东栅被讨袁军攻下,蒋介石等突入第一道围墙。

这时,一阵阵呼啸声接踵而至,一颗颗重型炸弹在讨袁军中炸响,顷刻之间,讨袁军血肉横飞。蒋介石先匍匐在一个角落里,继而又不停地跳下弹坑,才保住了性命。

这次战斗,陈其美仍安排由福字营任先锋;淞军、浙军和镇军随后,激战至11时45分停战。至24日晨2时45分,两军又激战40分钟。讨袁军异常奋勇,猛扑东栅,仍然被海军舰队发巨炮还击,只好重新退出。

这时,讨袁军伤亡较大。

由于海军舰炮不时向讨袁军总司令部开炮,使附近地区的民房倒塌、着火,陈其美于7月24日晨,把司令部移转至沪宁车站以北的南海会馆。

当晚,陈其美又指挥讨袁军向敌人发起第三次进攻,双方伤亡惨重。

7月25日夜,陈其美组织讨袁军向敌人发起了第四次进攻。这次进攻,讨袁军损失更大。虽然钮永建的淞军攻下龙华后,与陈果夫的奋勇军一起来助攻制造局,但制造局仍岿然不动。陈其美只好放弃南市,把军队撤往吴淞。

郑汝成在多次击退讨袁军的进攻后,气焰顿时嚣张起来。他致函南市商团,威胁说:如果陈其美不取消在吴淞的讨袁军总司令部,他就命令海军开炮摧毁。陈其美为避免当地商场遭受战火破坏,决定退出。

上海的激烈战事引起了各方的关注。

25日上午9时,上海红十字会的有关人士分赴南北军阵地,要求双方停火。

驻沪外交团与工部局也出示通告,贴在上海街头,其中说:

> 近数日来,团组织毗连之处乱起,阻挠商业,又复破坏本界秩序。现各外国领事馆及工部局宣示,或在本界或于本界以北毗连各乡,不准作为行军根据及阴谋计策中点之用。两方面之中国兵弁,无论何方,均须迁出本界北乡之外,以免战事涉及本界,而保卫各国守分商民之安宁。且军事领袖与有连带者,无论何党,或文或武,亦应由本

界及本界北乡,立即迁出,如违定行提究。

除了贴通告外,英国和其他国家的军舰也纷纷驶近上海,准备派武装部队登岸,"保护"租界;工部局派总巡捕房头目卜罗斯带领马队三十余人,到沪宁火车站北面的南海会馆,驱逐陈其美的讨袁军总司令部。

对此,陈其美气愤在胸。

24日晚9时,战火重燃。

政府军探知沪杭火车站附近驻有新开到上海的钮永建部淞军2000名,当即出动500人前往攻击。两军在车站附近开火交战。不久,讨袁军佯败西退,政府军紧追不舍。这时,另一路淞军趁机进攻制造局西栅,两军互有伤亡,仍然未见胜负。

当晚激战时,被关押在南市监狱的宋案主犯之一的应桂馨,纠合同狱的数十名囚犯越狱而出。

本来,在陈其美将讨袁军司令部由南市迁往闸北时,周南陔就曾向陈其美请示:刺宋要犯应桂馨,押在城里地方监狱中,这人是带到闸北军中,还是就在此时枪毙?陈其美因为军事缠身,精神十分疲惫,他听了周南陔请示后,思索良久,然后答复道:"不必!此案既归司法办理,现在不能自蹈其咎。"陈其美便用手作势,指着另一个手心道:"放心!放心!总在我们的这里。(这时,即指手掌)"周南陔不好违抗,只得作罢。不料,终于让应桂馨趁乱逃跑了。

次日,上海红十字会会长沈仲礼、美国医生柯司在驻沪领事团的支持下,出来调停战争。沈仲礼、柯司医生首先来到海筹军舰,会见政府军李鼎新、郑汝成二位司令,向他们反复陈述:上海租界内外有居民200万人,请以人道为重。经过再三请求,李鼎新、郑汝成回复两点:一、南北两军一律退往吴淞外决战;二、闸北与城内不准再战,南军司令部不准在华界再行开战。随后,沈、柯二人又驱车前往闸北会见陈其美,告以"勿因袁(世凯)一人,伤害沪人数千万生民财产"。并向陈其美转述了政府军方面的条件。结果,陈其美断然予以拒绝。

25日晚,双方继续战斗。

淞军 1500 人猛攻制造局。政府军以探照灯扫视,一旦发现讨袁军,立即以机关炮轰击,并由海军开炮轰击。淞军因探照灯射眼,无法前进,亦只能远距离开炮还击。翌日,驻沪领事团与工部局西董会议,两次决定干涉中国内战,于 26 日发出通告:

> 上海外国公界,本为商务而设。近数日来,毗连之处乱起,阻挠商业,又复破坏本界秩序。现各外国领事馆及工部局宣示,或在本界或于本界以北毗喧嚣各乡,不准作为行军根据及阴谋策划中点之用。两方面之中国兵弁,无论何方,均须迁出本界北乡之外,以免战事波及本界,而保卫各国守分商民之安宁。且军事领袖与有连带者,无论何党,或文或武,亦应由本界及本界北乡,立即迁出,如违定行提究。[①]

27 日晨,租界工部局借口闸北中国商人请求保护生命财产,派遣总巡捕卜罗斯率马队 30 余人侵入中国地界,开往闸北南海会馆和湖州会馆,驱逐讨袁军。蒋介石所率的原沪军第六十一团一部约 207 名讨袁军为英军缴械。陈其美被迫将司令部迁往吴淞中国公学内。

28 日晚,讨袁军对制造局发起最后一次象征性的进攻。这一天,海军总长刘冠雄率领的舰队护送政府第四师李厚基旅南下,3 天后陆续抵达上海,进驻制造局,讨袁军被迫向七宝一线退却,制造局解围。

7 月 29 日,黄兴因在南京讨袁失败,败走日本。

7 月 31 日,袁世凯复电伍廷芳,反对他三天前的和平呼吁:

> 沪上战祸,微公言已深虑。唯此次叛徒,志在窃地裂国。以制造局为依赖,抵死奋夺,使政府稍存投鼠忌器。即借寇之资,已成大局,何堪设想? 鄙人受国民付托之重,一日在位,断不忍国家破碎自我。严防痛剿,责所难辞,且该叛军以十九营之众,毫无缘故,数昼夜围攻

[①] 朱宗震等编:《民初政争与二次革命》(下编),上海人民出版社 1983 年版,第 721—722 页。

该局，欲使守军束手待毙，尤为无此军律，无此人道。中外耳目俱在，谁在戎首，自有公论。近日诘张为幻之事极伙，电信难分真伪，若有见教，幸速驾来京面谈。

同日，袁世凯还勒令北京国民党本部开除黄兴、陈其美、李烈钧、陈炯明、柏文蔚五人党籍，又悬赏缉拿黄兴、陈其美、黄郛、李书城四人。上海大街小巷贴满了悬赏布告，其中黄兴悬赏十万元，陈其美五万元，黄郛、李书城各两万元。

同日，浙江都督朱瑞派遣的浙军也开赴上海支援政府军，淞军被迫退往吴淞一带，讨袁军被迫据守在江湾—吴淞一隅。

同日，陈其美倚重的刘福彪部也在程德全策反下，在吴淞准备叛变，企图与政府军里应外合，袭击讨袁军。幸亏发现及时，才未造成恶果。

8月1日，孙中山、黄兴乘船离开上海，经福州、台湾，后抵日本。

8月6日，吴淞要塞总监白逾桓与吴淞司令居正先发制人，将刘福彪部缴械。

8月13日，吴淞炮台遭政府军海军舰队巨炮轰击，炮台失守。钮永建部淞军和居正部讨袁军退往太仓一带。

至此，上海讨袁军完全失败，陈其美被迫逃往租界躲避。

8月14日，上海租界工部局趁机落井下石，通知陈其美"不准留在或进入上海外界租界"。并声称，在接到本通知后，"若仍留在租界范围之内，应派巡捕拘拿"，对于租界当局的此种行为，陈其美非常气愤。

第十三章　白色恐怖

┃　雪压青松松更青

　　孙中山领导的"二次革命"，又称讨袁之役，以失败告终，南京独立取消，革命处在低谷；袁世凯当局在国内大搞恐怖活动：赏洋 10 万，缉拿孙中山；赏洋五万，缉拿陈其美。孙中山的追随者、革命者人人自危。国内无有立足之地，以孙中山为首的革命大本营东渡日本，在东京等待时机，东山再起。

　　上海义举失败后，陈其美并没有立刻出国，而潜伏在上海的公共租界里，在恐怖气氛下，陈其美冒着生命的危险，从事着"二次革命"的善后事宜。当时陈果夫是帮助叔叔处理善后事宜的得力助手。陈果夫回忆说：

　　　　（上海）奋勇军失败后，死者之抚恤，伤者之治疗，生者之遣散，均成问题。……办理善后最感困难的是经济问题。我除把英士先生给我的学费用尽，及向蒋（介石）先生领得少数经费之外，只好和多方借贷，陆续清理，逐一遣散。直到民国三年五月间，才把这件事完全清结。

　　　　从举事起以至办理善后，我受英士先生之派，向各方筹款，如朱葆三、王一亭、杨信之、沈缦云、叶琢堂、叶惠钧等，均有相当往来。这些人中间，沈与朱比较最好，并没有因为我们失败了，而加以冷眼。叶琢堂君不时以消息供给我。在我们危难的时候，常常加以协助，其豪侠好义，尤能给人以一种不可磨灭的印象。从七月到九月三个月中间，英士先生尚在上海，因为大部分同志不是变节，便是畏缩不敢再举，乃嘱我每日前往协助，并担任交通。因此，日里我是料理自己的分内事,夜间则随英士先生工作,每晚非到十一时后不能返寓。这时袁世凯的侦探,对我极注意,所以我的行动亦不能不特别审慎。有一次,给我发觉有陆中同学任侦探者尾随,乃设计跳上电车,一刹那又跳下来,得以脱身。在英士先生东渡之前,一直承办事项幸未误事;唯有其日奉派一信给王一亭先生,中途遗失,自认为生平一大憾事。

应该看到,陈其美在恐怖气氛下,并不甘心上海义举的失败,他除办理善后事宜外,还在秘密地与一部分留在国内的革命党人谋划在自己的家乡湖州、宁波建立反袁根据地,再举义旗。

1913年8月中旬的一天。上海静安寺路沧州别墅八号楼,窗帘低垂。一个秘密会议在这里召开。

陈其美因目标太大,没有出席这次会议。

隐居在上海租界的季雨霖、殷汝骊、夏杰唐、程潜、汪精卫、刘艺舟、胡经武等十余人,商议斗争策略。经过与会者的讨论,决定设立三部:实行部、继续部、暗杀部。三部之间互相配合,开展活动。具体分工是,由陈其美、王金发、钮永建负责湖州、宁波各处;由戴季陶、刘艺舟赴大连组织机关部,在奉、吉两省展开活动;林虎等潜入湖南,联合该省青、洪帮,并运动军队,谋三次独立。会议从早开到晚上。

会后,大家各负其责,分头行动了。

陈其美因为善后事宜相托,直到9月初,他偕王金发、蒋介石潜赴宁波、湖州,在那里开辟新战场,"拟以宁波为根据地"。

这期间,陈其美还委派姚勇忱等十余人,前往杭、嘉、湖,宣传民众,发动民众,"分头举事";安排雷铁生、方继英、沈凤祥等,在上海英租界收集炸弹武器;拟推举雷铁生为浙江都督,组成浙江讨袁军,在浙江发动起义。

再说陈其美、蒋介石、王金发等潜入宁波后,他们发现因袁世凯的恐怖威胁,浙江都督朱瑞态度有变,但是他们照常活动。这期间,雷铁生派炸弹队长方济青,用车船运十余枚炸弹至董家渡,但途中被郑汝成部发觉,结果所运炸弹被扣,秘密机关被查,损失严重。雷铁生当场被捕入狱。

陈其美得知后，痛心疾首，见图浙不成，又拟改变方针，从长计议，图划第三次革命。并决定联络日人，筹饷购械，以"台湾"为新根据地，从闽、浙两省着手活动。同时他又派遣革命党人赴大连联络胡党与宗社党人，在北方起事。这些计划在实行中也因力量不济而被迫中断。

面对着一次次的失败，陈其美百折不挠。据有关资料披露，他在此期间还拟定了第三次革命计划。他在致洪门大佬杨志平的一封信中说：

前由潘君月樵介绍，沪江战事得蒙足下仗义疏财，接济维持，已呈请岑大元帅注册存案矣。金陵之役，同志血战三星期，复为张贼夺去，非人谋之不臧，实天助袁逆、张贼也。可恨至极！吾辈抱定宗旨，百折不回，现已由沪江同志议决，以一半往长崎赴会，联合日人，筹饷购械，以台湾为根据，从闽、浙进行。复遣同志多人，大连联络胡党英杰，勾结宗社党人，在北方定期起事。江浙方面概归鄙人主持一切，将来仍请阁下召集洪门同志共举义旗，直捣金陵，先诛张贼，后讨袁逆，以雪前耻，扫除专制恶毒，重立共和政体，呈党幸甚！再者，以后往来信札，总宜秘密，因邮局中人查检甚严，恐有泄露，故此次特派心腹前来，与阁下当面接洽，如蒙允准，即望将回件交来人带回。迩来南北侦探遍地，吾辈浍切宜缜密，凡军火文件皆存在日人行（李）中。遵处属地，尤须谨防。倘再有疏虞，则一番心血又成现饼。铁君来常，事竣尚须往苏、杭一行。倘有需款，即乞尊处付可也。

事实表明，在二次革命失败后，由于袁世凯的高压恐怖统治，革命党人的活动空间有限。陈其美见事无可为，便决定应孙中山之召，潜赴日本，继续从事反袁斗争。陈其美在赴日前，曾于9月26日晚，秘密回到上海海宁路10号与家人告别。陈其美很乐观地对家人说：

此次失败，非袁世凯力强，乃党人自己太弱。非因人少，实以无团结力，各自为谋所致。今当奋发精神，期以二年，必能复举。二年之后，当再与家人团聚也。

陈其美并没有被袁世凯的恐怖镇压而吓倒,在家乡又收到孙先生的召电。于是他离开湖州赴日本去了。

关键时刻革命党内部又出现了分裂

孙中山逃亡东京后,开始理智地总结经验,吸取教训。教训是什么呢? 人心不齐,组织涣散,犹如一盘散沙。如此怎能对付凶恶的敌人? 怎能承担起历史的重任? 国民党较之同盟会已经褪色不少,关键是革命性、组织性、纪律性,使他大伤脑筋。二次革命失败,有许多革命党人流血牺牲;有许多革命党人被通缉,无家可归;但也有投敌变节的,成了袁世凯的无耻的政客;也有革命理想破灭,痛不欲生的;也有逃避现实,出家为僧的。面对现实,孙中山任重而道远。

夜深了,人静了,孙中山伏在案头,在做改组国民党、成立中华革命党的周密计划……

突然有人敲门,来人不是别人,正是湖口起义的陈其美。

"你是什么时候来日的?"孙中山关切地问。

"我是刚刚到的,特来向先生报到。"

"湖口起义的人员都怎么样?"中山又问。

"嘿,甭提了! 杀的杀,逃的逃,各奔他乡。"

"都逃到哪儿去了?"

"这里来的最多,其余的有的到了香港,有的到了台湾,还有的到了新加坡。"

过了一会儿,孙中山愤慨地说:"失败惨重,国民党已成一盘散沙,党员不听号令,这个党我不要了。"

"为什么?"陈其美不解地问。

"在讨袁前的全国 22 省中,国民党有八个都督,在国会中国民党系第一大党,各省议会也占优势,力量是相当大的。但是,为什么不到两个月就一败涂地呢? 我认为,非袁氏兵力之强,实同党人心之涣散。"

孙中山继而强调指出："我看袁世凯不出五年就要做皇帝，我们要赶快组织新党，起来革命，叫他做不成皇帝；如果等他做了皇帝，再去推翻他，那就更不容易了。"

孙中山1913年冬着手筹备，次年7月8日在东京改组国民党，正式成立中华革命党。可是中华革命党虽然建立了，但内部却由此引起了分裂。

东京筑地精养轩。

宽敞明亮的房间中，200余名流亡的革命党人席地而坐。其中有黄兴、陈其美、胡汉民、廖仲恺、朱执信，还有李烈钧、张继、陈炯明、邓铿等。

孙中山环视一周道："我党人心涣散，达于极点。遯初被刺，我返沪主张立即起兵讨袁，党内又是众说纷纭，无复统一，克强坚持法律解决……"

说完，他把严厉的目光投向黄兴，然后逐一批评说："还有英士、展堂，你们都是犹疑观望，一误再误。癸丑之役，终成强弩之末，以致落到今天的地步！"

黄兴等人沉默。

孙中山又道："二次革命，非仅雪癸丑之耻，实欲竟辛亥之功。我已决心对之负全责。现在成立中华革命党，希望大家能绝对服从我，并且要盖指模，立誓约！"

与会者开始窃窃私语，不少人都用目光望着黄兴。

孙中山感觉到了这点，他也转向黄兴问："克强，还持不同意见吗？"

黄兴答道："是的，先生的苦心，我是明白的。二次革命前，我党确实松懈涣散，但立誓约、盖指模服从个人，能否严明纪律，振奋精神？况且，也有悖于民主准则。……革命并非经商的公司、会社，一切全由最大的股东决策！"

胡汉民抢着说："克强兄所言甚是，立誓约、盖指模的做法，与会党无异，先生不一定过分拘于形式……"

孙中山强硬地说："不，前者有训。关于这一点我绝不让步！"想了一想，又加重语气说："我不是一个专制的人，但还是要重申'三次革命'由我自己负完全责任,愿意服从者必须纯然听从我的命令。克强如有异议,也只得悉听尊便!"

气氛顿时紧张起来。所有的人都悄悄注视着黄兴。

黄兴以巨大的抑制力克制住自己。他默默地,感情复杂地望着孙中山。

孙中山也同样望着他……

这时,陈其美却幡然醒悟,站到了孙中山的一边,一下子加重了孙的天平。

陈其美说:二次革命失败,大家都是目击者,我们的失败就是没用孙先生的武力解决,而采用克强的议会之路,这是铁证。是谁也改变不了的事实。

这时,孙中山也激动地站起身来,责备黄兴说:在南北方议和时期,我曾主张宁可开战,也不议和,但克强支持;关于民国建都地址,应该在南京,要袁来南京就职,克强也不表示坚决支持;宋案发生后,民愤可用,以武讨袁,克强先生又是阻止其行;再者,我本来想赴日本求援,克强又是不同意,让他左也不是右也不是;后来我想亲赴南京誓师讨袁,克强又自告奋勇,阻其前往,招致失败,全局瓦解。事情已经到了这个地步,纪律应该加强了。必须要服从我。

陈其美还说:二次革命时,就是没听从孙先生的意见,及早发难,致使失败如此之速。

听到这里,黄兴不同意陈的说辞,反唇相讥:国民党改组后,事权不一,癸丑之役失利,我黄克强何能独负其责?辛亥革命之后,同盟会有些老同志利欲熏心,都想做都督,一时闹出了无数的野鸡都督,趾高气扬,自由行动,不受党的约束,这难道也要我黄克强负责吗?

……

也许是因为这次不愉快的经历,陈其美此后即"力排众议,主亟进"。陈其美到处奔走,要大家赞成。凡不赞成加入的同志他就大做文章加以人身攻击。陈其美还抓住黄兴在东京建造简易住房一事大肆攻击。对于革命同志的相互倾轧,黄兴感到愤懑和难过。他在致刘承烈的信中,表明了自己的悲观,他说:

党事弟久灰心。近来尤极其诡谲之态。不德如弟,欲图挽救,转受毁伤,尚有何说! 必宕将来,既感且佩。恐人不我与,犹含沙蹑其后。请拭目以观,必有所悟也。

5月29日,黄兴致函孙中山,对陈其美等人的指责有所申辩。当天,孙中山最后表示:

> 及今图第三次,弟欲负完全责任,愿附从者,必当纯然听从弟之号令。今兄主张仍与弟不同,则不入会者宜也。此弟所以敬佩而满足者也。弟有所求于兄者,则望兄让我干此第三次之事,限以二年为期,过此犹不成,兄可继续出而任事,弟当让兄独办。如弟幸而成功,则请兄出而任政治之事。此时弟决意一到战场,以遂生平之志,以试生平之学。今在筹备之中,有一极要之事求兄解决者,则望……弟所望党人者,今后若仍承认弟为党魁者,必当完全服从党魁之命令。因第二次之失败,全在不听我之号令耳。所以,今后弟欲为真党魁,不欲为假党魁,庶几事权统一,中国尚有救药也。

1913年10月7日,陈其美偕戴季陶、陆惠生、山田纯三郎进见孙中山,田桐随后亦到。陈其美经与孙中山交谈后,两人在一系列重大问题上达成了一致认识。陈其美说:"辛亥革命,手持寸铁,集众数百,武昌一呼,全国振荡者,革命党之精神有以致之也。癸丑一役,据地省,拥兵十万,北兵负隅,而全局失败者,革命党中锐气消沉之致也。"陈其美还指出:"二次革命之失败,由于我党之不统一,其原因皆由诸同志不能奉先生之教令,往事具在,后之进行,须鉴前车。欲革命党能达目的,非此不可。"

陈其美还很后悔以往自己不能很好地听从孙中山的命令,邵元冲写道:

> (陈其美)回想这一年多的经过事实,觉得许多地方,中山先生都能事先见到、想到,因各同志见识学力不及中山先生,以致处处牵制

中山先生的主张，不能服从其命令，因此有这样重大的失败，自己非
常的追悔。遂决心服从中山先生的主张，助其组织中华革命党，以严
格地训练党员。

陈其美与戴季陶、田桐、范光启等加入了中华革命党，陈其美在中华
革命党的入党号是第七号。

首先，在这里，我们先介绍一下加入中华革命党的手续：入党的人要
立誓，誓约中有"服从孙先生"、"服从命令"和"如有二心，甘受极刑"几句
话。誓约要自己亲笔照抄一份，在立誓人的名下，用右手中指打一墨印。
然后站立在主盟人孙中山面前，宣读誓约，读毕将誓约交给主盟人，握手
而退。有些人主张删去"服从孙先生"、"服从命令"两句，认为这会损害个
人的自由。黄兴等不少人反对打手模，认为有辱人格，并且说："革命这么
多年，出生入死，到今天还相信不过吗？"因而不肯入盟。

不过，问题不是这么简单，内部分裂的主要原因有两个：

一、同盟会的会员中，有多半是地主、官僚家庭的子弟，他们是基于民
族意识和反清而革命，所以清帝退位，就认为革命成功了。到了国民党时
代，又混进大批官僚政客，成分更为复杂。他们对于孙中山的民主思想和
激进的革命主张，自然多不能接受，乃至大有抵触。因此，当年流传一种
说法——"先生是理想家"，甚至有人把孙中山称为"孙大炮"。简单一句
话，这班人的思想跟不上中山先生的思想，已经落伍于时代了。

二、孙中山和黄兴，在政治问题上常常意见相左。例如：孙中山本不
愿意让位于袁世凯，而黄兴是主张退让的。（汪精卫是主张让位最卖力的
人，他曾说："先生如果不让，人家要说先生争地位权利呢！"）袁世凯暗杀
宋教仁，孙中山主张立即兴师问罪，黄兴则坚持法律解决。孙中山要组织
革命党讨袁，黄兴又认为不可师出无名，等袁做了皇帝，再行讨伐不迟。
这样，孙、黄就无法合作了。黄兴恐同志之间矛盾加深，离开日本，远游欧
美。而跟黄兴有关系和同一见解的人都不参加中华革命党。这就形成了
孙、黄分家，出现了所谓"孙文派"与"黄兴派"。如李烈钧、柏文蔚、陈炯
明、谭人凤等，在国内都是有军队和政治影响的。他们的离开，当然是一

个损失。譬如，洪宪讨袁之役，中华革命党人曾在广东、山东、江苏等地起义，皆以力量小未能成事；而云南起义，原国民党军人参加的虽也不少，但领导者却为蔡锷，在政治声势上中华革命军比护国军已略逊一筹了。

至于中华革命党内部，开始时，情形也不见佳。

入盟的党员不过七八百人，其中比较多的是留日学生，其次为各省议员和中、下级军官。他们多比较年轻，虽然有些干劲，但组织观念和纪律观念很薄弱。最显著的一个例子：1915 年 1 月，袁世凯颁布了所谓"乱党自首条例"，规定自首者不但不办罪，还优予录用。江西党员魏调元即偷回南昌自首，以出卖人格换到一个县长。对于这个叛徒，并没有开除他的党籍。又有些党员在日本无法维持生活，秘密地回到上海另谋出路，也就一走了事。所以有人说："先生和洪秀全一样的仁慈。"

更有甚者，还有对中华革命党行骗的。江西人刘平，在上海穷得没办法，写信给东京本部，说他在江西可以召集几千人起义，就骗到了一个司令官衔和一笔款子。而上海交通站做党务工作的同志，却拿不到一文钱，连吃饭都成问题。大家推陈劭先去东京见中山先生，大胆陈述意见。先生回答说："要知道，空喊革命有什么用，100 人中有 99 个骗我，只要一个人不骗我，就可以把革命空气激动起来。"

总之，中华革命党成立之初，并没有达到孙中山所期望的那样，恢复同盟会的革命精神，成为健全有力的革命党。同时在用枪杆子解决政治问题的时候，又没有建立和掌握忠实可靠的武力。这样，以后中山先生的起落，在很大程度上就不得不决定于地方军阀的拥护或反对了。

尽管意见不一，但孙中山毕竟不为失败所气馁，百折不挠，面对现实，又迈出了坚定的革命步伐。

孙中山的第一副手

冬去春来，时间到了 1914 年的春天，杨柳飞絮，桃花盛开。

孙中山为解决中华革命党的建军指导思想及一系列问题，便谢绝宾客,关门写作,两个月后,《革命方略》已脱稿。《革命方略》共分六篇,其中对革命军的目的、服制、勋记、饷项;军政府的组织、军律、军法;举义前后之要义,攻取响应之要点,都作了具体规定。

3月底,他已把写完的初稿,散发给党内核心人物,逐条加以说明,征求他们的意见。接着便召集陈其美、胡汉民、居正、廖仲恺、许崇智等,持续了两个月,进行了17次集思广益的讨论,陈其美参加了11次。

5月16日,由孙中山指定,成立了15人的中华革命党筹备会。委员会由以下人员组成:陈其美、柏文蔚、周应时、刘承烈、邓家彦、胡汉民、杨庶堪、居正、侯度生、张肇基、凌成、文群、陈杨栋、张百麟、田桐。

6月16日,孙中山在民国杂志社召集中华革命党成立预备会议,到会者200余人,一致选举孙中山为总理。当天,还初步决定了各部部长人选。

6月21日下午,在民国杂志社召开了中华革命党党员大会,出席会议的党员约有四十七八人。会上,陈其美代表孙中山,对《中华革命党总章》逐条详细做了说明,并向大家介绍了初选中当选的各部部长。陈其美还提请大会注意:今后各位的报告,要交给有关的专任部长。

在一切筹备妥当后,7月8日下午,在东京筑地精养轩召开了中华革命党成立大会。参加成立大会的党员约有205人。孙中山在会上作了大约一个半小时的演讲,号召大家做好第三次革命的准备。孙中山在演讲中说:

> 我们同志目下虽流亡于日本,但追慕母国之念,一时也未离开脑际。将来如何使我民国得屹立于世界,此乃与诸君共谋之大事。……总之,务望我同志共进退,各自审慎行事,绝不可轻举妄动。再者,近日看到有关革命党人之种种报道,均为谰诬中伤之流言,无一事实。望诸君纵知晓此事,亦不可为此类流言所惑。

在成立会上,孙中山由陈其美、居正介绍,胡汉民主盟,当众宣誓加盟。誓约说:

立誓人孙文,为救中国危亡,拯民困苦,愿牺牲一己之身命自由权利,统率同志,再举革命,务达民权、民生两主义,并创制五权宪法,使政治修明,民生乐利,措国基于巩固,维维世界之和平,特诚谨矢誓如左:

一实行宗旨;

二慎施命令;

三尽忠职守;

四严守秘密;

五誓共生死。

从兹永守此约,至死不渝,如有二心,甘受极刑。

中华民国广东省香山县孙文(指模)

民国三年七月八日立。

孙中山的入党号数为一六一号,誓约号数为六四一号,在成立大会上,就总理职。

其他党员的入党誓约与孙中山的略有不同,"统率同志"改为"附从孙先生","慎施命令"改为"服从命令"。

在成立大会上,大家一致推选陈其美担任协理,但陈其美坚持不同意。他建议协理一职先空着,留待黄兴归来。这个建议受到了与会者的赞扬。

稍后,大会公布了孙中山手书和亲订的《中华革命党总章》,共 39 条。孙中山认为,这是他"数十年学问经验之结晶"。总章规定:总务部的职责是:(一)总务部庶务;(二)接洽内地支部;(三)接洽海外支部;(四)制管公文符印;(五)交涉党外事宜;(六)办理不属他部之事。

孙中山在会上还根据"组织表"的规定,发布了《委任令第一号》,公布中华革命党主要干部的名单:

总务部长陈其美 副部长谢持

党务部长居正 副部长冯自由

军务部长许崇智　　副部长周应时

政治部长胡汉民　　副部长杨庶堪

财政部长张人杰（现在法国巴黎）　　副部长廖仲恺

9月1日，以总理、总务部长、党务部长、军务部长、政治部长联衔，发布了《中华革命党成立通告》，阐述了缔造中华革命党的原因、宗旨，明确规定以实行民权、民生两主义为宗旨，以扫除封建专制，建设完全民国为目的，遍告海内外同志，自中华革命党成立之日，凡在国内所有之国民党本部、支部、交通部、分部被袁世凯解散的，不能存在无论矣；所有海外之国民党，除在日本东京已宣告解散外，其余美洲、南洋各地未解散者，希即一律改组为中华革命党。

《通告》还公布了中华革命党的通讯处：日本东京市兰区南佐久间町一丁目三番地民国社。

孙中山还专门对总务部的地位和职权做了指示："总务部为各部之领袖。各部事务应受其考试。凡总理发表命令或委任职员，必须总务部及有关部长副署。特别筹款及对外交涉，亦由总务部任之。"

9月份，陈其美以最快的速度组织了总务部机关。

10月10日，设机关在日本东京兰区南佐久间町一丁目一番地，开始办公。

总务部下设六局一处，是个责任明确，人员精悍的机关。

由于中华革命党协理始终缺席，总务部是第一部，陈其美实际上成为孙中山的第一副手。

在筹建中华革命党的过程中，陈其美的身体由于连年的奔波操劳，状况很差。这从1914年4月，他给在大连的好友沈缦云的信中可以看出：

弟自抵东京后，胃肠病仍未全好，且因初抵东京，事务稍烦，以致转剧，不得已乃进胃肠专门医院救治，迄今一月有余，仍未全好，终日伏枕，心中之焦闷，先生可想见也。此间情形如旧，各同志因公事上活动，归国殉身者，日有所闻，所以为国家前途称庆者，死者临难无怨,生者跃跃为继,毫无退缩,故各地之民心,渐见愤激,各省之运动成绩甚好。

虽然抱病工作,但陈其美仍然充满乐观、必胜的信心努力协助孙中山,闯过难关,他为筹建中华革命党,制订了一系列计划,并负组织责任,打开了党务工作的局面。

中华革命党的筹建和同盟会、国民党时期的思想状况、政治形势均不一样,相当部分国民党员对孙中山立誓约、按指模、服从孙中山"党魁"一人,很不服气,不肯加入。陈其美到处劝慰、说服。在海外,许多支部的建立,如宿务支部、菲律宾支部、庇能支部、麻坡分部等,是由陈其美以总务部长名义,直接联系报请孙中山委任的。

在国内,陈其美曾亲赴大连,开展党务联络活动。1914 年 9 月,陈其美又被孙中山委任为浙江地区主盟人,并对江、皖、鄂等省的党务工作作指导。到后来中华革命党在全国 18 个省先后建立了支部,陈其美功不可没。

对于陈其美在中华革命党中的地位与作用,孙中山曾给予了高度评价。他称陈其美是中华革命党的"唯一柱石","第二次革命失败后,意志极为坚锐,本部成立,以掌总务,实能代弟任劳任怨"。对于陈其美在中华革命党建设上的贡献,陈劭先有一个很全面的总结。

再说,身登总统座、黄袍未加身的袁世凯,得知中华革命党在东京东山再起之信息,当夜就失眠了,无疑这是他实现皇帝梦的最大障碍。于是连忙召集大臣密谋一番,既然武力鞭长莫及,最好的办法就是金钱收买、分化瓦解。方针既定,派谁去做这件事呢?他想到了蒋士立,此人与革命党关系甚密,又是自己的亲信,是个"两栖"人物,万无一失。于是召来蒋士立,面授机宜一番,当场送款 50 万元,作为这次的活动经费。蒋士立见钱眼开,也是表现自己的好机会,向主子表白一阵,翌日便登船去了日本。

在驻日公使陆宗舆的配合下,一幕诱人上钩的把戏上演了。

不多日子,一则新闻就在革命党内部传开了:袁政府派员携重款来日,为留日人员办好事:一是资助回国,予以政治地位;二是在国外休养,予以优裕生活费;三是资助留学,改为国家公派。凡留日人员均可任意选择登记。这一招真灵,果然有人上钩报名,愿意回国做官。革命党内部对此认识不一,莫衷一是。

有阴谋就有反阴谋。

为确保中华革命党在日本顺利开展活动,孙中山及时召开会议研究防范对策。陈其美主张以牙还牙,先斩掉魔爪——蒋士立再说。

"杀掉蒋士立!"大家立即赞成,称绝道妙。

暗杀蒋士立,是在一个大雨滂沱的夜晚。这天雨大,蒋士立没有外出宣传,只身一人在屋内,起草电函给国内袁大总统,申请邀功之事。恰在这时,急促的电话铃响了。蒋士立抄起听筒:"啊,是吴先生,你有什么事?"

"上次见面后,我已做了工作。我手上现有一份关于革命党的机密要件,趁雨夜,想给你送去。为防意外,我就不上楼了。你在宅门等候!我十分钟内到达面呈。"

"那好。"蒋士立正做升官梦,也不多想,就答应了对方。尔后,草草将信画了句号,便匆匆下楼等候。

果然,10分钟内一个冒雨举伞的不速之客在幽暗的灯光下出现了,渐渐向宅门走来。

"你好,蒋兄!"

"你好,吴先生。"

"文件我已带来。"

"那好。"

吴先梅佯装从提包内取文件,身后的陈其美趁机拔出匕首,一下刺中蒋士立的后心。

吴先梅也顺势再给了一刀。

蒋士立一头栽倒在地上。

袁世凯得知此事,大为遗憾。

魔爪被斩,党心大快。

当夜,陈其美又给驻日公使陆宗舆打电话:"你要是再敢收买革命党人，就等着做第二个蒋士立吧。"

　　陆宗舆胆战心惊，忙问："你是谁？你是谁？有话好商量。"

　　"我是革命党，你记住这个名字就行了。"

　　陆宗舆等人要求日本人缉拿凶手，但一直没找到。

　　杀一儆百。此后，再没有人敢在革命党中活动了。

第十四章 三次革命

┃ 讨袁再发动

冬去春来,樱花烂漫。

中华革命党成立后,经过党人一段时间的努力,形势逐渐好转,组织发展迅速。在此基础上,根据孙中山提议,又组织了中华革命军。孙中山自任革命军总司令。革命军以倒袁为主旨,必欲雪二次革命失败之耻。"誓死戮此民贼,以拯吾民",号召一切"爱国豪杰共图之"。如果说昔日的逃亡者个个颓唐,则今日组织健全,纪律严明,人心一致,同仇敌忾,无疑又成了一只"下山虎",令袁世凯大为不安起来。

一天,孙中山召集陈其美、戴季陶等人商议回国策动起事的军事计划。鉴于当前的形势,陈其美向孙中山建议:

> 辛亥癸丑二役,皆不能贯彻革命党主旨,实行三民主义者,以东北各省之革命运动根基薄弱,不能直捣北京,以扫专制恶魔之巢穴。自今以往,如仍偏重南方,而于北方不稍加之意,是犹覆其辙而不自悟也。且袁军密布于东南,防范压制,不遗余力,如不度势量力,固执进行,是无异于邹与楚敌也。其不成也必矣! 故谋第三次革命,当于东北数省培植革命根基,以为大规模之运动……

孙中山听了,频频点头。

陈其美的建议为孙中山所采纳,并把东北工作的重点放在大连。

再说大连当时在日本管辖之下,孙中山希望日本方面与革命党人合作,并保护革命党人的安全。当时,潜伏在大连的革命党人有 200 多名,他们分为三派：即宁梦岩派（孙中山、陈其美系）、刘艺舟派（何海鸣系）、邱丕振派（山东系）。

开始时，三派互不统属，且相互排斥。后来他们认识到这种状况不利于革命，大约在1913年底，以陈其美的名义成立了一个总部，从事反袁的准备工作。但是这么多革命党人集中大连一隅，缺衣少食，行动经费更是说不上。他们希望孙中山和陈其美能给他们提供经费。孙中山曾经通过吴大洲给他们送过1000元，但杯水车薪，无济于事。于是，他们一再打电报促请陈其美和戴季陶速来大连。于是，孙中山决定应东北革命党人之邀，派遣陈其美与日本人山田纯三郎前往大连指导工作。

为避人耳目，陈其美化名朱志新，戴天仇化名木村藤吉。途中，因劳累陈其美染上肺病，到大连后即住进了日本人开设的满铁医院。陈其美一面治病，一面与戴季陶调查东北地区革命党人的情况。陈其美等人的计划是：在大连设立机关，以吉林、奉天、黑龙江三省为主点，外与东京总部及各省革命党联络，聚集力量，运动军队，等待时机成熟。"关外一动，南京继之，而江北、山东同时并起"。

据日本友人山田纯三郎回忆说：

> 1914年，我得到东北本溪湖的马贼将攻击沈阳以打倒张作霖的消息，于是跟陈英士和戴季陶到大连请满铁理事犬养信太郎介绍，以满铁为根据地，策划一切，但没成功。

从中可以看出，陈其美等人在东北的活动并不顺利。陈其美等人到达东北不久，即被吉林护军使孟恩远所探知。他立即密报袁世凯说："陈其美、戴天仇、宁秉然、谢宝轩共同谋乱，扰害治安。"

袁世凯得报后，立即严令都督、民政长"严密查缉，勿令煽乱"。这还不够，袁世凯政府又与日本政府交涉，"以陈其美有刺杀商务印书馆经理人夏粹芳等嫌疑，要求引渡到案"。张作霖则奉命向满铁副总裁伊藤大八秘密表示："大总统有命令，不论用任何手段，都得要将陈其美逮捕。"

在袁世凯政府的压力下，日本关东都督府对陈其美等革命党人的态度发生了变化,对革命党人的行动百般干涉,甚至下令逐客。

接着,陈其美写信给周淡游,信中说:

> 此间事,外交干涉日紧,前者所称可以商酌之关东都督,已受袁氏笼络矣,不但拒不见面,且已命其部属将下逐客令矣。看来难望有为也。奈何!

这时,孙中山了解到东北的情况后,当即密电陈其美"暂缓进行",并告之:"在南方的广东、云南、广西等省尚未足备实力之际,满洲暂不着手进行。如日前在满洲轻率举事,反而造成不利局面,并有给日本带来麻烦之虞,故切忌轻举妄动,待时机到来后再断然实行之。"陈其美奉命后,当即指示东北革命党人暂时不要轻举妄动,"俟南方准备就绪后,再南北呼应,起兵举事"。

陈其美见东北一时难以打开局面,便将东北讨袁工作交付刘纯一负责,山东讨袁工作交付刘大同负责,并交给刘大同短枪 40 支,命其回鲁组织队伍。

在大连期间,陈其美还见到了上海老友沈缦云。

沈缦云是"二次革命"后从上海逃亡大连的,袁世凯曾悬赏 5 万元捉拿他的人头,罪名是沈缦云给进行革命活动的陈其美和戴季陶继续以热情的支持和帮助。据说这次大连见面又给了陈其美不少钱。后来在日本,由于奔波劳累,陈其美胃病复发,不得不住院治疗时,还伏枕给沈缦云书写了长信一封。在这封信中,陈其美表达了对沈缦云的感激之情,另对革命前途抱有极大的必胜信心。

令陈其美悲伤万分的是,沈缦云在大连的革命活动终被袁贼所侦知。袁世凯收买革命党内的叛徒,在 1915 年 7 月 23 日宴请沈缦云时,将毒药放在食物中,沈缦云食后中毒身亡,年仅 48 岁。

陈其美、戴季陶在东北的活动,也引起了反动势力的忌恨。东北军阀头子张作霖下达悬赏通缉陈其美、戴季陶的命令,各处防范甚严,陈其美、戴季陶随时都有被捕的危险。因此,在孙中山的召唤下,陈其美偕戴季陶夜半搭乘"台南丸"离开大连。

在他们离开大连当晚 12 点,张作霖的卫兵搜查了陈、戴所住的旅馆。多亏他们提前离开了,没有被捕,于 19 日抵达日本东京。

| 东北不亮东南亮

1914 年 7 月 28 日,正在袁世凯春风得意、准备迈向帝制之时,第一次世界大战爆发了。日本人借口与德国人交战,先出兵侵占了胶州湾,至 11 月,占领青岛,接着控制了胶济铁路,取代了德国的殖民统治。

日本帝国主义看出了袁世凯要当皇帝的狼子野心,便投其所好,来换取在中国的更大利益。

随着袁世凯卖国"二十一条"的推出,激起了国人的愤怒。

这份企图独占中国的二十一条文本,其中的主要内容是:日本继承德国在山东的一切权利,增加筑路通商的新权利;日本享有在南满、东蒙一带工商、土地、路矿、顾问、借款的特权;延长日本租借旅顺、大连两港及南满、安奉两路的期限为九十九年;中国沿海港湾岛屿不得租借或割让他国;中国政府聘用日人为政治、财政、军事顾问;中国警政及兵工厂由中日合办等。日本公使明确表示,如袁世凯肯接受这些条件,日本政府就支持他做皇帝。

日本政府与袁世凯的罪恶交易,昭示了袁世凯做皇帝的真实野心,各大城市的工人、学生和广大爱国群众,掀起了大规模的抵制日货运动,革命声势愈加高涨。

对此,孙中山认为形势大好,可为我利用。

陈其美赞同孙中山对形势的分析,他发表谈话说:

> 余相信刻下欧战乃中国第三次革命之绝好时机,然而革命并非易事,更不容轻举妄动,必须周密考虑,审时度势。我等革命党人刻下已大体完成第三次革命之作战计划,约百名在东京同志返回国内,

何时举兵唯欧战形势如何而定,余等党员目前正在观望形势,如德国势成败局,即为我中国各省革命起义之时。

8月28日,孙中山与丁仁杰、周应时、戴季陶、陆惠生等人来到陈其美所住的东京赤坂区高桥医院,商讨今后的行动方针。

陈其美说:若不是我生病,我真想杀回国内,大干一场!

孙中山说:一个人的力量是有限的。革命是大家干的。

最后他们决定倾全力经营江苏、浙江与广东三省,并派"邓铿图粤,夏之麟图浙,复灵兄弟图宁,互为犄角,策划决定"。

为了便于统一指挥,孙中山还决定在上海设立中华革命党总部,陈其美点名蒋介石参加,因为他信任蒋介石,眼下自己不能赴沪,让蒋回去他才放心。他说:让蒋和陆惠生前往筹办,另外,还可以协助复灵兄弟图宁,顺便把上海的问题解决,这不是一举两得吗?

孙中山也同意陈的意见。同时又派遣了大批党员回国,运动军队,筹备讨袁。至8月下旬,从日本东京、大阪和长崎等地先后回国的革命党人有300多人。

孙中山送走了回国内举义的同志,还希望通过外交,换取日本政府在军事及财政上支持他发动的第三次革命。

为此,孙中山带领陈其美、戴季陶等亲自走访了日本朝野犬养毅(日本国民党领袖)、头山满(日本浪人首领)、坂垣退助(日本自由党和立宪政友会创始人)等,希望他们出面说服日本政府支持革命党人搞第三次革命。但此时的日本正利用第一次世界大战西方列强无暇东顾之机,向德国宣战,并趁机出兵中国山东,夺取了德国在山东的势力范围。日本政府正在向袁世凯政府施加压力,图谋获得更多的侵略利益,因此决定不支持孙中山及其革命计划。不仅如此,日本政府还多方压制孙中山及其革命党人的活动。为此,陈其美很愤怒地发表谈话,抨击日本当局:

(日本政府)在欧战后持非常之压迫主义,其实例不胜枚举。对政治犯的流亡者,本应在一定范围内予以保护,此为国际公法所公认。然而，日本现政府无视国际法，对我等同志实行压制，却欲援袁，此甚为不当。

话说这时，蒋介石等已经按照孙、陈的指示，秘密回到了上海。经过千辛万苦的努力，终于联络了一批志士仁人，在沪举行讨袁起义。

蒋介石计划兵分三路，分头行动。

第一路，由他亲自出马，兼任总司令，担任潭子湾、小沙渡、曹家渡、梵之渡的进攻任务；第二路由陆荣廷率领，沿真如一带，抢占警署；第三路担任破坏铁路电线，拦截火车，阻敌支援。

结果事不机密，被上海镇守使郑汝成侦悉，夜半时分，闸北巡警拿获陈乔荫、王军山、章得高、陈新民等人，并在其家中搜出起义计划、人员名单，从地下挖出械弹、旗帜、印章等诸多东西。

郑汝成连夜向袁世凯邀功请赏，袁世凯嘉奖郑汝成，并命他继续搜捕革命党人，通缉首要蒋介石速拿归案。

蒋介石在暗杀郑汝成的路上，见有通缉自己的海报，和一辆辆鸣笛的警车，遂躲进了浙江老乡张静江的家中数日不敢出来。

由于上海革命党中出现了叛徒，军警夜半来到张静江家捉拿蒋介石。这晚蒋介石恰巧外出，回来很晚，逃过一劫。

蒋介石知道在上海难以立身，便向陈其美报告，陈其美立即召其回日本，重商讨袁大计。蒋介石回到东京后，恰在这时，陈其美又接到东北革命党人的报告。信中说：吉林、黑龙江两省的军队已运动成熟，倾向革命，请孙中山派人去主持工作。

陈其美因筹组中华革命党总务部，不能够脱身，就向孙中山建议，派蒋介石和丁景梁前往。

孙中山说：前几次都是谎报军情，领取军饷，这次不至于吧？

陈其美说：我想这次不至于。

孙中山说：那就按你的意见办。

蒋介石临行前，孙中山亲自交代蒋说：一定向日本当局要求把东北和台湾交还我们，并保证朝鲜独立，否则我们的国民运动是不会停止的！

7月初,蒋介石、丁景梁二人到达了东北,日本军阀接见了他们,企图拉拢他们为日军服务,便掩护他们在哈尔滨、齐齐哈尔等处的革命活动。

通过半个月的悉心观察,蒋发现东三省死气沉沉,并没有军队倾向革命,"东北王"张作霖配合袁世凯对东北控制很严密,根本没有开展革命运动的余地。宁孟岩之所以那么报告,不过是想从孙中山处骗得一批钱款。又是一次骗饷报告!这一次虽没有骗取了钱财,却骗来了蒋介石。不但骗了孙中山,也骗了陈其美。

最后,日本军人在长春车站的铁道饭店举行了招待会,蒋介石在会上将孙中山要日本人交还东北和台湾的意思表示出来,并说:"日本要协助中国革命,应该做列强的榜样,首先有具体表示。"

主持招待会的日本联队长听了蒋介石的话后,大为不满,发泄一阵后而去。且说第二天,日本军方就通知蒋介石等离开东北,若不知悟,后果自负。

这时蒋介石不得不走人了。不过蒋介石还是有心计之人,他通过在东北的经历,根据第一次世界大战爆发后的世界局势和国内政局的变化,写了《上总理陈述欧战趋势并倒袁计划书》。这是蒋介石首次给孙中山写信,得到了孙先生的首肯。

在信中,蒋介石以沉痛的笔触,指出二次革命中革命党本身的种种弊端,如:"命令不统一,统御无方"、"处处进行,即处处薄弱"、"遍地发动"、"多方起事"、"不足分袁军之兵力",只会"徒堕本党声威"、"伤本党之元气",不能取得真正的"效益"。因此,他提出要"力矫过去不规则之弊"。

信中着重分析了欧洲战局和反袁的重要关系:"默察大势,世界大战,已箭在弦上矣!此次欧战时期延长一日,即袁贼之外交势力薄弱一日;范围扩大一步,即吾党之外交关系胜利一步也。若吾党不于此袁贼亲西排东之失败期内,乘势急进,则时不再来,后悔莫及矣。"

对于最近的讨袁,蒋介石提出了"急进计划":"本党今日之进行,以统一各省革命计划,确定全盘整个之方案,集中一点,注全力、聚精锐以赴之。"他接着又分析了讨袁基地为何不宜选择黑龙江和山西,而应以浙江为"根据地点":"浙江之战略,以地势与兵力之关系,是海主陆从,西守北攻,为今日唯一之根据地点。""浙江之军人,犹属昔时之革命分子,其思想,其宗旨,尚冀其能完全发动也。"

在这封信中,蒋介石对二次革命中国民党的分析,与孙中山、陈其美的看法都是一致的。至于建立浙江根据地的想法,可以说与孙中山、陈其美不谋而合。他们进而筹商继续在上海和江浙地区举行武装讨袁活动。[①]蒋介石的信让孙中山拍手称赞。

| 衷肠诉黄兴

东京。

赤坂区高桥医院。

病中的陈其美,送走了孙中山后,又踱步回到病房,按照孙先生的指点,他便展开了信笺,给远在美国的黄兴写信,劝黄兴等人以大局为重回国。

自从二次革命失败以来,中华革命党成立,孙、黄就分道扬镳。这都是革命者不愿看到的,然而发生了。特别是孙先生与宋家二小姐真情相爱,冲破重重阻力,二人走到了一起。他们在东京的婚礼本应是隆重的,由于黄兴、胡汉民等人的拒绝出席,显得冷冷清清,只有少数人出席了,这便是陈其美、廖仲恺夫妇等人。

如果说革命党第一次分裂源于中华革命党的成立,而第二次分裂则是源于孙中山的冷清婚礼。黄兴等人已远走高飞,到美国去了,成立了欧洲研究会,与孙先生的中华革命党分庭抗礼。

三次革命一次次地不如意,皆是源于革命队伍出现了内讧。这让孙、陈都很伤心,尤其是陈其美,病痛的折磨,他还可以忍受,然而来自革命同志的攻击更让他受不了。自从黄兴与孙中山分手后,就有人开始指责他,说他搞阴谋,挑拨离间,欲取黄兴而代之。尽管孙先生对别人进行了多次

---

① 白希著:《上海第一都督陈其美》,金城出版社 1997 年版,第 609—610 页。

解释,许多人还是不相信。这更让陈更是烦恼不已。

1915 年元旦过后,在医院里,陈其美对自己所走过的革命道路、与孙、黄两人的关系进行了认真的反思。

自从参加同盟会以来,陈其美对孙、黄二领袖都是尊敬的。在辛亥革命前,他为了维护同盟会的领导地位,处处维护孙、黄二人的地位,广州起义前后,更是唯黄兴马首是瞻。武昌起义后,他力排众议,极力拥戴黄兴任大元帅,支持由黄兴筹组中央临时政府。

的确,孙中山回国后,他是坚决主张由孙中山任临时大总统的,但这也是黄兴的态度。以孙中山对革命的贡献和在国内外的威望,这是众望所归的。沪军都督府在军事、财政、外交各个方面,均是全面支持南京政府的。

在这一个历史阶段中,因为孙中山长期在国外,应该说,自己主要是在黄兴的直接领导下工作的,黄兴器重自己,自己尊重黄兴,事业上志同道合,感情上亲如手足,从来也没有想过要取而代之。

但在宋教仁被刺以后,及"二次革命"时期,孙中山和黄兴在形势的分析、对策的制定上,产生了分歧,自己的所作所为,的确是从内心深处的是非标准出发的。自己先是支持黄兴的主张,在各种会议上都是开诚布公地说出来的。到东京后,经过对"二次革命"迅速失败的反复思考,总结经验教训,才充分认识到孙中山的武力讨袁方针是正确的。既然自己错了,那当然应该检讨自己的错误,改正自己的错误。

结果在组建中华革命党的问题上,自己支持孙中山,反对黄兴、规劝黄兴,也都是为了能够继续共同革命。这一切没有什么不对的。

经过病床上一个多月的思考,陈其美终于向前来看望他的孙中山,全盘托出了自己的认真思考。

孙中山很同意陈的思考,鼓励他给黄兴写信:"孙、黄不能分","分家革命损失大"。于是,陈其美在孙先生的鼓励下,开始拿起笔来给黄兴写信,倾诉自己的衷肠,换回黄兴的回头。

2 月 4 日,陈其美一气呵成,写出了给黄兴的信,这就是历史上著名的《致黄克强书》。

在这封长信中,陈言辞恳切,表达了一个老战友对黄先生的真挚情感。

陈在信中开始以很长的篇幅,罗列了黄兴在辛亥革命后至二次革命失败期间,"有负于中山先生"的五个方面,重申了革命党人服从孙中山的重要性,并劝黄兴服从孙中山的领导,共同肩负反袁的重任。信中说:

> 故中山先生于此欲相率同志,纳于轨物,以统一事权,非强制同志,尸厥官肢,尽失自由行动,美以为此后革命欲达目的,当重视中山先生主张,必如众星之拱北辰,而后星躔不乱其度数,必如江汉之宗茫茫东海,而后流派不至于纷歧。悬目的以为之赴,而视力乃不分,有指车以示之方,而航程得其向。不然,苟有党员,如吾人昔日之反对中山先生者,以反对于将来,则中山先生之政见,又将误于毫厘千里之差,一国三公之手。故遵守誓约,服从命令,美认为当然天职,而绝无疑义者,足下其许为同志而降心相从否耶?窃维美与足下共负大局、安危之责,实为我年患难之交,意见稍或差池,宗旨务求一贯。唯以情睽地隔,传闻不无异词;缓急进行,举行辄多误会;相析疑义,道故班荆,望足下之重来,有如望岁;迢迢水阔,怀人思长,嘤嘤鸟鸣,求友声切。务祈足下克日命驾言旋,共肩艰巨,岁寒松柏,至老弥坚,天丰云霞,索情独苦。阴霾四塞,相期携手同仇,沧海横流,端赖和衷共济。于乎,长蛇封豕,列强方逞荐食之谋,社鼠城狐,内贼愈肆穿墉之技,飘摇予室,绸缪不忘未雨之思,邪许同舟,慷慨击中流之楫。望风怀想,不尽依依,敬掬微忱,崦求指示,寒气尚重,诸维为国珍摄,言不罄意!

应该说这封信,言辞优美,态度真诚,以心交流。对此,仁者见仁,智者见智,莫衷一是。

大多数同志认为,这封信传递的是正面信息,也有少数同志则相反,认为这封信传递的是反面信息。

陈劭先说:"黄兴去美国后,他(指陈其美)写信给黄兴,不是诚恳地劝黄兴回来,却加以严词的诘责,同志们多认为过分,使孙、黄之间距离更远了。"

另据金绍先回忆,当时吴忠信对这封信也"不敢苟同"。他说:"陈其美任中华革命党总务部负责人,吴(忠信)和蒋介石、戴季陶等都在一处工作,这是吴、蒋共事之始。陈、蒋在孙、黄之间推波助澜,蓄意导向分裂,而吴则力主孙、黄合作。在黄兴游美期间,陈其美曾致书于黄,严词诘责,类似谩骂,吴曾表示'不敢苟同'。"

对此,近来也有学者指出,陈其美的这封信并没有推卸自己在"二次革命"中的错误,既批评了黄兴,也做了诚恳的自责,愿意共同承担责任,这是实事求是的态度。陈其美不是挑拨孙、黄关系,而是盼望他们"携手同仇"。至于陈其美信中认为黄兴和他自己有负孙中山、有负革命的诸多论述,并不全面,也不准确。还有学者指出,陈其美致黄兴函的主旨,是要黄兴以革命的最高利益为重,服从孙中山的领袖权威。

陈其美的目的是捍卫孙中山的权威地位。革命需要权威,但权威的建立是一个复杂的过程,它需要群众基础,需要有成功的实迹。而当时孙中山的路线策略在黄兴的心目中并无权威性,他反对孙中山从提倡民主自由转向权威主义。此时是黄兴和孙中山、陈其美在反袁策略上的重大分歧,一时还难以弥合。

黄兴一派的革命党人认为,中日"二十一条"交涉开始后,民族矛盾开始激化,他们主张"先国家而后政治,先政治而后党派"。2月25日,黄兴与陈炯明、柏文蔚、钮永建、李烈钧等联名发表通电,一面谴责袁世凯专制独裁;但同时他们也声明,他们不准备借用外力来反对袁世凯政府。通电指出:"至言假借外力,尤为荒诞。兴等固不肖,然亦安至国家大义蒙无所知。"

黄兴等人的通电,立即遭到在日本的中华革命党的激烈反对。东京《民国》杂志指责黄兴等人"投降"、"屈膝"。更有一批署名"铁汉"、"李直壮"、"尚气节"、"钟廉耻"、"史不屈"的"真革命党员"发表言辞激烈的反黄传单,对黄进行猛烈抨击,传单称:

黄克强君自癸丑失败，遁逃日本以后，即志灰气惰，谓民党不能更以武力从事，宜从政治活动以冀渐握政权。惬怯军人，热中政客，附和其说。熊希龄组织内阁之际，黄派日夜期望保皇妖党，得与袁贼抗衡，而已由居中斡旋，冀博彼党之欢，而分一杯之羹。《甲寅》杂志丑诋民党，贡媚熊、梁，实黄君之意旨，章（士钊）、胡（瑛）承其鼻息，迂谬之情，早为识者所窃笑。迨乎熊、梁失势，彼等且自悟袁贼之凶顽，而黄派昏迷，迄未知政治之绝望。……

3月间，孙中山见黄兴对陈其美之信置若罔闻，便写信给黄兴，坚持"弟终以为欲建设一完善民国，非有弟之志，非行弟之法不可。兄所见既异，不肯附从，以再图第三次之革命，则弟甚望兄能静养两年，俾弟一试吾法"。"此后彼此万不谈公事，但私交上兄实为我良友"。

黄兴复信表示："今先生于弟之不入会以满足许我，虽对前途为不幸，而于弟个人为幸已多……弟如有机会，当尽我责任为之，可断言与先生之进行决无妨碍。"

从此以后，直到1916年6月，两人才在上海相晤，冰消前嫌。

孙、黄分手，对革命事业是件非常遗憾的事。

在讨袁中，不论是中华革命党，还是黄兴起支配作用的欧洲研究会，都再也不能像同盟会那样起旗帜的作用。从建党学说上来看，两人虽都希望再造共和，但在不断受挫折、总结教训中，缺乏对造成失利的社会环境、历史条件的分析，也缺乏互谅互让的精神，太计较于个人的责任，造成僵局。

黄兴固然在革命受挫折的境遇下，一筹莫展，即使孙中山，在党的建设上，也无法解决纲领、路线、思想建设、组织建设的一系列问题，这是时代的、阶级的局限所致。

因此，孙、黄的分手，既不能过度苛求，也不能太注重个人的责任，谴责哪一方面都是片面的。

至于陈其美写给黄兴的信，不存在离间孙、黄关系问题。该信一以贯之的思想，是请黄兴谅解孙中山、服从孙中山、共同继续革命，其动机无可非议。显然,把孙、黄分手的责任归咎于陈其美是欠公正的。

从陈其美给黄兴的信及其实践考察说他早有取代黄兴的野心,也是难以成立的。中华革命党成立后,总理是孙中山,协理的位置,始终空着,虚位以待黄兴,大家力荐陈其美,但陈其美总是不愿担任。在给黄兴的信发了一年多后,陈其美就遭到暗害,终其一生,只任总务部长,说陈其美有野心,实缺乏足够的事实。

陈其美给黄兴的信,没有起到应起的作用,但陈毕竟这样做了,应该说这是积极的一面。也应该给以肯定。

其美回国义举

1915 年 2 月下旬的一天。

东京。横滨港。

陈其美已秘密登上了回国的邮轮东京号。

蒋介石亲自为长兄送行。

陈其美说:三弟,回去吧。

蒋介石说:这一别,不知什么时候才能相见。让我送到开船时。

陈其美说:这一别,真不知到了什么时间,兴许还是永别呢?

蒋介石说:不会的,我相信兄长会马到成功的。

陈其美说:借三弟的吉言。不过,我走后东京的事就由你来办了,同时还要注意孙先生的安全。

蒋介石说:我知道了。比起东京来,在上海你更要注意安全。袁世凯和郑汝成对上海的控制一天也没放松。

陈其美点点头。

这时传来了沉闷的汽笛声,要开船了。

再见了,横滨。

东京号慢慢地驶向了大海,大海扬波,为陈其美送行。

陈其美站在甲板上,一动不动地望着远方的故乡,他思绪万千……自从二次革命失败后,他和孙先生等一批革命者逃亡日本,他就没有再回过上海,掰手算起来,已有时日了。在这些时日里,他一刻也没有忘记上海的义举和光复,今天能得到孙先生的首肯,重回上海举义,他能不高兴吗?

大海发怒了,波浪像小山一样涌向东京号,轮船发抖,倾斜得厉害。不过,陈其美的思绪又回到了上海,那里的人和事。

应该说,中华革命党人在上海的斗争一刻也没有停止过。

8月18日,上海中华革命党派遣程壮等四五十人乘轮到江苏南通,准备起义讨袁,结果半路上被军警发觉,38人被捕。其中十余人遭到杀害,起义流产。

9月1日,革命党人王波等从上海赴镇江、扬州,准备伺机起义,结果又被淞沪警察厅厅长徐国梁派警在清江拘捕,解送南京"迅办"。

这一段时间里,主持上海中华革命党工作的是范鸿仙。

范鸿仙,名光启,别号孤鸿,安徽合肥人。1882年生,少时家贫,苦学不倦,文章典雅,著称乡里。时当甲午战争后,外患日亟,国势危如累卵,清政府黑暗腐败,人民苦不堪言,年轻的范鸿仙目睹时事,常常扼腕长叹,逐渐产生了反清革命思想。

1908年,范鸿仙来到上海,结识了陈其美、于右任、宋教仁等著名的革命党人,思想更加激进,并秘密加入了同盟会。

1909年5月,他协助于右任创办了著名的革命报纸《民呼日报》。

1909年8月14日,上海租界当局查封了《民呼日报》。于右任与范鸿仙不为所屈,一个多月后,又创办了《民吁日报》。

未久,《民吁日报》又被查封,他们于1910年10月11日又创办了影响更大的《民立报》。范鸿仙继续写作发表革命宣传文章,孙中山曾称赞他:"尔一支笔,可扫十万雄师矣!"

上海中部同盟会成立时,范鸿仙被推举为候补文事部长及安徽分部的主持人。他积极协助陈其美,千方百计扩大中部同盟会的影响。

宋教仁被刺后,袁世凯加紧向革命党人进攻,闲居中的范鸿仙重新挺身而出,参加"二次革命",亲自到安徽芜湖等地,发动武装讨袁斗争。

"二次革命"失败后,范鸿仙流亡日本,参加孙中山组建的中华革命党的活动,并于 1914 年夏奉孙中山、陈其美之命潜回上海领导反袁斗争。

范鸿仙返回上海一个多月,蒋介石从东北返回东京,陈其美又让他再返回上海,和范鸿仙一道主持上海革命活动。

1914 年 9 月 20 日凌晨,沉沉夜幕笼罩下的上海公共租界戈登路的一幢房子内,依然灯火通明。这里是中华革命党上海总部的秘密办公处。总部负责人范鸿仙正在灯下紧张地起草军书命令。他是那么全神贯注,仔细地推敲着一字一句,以致对窗外正向他逼近的危险一无所知。

白天,范鸿仙已与蒋介石等商讨过,要继续联络革命同志,争取与策动北洋军内部官兵做内应,攻打与占领袁军在上海的两个最坚固的堡垒:设在龙华的上海镇守使署与设在南京路的上海制造局。两处袁党都有重兵把守,尤其是上海制造局,有围堑数重,工事坚固,军械精良,当年陈其美连攻数次未下,使上海讨袁未能取胜。此役若是攻占上海,必须首先将它攻下。所以,范鸿仙反复修改着关于下一次上海起义的军事计划。

就在范鸿仙低头握笔沉思之时,他的办公室窗户突然被人猛地踢开了,只听“砰”的一声,从室外跳进几个蒙面凶徒来,乘范鸿仙惊讶的一刹那之间,手持短刀利刃,猛地刺进了范鸿仙的腹部与腰际,前后连戳七刀,范鸿仙血流如注,很快倒下了。凶手们在室内搜寻一遍,抢到了重要文书,临逃前犹恐范鸿仙不死,又掏枪向他的身上连开两枪,子弹直穿胸膛。

同志们赶到总部时,只见范鸿仙躺在血泊中,早已气绝身亡。当陈其美得知这个消息时,心痛得几天吃不下饭。

范鸿仙被刺,使陈其美在上海等地的反袁计划又一次流产。

陈其美是在感慨和回忆中到达上海港的。

回到上海后,当天他就召集中华革命党在上海的几位干部,缜密分析了当前形势。大家一致认为:当前的上海及东南亚地区是袁世凯防范革命党人活动的重点地区。袁不仅有重兵布置,而且有暗探。由于袁世凯防范严密,举义一时较难。

会后,陈其美立刻把上海会议情况电告孙中山,孙先生很快回电说:让他相机行事。

这时的陈其美,又仿佛回到了辛亥革命以前的状态,通过各种手段与敌展开斗争。所不同的是,以前的敌人是皇帝老儿,今天则是袁大总统。

要举义,宣传先行。陈其美开始创办了反袁的《五七报》,接着又组织了全国"铁光锐进社"。这是一个极为秘密的组织,后来曾策划过惊天动地的暗杀活动。该社社长由陈其美亲自担任,副社长为黄郛,财务部长为野江,军务部长为曾尚武,联合部长为凌铁安,暗杀部长为张孟介,文牍部长为伏云臣,庶务部长为李铁舟。

该社的宗旨是:"推翻袁贼实行暗杀,改组日支合并政体,达到完全共和民国之目的。"在吸收社员上,条件要求无论军、警、商、学各界帮会成员,需要社员五人以上介绍,方可入会。全社社员分成扰乱团和暗杀团,身为该社财务部部长的日本民党人士野江借款 50 万日元充当该社社务费。

扰乱团与暗杀团的分工十分明确:扰乱团团员一经确认地点,即授给秘密电本印证,带款前往目的地,联络退位军警及当地帮会骨干,并运动驻扎军队,乘机起事,所用物品由该社派人运送至目的地附近各小口岸,扰乱地点,北方五省先从山东和奉天入手,南方五省以南京为发难地,以便扼定长江流域。

暗杀团则分 10 组,每组 50 人。各设组长一人。督察团员记录各员功过,如团员一击成功,即由组长报告社长,转资财务部抚恤其家属。对于暗杀成功者,该社还规定分甲、乙、丙、丁、戊五等予以奖励:如杀甲等每名 3000 元,授官少将;乙等 2000 元,授官上校;丙等 1000 元,授官中校;丁等 500 元,授官少校;戊等 200 元,不授官。实行暗杀,以联络各机关亲信用人为入手办法,但必须镇定、秘密,如有见利忘义为人所用者,处以死刑。

铁光锐进社建立后,陈其美为加强其力量,决定派人找到王金发,让他来负责全社工作。

"二次革命"失败后,王金发因母亲有病,便滞留在上海。他一边照料母亲看病,一边继续利用租界作掩护,与袁世凯的势力进行斗争,与在日本的陈其美遥相呼应。

经过一年多的准备活动,王金发聚集了江苏、浙江一带的革命党人,准备于 1914 年 11 月 22 日在杭州起义。由于计划泄露，11 月 10 日，浙江都督朱瑞派兵洗劫了革命党人的秘密机关，有十多名骨干分子遇难。

此时，袁世凯以为自己的统治已经稳固下来，便进一步强化集权，以便为登上帝位扫清道路。因而，袁世凯不但和革命党人的矛盾进一步加深，和北洋派的一些将领们也出现了极大的矛盾。

听说陈其美又回到了上海，并派人找自己，王金发兴奋得一夜没睡着。第二天天没亮，就起程往上海赶了。陈其美见到王金发，禁不住感慨万千，想想这些年来，那么多的战友英勇牺牲，也有不少人当了可耻的叛徒，真让人感到悲哀和无奈。好在两位战友彼此都活着，还能够继续战斗，倒也令人感到欣慰。

王金发见了陈其美，就提出要在杭州发动一次起义。

陈其美不无忧虑地说："朱瑞那小子现在对袁世凯诚惶诚恐，杭州城把守得很严，怕不好动手吧？"

王金发说："没关系，浙军中有不少下级军官都是我以前的兄弟，他们会听我的。朱瑞在二次革命中虽未反袁，但表示保境息民，对革命党还是有感情的。毕竟我们当年一起战斗过，起事即便告败，他也会手下留情的。"显然他很自信。

陈其美说："既然这样，你先去杭州联络，我设法给你运一批武器过去。"

两天后，王金发带着姚勇忱来到杭州，以造房子为名，联络部署起义。

很快，朱瑞得知了王金发、姚勇忱来到杭州的消息，他马上派人请他们入都督府相见。

姚勇忱有些担心地说："我们还是不去为好。"

王金发说："怕什么？要杀我王金发，谅他朱瑞还没有那么大的胆子！"

应该说，王金发低估了朱瑞投袁的决心和卑鄙的程度。他不知道，朱瑞现在对袁世凯已经彻底臣服了。

王金发和姚勇忱来到都督府，朱瑞并没有接见他们，而是把他们软禁了起来。

此时,朱瑞正在给袁世凯发电报,请示如何处置王金发。袁世凯立即回电:"杀!"

就这样,义举还没进行,王金发已先他人而去了,这让陈其美不能不仰天长叹!

此后,陈其美很消沉,江浙活动半年,无有成果,倒换来战友的一个个牺牲,这使他一筹莫展,心情不爽。恰在此时,远在东京的孙先生来电催他回东京再作商议。陈其美接到电报后,百感交集,"如事不成,绝不再亡命日本"。孙中山认为:这样做冒险,又发电报,催陈动身。就这样,陈其美连夜回到了东京。

除掉郑汝成

东京。

1915 年的夏末。

孙中山的住所。

中华革命党部长会议正在紧张地进行着。

孙中山主持会议。

形势是制定政策的依据。会议再次分析研究了当前国内形势。原来革命党内一些持分歧意见、没加入中华革命党的同志,一时成立了欧洲事务研究会。后来随着认识渐趋一致,不久欧洲事务研究会自动解散,归入中华革命党,同时还有相当数量的日本朋友也加入了中华革命党的活动。三流合并,革命力量迅速壮大,最后决定成立讨袁中华革命军。令陈其美赴上海,成立中华革命军东南军部;令居正赴青岛,成立东北军部;令胡汉民赴广州,成立西南军部;令于右任赴陕西,成立西北军部;令夏重民、胡汉贤去加拿大,组织华侨讨袁敢死队,机关设在域多利埠新民国报社。还在加拿大阿尔伯塔省会埃德蒙顿成立军事社,训练队伍,报名参加的有五百多人,孙中山得力副官马湘就是在这时参加革命队伍的。

后来,华侨讨袁敢死队又奉孙中山电召,在团长夏重民的率领下,开往日本横滨。经过五个月的训练,调到山东潍县周村,归中华革命军东北军部指挥,准备进攻济南。至1915年冬末,中华革命党除部分党员在南洋筹饷外,多数党员已潜入国内各省组织中华革命军分部,进行联络策动工作,讨袁战火渐布全国各省,主要是南方。

革命党人在国内一些城市四处出击,举行暴动、暗杀,抑或策动兵变等,使袁世凯的地方军政爪牙如坐针毡,惶恐不安。1915年7月17日,大肆屠杀革命党人的广东将军龙济光在广州观音山被革命党人用炸弹炸伤了脚,另有卫队17人成了"断头鬼"。9月,革命党人多次向袁氏御用的《亚细亚报》上海分社投掷炸弹,其印刷和发行机构被炸毁。

再说陈其美,同年10月中旬,向孙中山辞行。陈其美向孙中山建议说:鉴于他上半年运动江浙义举时,因经费拮据而一事无成,所以想先偕胡汉民等前往南洋一带劝募,并兼办党务,待经费稍有着落后,再回东南策划行动。

孙先生思考一下:也好。你若要筹款,我再给你介绍几位朋友。说毕,又取出笔墨纸砚,当场写下了若干封信函。

10月下旬,陈其美离开东京,绕道上海小住,准备南下筹款。

此时此刻,上海的形势较两个月前已有根本性变化,袁世凯全盘接受日本的"二十一条",公开了他要当儿皇帝的嘴脸,上海各界反抗的情绪空前高涨,一触即发。上海的中华革命党人吴忠信对陈其美说:你来得正巧。万事皆毕头雁领,我们请陈君为头雁。周淡游也讲:我们迫切希望上海能有一个德高望重的人来领导革命。你的到来,正得其时。请你不要去南洋,钱已不成问题。

陈其美问:有人愿意出钱?

吴忠信说:有啊!我们正在接触。

陈其美见上海的同志热情高涨,便给孙中山发去一份电报,报告上海的情形。孙中山见了电报十分高兴,立刻复电陈其美,让他留在上海,南洋另委他人。在回电中,孙中山还委任陈其美为淞沪司令长官。

陈其美取消了南洋之行,仍在上海法租界霞飞路渔阳里五号设立总机关。刚刚安顿好,他就致电在日本的蒋介石、杨庶堪、丁仁杰、余祥辉等

"盼即回沪"，共同筹划起义大计。

时间悄悄进入 11 月，深秋的上海，充满了凉凉的秋意。渔阳里五号附近，却显得极其神秘。随着夜色的到来，通向寓所的几个道口暗处，都隐着一两个大汉，他们机警地辨认着有特征记号的过路行人，上前对答暗语，然后把他们引入寓所的边门。

会所里，灯光昏黄，坐着百把名青年人。几天前，他们分别接到铁光锐进社各部部长的通知，说是有特别任务需要完成，今天如约而至，一见如此庞大的阵势与神秘肃穆的气氛，心里明白，即将交代的任务非同一般。

"司令官到了！"有人喊了一句。

陈其美信步走到了一百多位革命志士中间，摆摆手请大家坐下，然后对身后管财务的野江说："马上给弟兄们一人发 100 块大洋。"

然后，陈其美作着战前动员："弟兄们，袁贼卖国求荣，要做日本国的儿皇帝，已答应了日本的二十一条！这是全体中国人不愿意看到的！杀身成仁的时刻到了！我陈其美是奉孙总理之命来主事的。怕死的，现在走还来得及！"

说完，他目扫一周。见没人说话，嘴上不由大叫一声："好！"

陈接着问：知道吗，明天是什么日子？

吴忠信回答：明天是 11 月 10 日。是日本大正天皇施行登基加冕典礼的日子。

陈其美说：对了，明天正是日本大正天皇施行登基加冕典礼的日子。我们得到确切消息，明天袁贼在上海的爪牙郑汝成要亲往日本驻沪领事馆祝贺，趁此机会，除掉郑贼。郑汝成，是此次上海讨袁战役的第一枪。为什么要除掉郑汝成？你们知道吗？

有人说：除掉郑汝成，这是因为控制上海和长江的关键在于海军。而海军则在袁世凯心腹干将上海镇守使郑汝成的统驭之下，凭借海军的力量控制了上海。二次革命中，郑就曾大力镇压革命军，深为革命党人所痛恨。除掉心腹之患郑汝成，既可以解决海军，也可以夺取上海，可谓一箭双雕。

陈其美拳头一挥:答得对！自从郑汝成坐镇上海滩后,已有一百多位著名的革命党人惨死在他的手下,他已成为上海义举中的最大障碍。同时,郑汝成又是袁世凯帝制活动的主要支持者,是袁的死党,不除天理难容！但是,要除掉郑贼,也没那么容易！这家伙平时防范森严,很少在公开场所露面,即使露面,也是保镖随身,前呼后拥,不易找到下手的机会。应该说郑汝成要前往日本总领事馆致贺,此乃天赐良机。

陈其美接着又问:我们要组成敢死队。有不怕死的吗?

下面哗啦啦百余人争相举了手。

举在前两名的是王晓峰和王明山。一个是东北大汉,一个是山东大汉。他俩表示:敢上天揽月,敢下洋捉鳖！

接着,陈其美又把大家引到一个大沙盘前,详细讲解了郑汝成要经过的地方。在郑汝成必经的要道上,要设立五道关卡狙击他。这五道关卡分别是十六铺、跑马厅、黄浦滩、海军码头、白渡桥。他提示白渡桥附近的礼查饭店,车辆途经此地,转弯慢行,正是下手的好地方。同时,依据车辆可能行走的路线,沿途又布置了 42 个狙击点,从外白渡桥至斜桥步步为营,而参加行动的一百多名好汉编成了 42 个行动小组,每组配备有炸弹和十响手枪,其中外白渡桥狙击点,由孙祥夫指挥。

最后,陈其美又再三叮嘱大家:郑贼出现时,通常穿海军上将大礼服,这个特征一定要记住。不过,他的座车行速较快,等到认清的时候,车子可能开到跟前,已来不及掏枪。遇到这种情况,就不莽撞,干脆放他过去,因为后面还有几十关,他不在这里送命,就在那里送命。万一大家都来不及掏枪而让他连闯 42 关,我也绝不怪罪同志们,我们还可以搞第二次。但是有一点必须强调,要么不开枪,要开枪就一定要把他打死,不然的话,打草惊蛇,今后就难以下手了。

任务分派完毕,弟兄们陆续离开了渔阳里五号。

11 月 10 日晨 5 时,天刚蒙蒙亮,42 个狙击小组全部到达了狙击点。有的把枪架在楼上,有的是在平房上,有的在树上。

时到 7 点。风和日丽。

指挥哨传来消息,郑汝成已经出动。从离昌庙镇守使署,乘小兵舰抵达虹口,再坐车去礼查饭店,预计时间不会太长,请大家做好狙击准备。

礼查饭店坐落在白渡桥西南,按当天郑汝成的行进路线,这里是第一个狙击点。担任指挥的孙祥夫,立在隐蔽处,睁大眼睛监视着。

10分钟后,但见一辆双马华车驶出了饭店大门,直冲白渡桥奔来,上面坐着位身穿高级礼服、面目酷似郑汝成的人,两旁镇守使的护卫环绕。这阵势,使孙祥夫意识到前行的绝不是真的郑汝成。想到这里,孙祥夫安下神来退回原处,让假郑汝成过去。

几分钟后,后面又开出来一部大汽车,孙祥夫定睛再瞧,汽车的前座有三个保镖,后面坐着两人,左面的那个戴着白羽金帽,全身披挂辉煌,下巴垂着胡须,威严中透着杀气。

这一下,孙祥夫看清了,是郑汝成。他果断地发出了狙击的命令。

此时,汽车一个左转弯,缓缓地爬上了白渡桥,王晓峰乘着车子减速的时机,扔出一枚炸弹,不料用力过猛,炸弹在坚实的桥面上弹了几下,落到车后才炸响,把大汽车的后轮炸飞了。

郑汝成是个久经沙场的骁将,反应相当灵敏,一把推开坐在右侧吓得半死的总务处长舒锦绣,顶开车门准备向外跑。

说时迟,那时快,王晓峰、王明山已经分别从桥下左右两边钻出来。王晓峰抢先一步跳上车沿,摁住郑汝成的身子,连击九枪,只听郑汝成嚎叫一声,就翻着白眼儿倒在车座上。

与此同时,王明山把郑汝成前面三个连枪还没掏出的卫士悉数击毙。他看了看横三竖四地挤着的尸体,冲着冒烟的枪管吹了口气,轻蔑地说:"真他妈的一窝屎包软蛋。"

这时,白渡桥的另一面,一部电车正"叮叮当当"地驶来,驾驶员见桥上发生命案,立刻刹住车。随后,车厢里跳下来两个外国巡捕,吹着警哨向王晓峰、王明山冲来。

王晓峰、王明山背靠着汽车,神色坦然,他们等巡捕逼近了,举起手枪朝天放了两枪,巡捕吓得转身跑了回去。[①]

本可从容逃脱,但他二人却对郑汝成验证身份后,见刺郑目的达到,便放声大笑,并在桥头演讲一阵,随后从容被捕。

在法庭上,二位勇士侃侃而谈:郑汝成辅袁世凯反叛民国,余等为除贼,使天下知吾人讨贼之义,且知民贼之不可为。

法官再三盘问谁是主谋者?

二勇士坚不吐实,只是自豪地说:吾为祖国除一大害,立一大功,虽死无憾!

在刑场上,他们面对敌人的枪口,高喊共和万岁,从容就义。

郑汝成被枪杀,给京都正在做着皇帝梦的袁世凯以很大的震撼。他在极度惊怕之余,忙派平庸怯懦的杨善德继任上海镇守使。

孙中山为之振奋不已,他高度评价此事件说:"此等气魄,真是令人生敬,沪去此贼,事大可为。"

肇和军舰起义始末

擒贼擒首。郑汝成被除,海内外的革命者无不拍手称快。他们纷纷致电陈其美,趁热打铁,光复大上海。只要上海光复成功,他们都会揭竿而起,纷纷效仿。这给陈其美很大的激励。

再说,郑汝成被除的消息在上海传开,当夜上海滩不少地方就燃放起了鞭炮,以示庆贺。再加上北京的袁世凯要做日本的儿皇帝,黄袍即将加身,国人已对他的嘴脸看透,革命就像火星一样放出光芒,将要燃起熊熊大火。

形势逼人,形势催人。

然而,陈其美并没有陶醉在郑汝成被除的欢快中,他与在上海的革命

---

① 白希著:《上海第一都督陈其美》,金城出版社 1997 年版,第 650 页。

党人认真分析研究了形势,决定兵分三路,分头准备。一路去购置武器,挑选党员,组织训练基本队伍;一路去运动袁世凯的海军,争取他们起义;还有一路运动袁世凯的陆军部队,争取策应。

经过一个月的精细努力,驻闸北的袁军觉悟提高,内有数人加入了中华革命党;龙华方面的驻军中也有一小部分人加入了革命党。特别是海军肇和舰舰长黄鸣球、练习生陈可钧也被陈其美的革命精神所感动,倾向革命,同意参加起义。

在一天夜里,大家一致商定,起义定于12月中旬举行,三发绿色信号弹为号。规定"舰队先行,炮队营为副,同时并举"。

然而,一个意外情况发生了。原来,革命党人在运动上海军警时,不慎走漏了风声。袁世凯得到密电后,立即下令,采取隔离措施,将所有有嫌疑的陆军一部分调往北方,一部分就地解散,并令有嫌疑的军舰停止出海活动。

12月1日,海军司令萨镇冰,以有要事相商,传令召见肇和舰舰长黄鸣球,警告黄鸣球不可轻举妄动。他还把与革命党有联系的陆军调离原地,让他们驻扎到长江以北。12月3日,萨镇冰又以"检阅"海军为名,下令驻沪的肇和等军舰6日开赴广东,另有任务。

这突如其来的变化,打乱了陈其美的阵脚。

陈其美心急如焚。肇和、应瑞、通济等军舰,都是海军的精华,革命党人的势力多少都渗入了其中,一旦举义,外攻内应,这些舰定然会全被革命党夺得。那时再用舰炮威力来威慑陆军,陆军即使不投降,也会被击溃。而军舰若开往广州,上海起义必将困难倍增。

不少革命党人找到陈其美,对他说:"我党联络肇和之成绩,为各舰之冠。一旦肇和开去,则将来发动尤难。"

陈其美问:"你们说怎么办?"

"提前发动,提前起义。"

陈其美大喝一声好,想了想说:就定在12月5日,提前举行起义。

此后,陈其美召来蒋介石、杨虎、吴忠信等人商讨,蒋介石等都赞成提前举行起义。结果大家商定,决定在各舰长公宴萨镇冰的12月5日午后

4 时发动起义。

陈其美为这次行动制定的目标为："袭击海军,后即攻制造局,再取吴淞要塞,然后图浙攻宁,以为东南之根据。"

这次起义报请孙中山批准,由陈其美任淞沪司令长官,统率一切;蒋介石作为他的副手,具体负责拟定作战计划;黄鸣球为海军总司令,肇和舰为海军总司令部;杨虎为海军陆战队司令,孙祥夫为副司令,吴忠信为参谋长;渔阳里五号为起义总指挥部。

蒋介石根据陈其美的口述,很快拿出一份具体的作战计划:

一、海军以肇和舰为司令部。杨虎率其部三十余名,由黄浦乘小汽艇袭取肇和舰,夺取后即开炮猛轰江南制造局;孙祥夫率其部三十余名,由杨浦乘小汽艇分别占领应瑞、通济二舰,策应肇和舰。

二、江南制造局及上海城内各方面革命党人策反成熟的军警,一旦听到军舰发炮,立即响应。

三、夏尔峙负责城内各城门举火响应的任务。

四、薄子明等率领山东部分革命党人二百余名攻击警察总局。

五、阚钧、沈侠民、朱霞、谭斌等攻击电话局和电灯厂。

六、陆学文等进攻警察第一区和工程总局。

七、姜汇清、曹叔实、杨静波、余建光等联络闸北方面军警响应。

八、杨庶堪、邵元冲、周淡游等留守环龙路渔阳里五号总司令部,并办理后勤事务。

12 月 5 日下午,各路革命军依照自己的任务,各自进入自己的位置。

3 时,信号弹升起。

杨虎率其部三十余名,全副武装,由黄浦乘小汽艇直驶肇和舰,20 分钟后,靠近肇和舰,舰上的陈可钧等人立即呼应,悄无声息地放下软梯,把杨虎部全部接上肇和舰。接着,在陈可钧的指引下,鬼使神差地夺取了肇和舰的各个重要位置。

几乎在杨虎率其部占领肇和舰的同时,孙祥夫率其部三十余名陆战队员,也准时乘小汽艇到达杨浦码头。但他们雇佣的小汽艇却没有靠岸,因为这些小汽艇,都是黑艇,没有注册。再加上是个星期天,海关不办公。孙祥夫好话说尽,就是不让小汽艇靠岸,计划流产。然后他派人向陈其美报告,另图他策。结果使肇和舰陷入了孤立无援的困境。

再说杨虎占领肇和舰后,当即宣布中华革命党的讨袁宗旨及起义目的,舰上官兵一致响应。6时许,杨虎命令舰向上海江南制造局开炮猛轰,起义行动正式开始。一发发炮弹呼啸而去,江南制造局顿时浓烟升起……

随着大炮的发言,藏于租界里的数百名革命党人闻风而动,争先恐后,按照原定计划,兵分数路,向预定目标进发。

朱霞、谭斌带领本部人马,抢先冲进了电话局,守局的警察刚要鸣枪,立即被人击倒;另一人也要反抗,早有人扼住了他的咽喉;其他三人乘巧地交出了枪。电话局被义军占领。朱霞、谭斌二人正要打电话向陈其美报告,外面响起了激烈的枪声。原来,他们刚冲进电话局,局长就打电话向淞沪镇守杨善德作了报告。此时外面的大队敌兵正是杨善德派来的一个营。

义军手里只有手枪和少量炸弹,敌人的机关枪响了,很快压得他们喘不过气来。朱霞、谭斌只好带人从后门退出。

薄子明更加勇敢,亲率200名弟兄,潜伏于警察局附近的隐蔽地,闻听炮声响起,即向警察局发起了进攻。一次次进攻,一次次被打退,伤亡惨重。关键是敌人早有防备,抢占了有利位置。

奶奶的,我和你们拼了! 薄子明急了,抽出短刀,再次指挥冲锋,不料敌人一枪打来,击落了他手中的短刀。弟兄们劝说:再冲是要送死的。于是他们不得不撤退下来。

陆学文率领的数十名革命党人,手持炸弹、手枪,向淞沪警察第一署及工程总局猛攻猛打,打算夺得军械,占据局署,设置起义前线指挥部。当他们猛攻猛打到警察署大门时,被挡了下来。

炸毁它!陆学文大喊一声。"轰隆"一声,警察署大门被炸了一个大洞。

顷刻间，手枪齐鸣，他们向顽抗的警察射击。警察抵挡不住，全体溃散。革命党人攻入警察署，缴获了一批枪支弹药。次日拂晓时分，政府军展开反扑，经过激战后，革命党人死伤过半，损失惨重，不得不撤出阵地。

由姜汇清、曹淑实率领的四五十人，于夜半时分发起攻击，炸弹飞向闸北四区警察二分署，映红了夜空。当两军相接时，革命党人开枪击伤两名警察后，也因实力悬殊而失败了。

杨虎在肇和舰发炮时，驻守江南制造局的北洋军很快打出白旗，表示投降。杨虎便命令停止轰击。此时，制造局中赞成革命的士兵正要准备响应，忽然听到炮声停止，以为起义已经失败，便不敢轻举妄动。攻击制造局的行动也未成功。

革命党人数路并起，初看声势似乎颇大。但实际上，革命党人不仅缺枪少弹，而且其中多系临时组织起来的会党分子，战斗力很差。淞沪护军使杨善德、上海防守司令何丰林凭借雄厚兵力，一面调兵遣将组织反攻，一面下令全市戒严，派兵把守各处关卡要隘，并会同租界当局加强巡守。

在政府军的反扑下，各路革命党人均因寡不敌众而迅速溃败。夺取制造局的计划也终于落空。

这时，在渔阳里五号总机关坐镇指挥的陈其美，闻肇和舰炮声一响，即率领吴忠信、蒋介石、丁景良、周应时等冒险赶赴华界，准备就近指挥一切。但走到半路上，即传来各路起义军相继失利的消息，陈其美等人急忙赶回总部，商议再取应瑞、通济两舰计划及布置各路重新反攻计划。正在计议之中，忽有法租界巡捕房侦探及巡捕十余人破门而入，当即逮捕了在楼下望风的陈果夫、丁景良二人。陈其美、吴忠信、杨庶堪等人听到楼下骚动，迅速登上了屋顶逃脱。后转移至蒋介石的寓所——新民里十一号，隐蔽了起来，计划天亮后雇佣小船登上肇和舰，固守肇和舰，继续战斗。

由于革命党的指挥机关遭到破坏，联络中断，陆上再组织进攻的计划无从实现了。各路起义军失败后，只剩下了肇和舰在孤军作战。

在肇和舰起义时，即向应瑞、通济两舰发出信号，问其是否同意起义。两舰皆发回信号，称"正在会议，当可赞同，请勿攻击"。肇和舰得此信息后，便以为制造局为义军占领，静心等待两舰的响应。

直到凌晨,他们等到的不是两舰的响应,而是大炮声隆隆,炮弹向肇和舰飞来。这令杨虎猝不及防。忽然,一发炮弹飞来,一声巨响,舰上的汽炉中弹引爆了,十几名战士被炸死在甲板上,血迹斑斑……

原来是夜半1时,杨善德、萨镇冰与海军总司令李鼎新等人直到江南制造局,商议对付肇和舰的办法。经请示袁世凯后,决定击沉肇和舰。并从交通银行取现款20万银元,由萨镇冰亲自送到应瑞、通济二舰上,收买这两艘军舰向肇和舰开炮,并许诺在事成之后,加封100万元犒赏费。当贿款运到后,应瑞、通济二舰上的气氛顿时改变,一些原来已答应参加起义的官兵在得到厚贿后,又垂涎于今后的高官厚禄,纷纷改变主意,转而攻击肇和舰。两舰上的革命党人虽然竭力阻拦,但经不起金钱利诱的官兵占了多数,革命党人也就无能为力了。

6日拂晓4时许,肇和舰在毫无思想准备的情况下急忙发炮还击。但慌乱之下,多数炮弹均未能击中敌舰,而肇和舰上指挥的杨虎原打算将舰开出吴淞口,以避打击,但革命党人又不懂驾驶,无法开船,只能据守肇和舰应战到底,杨虎在败局已定的情况下,不得不下令弃舰撤退。杨虎等凫水脱险,陈可钧等数十人因伤势严重,无法行动,被政府军捕获,后来全被杀害。

肇和舰起义,从开始到结束,前后不满12小时,革命党人被捕四十余人,伤七十余人。陈其美后来总结说,"财力不足"是肇和舰起义失败的主要原因。据说,这次起义从酝酿到事后的抚恤,革命党人仅用了4万元,而袁世凯仅收买应瑞、通济两舰却花了20万元,两者相差悬殊。

肇和舰起义虽然失败了,但其影响仍然是相当大的,极大地震撼了中国。

袁世凯如坐针毡,被迫取消帝制

肇和舰起义虽然失败了,但它以无可辩驳的事实戳穿了袁世凯及其拥护者们所谓帝制运动出于真正民意的谎言,给帝制活动以当头一棒。

孙中山高度评价说:"肇和一役,事虽未集,然挽回民气,使由静而动,实为西南义军之先导。"复辟帝制丧尽民心,袁世凯把自己送上了绝路。

12月,孙中山发表《讨袁宣言》,痛斥袁世凯的种种罪行:

"今袁背弃前盟,暴行帝制,解散自治会,而闾阎无安民矣;解散国会,而国家无正论矣;滥用公款,谋杀人才,而陷国家于危险之地位矣;假名党狱而良懦多无辜矣。有此四者,国无不亡,国亡则民奴。……既忘共和,即称民贼。"表示"誓死戮此民贼,以拯救吾民",号召"爱国之豪杰共图之"。革命党人以武装起义反击袁氏的倒行逆施,在这一时期革命党人组织的起义中,首推云南最为成功。

12月17日,前江西都督李烈钧偕同熊克武、方声涛、但懋辛等,奉中山先生命令,潜抵昆明,策动起兵讨袁。在此以前,孙中山已派李华英从东京前往北京与蔡锷联系,动员蔡锷南下反袁;同时,孙中山又通过革命党人张孝准以老同学身份与蔡锷联系,希望他到东京共商讨袁大计。蔡锷于1915年11月11日乔装打扮到前门车站上车到天津,一周后偕同老同学张孝准乘日轮"山东丸"到达东京。从东京经香港、河内顺利到达昆明,会同李烈钧、唐继尧等发动讨袁起义。

云南,天高皇帝远。袁世凯鞭长莫及。

23日,蔡、李、唐高举义旗,发表讨袁声明:要求袁取消帝制,严惩祸首,限其24小时内予以答复。

25日,云南义军通电全国,宣布云南独立,唐继尧为护国军政府都督,兴师讨袁。

26日,云南组织护国军。任命蔡锷为第一军总司令,罗佩金为参谋长。下辖三团六个支队,需要说明的是第三支队司令就是朱德同志。讨伐路线为出四川入武汉;任命李烈钧为第二军总司令,何国钧为参谋长。讨伐路线为经广西、广东,取道湖南、江西至武汉;会师后,再分兵向北挺进;唐继尧兼任第三军总司令,担任留守,负责粮饷供给及后勤工作。

1916年元旦,欢乐的节日,欢乐的气氛。

北京城里袁世凯欲穿黄袍之时,云南却是讨袁声声。昆明校场,彩旗猎猎,军歌嘹亮,一、二、三军,六千余人会合在这里高呼:"打倒卖国贼袁世凯!""拥护民主共和!"整个昆明市沸腾了。随着总司令的命令,队伍浩浩荡荡开往前线。

北京城里正在做皇帝梦的袁世凯,见美梦难以成真,急忙调兵遣将。命令曹锟、张敬尧部三个师取道重庆进趋泸州,另遣四个师入黔,又电令伍祥祯旅和川军刘存厚的第二师布防川南,派龙觐光率军由粤入桂夹击滇南,妄图以优势兵力,迅速扑灭护国军。

1月28日,第三次革命的炮声响起,袁军开始反攻,双方战于杀场。激战第四天,袁军腹背受敌,顿时陷于混乱,争相奔逃,死者无计其数。袁军第一次夺取叙府的企图被挫败。

31日,冯玉祥的混成旅从南溪反扑过来,与护国军一营在白沙场遭遇,被打得落荒而逃。袁军第二次夺取叙府的企图又告失败。时隔不久,袁军又从犍为和屏山两路进攻,护国军先将巡防军一路乌合之众驱逐远遁,继之集中兵力迎击另一路来犯之敌。经过牛石坪一场激战,敌人又被击溃。从1月末到2月底,整整一个月,袁军四路夺取叙府的企图被全部粉碎。

东路第二梯团到达贵州毕节后转向北进,于2月1日占领四川纳溪。袁军方面的防守部队,是川军刘存厚师和张敬尧的援川军先遣队,刘存厚师辖有雷飙和熊祥生两旅。刘、雷二人同蔡锷关系非常密切,云南宣布独立前夕,蔡曾分别致电雷、刘,将起义讨袁和军事计划先行告知,请其速做准备。护国军进抵纳溪后,刘遂于当日宣布独立,改称护国军四川总司令,率雷旅向附袁的熊祥生旅进攻,占领益田坝、月亮岩,与泸州隔江对峙。2月6日,护国军一度攻占泸州战略要地五峰顶后又被迫退出。不久,张敬尧的第七师全部赶到泸州,护国军方面赵又新、罗佩金和顾品珍率部亦先后到达纳溪。战争至此发生转机,袁军始终未能突破护国军防线。朱德支队在战斗中担负的任务最为艰巨,对于巩固护国军阵地起了重要作用。后来曹锟的第三师和李长泰的第八师分别到达重庆、合江两地,蔡锷即亲临前线指挥。双方鏖战多日,袁世凯虽然特封熊祥生二等男爵,李炳之、吴佩孚三等男爵,进行打气,亦未能稍扭战局。战事陷入相持状态。通过历次战役,张敬尧的第七师伤亡枕藉,由入川时的9000人减少到5000人。吴佩孚旅被杀得尸横遍野,伏居战壕,不敢越雷池一步。新到的第八师也闻风丧胆。

护国军中多数军官原是革命党人,48名将领中就有27人是同盟会员、国民党员或中华革命党员。他们把孙中山奉为领袖,曾为创造共和国而战斗过。在护国战争中,他们身先士卒英勇作战。护国军在人民武装力量的配合下,同时,又从贵州都督刘显世处得到5万元军饷的支援,3月下旬,势如破竹地攻占了江安、南川、纳溪、彭水、綦江等县,北洋军全线崩溃,护国战争取得了重大胜利。

与护国军进军的同时,革命党人在其他地方也广泛开展起武装反袁斗争。1月6日,广东中华革命军在淡水等地起义,进攻惠州,占领平山。2月18日,居正、许崇智率领中华革命军东北军在山东起义,一周内连克乐昌、高密、益都、安丘、昌邑和寿光六座县城。2月9日,朱执信率部进攻广州。18日,蔡济民等在武昌南湖策动军队起义。2月21日,杨王鹏率领百余人在长沙分途袭击将军府和警察署。这些起义虽然有的被镇压下去,但它表明反袁斗争的范围在迅猛地扩展着。

袁军在川南、湘西的败北,革命党人在其他地方的突起,争取日本的失败,再加上五国又提出口头警告,日本在满洲一带策动宗社党起事,迫使袁世凯不得不把帝制活动暂时延缓下来。2月23日,他装出一副悲天悯人的样子宣布:"现值滇、黔倡乱,惊扰闾阎,湘西、川南一带,因寇至而荡析离居者,耳不忍闻,痛念吾民,难安寝馈。加以奸人造言,无奇不有。以予救民救国之初心,转资争利争权之借口,遽正大位何以自安? 予意已决,必须从缓。凡我爱国之官吏士庶,当能相谅。此后凡有吁请早正大位各文电,艾不许呈递,将此通谕知之。"接着又通知各国公使宣称云南事未平以前,绝不登基。

袁世凯妄想恢复帝制的倒行逆施,不但激起了全国人民的强烈反对,而且连他的心腹亲信,也开始众叛亲离。1915年9月,黎元洪请辞副总统、参政院长职,迁居东厂胡同,不再到公府议事,同时还提出请求,撤销其武义亲王的爵称。10月,徐世昌请辞国务卿职,也迁出官邸,搬到了蝴蝶胡同。12月,参政梁启超溜到上海,教育总长汤化龙、参政熊希龄、总检察长罗文干等也纷纷要求辞职或请假出京。在新皇帝登基前,出现了一个政府官员辞职的风潮。1916 年 3 月中旬,江苏将军冯国璋、江西将军李纯、山东将军靳云鹏、浙江将军朱瑞、湖南将军汤芗铭五人准备联名要求袁世凯取消帝制的电文,于 3 月 19 日落在袁世凯手中,虽被袁扣压未发表,但这对他无异于当头一棒。在云南、贵州、广西、广东、浙江、陕西宣布独立之后,一度热衷怂恿袁世凯称帝的四川将军陈宧、湖南将军汤芗铭也先后宣布了独立。

此时,全国反袁的呼声不绝于耳,各地纷纷发表宣言、通电、声明,反对袁世凯继续当总统,并要求对他惩办。有以"19 省公民"名义发表宣言的,指出:"袁逆不死,大祸不止","捕杀此獠,以绝乱种"。有的在声明中说:"袁已构成谋判之罪,丧失总统资格",要他"静待国民组织特别法庭听受裁判"。

袁世凯眼看大势不好,于 3 月 22 日发表声明,宣布取消帝制,妄想保住总统的地位。接着,他忧虑成疾,卧床不起。从改元洪宪到废止洪宪年号,前后 83 天。他当了 83 天的闭门天子,登基大典尚未举行,"圣旨"不出宫门,就被全国人民从君主的宝座上赶了下来。

至此,孙中山领导的第三次革命,算是结束。

第十五章　为国捐躯

｜　不畏失败的人

肇和舰起义失败了，不少人灰心了，有的人甚至还投敌了，面对着敌人暗杀的风险，陈其美不因失败而后退半步。

一天，临出门时，妻子姚文英不无担心地说：别出门了，街上多有暗哨。

陈其美说：我怕什么？与那些为国捐躯的烈士相比，我是活一天多赚了一天。应该说我是幸运儿。

姚文英说：不许你这样说！你死了倒好，让我们孤儿寡母的怎么活？

陈其美说：我只是这样说说而已，让你流泪了。其实我心里还有数的。

姚文英揩了揩眼泪说：昨天我就亲眼看到了暗探，在我们家的院外转，我好害怕啊！

陈其美说：不要紧的。我去邮局给中山先生发一电报就回。

姚文英说：那你早去早回。

陈其美说：好的。

望着丈夫的背影，妻子姚文英摇了摇头，显得无可奈何。

陈其美从邮局回来时，又碰到侄儿陈果夫来家。

陈果夫一脸沮丧，陈其美问：肇和舰起义失败，你还停留在悲痛中，这可不行！此役失败，不足畏也。改过再图必有成功之一日，唯志不可颓。志颓则永无成，吾辈今后仍当积极进行，成功不过时间问题耳。你看我已投入了新的战斗。这不，孙先生又从东京来电了，电中说"此后我党当力图万全而动，务期一动即握重要之势力"。根据孙先生的指示，我和周应时(中华革命党江苏司令)商议,决定在江苏起兵讨袁!

陈果夫说:那好啊,我也参加。

……

1916 年 1 月 7 日,陈其美与周应时发布命令,定于次日镇江、常州、无锡同时起义。

起义的前夜是非常平静的。

突然一声枪响,打破了黎明前的寂静。镇江等地数处秘密机关遭到了破坏,十余名革命党人被五花大绑,推向了斩首台。几乎同时,常州、无锡也遭到了搜查,起义计划相继流产。

陈果夫再次为失败而扼腕长叹时,陈其美再次打气说:失败是成功之母,总结经验,以利再战。

1916 年 2 月 22 日,为了统一指挥中华革命党的讨袁斗争,孙中山任命陈其美为江、浙、皖、赣四省总司令,次日又令陈其美就近接洽湘、鄂等省讨袁事宜。

不久,孙中山还委陈其美兼任江苏司令长官。

在海外的孙中山也斗志高昂,护国战争发动后,孙中山迫切希望陈其美在以上海为中心的东南地区打开局面,以掌握反袁革命的主动权和斗争方向。因此,孙中山对陈其美寄予了极大的希望,期望他重演辛亥革命时先取上海,依次取东南的旧剧。孙中山还希望陈其美与王统一合作,分别策动上海的陆军和海军起义。他在致陈其美的电报中说:"沪能得手,则万事皆就,望勉图之。"

3 月 12 日,孙中山将募捐得来的款项大部分寄给了在上海活动的陈其美。孙中山附电文说:此汇款 20 万元,作为江浙革命活动及运动第二舰队反正的费用。

3 月 16 日,孙中山又汇给陈其美 21 万元,说明其中 1 万元给在湖北活动的田桐。

在这期间,孙中山一日三电,催促陈其美及早发动。特别是到了 3 月下旬,孙中山突然得到一则情报,称袁世凯的政治顾问莫理循向袁献策,让袁暂退,由黎元洪出而代之,俟第一次世界大战结束,袁再借英国的力量复出。孙中山获悉后,再次督促陈其美:"时不我待,沪事当发于袁退之前。"

尽管孙中山一日三电,但陈其美与王统一策动上海海陆军起义的工作却始终未能有力地进行。陈其美想效辛亥故事,与李平书等上海资产阶级巨头联合在上海发动起义,但遭到李平书的委婉拒绝。

李平书回忆说:"余鉴于癸丑之役,极力劝阻。况三月底为南北钱业归账之期,一旦起事,地方不免纷扰,关系市面金融,于饷源亦大有妨碍。"

陈其美说:以前我们起义愁的是无钱进账,无米下锅,现在,钱米有了,还有孙先生的鼓励,却不能举事,真乃无颜面回电孙先生。

孙中山见陈其美迟迟不见行动,也急,3月31日再次致电陈其美,甚至有些责备之意:"帝制取消,军心益振,而沪反因之观望,恐前联络之人皆多不实,故托此为辞,欲再得款耳。望兄详察,勿受其欺。"

五天后的4月4日,孙中山再致电陈其美,接连几日,孙中山又一再致电陈其美,促其"相机而动","切勿错过"时机。

4月8日,孙中山又电汇陈其美11万元,并告以"切望佳音,行当率同志齐来"。

应该说,孙中山急切盼望中华革命党在护国战争中能有所作为。而此时的陈其美,心里也十分着急,但他缺兵少将,只能把希望寄托在拿钱收买政府军的反水上。应该说,陈其美作为资产阶级革命家也只能如此。

4月中旬,正当陈其美在上海一筹莫展的时候,柳暗花明,江阴传来喜讯。当时驻江阴的部队是第七十五混成旅。杨虎、尤民等人抵达江阴后,对部队策反相当顺利,举义旗反袁。

4月16日,江阴驻军宣布独立。第七十五混成旅旅长方更生出逃,杨虎宣布就任司令官。

4月23日凌晨,起义军攻打无锡,遭到了卢永祥、朱熙等部优势兵力的阻击,起义军寡不敌众,牺牲较大,不得不退出阵地。

4月26日,敌人攻下江阴,尤民遇难,杨虎翻墙潜逃,起义归于失败。

其时,孙中山并不知道江阴的失败,于4月27日,他偕廖仲恺、戴季陶等由日本东京启程回国。

临行的前一天,孙中山致电陈其美,称"若沪、浙能入吾党范围,则大局可定矣"。务必让陈其美再努力一把,胜利在望。

陈其美遵照孙中山的指示,于 4 月派中华革命军司令官夏尔屿赴杭州,试图掌握浙江局势。但浙江独立后,实权仍落入了浙江军界实力人物吕公望、童保暄、夏超等人手中。5 月 1 日,夏尔屿在杭州为吕公望等人杀害。陈其美的图浙计划也宣告失败。

然而,陈其美并不甘心失败。5 月 5 日,他又派遣数十名革命党人分乘汽船数艘,由上海驶抵吴淞口企图袭击"策电"舰,因火力不足而失败。姜永清、杜鹤麟等二十余名革命党人被杀。

面对失败的现实,陈其美作为中华革命党在东南地区的最高领导人,以不屈不挠的精神,始终坚持讨袁斗争。这惹恼了袁世凯。袁世凯对其恨之入骨,必欲去之而后快。据《民国日报》报道,袁世凯政府在上海租界及闸北设立了暗杀机关,专门对付陈其美及中华革命党人。中华革命党的重要干部范鸿仙、夏之麒、张志刚等先后被袁世凯派出的密探刺杀身亡。陈其美更是他们要刺杀的首要目标。

陈果夫在回忆录中说:

> 五年五月十六日,即叔殉国前两日,予往渔阳里叔寓所,未遇,乃步行至萨坡赛路十四号,道经蒲石路白尔部路转角,见三方面均有数人,共约十余人,内有一人急急询问另一个曰:"是不是?"答曰:"是戴眼镜的。"其余各人均特另注视予面,予心顿起疑意。既至十四号,仍不见叔。转至亲民里十一号蒋介石先生寓,始遇之。见其形容甚枯槁,精神委顿。盖此数日中办事不顺手,经济又困难,各方接洽事务至繁忙,致睡眠休息时不足,而有此现象也。旋有数友至,乃相与言治胃病之法,予以所闻之良法进言,叔答曰:"我病不可治也。"言时似甚伤痛。在座诸同志亦为之不欢,嗣叔命予与丁景梁先生接洽某事,遂辞出。竟忘将在路角所遇之事告知。十八以后,始知凶手已在附

近守候多日矣。[1]

应该说,袁世凯的密探加害陈其美的企图已是公开的秘密。然而陈其美并没有认识到危险性。

在上海积极组织讨袁活动,引起袁世凯及其爪牙的刻骨仇恨,于是,一场暗杀陈其美的阴谋开始了。其实,从"宋案"以来,袁世凯一直不断派人跟踪陈其美,前后共派了六七批人。陈其美的弟弟陈其采,接到北京一个朋友的来信,说袁世凯忌恨陈其美比忌恨孙中山、黄兴还要厉害。嘱托陈其采赶紧转告陈其美,行动务必十分秘密谨慎。恰在这时,陈其美办事极不顺利,经济也越来越困难,各方面的事情又十分繁忙,日夜难以休息,心情极不好,身体也越来越坏,形容枯槁,疲惫不堪。当他看到革命事业面临严重困难,各地护国运动蜂起,而上海的反袁斗争进展缓慢,心里十分焦急,他决心不惜冒一切风险也要搞到发动起义的一笔经费。这就使刺客们有了可乘之机。

土匪出身的张宗昌,原是陈其美的部下,后倒戈投靠冯国璋的门下。此人了解到陈其美的困境后,忙收买会党分子程子安,策划暗杀陈其美……

| 陈其美中弹身亡,蒋介石舍命收尸

眼看袁世凯要的大限时间就到了,陈其美还没有除掉,张宗昌如同热锅上的蚂蚁,急得团团转。正在他火急火燎的时候,袁世凯派的人赶了过来。此人不是别人,正是袁世凯的小叔袁继良。

袁继良询问陈其美的事做得怎么样。

张宗昌不得不说出实话来:此事还没有完成。我要亲自出马,不然完不成任务,对不起总统。

---

[1] 何仲箫编:《陈英士先生纪念全集》(一),(台湾)文海出版社1970年版,第181—182页。

袁继良笑说：不必张兄亲自出马了，大总统自有锦囊妙计，我就是为此而来的。

原来中华革命党有个小头目叫李海秋的，是陈其美的好朋友。最近，他在北京被捕，重刑之下，供出了中华革命党的不少机密。袁世凯得知，灵机一动，计上心头：张宗昌行刺陈其美到现在还没有成功，何不命令这个李海秋前去协助？陈其美还不知道李海秋被捕叛变，正可以利用李的关系下手。于是，袁世凯立刻叫袁继良带着李海秋赶来上海，交给张宗昌指挥。张宗昌一听，喜出望外。在袁继良的安排下，张宗昌与李海秋见了面。

席间，张宗昌问道："依你的意思，怎样才能干掉陈其美？"

李海秋道："此事说难也不难，只要对症下药就行。据兄弟所知，陈其美最近正在为党内经费短缺发愁，我们不妨在这上面动动脑筋，就说有一个煤矿公司，准备向日本人抵押贷款，苦于没人介绍，如果谁能介绍签约，谢他一笔款子。陈其美会上钩的。在签约那天，可以让刺客约定地点下手。"

张宗昌想了一会儿，脸上绽开了笑容："好啊！此计极妙！这个'公司'由我来操办，约定签约的时间、地点就是了。"

张宗昌、李海秋分手后，各自行动。

张宗昌先去找掖县的小同乡程子安。程子安曾跟随张宗昌从关外进上海，在他手下当过排长。程子安酒醉闹事打伤了人，被人告到都督府，陈其美为维护军纪斥责过张宗昌，张宗昌为此而开革程子安。当时，程子安愤愤不平，怨张宗昌不讲义气。

1916 年春节前，张宗昌衣锦还乡，对当年结伙闯关东的穷哥们儿家属，均按家去拜访，向他们的父母行了晚辈之礼，磕头问安，并分送银元200、500 不等，对程子安家也不例外。事后，程母写信告诉儿子，程子安对张宗昌终于由愤懑而变为感激。

此次来到上海滩，张宗昌已经见过程子安，两人叙旧话新，十分投缘。不过，张宗昌没有告诉他要杀陈其美，现在需要用人，便带着 1000 元大洋找到了他。

程子安见到白花花的银元，毫不犹豫地做了金钱的俘虏。

程子安又找到朱光明、许国霖等人，假装组织了一个"鸿丰煤矿公司"。为使陈其美相信真有这么回事，"鸿丰煤矿公司"还煞有介事地在报上登出启事，表明寻找抵押贷款伙伴。

李海秋要找到陈其美并非易事。费了九牛二虎之力，找到了陈其美，说是革命党有要事相商。相约是在老城隍庙酒楼。

陈其美按约赶赴，二人相见，叙说了分别后的短长。接着，李海秋就直奔主题说：英公，有一好事相托。不知你能否帮忙？

陈其美说：说说听。

李海秋呷了一口茶说：真是好事。我有几个朋友合伙开了一家公司，叫鸿丰煤矿公司，在安徽淮南，前几年效益不错，这二年效益下滑，眼看就要维持不下去了。最近他们从日本购买新式设备，重振矿业，但苦于经费缺乏，万般无奈，只好想将公司作为抵押向日本实业界贷款，但一时又找不到介绍的人。

说到这里，李海秋掏出一张报纸让陈看，说：这是我们的登报启事！

陈其美瞅了一眼，信以为真，便问：我要给你们介绍成功，你们给革命党多少酬谢费用？

李海秋认真说：他们那公司注册固定资产为300万，准备全部抵押贷款100万，言明谁若从中介绍签约，愿以贷款的百分之三十抽酬。我想英公人脉很广，手眼通天，办成此事不成问题，无疑对公对私都是一笔可观的喜财，所以特来相告。

陈其美说：小意思。

孙中山从日本回来，一直坐镇上海指挥讨袁起义，尽管孙先生带来几笔款项，这些钱像撒胡椒面，捉襟见肘，杯水车薪。陈其美急需一批经费，因而终日发愁。听李说有这么一桩好事，不禁怦然心动。30万，也不是个小款项！于是他爽快地答应了下来：找个时间，双方见个面，当面谈好不好？

好吧。李海秋见陈其美上钩，不由得心花怒放。

陈其美求款心切，很快与沪上的日本洋行联系上了，答应帮忙贷款。

陈其美马上又与李海秋联系,约定5月18日下午3时带贷款意向书来萨坡赛路十四号寓所签约。

李海秋大喜过望,马上打电话到张宗昌那里,报告了此事。张宗昌也是喜出望外,立刻作了布置安排。

5月18日下午3时,是陈其美生命大限的日子。陈其美一无所知,他仍高兴着,盘算着这笔款项对起义的重大作用。

就在同一天,王宠惠从唐绍仪处也得知有人行刺的消息,让人转告陈其美注意。陈其美说:"我是前次制造局不死之余生,还有什么要注意的?从事革命大业,太为小心,何能成事?"

这期间,从日本来到上海不久的胡汉民常见陈其美在马路上从容闲步,连车子也不坐。一天,两人在街上不期而遇,陈其美说:"上海滩袁党耳目众多,汉民兄当小心为是。"

胡汉民反问道:"上海人不大认识我,我此时责任也不重。你自己这样大意,何以反说我呢?"

陈其美吟吟一笑说:"上海人也不大认识我。我的眼睛好,步履轻捷,即使有坏人靠近,我一霎间就避过去了,所以不用担心。"

胡汉民指着他的脸说:"英士,你可是戴着眼镜,在上海当过都督,怕3岁小孩都认识你!"

陈其美叹息一声,说:"顾不了那么多了。人之生命均有定数,非人力所能挽救。作为革命者,冒险原本是天职,没有冒险精神不可能成大事。更重要的是,我辈与反动势力相搏,必须有坚强的革命意志和大无畏的献身精神。大丈夫不怕死,怕在事不成,这一直是我的座右铭。"

5月18日下午2时,陈其美提前来到萨坡赛路十四号。在这里,陈其美先与山东民军领袖刘基炎相商起义。刘要在烟台发动起义,需要5000元钱……

李海秋瞅着手表,3时已到,便推开房门对陈其美说:英公,客人已经等了很久啦!

陈其美站起身对刘基炎等人说:"我要先会一个煤矿公司的人。"说完,走出客厅。

陈其美出了客厅，把李海秋一行带到旁边的饭厅里，朗声笑道："哈哈，诸位请坐。"

李海秋装模作样地在一旁给双方介绍："英公，他们是煤矿老板，这是大名鼎鼎的陈其美都督。"

程、许、朱、王四人拱手作揖："久仰！久仰！"

陈其美招呼女仆奉上烟茶，目视四人："四位老板，抵押贷款一事李先生已经跟我说过了。我和日本朋友联系过了，他们委托我作为代表，先和贵公司签意向书，之后，总公司将派人和我一起去淮南核查贵公司固定资产。如确认无误，就可签正式协议，然后汇款。另外，我想根据李先生所转达的贵公司愿向介绍人支付百分之三十报酬的意思，起草了一份合同草稿，诸位也可以过目一下。"他把几张纸放在桌子上。

李海秋冲程子安等人以目示意："你们把意向书拿出来，请陈都督过目。"

许国霖连连点头："好的！好的！"遂从包里取出意向书交给陈其美。

趁陈其美低头看意向书的时候，李海秋抽身离去。

李海秋一脚门里一脚门外时，程子安掏出手枪，对着低头看文件的陈其美，连开三枪，枪枪命中。陈其美当场倒在血泊里……

陈其美遇刺后，孙中山丧失了一个得力的助手。他悲痛异常，但局势非常紧张，又不能亲临祭奠，更增添了孙中山先生的无限伤感。

陈其美殉难后，因慑于袁世凯的淫威，一时间无人敢去认领尸体。唯独结义之弟蒋介石狂奔现场，抚尸痛哭，随即又冒险将义兄的遗体送往蒲石路（今长乐路）家中入殓，并亲自撰写祭文："悲乎哀哉，而今而后，教我勖我，抚我爱我，同安同危，同甘同苦。而同心同德者，殆无其人矣。"

为陈送葬时，蒋介石悲痛欲绝。有人曾出一言："英士与介石不枉兄弟一场。"

1916 年 11 月 20 日，孙中山在陈其美国葬《致各总长各议员函》中充分肯定了陈其美：

平生事功，艰苦卓绝，百折不挠，卒以身殉，死义甚烈。

　　陈其美的去世,使孙中山失去了左膀右臂,使蒋介石失去了恩师,使陈果夫、陈立夫失去了父辈。陈其美生前托孤,于是"孙陈情结"、"蒋陈情结"自然不自然地也会传染给下一代,让陈果夫、陈立夫兄弟二人从中受益不小,得到许多精神上的补充和慰藉。因此,蒋介石与陈果夫、陈立夫的关系也由此亲近起来,用两兄弟的口吻表述:公开场合里,他们称蒋介石为"蒋先生";私下的场合里,则叫他"蒋三叔"。再加上同为浙江同乡,那便是亲上加亲了。因为"蒋三叔"的关系,陈果夫、陈立夫成了后来蒋家王朝中陈氏家族的掌门人,书写了一段历史传奇。

第十六章　果夫立夫

幸运的陈立夫

在求学的路上，与多灾多难的哥哥陈果夫相比，陈立夫则幸运得多。

在哥哥陈果夫开始入学时，他们的父辈是在流浪中寻找革命的路，而在陈立夫入学时，他们的二叔陈其美已是驻沪的大都督了，陈其美把母妻子侄接到了上海，享受都市的文明。应该说陈立夫是最大的受益者。他一到上海，正是就学年龄，便入学湖州旅沪公学堂补习英语。尔后，他的兴趣与长辈人的要求，突然间发生了翻天覆地的变化——他把目光转向了新奇的机械制造。

二叔找他谈心，问他为什么对机械制造感了兴趣？他说机械制造变化多端，很有意思。二叔又问以前咱们家也没有学机械的，你是怎样迷上的？陈立夫道，那是我参观了舅舅的丝绸厂后迷上的。那天，我去外公家，处处觉得新鲜，墙上挂着油画，柜里支着猎枪，还有很大的穿衣镜，照得出我的全身。还有比这更新鲜的是，舅舅是大经理，他领我参观了他的大工厂。一进门，马达轰鸣，一台台丝绸机，能织出地上的绿草，天上的飞鸟和白云，神秘极了，不由自主地对机器发生了兴趣。尤其是对那些活动的机器设备，觉得好奇。

由于迷上了机械，最后影响了他的报考志愿，他有意选择了南洋路矿学校。

选择路矿学校等于选择荒野，选择郊外，选择艰苦。这无疑对父辈来说，都是不允许的。父母请来了二叔、三叔来做说服工作。他们采取车轮大战，这个说完那个讲，你方唱罢我登场，最后通牒也下了，陈立夫就是不听，同时还有一大堆的道理。最后，父母亲也就只有认可的伤。

陈立夫上中学的时候,家道已经中落。正如陈立夫所说:"我在读中学的这段时间里,家中的经济大不如前,二叔在1913年的起义失败后,即转入地下革命工作,三叔那时在银行服务,不但要负担自己的家计、子女学费,还需负担二婶、我和姐姐们的生活,那时我的学费是由大哥支付的,但一般的交通车费由三叔付给。我见家中的经济短绌,就从不主动向三叔开口要钱,因此每天我总是很早起床,走好几里路去上学。"这段时间,陈立夫读书也特别刻苦,否则就觉得对不起大哥、三叔。结果,在四年的学习中,陈立夫拿了七张奖状,总分"平均都在95分以上,数学成绩尤其优异,经常都是满分",很让父亲、大哥和三叔开心。

四年后的1917年,陈立夫要从路矿学校中专部毕业了,是选择上大学还是就业,当时父母的意见是,家境不好,还是早就业为好,三叔通过关系在京沪铁路局为侄儿寻到一份检票员的工作。燕雀安知鸿鹄之志,这时的陈立夫对谁也没讲,向朋友转借了两块钱,偷偷报考了学费低的北洋大学,这所大学远在天津。

张榜那天,父母让他上班报到,他却在半路上偷偷跑去看榜。

张榜是在复旦校园里,那天榜前人山人海,密不透风。陈立夫个矮,一是挤不进去,二在外圈看不到。急得他团团转。他心生一计,左边有棵大树,何不上树去看呢?他抱着树干,"噌噌"几下爬上了树,然后骑在树杈上,静静地观看。当年北洋大学在上海招生共计45名。陈立夫排在四十四名。陈立夫从第一名往下看,看了一半,不见自己的名字,他的心直往下掉,看了三分之二还不见自己的名字,他心想完了,正在他没信心的时候,"陈立夫"的名字在他眼前一亮,第四十四名,倒数第二,我中了,他一高兴,两手一拍,身体失去了平衡,差一点儿从树上掉下来,多亏他死死地抓住了一根树枝,身子悬在了半空中,众人围过来,把他接下来。

"我中了!"一场惊险还使他念念不忘中榜的喜事。

接着他跑到果夫那里,首先将这个喜讯告诉了兄长。陈果夫特别高兴,自己没实现的理想让弟弟给实现了。他又以最快的速度告诉了父亲。父亲却不一样,他高兴表达的办法是责备,责备立夫,不该不跟他商量,不该在外借钱。当陈立夫见到父亲这封迟到的责备信时,愧疚地流下了眼泪。

使陈立夫十分尴尬的是,大学考取了,却拿不起足够的学费、生活费和路费。收到通知书的那天,平日活跃的三叔却一言不发,因为他确实也无能为力了。陈立夫十分心酸,在接到父亲来信不久,他回到了阔别已久的湖州,想不到竟亲历了一幕十分感人的场面,面对着这场面,他激动得哭了。陈立夫在回忆录中写道:

> 就在我对于茫茫前途苦恼万分的时候,父亲把我喊去,交给我25块大洋,并恳切地对我说:"这些钱是我多年的积蓄,也是我所尽可能给你的学费,从今以后,一切就要靠你自己了。"接过了钱,我不禁泫然而泣,一方面是感激父亲爱子之情,一方面又不禁忧虑着自己今后要如何克服困难。这25块大洋,实在无法维持一年的生活费用,幸好我自己有既定的目标,也有百折不挠的毅力,我相信终可以一步一步地去克服困难的。果然就在我整装准备经上海去天津入学之时,二婶母、四姨母和其他的少数至亲,都分别或多或少地给了我些钱,助我作入学费用,家兄也给了我10元,还鼓励我好好读书,专心求学,他会设法资助我。我满怀感激与希望之心,坐上三等舱的甲板(价格最便宜的位置),驶入天津。那一天,风浪很大,寒风刺骨,但是不能挫我雄志。

就这样,陈立夫终于从上海来到祖国的北方,跨进了北洋大学那高高的校门。

北洋大学是我国最早的工科大学,1895年由汉冶萍公司总裁盛宣怀创立,以土木、冶金、采矿等专业闻名全国。来这里任教的,除了国内的学界巨子外,美国人居多,他们习惯用英语上课。学生嘛,各个省区的都有,听起来南腔北调,各式乡音;吃起来,东甜西酸,各式口味,掺杂在一起,大学就像一个浓缩的小社会。大学的生活也特别丰富多彩,吃的有"以米食为主的南方伙",有"面食为主的北方伙";玩的有网球、篮球、足球、跳高、赛跑、武术等等,这些活动陈立夫都饶有兴趣,尤其偏爱网球,还经常代表班级参加校里的比赛。当然,给他印象最深的,还是这里的教学,要求十分严格,每年的期末考试只要有一门功课不及格就要退学。相反,学业优秀的,成绩总平均在85分以上的,可以享受减免学费的优待。陈立夫珍惜荣誉,更期望享受奖励的待遇,以减轻家庭的负担。因此在校期间,他学习特别努力,连续好几个学期都得到了奖励。

| 五四运动中的陈立夫

陈立夫入学的第二年,正赶上五四运动的大爆发。

由于天津、北京只有一箭之遥,北大的学生代表亲自到北洋大学演讲,宣传新思想,很快北洋大学的"火"也点了起来。学生们开始罢课,上街游行,打倒帝国主义,打倒封建主义的口号声震天响。在学生的带领下,天津市民也行动了起来,投入这场运动之中。

陈立夫的文章写得好,被校委会召去编校报和简报。当时血气方刚的陈立夫也把同学们的信任当动力,既当记者又当编辑,每天都加班到凌晨一点。尤其是他采写的文章,文笔优美,事理生动,讽刺辛辣,常有一帮女性的"追星族"。因此五四运动中的陈立夫,以文发家,名震北洋,一时传为佳话。

应该说反封建的局限,似乎并没有影响陈立夫对反帝思想的全面接受,他深有感触地说:"当时,我觉得最重要的事,就是打倒帝国主义,而五四运动的发生,也就是为了打倒日本帝国主义,才会有全国人民共同的愤愤不平。中国既为第一次世界大战的参战盟国,何以还要受到割让山东半岛的不平等待遇,就在群情激愤、爱国情绪高涨之中,国民都期盼着参加巴黎和会的代表有所表现,据理力争;但列强诸国,却弃正义真理于不顾,彼此相互勾结,狼狈为奸,纷纷帮助日本说话",因此,在和会期间,"国人的情绪鼎沸,一面支持着我们参加和会的代表,为争取国家的利益而努力;一面则在国内对日本实施经济制裁,由童子军到处出动,劝导民众不购买日货。"对这些自发的爱国举动,陈立夫深表赞赏,热情地称颂"五四运动无疑是促进中国争取独立平等的导火线,其后不平等条约的废除,都是从这次运动开始的"。显见,经过五四运动的洗礼,陈立夫对苏俄革命的向往,对帝国主义的憎厌,以及对传统文化解不开的情绪,汇聚在一起,共同成为他爱国思想的发源,正像他在回忆录中所述:"这个暑期我对于孙中山先生的主义思想,并没有很深刻的认识,倒是有感于当时的国情和列强的侵害,我倒很向往于共产主义所说的一套。"总之,五四运动在为民族新生突破坚冰的时候,从更广泛的意义上哺育了一大批有爱国思想的热血青年,陈立夫也是其中的一员。

虽说这次运动持续的时间有限,但对青年学生思想上的影响是巨大的,陈立夫归结为三点:一是苏俄革命的思想;二是反帝的意识;三是爱国主义的精神。他在回忆录中说:"五四时期,我对新文化运动的作品非常有兴趣,由于在校编报的关系,所以阅读的书籍甚为广泛。如《新青年》《新思潮》等刊物,以及有关俄国革命和共产主义的书籍等,无不爱看。当时一般青年的思想多少有点儿'左倾',我亦不例外,苏俄抵抗帝国主义经过的书籍,文笔生动,使人羡慕,我相信许多青年人读了,都会觉得我们为什么不可从苏俄革命学习到一些反帝的新经验呢?"至于五四反封建的一面,陈立夫有许多保留,他说:"五四运动最响亮的口号是'打倒孔家店',对于这种激进的反传统方式,我甚不以为然。因为我熟读经书,觉得并不怎样,在我的想法,腐败的传统,是必须要革除和创新,但认为旧传统一无是处,应该一起打倒,这毕竟是过分情绪化,而非出自理智的行为的。我深信完全否定自己传统文化的价值,一味模仿西洋或俄国的作品,未必就能使我们国家强盛,所以我一直认为'打倒孔家店',如果只是一句宣传口号,旨在唤起民族的觉醒,则尚无不可,如果是用以全盘否定传统的文化,则是矫枉过正,流于偏失了。"①

倘若再对两兄弟的思想启蒙作一番比较,那么,陈果夫受辛亥革命的刺激大一些,陈立夫受五四运动的影响多一些,因此在人生道路的选择上,哥哥对民众革命的热衷,要明显地强于弟弟;弟弟对文化意义上的自

---

① 《成败之鉴:陈立夫回忆录》,(台湾)正中书局1994年版,第27—28页。

主意识,要略高于哥哥,这恐怕也是两兄弟价值取向上的一个重要差异。这些差异也影响着后来兄弟俩从政风格。

1923年,陈立夫五年的大学生活,以优异的学习成绩结束了北洋大学的学习,按照科学救国的志向,考入了美国的匹兹堡大学的煤矿工程系。

出国是在一个朝霞四射的早晨,他与他的同学们搭乘杰克逊总统号轮船从天津启程。起锚的沉闷的汽笛声,打破清晨的寂静。陈立夫胸怀实业救国和科学兴国之志,把志向定在更远方,也许不被父母理解,但是父母终会理解儿子的。因此在送行的队伍中他看不到父母的身影。

匹兹堡大学是全美的著名大学,以钢铁和煤矿为重点专业,闻名全国。它坐落在钢铁工业和采煤中心的匹兹堡市。负责采矿工程系的教授是勃莱克,勃莱克教授学识渊博,经验丰富,听他的讲课是一种享受。陈立夫曾以恩师相称。据说在他就任民国教育部长时,访问过美国,曾与恩师勃莱克相叙往事。

在匹兹堡大学就读的日子,陈立夫为了减轻家庭负担,主要搞一些勤工俭学,比如他每星期要到中国餐馆洗碗刷盘,到矿山实习兼做一些体力劳动,再挣上一些钱,还有少量的助学金,日子不宽绰,还算将就。1924年的夏天,他顺利地拿到了硕士学位。同时他撰写的硕士论文《中国煤矿业的机械化与电气化》,憧憬了中国的未来,指出了中国的道路,是一篇很有见地的论文,受到导师和留学生的大为称赞。陈立夫以丰殷翔实的史料,行云流水的文笔,几近一气呵成地叙说和论证了中国的昨天、今天和明天。全文透着一位有志青年报效祖国的拳拳之心。用陈立夫的话来说:"当我在写硕士学位论文的时候,仔细地看了总理的实业计划暨建国方略,钦佩不已并正合乎我的志愿了。"

学业结束后,他以学习的眼光游历美国的大好河山,参观了许多现代化的工厂和农场,尤其是著名的福特汽车厂,但见全是流水线操作,工人不多,十分紧张,分工之细,生产之速,效益之高,让陈立夫看得目瞪口呆。然后再想想祖国的落后,更激发了他建设祖国、报效祖国的决心。他在回忆录中写道:"眼见异邦的建设和发展,益感返国献身革命和参与国家建设的重要,我和几位好友如曾养甫、吴南轩、艾伟、徐恩曾、吴保丰、叶秀峰等人,经常在一起计划着学成返国的事,我们都充满了热忱和抱负。"

陈立夫还清楚地记得,那是一个中秋赏月的节日,身在异国,大家自动坐在一起,不知是谁吟诗一首:床前明月光,疑是地上霜。举头望明月,低头思故乡。触发了大家的伤感,大家合着节拍,眼含热泪,一遍又一遍地吟诵。片刻间,那寒窗苦读的艰辛,壮志未酬的宏图,去国他乡的孤寂,以及种种关于国家和民族的被人欺凌,全都化成了汩汩泪水,流了出来。这感人的一幕,直到陈立夫晚年还经常提起。

想当作家的陈果夫一夜暴富

陈其美死后葬在湖州城南的岘山。岘山风景秀丽,气候宜人。山中有一碧浪湖,清澈见底,游鱼如织,历历可数。在碧浪湖边,埋葬了二叔,也埋葬了陈果夫革命的前程。陈果夫追随二叔回到了家乡湖州碧浪湖边。为纪念二叔,也为抒发自己的志向,陈果夫创办了一份儿童的文艺刊物,取名《碧浪》。

应该说,二叔死后这个时期,陈果夫最为闲散。

二十多岁,应该是多梦的季节。作家之梦在他心中骚动。陈果夫拿起了笔,凭着文学的触角和幻想,他奋笔写起了童话和小说。因此,《碧浪》也成了他许多文章的发表阵地。他也常常向别人约稿,往往稿子来了他不满意,还不如自己的水平高,还不如自己动手来得快。在这个时期,他文思泉涌,写了不少的好小说,后来收录于王夫凡主编的《果夫小说集》。从这本集子里,不难看出陈果夫的文学天才。有人说如果陈果夫不从政,应该说是一位成绩斐然的小说家。在国民党的干部中,由作家到政治家,陈果夫当数第一人。

光阴似箭,转眼到了1918年春天,杨柳吐絮,玉兰飘香。

陈果夫收到了上海方面的来信。信是岳父大人朱五楼来的,岳父在上海的金融界工作,有点儿名气。他看到女婿赋闲在家,时间长了,会生长出不好的事情来。因此他再三写信,催陈果夫到上海在金融界找碗饭吃,抑或继承自己的衣钵。

陈果夫看了这封信笑了。他心想,岳父大人第一封来信是去年初,说工作已找好,催他快去。事隔半年,又来了一信,说考虑不好不要去。又过了半年,正是手中这封信,必须是三天内报到,不然他就不认这个女婿。这次陈果夫不敢怠慢,他知道岳父已经动怒了。他与爱妻草草收拾一下就上船了。

上船那天,天空飘着小雨点,打在脸上,湿润润的。小雨下了两天,他们到了上海时,小雨还是在不停地下。心急如火的岳父大人迎接了他们。

岳父问陈果夫,你是喜欢在上面工作还是在下面?陈果夫没有及时回答。岳父又道:在上面银行门面大,待遇高,锻炼也大,名利双收。要在下面钱庄,薪水低不说,工作也辛苦。好吧,话我都说到家了,你自己做主吧。然而陈果夫却不是这样看的,他认为上面银行的制度和运作方式,"自己可以看书研究",而自己缺少的是实践。他明确表示要到下面钱庄工作。他把学问放在第一,赚钱放在其次。朱五楼一听就惊呆了,当然他读不懂陈果夫的心,但说了让女婿自己选,也就不好再添其他口舌。

就这样陈果夫便进入下面的晋安钱庄任助理信房。所谓助理信房,主要是帮助信房处理各种与钱庄有业务关系的信件。陈果夫做事不声张,天生就有一股勤奋钻研的恒心,再加上他能揣摩上级的心思,很受上级推崇,上级也爱用心教他。凭着这种精神,他很快掌握了本职业务,而且还干得得心应手。三个月后,信房先生生病死了,一时找不到合适的人选,暂让陈果夫代理。干了一阵,经理们见他完全胜任,便打消了另聘高人的念头。原来的信房先生,是经理同乡,月薪32元。陈果夫半路出家,月薪只有8元。现在他一身兼两职,薪水却分文未加。后来,做得实在吃不消了,请求增加人手,经理表面答应,拖着不办,累得陈果夫病倒了。朱五楼看不过去,出面找经理说话,总算加了4元薪水。

钱庄里的人员比不上银行,大多是学徒出身,文化水平不高,沾染的恶习不少,吃喝嫖赌样样在行。陈果夫严于律己,不管同事们如何引诱,他一概不予答应。但他也不愿得罪这些小人,只得经常接受他们的差遣,干些分外之事。好在他有学习的渴望,趁此机会多了解钱庄内部的运作方式,再看一些有关银行或经济学方面的书籍,眼界也宽了。一天,他突然发现一条挣钱的路。他异常激动,连夜找到蒋三叔(蒋介石):"三叔,我发现一条投机挣大钱的路。"

蒋介石问:"什么事让你这么高兴?"

"做洋钿生意可赚钱。"

"你是听说的还是……"

陈果夫回答:"我是潜心研究的,同时又有人有了可靠的实践。我们要做,是第二个实践者。"

"你说吧,你找我是什么意思?"

陈果夫道:"我想找三叔借钱。"

蒋介石说:"你只知道挣钱,那赔了钱呢?"

"借钱还钱,赔钱也要还钱。这是天经地义。"

"那你借多少?"

陈果夫把巴掌翻了一翻,说:"三叔,就借 1000 吧。"

"好,1000 就 1000。"

且说陈果夫拿到款子,连同自己已有的积蓄,看准了全部投了进去,不出一天,洋钿直线上涨,到了第三周,陈果夫见势已到,果断出手,钱来了,除还去蒋三叔等人本钱后,他还多挣了 600 多两银子。

这对于靠薪水生存的陈果夫来说,真可谓一夜暴富。有了钱,就等于成了富人。陈果夫也当了一次富人。他体会更多的是:穷在闹市无人问,富在深山有远亲。当然,陈果夫也救济了不少朋友和穷人。九牛拔一毛,他仍然是富人。

证券交易初试身手

一天清晨,陈果夫正在信房里写信,蒋介石走了过来,陈果夫停下笔来：三叔找我有事？蒋介石回答，你说对了，找你是有事。请你跟我出去一趟，我们单独谈。陈果夫问，什么事这么神秘？蒋介石说，一会儿你就知道了。

他们找到了一家僻静的茶馆坐下来，首先蒋介石向陈果夫通报了孙中山的"革命党人要经商"的最新指示。原来，孙中山分析了革命屡战屡败的原因，一个重要的原因就是没有强大的经济基础做后盾。为此，作为革命领袖的孙中山奔波于国内外，其主要精力是筹备资金。历次起义的教训告诉他，革命精神与金钱比较，他更是缺少金钱。时值上海刚刚兴起交易所行当，孙中山认为交易所买空卖空，本钱不大，获利多多，今后革命经费应由华侨们捐款转移到自己兴办实体企业，比如像交易所等行当。在孙中山的指示下，江浙大财阀虞洽卿已经示范创办了上海证券物品交易所。戴季陶、张静江，包括蒋介石也都入了股。虞洽卿为董事长，常务理事6人，理事17人，监察人为周骏，此人是蒋介石的老师。

陈果夫听后笑了，道："什么孙总理的指示啊，蒋阿叔，看来你是奔我的钱袋来了。"

蒋介石也笑了："你说对了，你袋里没钱我还不来哩！"

陈果夫想了想，说："我只问一句话，三叔，这生意你做不做？"他知道三叔的精明，更相信三叔的判断能力。他相信三叔更胜于相信自己。

"能挣钱的事，我怎么不做呢？"蒋介石回答："上海证券物品交易所那里已有了我的股份。"

陈果夫听后又笑了，笑得那样灿烂："为革命，你做我也跟！"

就这样，在晋安钱庄做事的陈果夫，本与上海证券交易所无大干系，但在蒋介石的游说下，也卷进了交易所的事务中来。陈果夫事后有这么一段回忆：

"在民国九年的秋天，总理命令本党同志在上海筹设证券物品交易所。蒋先生把这件事告知了我，并且要我研究这问题，我因特地到日本人办的上海取引所去参观了两次。不久，蒋先生就要我和朱守梅（孔扬）兄及周枕琴（骏彦）先生、赵林士先生等商量，组织第五十四号经纪人号，名茂新，做棉花、证券两种生意。因为我比较内行，推我做经理，守梅兄做协

理。我就写信到秦皇岛去,邀希曾弟回上海,做代理人。我们这一个号子
布置妥当,恰巧交易所筹备就绪,于是一面开幕,一面开张,我的商业经验
又转入了一个新的阶段。"

且说"茂新"开市的第一天,很不顺利。第一天就亏本 1700 多元。这
下可把陈果夫急坏了。因为茂新号只有朱守梅的 2000 元股本和陈果夫
从晋安钱庄借用的 1000 元,现在一下子就赔了一千多元,那以后生意还
怎么做呢?

经过总结经验,主要是用错了代理人。于是陈果夫重新安排人事,决
定以后小心行事,稳扎稳打,一步一步地来。这样,"茂新"号才从小到大,
由弱到强,慢慢地站稳了脚跟。

"茂新"前景看好,陈果夫便辞去了晋安钱庄的职务,把精力全部投入
交易所生意,亲自拟定了"茂新"号的四条店规:一不作弊;二不随便拉客
人;三不劝客人做多;四洁身自好。要求职员认真执行。

陈果夫为了调动职员的积极性,决定重新调整职员的生活费。同时
向股东会提出,将红利的分派额部分酌情予以增加。如此一来,职员便比
较能定下心来工作,而不再为自己斤斤计较了。"茂新"在陈果夫的经营
下,日渐兴隆。陈果夫见有钱可挣,又和蒋介石集合朋友,发展一家"鼎
新"号子,自己兼任协助,排在第四号,专门经营棉纱、金银生意。这一来,
一门之内,可做花纱、金银、证券等大生意,营业更加畅旺了。这一期间,
陈果夫经纪号子大约每年做了几亿元的交易,佣金收入总在 20 万元以
上。陈果夫的生意最兴隆的时候,股市价已由最初的 30 元涨到 150 元,
到年底达到 220 元,翻了七倍还多。

交易所是个投机的行当,买空卖空,充满了冒险与残酷。而陈果夫在
这个投机行当里居然如鱼得水,生意越做越大,真可谓投机有门。经营证
券交易所的成功,不仅使陈果夫个人能支持在上海高昂的生活费用,还能
支持在天津北洋大学读书的陈立夫,而且也多次资助了孙中山的护法革
命运动。由此,他与未来民国的"新贵"蒋介石,也结成了知己。

随着交易兴隆,蒋介石也打了个经济翻身仗,他也获利多多,先后娶
妻(姚怡诚)纳妾(陈洁如),又在上海、奉化购置两处寓所。为光宗耀祖,

他还扩充了祖宅,兴建了门牌,倡办了家乡小学。

于是这两个上海滩上的暴发户,在共同利益的驱使下,虽是叔侄关系,又有了兄弟一层的关系。蒋介石在陈果夫的身上看到了陈其美的影子。

蒋介石的母亲去世,孙中山写来了祭文。蒋母下葬时,陈果夫亲去溪口的白岩山,代表孙中山宣读了祭文。令蒋介石感激涕零。

另外,蒋介石的爱子蒋经国在上海求学时,完全托付给陈果夫,包括零花钱都可以向哥哥要,不必客气。

股市有风险。正在生意兴隆,高兴点钱的时候,1922 年初春刚过,交易所风云突变,股市行情一个劲儿地下跌,又从 220 元跌到 100 元;从 100 元跌到 30 元。30 元是本钱,且说还在跌落,又从 30 元跌落到 20 元。最后无办法陈果夫只得抛出,一下子他成了个欠债的穷光蛋! 也就是说,陈果夫在这场投机生意中最终还是赔了 60 万元左右。

陈果夫每每想到这乍枯乍荣、暴贫暴富的日子,他不禁扼腕而叹:"那真好比一场春梦啊!"然则,作为陈果夫人生道路的一部分,对他的将来发展,意义不俗。

第十七章　崭露头角

蒋介石向陈果夫发来了电报……

1924 年暮春的一天。

美丽富饶的珠江的长洲鸟岛上,黄埔军校就坐落在山坡上。

山坡上,身着黄灰色军装的学员们在进行操炮演习。

操场上,学员们在操练拼刺,精神抖擞的口令声一阵阵传来……

山下军校的军械库,整箱整箱的枪械堆积如山。

孙中山、胡汉民、汪精卫在蒋介石、廖仲恺、鲍罗廷的陪同下巡视。

孙中山问:"扣押下来的商团枪械都在这里吗?"

廖仲恺点点头道:"共计有 9000 多支长短枪,30 多万发子弹。"

蒋介石补充说:"还有机关枪,是最新式的德国出品。"他打开一个木箱,从尚未拆开油纸的轻机关枪中取出一挺,展示给孙中山等人……

孙中山沉默。

胡汉民说:"陈廉伯要求无条件地把这些枪械发还给商团,否则就要实行总罢市!"

汪精卫插言:"英国领事也正式出面干涉。声言如果商团受到攻击,英国海军将立即采取行动,后果将是十分严重的。"

孙中山满腔愤懑地说:"我国革命,历来遭到帝国主义列强的反对和扼杀。很明显,这次干涉,就是针对改组国民党而来的! 仲恺、介石,军校要做好应变的准备。"

蒋介石道:"商团胆敢捣乱,我们坚决镇压!"

胡汉民不无惊诧:"军校学员的战斗力如何? 都是进校才两三个月的娃娃兵!"

廖仲恺笑一笑:"展堂,别忘了执信生前曾经说过,'有主义的兵'是可以以一当十的!"

鲍罗廷不断颔首,表示赞许。

他们扭过头去,从学员们演习操炮的山坡那边传来了隆隆的爆炸声……

接着他们来到军官餐厅。

一排排长餐桌前坐满了军官。其中有几名苏俄教官。

孙中山一行走入,全场肃然起立。

这就是当时的黄埔军校写真。

孙中山视察完军校后,向陪同他的校长蒋介石微微一笑道:"白手起家办军校,同志们劳苦功高!"

说起军校建立,那是孙中山在第二次革命开始时就想到了,所以他一到广州后,在中国国民党第一次代表大会召开期间,他就提出"仿照苏联模式,建立黄埔军校",开始筹建。因为蒋介石毕业于日本军校,是孙中山的第一个校长人选。

蒋介石接受这个任务后,忙得团团转,心想,打仗还是父子兵。他急需帮手,能独当一面的帮手,而且还不是一人,他脑海中浮现出许许多多的人影,排在第一位的就是那个叫自己"三叔"的陈果夫。这个年轻人是南京陆军四期毕业,令他刮目相看。于是他连夜写了封信,信发出后,他又觉得慢,于是他发了封电报,催促陈果夫来羊城报到。

陈果夫当时正在上海为父亲陈其业跑医院看病。接到这封电报,他十分犹豫,主要是父亲的病情还没有得到有效控制。一是他离不开,二是去南方他没有一点儿思想准备。同时,他也不清楚南方那里发生了什么事情,电报文字简洁,没有说明。就在接到电报的第二天,他又接到了蒋介石的亲笔信,信上写得清楚,三叔办军校,需要他帮忙。

接着陈果夫给蒋介石回了封长信,主要声明了他愿意帮助三叔完成宏志,感谢三叔的信任,同时也表白了父亲生病,稍候几日,即可启程。

｜　出手不凡

不几日后，陈果夫出现在羊城街头的时候，羊城的空中下着淅淅沥沥的小雨。蒋介石热情接待了这位来自上海、不是亲侄胜于亲侄的陈果夫。交给了他三项在蒋介石看来均是十分棘手难办的事情。陈果夫出手不凡，三件事办得样样出色。这为陈果夫日后官运走红打下了基础。

且说第一件事是为军校采购物资。主要是军服 500 套，还有一些办公用品。当时广州市的风气不好，物价上涨，再加上军校开办经费紧张，所以蒋介石决定由陈果夫在上海采购军服。这样可以节省三分之一的经费。

陈果夫立即回到上海，凭他在上海的多年闯荡，货比三家，很快找到了一家质量好价格优惠的服装厂。正式签订了制作 500 套呢制服、呢大衣、皮鞋、帽子、皮件及衬衣的合同。半个月交货，正式报关，交由转运公司起运。

谁知接揽生意的服装厂老板为了巴结客户，在每件服装的内口袋上方缝一条白布。恰恰是老板的这一"画蛇添足"，给报关检验带来了麻烦。海关认定是军服，不能起运，全部扣留。任凭陈果夫如何解释，海关的长官还是不通融。第二天，陈果夫请到上海证券交易所的老板虞洽卿先生从中帮助，看在虞先生的面子上，经过十多天的交涉，陈果夫急得满嘴是泡，总算是把扣留的 500 套军服等收回。不过其中有束腰皮带、枪带、刀鞘三样东西，海关认为是军用品，必须充公。陈果夫不干，虞先生对他说："不要争了，这点儿东西作为酬谢关员吧，不要追究下去了。"所以陈果夫也不再吵了，自认晦气罢了。

可是军服等收了回来，仍然不准出关，这使陈果夫感觉困难，再次发起急来。眼看再要推迟，就要真正耽误军校的到货时间，陈果夫心急如火。他几次向海关监督公署商讨，都无功而返。最后他问了一位同学的朋友，告诉他说："有一路可通，不过要你自己去想办法，官家是绝对不能通融的。"

陈果夫听了此话，心想这一定是黑社会的公司。于是四处打探，果然有这么一家公司，专门从事偷税和包运货物，并且运费较正式报关起运便宜。在黄浦江边，一个高门台的地方，陈果夫找到了这家公司总裁。总裁戴着墨镜，说话不着调门，给陈果夫印象是不像个好人。陈果夫不敢贸然把全部货交他托运。他留个心眼儿，只作少量托运，试探真假。结果少量托运的货物不几日就到了广州。于是他便大胆起来，将这批货物送到指定地点，而且计算起来，比正式办法发送还便宜数百元钱。

后来，黄埔军校所用的军装皮件、办公用品，以及教导团第一、二团全部的棉衣、军毯等等，均在上海制办，都是交那家公司负责装运。有了这次经验，陈果夫才明白北京政府时代海关上的弊端重重，与那个公司，实在是声气相连的，不但关员与公司相通，就是码头工人、轮船买办、水手，也是一个鼻孔出气的。有一次，他们的货物正在上船的时候，被一位新任的外籍关员看见，抓住了人。但因为关员人少，毕竟被环境所同化了。还有一次，在码头上被巡捕发觉查出，正要把人货扣留的时候，忽然两个流氓在旁边打起架来，这巡捕就前去劝解，等到事毕，再找那个夫役，早已偷运过去了。所以他们虽在北京政府托王亮畴设法弄了几张护照来，仍未利用。

通过采买一事，陈果夫得到了锻炼，认识了社会，完成了任务，得到了蒋校长的称赞。

陈果夫在办采买的过程中，广州蒋校长又发出了第二项指令，黄埔军校决定成立教导队，开始招兵。陈果夫奉总理委任为招兵委员之一，并主持招生之事。陈果夫说："到十三年底，校长转来一张总理委任状，要我与赵澄志、刘祖汉三人为招兵委员，并由校长指定要我主持其事。那是为了黄埔一、二两个团教导队征募的。校长要我们在江、浙、皖三省招募新兵。我对此全系外行，所以校长陆续派了陆福廷、戴任、王震南、王伯群、胡公冕、陈乐亭、周少游诸先生来帮助。新兵的来源，最重要的地方为温州、金华和徐州三处。当时总理曾打电报给卢永祥，请他从旁帮助。卢表面虽是答应，暗中却破坏。这时齐燮元和卢永祥两人发生冲突，卢永祥也正在招募新兵。我们有一批从金华招来的新兵，约计一百多名，经过杭州，被卢永祥发觉扣留，意欲留自己用，虽经我方交涉放行，结果到了上海北站，仍被他们用电报逼回来，回到杭州，就下令解散。这批新兵，来自金华，身上又没有钱，进退不得，后被他骗入营去。还有自徐州招来的兵，也被齐燮元、张宗昌先后截留。更有由内地送来的时候，半途被其他招兵机关高价收买，或被诱骗过去的也不少。到了上海以后，除了每人发给一张船票和几角零用钱外，另外又分发了些席子、罐头、酱菜，规定几个人合用，才被押运上船送往广州。因张毅、张贞、洪兆麟、范石生等部队，也在各方面招兵，因此，经过厦门、汕头、香港，一路上又有被他们诱骗过去的。这种损失，也很可观。当时我们认为徐州来的新兵最好，因为有不少还拖着辫子，最原始的乡下人，和上海附近所招的不同。处州、金华招来的兵，也还不错。温州的兵好闹事，不能安分，住在旅馆里，上下码头时，闹了不知多少次。校长接连来电，命令我们不要招收内地的土匪，而有些招兵的人，平时爱护家乡的，往往要招些土匪出来，还有些小包头儿，就近招些流氓棍徒充数。在这次招兵中间，很可以看出各式各样的人心。招来的兵，有些是来骗钱的，有些是被人用法子骗来的。招兵的人，有被人骗了的，也有因公牺牲的。论成绩则以陈乐亭招来的金华兵、卢仲英招来的金华、杭州、上海（在上海失业的浙江人）各地的兵为最多。王震南招来的台州及嵊县兵，赵澄志招来的处州兵，数目虽小，大半勇敢稳健。陆福廷的苏北、皖北的兵，亦多可取。戴任与胡公冕的温州兵则好坏不等。王伯群因所托非人，未招一人，反而赔了一笔钱。有一个叫孙良的，从前曾在方振武部队里当过几年排长，在校长面前自告奋勇，情愿到上海来任招募的事情。留在上海两个月，未见募到一人，催了他几次，自觉无颜，只好自己领了一张士兵乘船的票偷偷地回到广州，后来当了连长。校长东征的时候，派他在前线作战，因未奉命令，擅自退却，遂被枪毙，他是实行连坐法中第一个被正法者，还有一件事，就是我们有一批在杭州以西金、衢、严等处招兵的人，在孙传芳进占杭州之后，被捉了去，孙传芳为给人下马威起见，就把其中张亮、张式球、腾志云、张得胜四人枪毙，这是因公牺牲的人，值得我们纪念的。周少游、戴任二位先生早已去世，他们当时的努力也是应该纪念的。自十四年春到十五年4月底，我移交给杨啸天办理时为止，总计所招的新兵，约四千多人。自招来之地起运至广州为止，连各种费用及损失在内，平均每人计费21元数角。这是算黄埔部队里的基本兵，与黄埔学生官长合起来说,也就是统一中国的基本的队伍。"

后来,蒋校长又两次催要战马,陈果夫也成名副其实的"马贩子",不畏千辛万苦,先寻找伯乐,然后由伯乐相马,共贩了两批,共计86匹好马由上海运到了广州前线。

要说蒋校长交代要办的第三件大事就是在江浙一带罗致人才。

且说广东革命政府初创,奇缺军官、军医、无线电通信和其他技术人才。蒋介石电命陈果夫代为罗致。并和陈果夫开玩笑地说:"今后你就是军校驻上海办事处的长官,我有什么事你就给我办什么事!"说来简单办起来难。这事不像采买军品,不像招兵买马那么简单,着实让陈果夫大伤脑筋,他在回忆录中亲笔写道:

"关于无线电人才,当时北京政府之下,颇有些与我相识的,不过很不容易找。有个姓朱的,我跑去找他六次,还是因为嫌路太远不肯去",以致忙活了半天,一个也没有找到。"军医经多方设法,才找到了四个"。另外,还"找到一个自言在沈阳兵工厂会制造迫击炮的人,送他去了广州,居然帮着我们在三个月内造出了一百尊迫击炮"。后来,"又找到一个制造飞机的",结果中途被别的工厂挖走。在蒋介石的授意下,陈果夫试着给在美国攻读矿业硕士的弟弟陈立夫也去了信,说是国家正是用人之秋,要求弟弟学成归国。"至于军官,经各方介绍成功的,共有二十余人"。数量不算多,但对新生的革命政权来说,称得上雪中送炭,正逢其时。

陈果夫由于工作努力,任务完成得相当出色,他受到了广东国民政府的赞赏。1926 年 1 月,国民党二大召开,陈果夫作为国民党新生代的翘楚,被选为第二届中央监察委员,开始进入政治中枢,时年 34 岁。3 月,他奉召南下抵革命策源地广州任职。上海方面的招兵工作,移交给杨天啸接任。

立夫的从政选择

1925 年 3 月 12 日,孙中山在北京协和医院病逝。广东革命政府处在群龙无首的状态。汪精卫与蒋介石貌合神离;汪精卫与胡汉民反目成仇,派仗已打到了国民党的最高层。汪、蒋、胡身为国府主席、军队首脑、党内元老,为什么不能、也不愿在主义的旗帜下,在党的既定纲领下,求同存异,一致对外呢? 问题就出在主义和纲领上,他们对后孙中山时代国民党的政治方向、国民革命的目标,以及联俄、联共、扶助农工的三大政策,在理解和实施方面出现了偏差。

且说这是一天的清晨。三辆黑色轿车从广州市百子路蒋介石的东山寓所驶出,风驰电掣般地驶进快车道,下了快车道,径向海关码头。

这前车开道,后车保镖,中间车坐着主人蒋介石和他新任的机要秘书陈立夫。

说起新贵陈立夫,他是刚报到上班不足一个月。早在兄长陈果夫在上海为蒋校长罗致人才的时候,陈立夫还在美国大学求学,与兄长不同的是,他走的是科学救国的路。后来在兄长的催促下,陈立夫回了国,使蒋介石和陈果夫失望的是,他没有听劝,而去了一家中兴煤矿公司做了一名矿业工程师。

他血气方刚,口吐"狂言",大有干出一番事业的雄心壮志。于是立即走马上任,全身心地投入到他所喜爱的专业工作中去。然而他错了,很快他发现公司的环境和研究条件与匹兹堡大学简直是天地之别,英雄无用武之地。这时,先前达到沸点的他一下子降到了冰点,他彻底失望了。作为长兄,陈果夫看了出来,及时进行点拨。这时,陈果夫又与蒋介石通了信,要求蒋三叔出面做工作十有九成。当时蒋介石求才若渴,非常之高兴,他也正要培植自己的势力。陈立夫是自己盟兄之侄,又是高才生。于是蒋介石直接给陈立夫去电,希望他速来广州供职。

陈立夫接电后,对蒋三叔欣赏自己是个人才,颇感高兴。但是他觉得自己从中学到大学所学的是矿冶专业。考虑再三,陈立夫以措辞婉转的口气,回电谢绝了蒋三叔。

蒋介石看了回电,哈哈笑了:"别人找工作,都是人求我,这次却是我求人。"于是他再次发了封急电:"现在是需要你革命的时候,还开什么矿? 要开矿,可开采革命之矿!"

这次陈立夫不敢轻易回绝了。对于蒋介石对自己如此信任，很是感动，再加上在中兴煤矿工作也不尽如人意，而哥哥陈果夫从中敲边鼓，陈立夫动摇了。年底，陈立夫拿着陈果夫写给蒋介石的信，离开上海去广州投靠蒋介石。

此时蒋介石已身居要职。他是广东国民政府军事委员会的八名委员之一，同时又被任命为国民革命军第一军军长、黄埔陆军军官学校校长、广州市卫戍司令、长洲要塞司令长官。大权在握，蒋介石日益加紧了对国民政府领导权的篡夺。他悉心培植自己的私人势力，把一切忠于他的人都网罗在其周围，逐渐形成以他为中心的右派力量。陈立夫的到来，令蒋介石喜出望外，他手下需要陈立夫这样出洋镀金的青年。

在随便问了陈立夫一些国外留学的情况后，蒋介石问起了他到广州来的打算。陈立夫说："我没有学过军事，不能投身行伍，只是希望做点儿文职工作。"

蒋介石满口答应了他的请求，当即安排他为黄埔军校校长办公室机要秘书，跟随蒋介石的身边，参与机密事宜。

陈立夫刚来一个月，蒋介石已看出了喝过洋墨水的人就是不一样，他悟性高，环境适应得快，情况来得及时，提出的建议也与众不同。此时，坐在轿车后方的陈立夫，想对蒋介石劝说点儿什么，一看到坐在前排的蒋介石双目紧闭，在思索着什么，欲言又止。

陈立夫望望窗外，过了珠宝金店，就要到码头了，如果再不说就没有时间了。陈立夫便打破沉默，试探性地问蒋介石："看来非要去上海不成吗？"

蒋介石是一脸的深沉，听到陈立夫的问话，反问道："啊，你有什么高见？"

陈立夫不紧不慢地打开了话匣子，娓娓道来：

"校长，我认为离开广州去上海不妥。为什么要避开呢？国民政府的八个军中，第一军有三个师，实力最强，掌握在校长手中。其他各军虽对校长有些怨言，但谅他们也不敢轻举妄动。更何况校长兼任广州卫戍司令，守卫广州的部队还掌握在手中，为什么要放弃呢？

"汪（精卫）主席虽然也想整整校长，但他有点儿书生气，胆子不够大。汪主席不是想用王懋功师长来推倒校长吗？可前些日子，校长以'图谋不轨'的罪名，撤掉其师长职务，并将他押送上海，汪主席不也是无话可说吗？还有，苏联顾问也不可怕，那个季山嘉总顾问不是不同意校长的北伐策略吗？可校长向汪精卫提出免去季山嘉总顾问的职务，季山嘉不也是表示愿意辞职吗？

"共产党人虽然唱高调，颇能煽动民心。但他们那个总书记陈独秀却很好对付，只要控制他，共产党就好应付了。

"校长，你不要太心慈手软了。我们有兵为什么不干呢？为什么要成他人俎上之鱼肉呢？"

陈立夫的一番话，句句都点在了蒋介石的心坎上。是啊，蒋介石又何尝想离开广州呢？但是不离开广州，又该怎样动手呢？蒋介石又陷入了沉思之中。

陈立夫见蒋介石并无什么话要说，心中很有点儿不安，看来蒋介石并没有听从自己的劝告。难道他真的下定了决心要离开广州吗？陈立夫也在思考着。

"嘎——"的一声，车停在了码头上。蒋介石的侍卫官从外面打开了车门，请蒋介石下车。谁知蒋介石仍坐着不动，侍卫官不知怎么回事，一路沉默的蒋介石忽然开了腔，命令司机调头往回开。开出了一站地，蒋介石长叹一声，又嘱咐司机返回码头。陈立夫一听急了，顾不得自己的身份，放大嗓门儿说道："我们走了，总理交给校长的任务将由谁来承担呢？"

蒋介石听罢想了又想，终于下定决心，对司机说："开回东山公馆！"

到了公馆，蒋介石独自上楼，将自己关在屋里，过了好长一段时间，才听里面传出重物砸在地板上的声音，紧接着蒋介石一声大喝："干了！"这时，守候在楼下的陈立夫一阵轻松，心里说不出的痛快，倏地想起京剧《甘露寺》里的一段唱词："劝千岁杀字休出口"，我这次可是"劝千岁杀字要出口了"。许多年以后，每每回顾起这段往事，陈立夫总觉得自己在关键时刻，帮助蒋介石完成了一次历史性的选择，他说："如今回想起来，蒋公当时考虑走与不走，可说各居一半，当其踌躇犹豫间，经我一问，乃使其不走之决心，顿形加强。"这件事，乍看虽小，但影响却极深远，由此"种下了杀机"，否则"民国十五年以后我国历史岂不将要重写？"[①]

　　蒋介石要动手了。

　　接着蒋介石找到其心腹王柏龄，策划于暗室，又多次纠集党徒召开秘密会议，陈立夫作为机要秘书也参加了会议。

　　为了替自己的反革命行动找到借口，蒋介石指示手下四处造谣：

　　"共产党要暴动，推翻国民政府，组织工农政府。"

　　"汪精卫、王懋功都加入了共产党，共产党准备倒蒋，正在黄埔军校查账，说蒋介石贪污。"

　　"有人要把蒋介石、陈立夫等劫往海参崴，为他们二人前往苏联的护照都准备好了。"

　　"国民政府准备宣布共产，所有私人财产都要没收。"

　　诸如此类的谣言使得广州市民人心惶惶。

　　一切准备完毕之后，蒋介石决定从"中山舰"动手。

　　为什么要从"中山舰"动手？这有一段缘由。原来"中山舰"舰长李之龙是共产党员。他在任海军局政治部主任期间，曾查处过蒋介石的盟兄弟、虎门要塞司令陈肇英走私的活动，颇伤蒋介石的面子。更何况，李之龙后又被提拔为海军局代理局长，不论从哪一方面来看，打击李之龙都有利于蒋介石的野心的膨胀。

　　3月18日，蒋介石指使其亲信、黄埔军校驻省办事处主任欧阳格传达他的命令：

　　"着即通知海军局速派得力兵舰二艘，开赴黄埔，听候差遣。"

　　李之龙接到命令后，遂用笔写了两张命令，分别交宝璧舰舰长、中山舰代理舰长，命令即将舰只开赴黄埔，听候蒋校长调遣。

　　19日上午，宝璧舰、中山舰先后抵达黄埔。当中山舰开到黄埔之时，蒋介石即大耍无赖，矢口否认，声称："并无调遣该舰之命令"，中山舰"无

---

　　① 引自陈立夫：《北伐前余曾协助蒋公作了一次历史性的重要决定》，见《传记文学》第四十一卷第三期，第32页。

故移动",是"不法行动","显然是共党阴谋暴动"。

这天晚上,蒋介石又召开紧急会议,商量办法。陈立夫参加了这个秘密会议,极力鼓动蒋介石不要错失良机,应立即采取行动,对共产党实行突然袭击。有人怕舆论谴责,陈立夫立即驳斥,认为不必顾忌。在陈立夫的鼓动下,蒋介石再次痛下决心,"今日若无决心,岂能挽救本党?"

20日凌晨,蒋介石派人抓走仍在睡梦之中的李之龙。随后又调动大批军队和警察,断绝广州市内交通,实行戒严,扣留中山舰及其他海军舰只,包围苏联顾问的办事处及住所,监视苏联顾问。拘捕黄埔军校及第一军第二师中的共产党员四十多人。同时蒋介石还密令何应钦将驻防潮汕的第一军中的共产党员全部逮捕,并取消第一军的党代表制度,汪精卫的住宅也被蒋介石派兵"保护"起来。

由于共产国际指示的错误,由于陈独秀的右倾思想,"中山舰事件"之后,蒋介石很快达到了自己的目的:国民党中央政治会议作出查办李之龙、季山嘉等苏联顾问回国、共产党员撤出第一军的决议。汪精卫也声称病了,赴外地求医。

中山舰事件,陈立夫自始至终都参与了此事,并在其中担任了极不光彩的角色。如果不是陈立夫劝说蒋介石不要离开广州,断不会有之后的中山舰事件。周恩来后来指出:"张静江、陈立夫都于1926年1月2日回到广州市,同蒋介石进行勾结,挑拨国共关系。这就是3月20日中山舰事变的原因,也是3月28日事变以前的政治形势。"

在这件事上陈立夫所表现出来的对蒋介石的忠心,对共产党极端仇视的心理和顽固的反共态度以及在复杂事变中的机警沉着和诡计多端,都深深获得了蒋介石的赞赏。为此蒋介石在日记中写道:"今日方知孤臣孽子操心之危,处境之苦,若非亲历其境者决非想象所能及其万一也。"北伐开始后,陈立夫被提拔为国民革命军总司令部秘书处秘书兼机要科长。他工作认真负责,凡是蒋介石签发的文件,他总是逐字逐句地从头至尾阅读一遍,然后交监印员盖上大印。他对下属科员管束甚严,每到一地,他总要召集部下训话,要求机要科员精心保管好印章、文件等物品,以免战乱中受损。

陈立夫的工作作风和态度,令蒋介石刮目相看。不久,蒋介石让他主管整个秘书处的工作,成为蒋介石的贴身心腹。这为陈立夫日后飞黄腾达奠定了基础。[①]

| 果夫的"三把火"

"中山舰"事件,彻底将蒋介石反共反人民的嘴脸暴露无遗。早在事件前的两个月,周恩来已看出了蒋的反动本质,曾与两广区委书记陈延年一起找鲍罗廷商量,打算将全部共产党员撤出蒋介石的第一军,联合其他非蒋系部队与汪精卫联合成立国共合作的军队,以孤立和打击蒋介石。蒋介石对此当然不会不知道。所以他先下手为强,发动"中山舰事件",既整肃了他的第一军,又将他的首要政敌汪精卫驱逐出了广州。随后,他装着一副亲苏、联共的嘴脸,为获得苏联顾问和中国共产党的谅解,不立即导致国共分裂的局面,以负荆请罪的姿态,说什么"此事起于仓猝,其处置非常,事前未及报告,专擅之罪诚不敢辞"为由,"自请从重处分,以示惩戒而肃纪律"。在这里足可以看出他两面派的嘴脸。

且说蒋介石虽然爬到了中央执行委员会常务委员、国民革命军总司令的位置,在党内一跃仅次于汪精卫的第二号人物。这时他也清楚地知道,孙中山去世后,党内党外群龙无首,党内有党,党外有派,表面上你好我好,其实这中间到处有激流险滩。如果他的野心稍稍有所表示,那将是众矢之的。蒋介石明白自己资历浅,当朝元老很多,论地位,他得往后排,这也是人贵有自知之明,蒋介石的聪明也就在这里。所以他采取掩护的手段,把其"右派"的嘴脸、"野心"的尾巴好好地掩护一番。一时间,蒋介石的行为迷惑了不少人。包括共产党的高级干部们。以至于后来在国民党中执委第二次全会上,蒋介石抛出了他精心策划的《整理党务案》时,共产党员还为其美言,热烈鼓掌。殊不知这个《整理党务案》的核心之核心,

---

① 引自李西岳、苏学文著:《陈氏家族全传》,中国文史出版社 2001 年版,第 112—113 页。

就是以"纯洁组织"为名,达到排斥共产党之实。由于蒋介石事先准备得充分,又有一个冠冕堂皇的说法,提案是在"一切革命势力合作原则万岁"的口号下发布的。它有很大的欺骗性。

"二次全会"开了八天,蒋介石不仅仅是通过了他的《整理党务案》,而且又使他成为了国共两党联席会议的代表,免去了谭平山、林祖涵、毛泽东、刘芬的代表职务。同时免去了毛泽东国民党中央宣传部(代)部长,任命顾孟余任宣传部长,任命蒋介石为中央组织部长。这也是蒋介石最大的收获。全会以后,他更是青云直上,当上了统帅三军的总司令不讲,接着中执委临时全会选举,他又爬上了中央常务委员会主席的宝座。蒋介石借助中山舰事件和整理党务案,一下子权倾朝野。按照蒋介石的话说,他只不过使了个小小的心计而已,结果收获大大,特别是中央组织部长的要职,更令他欣喜若狂。

中央组织部是他培植自己势力的园地,一个好汉三个帮,因此他想到了再找一个好帮手。蒋介石首先想到了陈果夫。

组织部人员更换,历来敏感,备受关注和非难。好在陈果夫刚从上海初来乍到,跟谁都不大熟悉,没有派性,再加上他头上有"陈其美亲侄"的光环,就轻而易举地得到了大家的认可,到了中央组织部做了秘书工作。其实他是"部长第二",或者说是"二部长"。据陈果夫在《十五年至十七年间从事党务工作之回忆》:

> 原任组织部部长谭平山,秘书杨匏安,都是共党分子。在这个时期,本党与共党已经开始斗争,我能顺利接收,要追溯到过去两年的情形。十三年(1924 年)本党改组以后,已呈分裂现象,那时我对党务,未加闻问。后来奉蒋先生之命,在沪担任招募及黄埔后方勤务工作,因为职务上需要与各方面接触,纯粹本党同志与跨党分子双方均来问我对党务的意见。我除了答复党内不能有党的主张外,其他什么也没有表示。同时双方都要我登记,我都没有参加,因此,对各方面均无恶感而能达成在上海的重要任务。等到发展组织部秘书以后,多数共产党以为我没有直接办过党务,所以不甚注意。其知我

者,也认为我没有参加过任何反共组织,是比较超然的人物。所以到中央党部组织部任秘书职务,毫无阻碍。

这时陈果夫以貌似"中性"的角色进入国民党中央组织部后,发现党务已经到了严重失控的地步,情势比预想的还要严峻。他说:"我们的党务,好久无人理问了",在中央,"秘书处由三个共产党员"把持,可以说,"已经为共产党完全篡夺"。在各省市方面党务"大半为共产党主持",下层"已无基础可言",至此,才觉得肩上的担子沉重起来。

万事开头难。

他上任烧的第一把火是,决定先从本部机关着手清退共产党。当时,中央组织部共有 29 人组成,真正属于纯粹的国民党分子的只有三人,其余的要么是共产党员,要么是受共产党影响的人,在这种情况下,工作根本无法进入预设的轨道。陈果夫请示了蒋介石提出用掺沙子的办法,增加精明强干的本党同志。蒋介石点头赞成,并让陈找丁惟汾、顾孟余商量人选问题。经过商议,大家一致赞成由段锡朋、王乐平来中组部工作。为了不打草惊蛇,陈果夫事先辞去共产党部员和国民党部员各一人,以完成新旧交替。看上去好像一碗水端得很平,其实,无论于质量,还是数量,国民党右派都有大的进账。

段、王入阁附翼后,陈果夫开始整肃内部,用他自己的话来讲,即"自段、王两人入部相助后,开始办理党员重新登记及调查工作,对部内同志厉行考核"。在进行的过程中,陈果夫巧妙地掌握了两个度:一是不做扎眼的事,不硬性使用反共色彩浓厚的人;二是"自动"辞职留下的空缺,绝不用跨党分子。比如有一次,陈果夫对部内考核优秀的两位同志予以晋级提拔,中央党部秘书处秘书、共产党员杨匏安怀疑陈别有用心,出面干预,把这两位同志调往他处,陈马上将本党的郑异、萧铮填上。又如,一位姓谭的共产党部员,因为外厢兼职过多,不能集中精力从事本部工作,陈果夫通过纪律警告的方式对谭施加压力,弄得谭看见陈果夫就十分紧张。有一天,陈通知谭参加一个重要会议,正巧与共产党组织的活动发生冲突,谭没有按时与会,陈就故意把事情弄大,让部里的同志满世界找谭。

一个星期后,谭回到机关,顶不住四面八方的呵斥,只好提交了辞职报告,陈果夫立即照准,同样又以本党人员填上。如此一而再、再而三地反复演试,调离的调离,辞职的辞职,不出半年,原先差不多接近"赤化"的中央组织部,"仅留有共产党员三个,其余的都是纯正的"国民党分子了。

陈果夫用软刀子杀人,完成了组织部的大换血,这一手,连蒋介石也认为干得漂亮、老到,禁不住将谭延恺的评语搬来,连声夸"果夫有办法"。1926 年 7 月,中国国民党发表《北伐宣言》,蒋介石率领国民革命军北上。临行前,经他提议,由陈果夫接替国民党中央组织部部长一职。这一方面,可以看做是蒋对陈工作的奖赏。

新官上任三把火。陈果夫不知不觉中已烧了一把火,将共产党从中组部里赶走。紧接着的第二把火,就是对下属各级党部进行清理整顿了。陈果夫最先注意到广州市党部和广东省党部,一个"内容腐败",一个两党明争暗斗十分激烈,他通过"视察及指导"的办法插手干预,很快把问题解决了。随后又将广东的经验逐步推广到面上,由国民党中央组织部陆续派出"部内富于工作经验的同志",赴下级各党部"担任指导工作"。陈果夫把这一经验概括为"穿线",成功的前提:"第一要能够避开共党的视线,第二要老同志认为他们不偏不倚,而且必须具有忠于国家民族、忠于本党主义、认识共党阴谋,信仰领袖的真诚才行。"

当时具体的分布如下:段锡朋、郑异去江西;萧铮、王宇春、葛武肇奔浙江;郭春涛往西北;陈希豪到上海;贵州有张道藩;北京有吴铸人、董冠贤;甘肃有田昆山;福建有丁超武等等。陈果夫解释这样做的理由是:"上述各地,本党党务均受共党的把持,我们必须派人去,宣传中央意志,使各地同志明了重新登记之必要。"掌握"同志间联络与组织,及和共党斗争的方法"。实际做成的效果,后来被证明是成功的。陈果夫自称:"到清党时期,除派到浙江的王宇春被共党利用叛变处死,郭春涛随着冯玉祥不返,可说是用人失当之一憾事外,其他都能达成任务。"也就是说,经过国民党中央组织部的指导以后,各省党部、特别市党部根据《整理党务案》,已把执行委员会中的共产党员有效地控制在三分之一以内了。对此,周恩来心情沉重地说:"这样,右派在组织上占了极大的优势,我们在党务方面已毫无地位。陈果夫、陈立夫便利用他们的地位,在各省发展右派",形势开始朝着不利于共产党的方面恶化了。

　　陈果夫整理党务的第三把火是办党政训练所,负责培养"合格的"干部人才。此前,国民党的训练机构大多由共产党掌握,培养了一大批忠诚于无产阶级的革命同志。清理整顿党务之后,共产党虽然被逐出了教育领地,但干部匮乏的矛盾并没有解决。陈果夫与当时负责国民党中央工作的张静江等人商议后,决定拟办党政训练所,以解燃眉之急。报告呈递上去未久,国民党中央就批复同意,任命陈果夫为党政训练所所长。经过严格的筛选,陈果夫招收了第一期100名学员,制定了相关的纪律、规章制度以及教学计划,包括蒋介石训话,学习国民党党史、国民党章程等等。然而事与愿违,学生中出现了严重的亲共倾向。陈果夫当机立断,以"思想行为不端"的名义,开除了12个激进的学生,以儆效尤。谁知,反而激起更大的波澜,进而转变为风潮。陈果夫意识到问题的严重性,连忙去广州公安局,请老同学李章达局长帮忙派军警前往压制。李章达不满陈的做法,碍于情面敷衍了事。第二次陈再去求助,李便不予理睬了。陈果夫气急败坏地跑到张静江那里告状,张下令免掉了李章达的局长头衔,才平息了风潮。事后,被开除的学生差不多超过一半,训练所眼看办不下去,只好草草收场。余下的学生分别被派往甘肃、福建、广东、北京、南京等地,其中不少人后来成为反共的中坚力量。

　　相比前面的"功绩",这第三把火似乎烧得不够炽亮,好在把住了宁缺毋滥的原则,总算没捅大的娄子。陈果夫总结了经验教训,又重新拟定扩大党政训练所的计划,并先后与国民党的理论专家戴季陶和党务专家丁惟汾共同磋商后,把方案提交中常会讨论。后来,这一计划获得通过,党政训练所改称为中央党务学校,后又改称为中央政治学校,最后再改为国立政治大学。想不到最初不显眼的那把火,竟烧出一片偌大的天地,造就了以党务相对军事、与黄埔互为犄角的干部摇篮。从这里毕业的学生,后来大多成为"陈家党"的基层干部力量。因此,无论从国民党组织建设的角度看,还是从派系发展的角度看,陈果夫烧的这把火都具有重大而深远的意义。[①]

┃ 从"欢迎"到"打倒"

从 1926 年 7 月 9 日起,国民革命军开始北伐,三路大军从广州分别向北挺进,攻无不克,战无不胜,如秋风扫落叶一般,取得节节胜利。且说第一路军击溃吴佩孚的主力,于是 10 月 10 日占领武昌;第二路军歼灭了孙传芳的主力,解放江西,占领南昌;第三路军主攻福建,于是 12 月底,解放全省,攻占福州。接着三路大军,稍作休整,于 1927 年初,乘胜追击,又陆续占领了浙、皖、苏的大部分地区,形成了攻取杭州、上海、会师南京的局面。这样一下子把革命的风暴前推到长江流域,强烈地震撼了帝国主义和封建军阀在中国的统治,各种矛盾都暴露了出来,而且非常尖锐。

在内部关于迁都之争也达到了白炽化。国民党政府迁都武汉,并分两批人员先后迁移。第一批先头于 1926 年 12 月中旬到达武汉,并于 1927 年 1 月 1 日宣布办公。第二批人员也开始迁移,路过南昌时被蒋介石扣留,声明不把迁都改在南昌,誓不罢休。蒋介石便带着自己的心腹陈果夫,于 1927 年 1 月 9 日来到武汉,来做说服工作。

这时的武汉政府的政治领军人物是鲍罗廷,主要组成人员像宋庆龄、邓演达、陈友仁、徐谦等都属于国民党左派,掌握军权的是唐生智和张发奎,他们支持着汪精卫。

这是蒋介石第一次来武汉。武汉政府各界举行了有 30 万人参加的盛大的欢迎会。

会议在辛亥革命的旧址广场举行。蒋介石带陈果夫出席了大会,并在会上发表了即兴演说:"我第一次踏上这块辛亥革命的红土地的时候,我就被这里的人们革命的情绪感染了,这块神奇的土地也吸引了我",说到这里,他笑了笑,对身边的陈果夫道:"你是不是也有同感?"

---

① 参见李海生、张敏著:《陈果夫与陈立夫》,上海人民出版社 2001 年版,第 80—83 页。

陈果夫道："不光有同感,还有共鸣呢!"

蒋介石正要往下说,台下就有人站起来责问:"蒋总司令既然对武汉这么看重,为什么还违抗中央迁都武汉的决定?"

陈果夫看主子蒋介石难于回答,便主动站出来说:"今天会议不是这个议题,我愿意下去和同志们一块儿讨论。届时欢迎大家提更多的问题来。"

"陈部长,你来回答你们为什么要扣留第二批来武汉的中央委员?"有人又把矛头指向了陈果夫。

陈果夫还是重复那句老话:"会议没有这个议题,咱们下去讨论。"

会议主持者马上说:"下面请苏联顾问鲍罗廷讲话,大家欢迎!"

鲍罗廷说:革命要依靠人民,没有人民便没有革命,发扬民主,反对独裁,提高党权,简直是不给蒋介石一点儿面子。尤其是那"独裁"的字眼儿,虽然话音不高,却字字刺在他的心里。

会下,尽管蒋介石做了不少工作,仍遭到了国民党左派的坚决抵制,蒋介石和陈果夫弄了个无功而返。他没做通人家的工作,人家倒做通了他的工作。他表面上承认武汉为迁都之地,拥护迁都武汉,但他与鲍罗廷的矛盾却恶化了。他又拿出当年对付季山嘉的手段,在回到南昌以后,于1月19日给武汉联席会议主席徐谦打电话,声称鲍罗廷在武汉当众侮辱了他,要求撤销鲍罗廷的总顾问职务。为了进一步为最后和苏联摊牌做准备,蒋介石开始攻击苏联,他在南昌总部第十三次总理纪念会上说:"无论哪一国,如其放弃帝国主义政策,能以平等待我中国的时候,那么我们对待他们,如同对苏俄一个样子。……若苏俄一旦不以平等待我,像别的帝国主义一样压迫我们的时候,我们也像反对帝国主义一样反对他们。"

接着武汉政府针对蒋介石的独裁分裂行为,在国民党内开展了反对独裁、提高党权的运动。陈果夫与蒋介石互相呼应反对这场斗争,2月就辞去了中央组织部部长的职务,并声称拒绝参加国民党在武汉的二届三中全会。

1927年3月10日,国民党二届三中全会按时在武汉开幕。武汉街头举行了声势浩大的游行。那场面一点儿也不比1月份欢迎蒋总司令的场面小。这次他们不再是欢迎了，而是声讨蒋介石了。人们喊出了心中的口号是：

"打倒蒋介石！"

"打倒昏庸老朽的张静江！"

"驱逐陈果夫、陈立夫！"

"欢迎汪精卫复职！"

……

局面一下子使蒋介石为代表的国民党右派处于十分不利的地位。

四一二大屠杀前后

武汉政府从欢迎到打倒，这令蒋介石恼羞成怒。这一夜，蒋介石彻夜难眠，他心想，你不仁我也不义，于是就在国民党二届三中全会在武汉召开的过程中，蒋介石指挥他的下属频频向革命阵营发难：

——3 月 9 日北伐军进占江西的时候，蒋介石唆使爪牙，残杀了江西省总工会副委员长陈赞贤，并把人头悬挂在赣州城头。

——3 月 16 日，蒋介石命令段锡朋等强行解散了拥护三大政策的南昌市党部。

——3 月 17 日，蒋介石率部东进九江的第二天，把"九江市党部、总工会、农协、国民新闻社一一捣毁"，杀害四名共产党人。工人自卫队奋勇自卫，被蒋介石的卫队镇压。

——3 月 23 日，安庆市召开欢迎蒋介石总司令的大会，蒋介石以每名大洋四元的价钱，收买流氓组成敢死队，捣毁了安徽省党部、安庆市党部和革命团体。

——3 月 26 日，蒋介石随北伐军占领上海，就密令将"打倒帝国主义"的口号，改成"和平奋斗救国"。向帝国主义表示："国民革命军是列强各国的好朋友，绝不用武力来改变租界的现状。"对于蒋介石的态度，帝国主义列强表示满意，并答应以驻扎在上海的 2 万兵力帮助蒋发动反革命政变。同时还奉送 3000 万作为经费。

　　——4 月 5 日，蒋介石又将上海的"左倾"部队调离上海，改派反正的北洋军阀周凤岐二十六军接防。为欺骗共产党人，蒋介石还下令封闭了反共的西山会议派设在上海的国民党中央党部。

　　——4 月 12 日凌晨，上海还在沉睡的时候，枪声划破了夜空。

　　荷枪实弹、全副武装的帮会流氓，身着蓝色短裤，臂缠"工"字符号，冒充工人，自法租界地出发，向闸北、南市、沪西、虹口等区开进，向那里的工人武装纠察队开枪袭击。工人纠察队猝不及防，仓促应战。事先已在周围埋伏好了的蒋介石反动军队，乘机冲出，以调解"工人内讧"为名，缴获了双方的枪支。上海 2700 名工人武装纠察队就这样被缴了武装。

　　当天下午，蒋介石的反动军占领了上海总工会，并把上海帮会流氓组成的"上海工界联合会"改名为"上海工人组织统一委员会"，盘踞总工会会所，并配合反动军队破坏总工会下属的各分会，逮捕共产党员和工人领袖。

　　与此同时，帝国主义列强也在租界和华界内，疯狂搜捕共产党人和革命群众千余人，送交蒋介石。

　　面对敌人的疯狂逮杀，上海总工会发出全市总罢工的命令，中午，数万名工人在闸北青云召开大会，控诉蒋介石反革命军队的罪行。会后，工人群众冲向总工会，并夺回了上海总工会会址。南市区的广大群众也举行市民大会，并列队前往龙华北伐军总司令部请愿。当这数十万人的请愿队伍行至宝山路三德里附近时，已接到蒋介石屠杀命令的反动军队立即向手无寸铁的工人群众开枪扫射，当场死伤无数。时值天降大雨，宝山路顿时血流成河……

　　自 4 月 12 日至 15 日，在这次反革命政变中，上海工人 300 多人被杀，500 多人被捕，5000 多人失踪。一批优秀的工人领袖、共产党员惨遭杀害，如赵世炎、陈延年、汪寿华等。

　　在蒋介石发动四一二反革命政变的同时，广州的反革命军队也在 4 月 15 日向共产党人和革命群众举起了屠刀。除此之外，蒋介石还在南京、无锡、杭州、宁波、福州、厦门、汕头等地屠杀共产党人和革命群众。

4月15日,蒋介石把几名中央执、监委召集在一起开会,并非法作出了只有中央全会才能作出的决议:一、以南京为国都;二、取消武汉不合法之中央党部;三、取消武汉国民政府等八项决议。4月17日,蒋介石在南京成立国民党中央。次日上午,蒋介石又在旧江苏省议会举行典礼,成立南京国民政府,胡汉民任主席。

蒋介石发动的四一二反革命政变,激起了革命人民的无比愤慨,武汉政府和共产党人对蒋介石的大屠杀表示强烈的抗议。4月18日,武汉国民党中央和国民政府发表声明,表示继续拥护孙中山的三大政策,推进国民革命,怒斥蒋介石等人的反革命罪行,并发布了"免蒋介石本兼各职令",委任冯玉祥接替蒋介石总司令职务,并任命唐生智为副总司令。命令指出:"蒋中正屠杀民众,摧残党部,甘心反动,罪恶昭彰。已经中央执行委员会议决,开除党籍,免去本兼各职。着全体将士及革命民众拿解中央,按反革命罪条例惩治。"命令宣布,蒋介石所统辖的第一集团军之第一、第二、第三、第四各方面军及总预备队,统归军事委员会指挥。武汉国民党中央同时宣布开除陈果夫、张静江等人的党籍。

南京政府成立,为使他的政府能披上合法的外衣,蒋介石也需要有人为他摇旗呐喊,这时他想起了陈果夫。在南昌的时候,陈果夫就向蒋介石建议召开中央监察委员会全体会议,建议以国民党党纪制裁共产党。在陈果夫看来,"中央执行委员中多数同情共党,而监察委员则多数为本党忠实同志"。于是,在北伐军进入上海的第二天,陈果夫就被蒋介石派去上海,在上海之外的国民党中央监察委员会委员也接到了蒋介石发来的赴沪开会的电报。

如今事变结束,他更需要陈果夫的出谋划策。

不久,陈果夫、吴稚晖炮制出来的一篇呈文使蒋介石如获至宝,遂名正言顺地对外宣布:中国国民党中央委员会,举发共产党连同党内跨党之共产党员等有谋叛之证据……本总司令职司讨伐,以维护地方秩序为要,如有借端扰动,有碍治安者,定当法治。

蒋介石对陈果夫说:"我们都被武汉政府开除了,如今我们是一条绳上的蚂蚱了。"陈果夫笑笑说:"三叔往哪儿指,我就往哪儿打!"

第十八章　效力蒋府

▏ "复成桥血案"始末

南京政府成立不久,就出现了窝里斗。桂系李宗仁不满意蒋的专制和独裁,开始作梗。与此同时,津浦线上与军阀孙传芳的作战也告失利。蒋介石顶不住党争、战事、内讧的三重压力,被迫宣布下野,以退为进。他冷眼旁观一幕幕闹剧,心中的算盘越来越清晰。蒋介石由张群、陈果夫陪同,回到老家溪口省亲。他们并不在意失败,议论最多的话题就是如何卷土重来。蒋介石再三叮咛陈果夫,未来的党务你要多考虑,说罢紧攥拳头,意思是要牢牢地控制大权,且不能儿戏。

从溪口回到上海,一天,蒋介石把陈果夫、陈立夫叫到跟前,要他们兄弟使出浑身解数,陷南京当局于困境,让那些新贵的军阀们美梦化影。陈氏兄弟满口应允。

当时,沪上正聚集着一批前任的各省市党部官员,因为特委会的排挤,失业的失业,赋闲的赋闲,什么话都敢讲,满肚子都是怨气。这些人用不着动员,都会自觉地簇拥在二陈的周围,成为拥蒋运动的生力军。

一个月高星稀的夜晚,陈果夫秉承主子蒋介石的旨意,悄悄地潜回南京党务学校,为反对和推翻西山派的特委会,他连夜找到谷正纲、段锡朋、康泽,成立了秘密行动小组。这一切事情完成后,东方已经报晓。

再说11月20日,国民党南京特别市党部正召开党员大会。这天,党员到会较多。

临近中午,大会表决《拥护特别委员会》的议案时,会议不再沉默。有人站出来,公开反对这个议案的通过,说什么要党还是要派这是个原则问题!我们不能成为西山派的走狗!反对者也哗啦啦地站了出来,说什么这个议案重要,是关系到我们党国的命运的大问题,不通过,谁也别想吃午饭!

一时间,双方剑拔弩张,互不相让。讨论会变成了对骂会,唇枪舌剑,火药味愈来愈浓。话说这时,一个学生模样的青年,名叫黄杰,他赤脚跳到桌子上,面对众人,历数特委会属非法的种种理由,说到激动处,竟抑制不住振臂高呼起口号来:"打倒特别委员会——"不少人也跟着喊叫起来。

一时间会场大乱,惊动了公安局出面,抓走了黄杰等四名中央党务学校的学生。作为总务主任的陈果夫当然也不干了。翌日,中央党务学校的学生在陈果夫的暗中支持下,他们举行了游行。他们高举着校旗,佩戴着校徽,用"打倒特别委员会!""还我学生!"的口号开道,先赴南京市党部门前,砸毁了门牌。最后迫使当局释放了被捕的四名学生。

初战告捷,人人高兴。可陈果夫在给同学们加油,策划一场更大的风暴——初步选定讨唐(生智)祝捷大会那天起事。

11月22日,预定的祝捷大会如期在复成桥畔的公共体育场举行。

上午8时,人们从四面八方向体育场方向拥来。这里面有工人、有学生,还有市民,黑压压的,不下三四万人。陈果夫的中央党务学校的学生穿着打扮很特别,他们是一色的灰制服,腰扎一字皮带,人手一根齐眉长棍,他们是9时进来的,紧紧地把住了体育场的四个出口。这时四个出口只能进不能出,人群很快把个偌大的体育场堵了个水泄不通。谢持等特委会首脑见事态不妙,急调军警驱散,但人山人海,为时已晚。

接着会议准时开始,谷正纲第一个跳上台发表极具煽惑力的说辞,把激情的会场演绎到极致。没等主持会议的谢持回过神来,谷正纲开始大呼口号:

"打倒昏庸老朽的西山派!"

"打倒非法的特别委员会!"

……

受鼓动的群众也随声附和,口号声淹没了谢持的声音,谢持见自己的劝说没有效果,便摘下自己的帽子上下摇曳,人们还是无动于衷。

"游行示威吧——"人群中,不知是谁高喊了一声。随后人们便朝门口涌出。与会人员在谷正纲、段锡朋的带领下开始游行。中央党务学校的学生走在最前面，其他群众按照四人一排尾随其后，队伍浩浩荡荡，绵延数里，极为壮观。

事情到了这般天地，谢持恍然大悟，他随手在秃顶头上抓了两下，心生一计，接着就消失在主席台下。

话说当游行队伍来到复成桥头时，便遭到了军警的阻拦，双方正在僵持之际，只见从桥头堡下飞出一蒙面男子，朝军警连放冷枪。军警也不能自制了，端起枪来向游行人群开了枪。郑廷贞、范世林当场毙命。中央党务学校学生袁大煦重伤，抢救无效死亡。轻伤者不计其数。

于是，中央党务学校礼堂由庆祝改成了追悼会。追悼会后，大家集中到广场，准备抬着袁大煦的遗体，到国民政府门前请愿。国府里主持工作的要员们果然乱了阵脚。不一会儿，在代表的催促下，李烈钧（国府三常委之一）离开办公厅，来到大门外。他望着白布缠身的袁大煦遗体，听着学生们的呼号，心如刀绞，一声长叹："老实说，袁同志死在党争！"他的话音刚一落地，行列中便有人质问："请问李委员，党争是什么意思？难道袁大煦是共产党员吗？如果不是，那么打死袁同志的到底是什么人？又是什么党？"李烈钧没有想到对方有此一问，面色变土，冷汗涔涔，道："我老糊涂了，我说错了。"

陈果夫导演的这出戏，赢得了社会的同情和民众的支持，特委会顿时陷入困境。连日来，他们频繁召开谈话会，进行辩解，可是越辩越黑，最后只得在四面楚歌中折冠而去。特委会竟成了国民党史上寿命最短的中央领导机构之一。同时这也为蒋介石重新披挂上台铺平了道路。

| 陈果夫的清党

1928 年新年伊始，蒋介石重新上台，陈果夫被任命为中央代理组织部长，陈立夫被任命为国民政府建设委员会常务委员兼中央组织部调查科长。这时，蒋介石为了巩固他的政权，再次强调"清党"是当务之急。用他的话说,第一是清党,第二是清党,第三还是清党。清党压倒一切。陈果夫深领主子之意,遂在2月南京召开的国民党二届四中全会上极力鼓吹清党。

在这次会议上,陈果夫的提案几乎占了会议所有提案的一半,这些提案都是清党,从理论到实践,甚至包括方法、程序都做了一一阐述。

会上陈果夫多次发言,陈述自己的清党观点,他认为,要使清党运动能收到实效,必须与整理党务结合起来,把整理党务作为清党的一个重要内容。为此,他与主子还有丁惟汾一起拟定了整理党务的提案交大会讨论。为了使清党有法可依,他又与蔡元培等人提出了《制止共产党阴谋案》等。

陈果夫由于在会上的出色表现,被选为中央监察委员、民众训练委员会委员及常委。会后,陈氏二兄弟即着手对国民党各级党部进行整理,他们首先决定从反共分子中选出"精英"人物,作为党务指导员,分派到全国各地去,主持清党。这些党务指导员到各地后,打着整理党务的旗号,将共产党员和国民党左派分子及异己分子统统驱逐,扫地出门,重新组阁,安插二陈的亲信。这样一来,就出现一个现实的问题,国民党极右化了,极右的分子却出现了不足。

为了解决这个问题,需要培养一大批新的国民党骨干分子,陈果夫决定在以前党政训练所的基础上,成立一所中央党务学校。他们设想将党务学校办得像黄埔军校一样,成为一所政治学校。为加强领导蒋介石亲自兼任校长,戴季陶任教育主任,丁惟汾任培训主任,陈果夫为总务主任。这个集领袖、理论家、实干家于一体的领导班子,真正主持校务的,只有陈果夫一人。陈果夫认为,"欲造成革命之武力,不可无黄埔;欲推进党务之发展,更不可无一般曾经充分训练之党员,充实各级党部,巩固本党之组织"。

1928年底,国民党中央宣布进入训政期,为了培养更多的追随者,特于1929年6月,经国民党中央批准,将中央党务学校扩改为中央政治学校,学制四年。蒋介石继续担任校长,另外增设校务委员,陈果夫、陈立夫均当选。不久,陈果夫又取代了丁惟汾,接任教育长。自此,中央政治学校基本上成为二陈的禁脔。

话说这年学校扩改为"中央政治学校"的时候,学校还举行了阅兵式。

主席台上,蒋介石一身戎装,威风凛凛。

偌大操场上,各中队学员列队完毕,八个方块阵营,一拉溜地立在主席台前,十分整齐。此时,各方阵分别向教育长陈果夫列队报告,报告完毕,陈果夫又整理队伍:"稍息,"当他以洪亮的声音,喊声"立正",然后端起双臂,跑到主席台前,离蒋介石三米远的距离,双手垂下,双脚并拢,向蒋总司令敬礼报告:

"总司令,我校列队完毕,检阅是否开始?报告人陈果夫。"

蒋介石还了一个军礼道:"开始——"

在陈果夫重回队列之中时,音乐响起,检阅开始。一队队方阵,在行进的音乐声中,迈着整齐有序的步伐通过检阅台,口号声响彻云霄……

后来,这些毕业生都成了蒋介石反共剿共的生力军。

中国调统工作的创建者

在纯洁组织、整顿党务的同时,陈果夫根据主子的建议,对中央组织部进行了调整和改革。改革后的组织部下属七个科,分别是组织科、编审科、党籍科、总务科、军人科、海外科和调查科。明眼人一看便知,这前四个科是固有的建制,后三个是新设的,尤其是这个调查科更为显眼。谁来主持这方面的工作都令人注目。陈果夫已经给蒋介石提出七个人选,蒋介石都一一否定了,原来这个人选早在他的心中,不是别人,就是陈立夫。就连一娘同胞的兄长陈果夫也感到意外:"他可是学矿业的。"

"任人唯贤。看来,你还是不大了解他。"蒋介石哈哈地笑了。片刻,他又敛着笑,道:"你快把立夫找来,我要当面谈话。"

"是,三叔。"陈果夫这次喊了声三叔,表示了他对蒋介石的感谢。

不一会儿,陈立夫气喘吁吁地跑过来:"总司令,你找我?"

"是,请坐下。"

陈立夫随便找了一个位置坐下后,蒋介石发话了:"今天我找你,有一重担让你挑。"

"总司令,只要我陈立夫挑得动的,你就吩咐吧。"

"组织部的调查科,我任命你为科长!"蒋介石提高了声音。

"谢谢总司令栽培。"陈立夫忙道,但他还不知道这调查科是干什么的。蒋介石大概看出了他的心思,忙又解释道:

"这可是个重要的工作。我曾去过苏联,他们的克格勃庞大严密的组织体系令人羡慕,它对国家的安全和稳定起了不可替代的作用。"

陈立夫像听天书一样还是直摇头,蒋介石又解释道:"美国的联邦调查局,神通广大。大概你不会陌生吧?"陈立夫点点头。蒋介石继续讲道:

"凡是一个国家,受了外力的侵袭,为求自保,必须有一个健全组织的调统机构,你如果读过《管子》一书,就知道齐国的调统组织的健全,老百姓的一切,政府都调查得一清二楚,对外更不用说了,故能九合诸侯,一匡天下。说白了,调统其实就是帮助政府洞察内忧外患的耳目,现代人赋予他们的俗称叫特务,官名叫秘密警察。设在组织部门,一是防范共产党的渗透,二是对付党内的反政府势力。"

说到这里,陈立夫眼前一亮:"总司令,我懂了,你看我能行吗?"

"能行!"蒋介石一言为定。

陈立夫的担心不是没有道理,自己是文弱书生出身,从没有干过偷鸡摸狗的事情,然而蒋介石对偷鸡摸狗的人偏不选,独选自己这个文弱书生。蒋介石有蒋介石的道理,他是要按照自己的意向改造世界的:"就这样定了,你就上任吧!"

陈立夫从蒋介石办公室走出来的时候,三星已指南方,天穹很黑又很深。心中的不安并没有因为刚才的谈话而减轻。他在自己的回忆录中很有意思地写道:"我奉到这个命令,感到我的个性对此颇不适宜,并且对这项工作丝毫没有知识和经验,因为我是学采矿工程的,对物而不对人。"于是,他便急急地找到戴季陶,因为是要好的朋友,一吐为快。戴季陶听完陈立夫的叙说,便发表个人的意见:"你是一位和善而有智慧的人,做调查工作的人,固然三教九流的人都需要,但是要去管这些人的人,需要一位慈祥而公正的人,才能管住他们而不出乱子。你看寺庙中两边站的十八尊罗汉,个个都是横眉怒目三头六臂的,但是中间坐的那位如来佛,却是何等的慈祥雍贵,唯其如此,才能管得住,做得好。所以蒋先生要你去做,就是这个道理,我看你还是从命吧。"

其实,戴季陶巧言令色,真正的用心处,还是帮衬蒋介石。直到抗战爆发后,陈立夫改做教育部长,戴季陶向陈立夫道贺时,才吐出真言:"你能够摆脱调统工作,是你的聪明过人,我当时劝你接受任命,喻之以如来佛之管十八尊罗汉,今竟能安全解脱,真是你的造化,恭喜恭喜。"此为后话不说。

陈立夫走马上任后,首先是专门人才短缺。陈立夫所任用的人,按他自己的原话说,"多半是美国留学生,学工程与自然科学或社会科学的,所以调查科开始组织,就是请这些人帮忙参加,他们中没有一个懂美国FBI(联邦调查局)或苏联的格别乌类似我们的调统工作的。我们的科分调查和统计两组,一面做,一面学。究竟这些人是受过高等教育而有科学训练的……我们的工作进行得非常顺利,不久就破获了若干共党秘密机关",抓捕共产党人16000余人,这些"骄人战绩",深得蒋介石的赞赏。

由于中央组织部调查科的班底由高学历的留美生组成,这就使得"中统"(后改名为中国国民党调查统计局)具有鲜明的技术专家的特征。由此波及他的工作方法、工作作风和办事特点等形成了与"军统"别样的风格。后来,"中统"与"军统"统称为蒋家王朝的两大特务组织,他们的互为犄角,明争暗斗,除了中统人士自恃白领身份看不惯军统的粗野狂妄外,"同行冤家路窄"是主要原因,而始作俑者恰恰是他们的主子——蒋介石。

就这样陈立夫在调查科干了一年多,没捅娄子,工作出色,得到主子的赞赏,被提升为国民党中央党部秘书长。虽说换了岗位,但调统方面的工作仍要他拿意见,还要亲自过问。这种情况一直持续到1938年陈立夫担任教育部长,整整10个年头。陈立夫在他的回忆录中大言不惭地称自己是"中国调统工作"的"创建者"。

"蒋家王朝陈家党"的由来

孙中山去世,广州革命政府群龙无首,国民党立刻成分裂状态:汪精卫、胡汉民、孙科、丁惟汾四派四个"山头",蒋介石还不成气候,要排位的话,权且算"小五"吧。

历史像魔术师一样在无声地演变。廖仲恺被刺事件发生后,严惩凶手的呼声一浪高于一浪,胡汉民、许崇智被赶出了国民党中央,离开了广州;"中山舰事件"后,汪精卫的日子也不好过,下野出国,溜之大吉;孙科自成一派,仰仗的是革命领袖孙中山,孙科是留学生出身,实践不足,自己没有主见,跟随的人也没有主见,孙派可称为"扶不起的天子",难成气候。所以,在广州国民党中,还存在以中央秘书长兼青年部长丁惟汾为首的丁派和新崛起的蒋介石、陈果夫为首的蒋派。当时国民党的党务实权还在丁惟汾手中。

斗争的第一阶段,陈果夫当了蒋介石的组织部长后,其职权只能在组织部门内行使。各省党部的工作,都由丁惟汾以国民党中央秘书长的名义一手包揽,陈果夫插不上手。对于国民党的清党工作和后来蒋介石与汪精卫的宁汉分裂,丁惟汾都旗帜鲜明地站在蒋介石一方。因为丁惟汾骨子里反共,而汪精卫一直以国民党正统领袖自居,为掌握党权的丁惟汾所不耻。所以这个时期,丁、蒋、陈尚能合作。也有人称是"蒋家王朝丁家党"。尤其是1927年到1928年是他们党务合作的最好时期。在这个时期,尤其是国民党的二届四中全会,他们在党务上,在用人上一唱一和,配合默契。在这之前,蒋介石、陈果夫与丁惟汾合作,赶走了胡汉民,挤垮了汪精卫,威镇了孙科派。因为蒋介石复职上台不久,需要表现出一种大度宽容的姿态,所以在二届四中全会上选出的五名中央执行委员的人选中,丁惟汾的大名赫然在上。

天下大事分久必合,合久必分。就在这次会议上,也为丁、蒋间的冲突埋下了伏笔。

会后,蒋介石重任中央组织部长,陈果夫负责整个部务。在蒋的授意下,把整个国民党都纳入自己的势力范围。因此再次决定整理各地党务。按照二届四中全会规定,各地各级党部一律暂停一切活动,听候中央派人整理。为纯洁组织,各地党员一律重新登记。因为蒋介石抛开了丁惟汾,丁惟汾心想,不管怎样,我也是中执委五名委员之一呢!蒋丁之间立马出现裂缝。蒋介石可不管那一套,我行我素,四中全会结束后不久,蒋介石一纸命令又解散取消了国民党中央青年部,调丁惟汾改任中央训练部长。这样丁惟汾丢掉了青年部的组织人事大权,这些均收为中央组织部工作。权力一大一小,使丁惟汾感到了权力的危机。

1928 年 8 月,蒋介石与陈果夫加紧了策划,在策划的基础上,在南京召开了国民党二届五中全会。此时蒋桂冯阎合作的第二次北伐刚刚结束,蒋介石的声望可以说是如日中天。胜利使他头脑发热,于是他乘战胜张作霖、孙传芳、张宗昌之余威,开始在国民党内部向其他党派开刀。

在这次会议上,蒋介石的既定目标是:对冯玉祥、阎锡山、李宗仁等手握重兵的新军阀,他倡议裁兵;对有独立王国姿态的各地政府分会,他主张取消;对国民党党权,他要求独揽。由此蒋介石的野心昭然若揭。

国民党五中全会激化了蒋介石、陈果夫和丁惟汾的矛盾。会后不久,胡汉民回国,倡导实行孙中山提倡的"五权宪法",利用五权分离的办法和孙中山这顶大帽子,压蒋介石让权。这次丁惟汾采取坐山观虎斗的中庸策略,既不反蒋,也不反胡。蒋介石、胡汉民既互相利用勾结,也互相指责、争斗。

丁惟汾和蒋介石、陈果夫在党权上的争斗,一直在或明或暗地进行,但公开爆发是在 1929 年 3 月 15 日召开的国民党第三次全国代表大会前夕。

按理说国民党第三次代表大会是在清党和整理党务的基础上召开,可是在这个问题上陈果夫、陈立夫出了点儿偏差。在建立新党部时,由于受时间的限制,二陈一时找不到那么多完全可靠的人员派往各地,饥不择食地拼凑了一些人,包括一些表面可靠实际反蒋的人,这些人下去就出了乱子,他们与当地反蒋分子串通一气,新党部建立了,却成了反蒋者的天下。在这种情况下,代表不能产生,于是自以为聪明的蒋介石灵机一动,采取圈定与指定代表的办法,召开大会。没想到这种办法遭到了各派的强烈抗议。这时,丁惟汾带领三民主义大同盟公开跳出来反对。他们递交抗议书,散布不满情绪,希望扩大事端。

　　且说丁惟汾的三民主义大同盟，以北平、天津两地为核心，势力遍布全中国。这时的丁惟汾采取以退为进的战略，公开提出辞职，并离开南京赴北平。在临上车时，他吩咐在南京的大同盟组织把矛头紧紧对准蒋介石，他本人回北方地区策应。这样南北夹击，把战火烧起来。

　　丁惟汾回到北方，通过大同盟发动学生，以阎锡山、白崇禧解散平津两地工会为导火索，很快把火点起来。学生的游行队伍开到了街头，红绿标语贴满了大街小巷，锣鼓声、口号声震天响：抨击国民党中央党部，要求打倒蒋介石，并将胡汉民、戴季陶、陈果夫三人赶出国民党中央。随后运动波及全国。

　　蒋介石听到这个消息如坐针毡，他要求中央政府不能坐视不管，要立即采取措施，制止这种活动的蔓延。同时召开党务会议，通过"申明党纪令"。随后，宣布撤销浙江、河北、山西、江西、绥远、北平的党务指导员，另行改派。国民党中央企图用高压手段平息这场风波。

　　面对高压政策，大同盟在丁惟汾的支持下并不低头，相反发起了更大规模的运动。这次丁蒋交恶，阎锡山、白崇禧利用维护国民党威望的名义，对丁在平、津的支持者强行开刀，用大炮说话，以武力镇压了平、津两地工人和学生运动。

　　且说丁惟汾遭到阎锡山、白崇禧一阵痛击后，陈果夫、陈立夫指挥自己的人马，趁机打入北平、天津党部，对大同盟成员大打出手。随后又逐个击破。丁惟汾见势不好，举手投降。就此，丁惟汾的三民主义大同盟土崩瓦解。二陈也乘机将自己的人马填补丁惟汾的空额，基本上控制了各地的党部。他们又借1929年3月国民党"三大"召开的机会，塞进一些自己的人马。在这次大会上，二陈都当选为中央执委会委员，陈果夫出任中央组织部部长，陈立夫出任中央秘书长，都进入了中央核心层。这样"蒋家王朝丁家党"一下变成了"蒋家王朝陈家党"。

第十九章 "导淮"总长

| "转呈"变成了"帮办"

1932 年 6 月上旬的一天中午。

位于南京鸡鸣寺旁的陈府大院,迎来了一位身穿长袍,脚登千层底布鞋的中年人。他向门卫拱了一下手,门卫也点头道安,便抬脚迈进了陈府高门。

话说这人不是别人,正是陈果夫的妹夫沈百先。沈百先毕业于河海水利工程学校,1928 年,淮河暴雨成灾,两岸一片泽国,淹没无数良田,"两岸萧瑟鬼唱歌"。为治理千里淮河,南京政府成立了导淮委员会,蒋介石为挂名委员长,沈百先成了该委员会的秘书长。由于陈果夫与蒋介石关系密切,他这个秘书长就是陈果夫推荐的,于是沈百先的有关水利方面的文书和建议都是由陈果夫转呈的。陈果夫通过转呈文件,向妹夫也学习到不少水利知识。

沈百先进了陈家大院,穿过拱门,快步来到后花园,只见陈果夫正在一棵树下打太极拳,一招一式,极为认真。沈百先默默地站在那里等了一会儿,待陈果夫打完这套拳后,主动上前道:"大哥——"

陈果夫转过身来:"找我有事?"

"这份导淮工程整体计划需要转呈委员长。"

"好,到我办公室谈吧。"

二人边走边说地来到陈果夫办公室。

陈果夫今年正好是 40 周岁,由于幼年时落下胃病根,身体一直不好,他一脸菜色,打太极拳一直是他的健身运动,常年坚持不断。由于身体方面的原因,去年他辞去了组织部长的职务,而由自己的胞弟陈立夫继任。

陈立夫 32 岁,血气方刚。为了显示出自己的成熟,他默许人们称他为"立老"。可陈果夫的心态却大不一样,因身体不佳,他生怕人们称他为"果老",人们投其所好,称其为"陈公"。

他们在办公室谈了半天,等沈百先离开时,太阳已经西斜。

次日,陈果夫趁其开会的机会,把文件送给了蒋介石。蒋介石匆匆浏览一遍,说:"计划很好,你去帮我办这件事吧,好不好?"

陈果夫吃了一惊。"转呈"成了"帮办",他压根儿就没有想到这一层,于是他第一反应是:"对于水利,我可是外行啊。"

蒋介石两眼含笑地回答:"你知道注意这件事,而且所提的建议都不是外行话。这件事就是你去办了。"蒋介石下达命令,陈果夫无可推脱,就这样鬼使神差地走上了代理导淮委员会副委员长的职位。

淮河发源于河南的五百里桐柏山腹地,经由安徽、江苏两省入海。但从 1928 年后,黄河多次决口,夺淮入海,致使淮河成了黄河的支流,由于泥沙的缘故,淮河也成了有名的"地上河"。"三年一大灾,一年一小灾。大雨大灾,小雨小灾,无雨旱灾,成为洪、涝、旱灾俱全的重灾区。""数千百万之淮河民众,无日不沦于饥馑,无刻不泣对洪波,此淮之导,所以不容稍缓也。"

从 1929 年到 1931 年,导淮委员会集中了全国一些水利工程技术人员的精英,对淮河入江入海各路线进行了实地勘查、测量,广泛调查搜集各方面资料,进行反复论证、研究,并根据研究成果,拟定了整个导淮工程的总体计划。

导淮工程总体计划确定了江海分疏原则,即整治淮河入江入海的水道,使之便于航运、发电、防洪等,所需经费 2 亿元。这是问题的关键。由于蒋介石正和各军阀混战,军费开支都十分困难,哪来如此巨款去搞导淮工程呢?在这个问题上要让政府拿钱是不可能的,因此也是对陈果夫智力的一大考验。但政府给政策,1932 年 10 月,国民政府公布《修正导淮委员会组织法》,赋予导淮委员会在淮河流域对公私土地清丈、登记、使用、整理等处理大权。

　　陈果夫上任不久,就一改中国历史上治水的惯例——治水必先治下游这一做法的弊病,先筹资金,综合治理。他鉴于工程浩大,费用过巨,筹款不易,便决定先借用庚款,到时还本付息及自筹资金等办法,并采取分期施工的形式。筹钱有方,因此他很快得到了钱。

　　为此,陈果夫不顾病体虚弱,多次下河域考察,多次召开水利专家会议,制定出两年施工及土地整理的第一期施工计划。即建造三河活动坝、邵伯船闸、淮阴船闸等一系列船闸,进行三河坝上下切滩,对淮阴河闸上下、张福河上下进行疏浚,使淮河入江水道得以整治,然后再进行第二期导淮入海工程。

　　有钱有人有方案,何愁工程没归期?经过一个夏季的全民动员,第一工期很快完成任务。陈果夫笑容可掬,带领专家一行,亲自出马验收,被评为一级工程。验收结束后,陈果夫也会办事,又邀请马歇尔等庚款会的董事们坐飞机前往参观,待他们酒足饭饱之际、兴致极高的时候,又与他们签了下一期水利工程费用的合约。

　　话说正在这个时候,江苏省大地上发生了一次大的政治动荡……

▌ 江苏发生"政治地震"

　　这时,江苏省发生一弹劾案,事情牵连到赫赫有名的省主席顾祝同,闹得沸沸扬扬,满城风雨。顾祝同属于黄埔派系,他主政江苏两年有余,纲纪松弛,吏治腐败,把个京畿地面搞得乌七八糟,受到监察院的弹劾。蒋介石意属陈果夫主政,替下前任顾祝同,并暗授机宜。蒋介石特别强调了江苏省在治淮中的特殊地位,意为全局大事。陈果夫做了特殊记忆,他一到江苏,工作千头万绪,导淮工作不敢松懈。

　　据刘振东回忆,"果夫先生任江苏省主席,即倡议导淮,而且迅即择地实施"。当时,身为中央常备学校教授的刘振东曾提出"先聘专家,做整个计划,然后动工"的建议。陈果夫以为不妥。他觉得"导淮"是百年大计,做"整个计划,非十年不成,若待计划完成再兴工,不如将其中绝无问题,众议金同之事先做起来"。后来的事实证明,导淮事业能在抗战前开始,卓有成效,陈果夫的决断起了关键性的作用。

陈果夫导淮的思路比较清晰,他认为"首应除害","次应兴利",除害"以排洪工程为优先",兴利"以航运灌溉工程同时发展"。导淮入海工程本来是要等导淮入江工程完成后,再根据资金筹备情况选择适当时候进行,但作为省主席的陈果夫认为这样太慢了,他还提出来发行公债以筹集资金的办法,大大加快了工程进程。

为了筹集更多的资金,他又打起了土地的主意,在导淮委员会内增设"土地处"。于是,导淮工程非但没有因为陈果夫当上了江苏省主席而受到影响,而是得到了加强。

土地处成立后,有文字记载:所得废淮河滩所有权及其邻近旧时屯之所有权与整理权,乃先以会里节余下来的 2 万元经费,整理了几万亩公地,以整理后公地应收之租金作抵,向银行抵押了 12 万元;再整理实应湖滩地 20 万亩,然后再以此整理之地,向银行抵押 200 万元。当时有四家银行争着要放这笔借款,可见导淮会信用之好。后来只得由四家银行合放,就把这笔款子作航空测量高宝湖之用。测量刚刚开始,八一三战事起,只好停顿。原来的计划,想等高宝湖测量完竣后,把预计导淮入江工程完成后,高宝湖可能涸出的一百几十万亩土地作抵,向金融界筹款4000 万元,作为办理入江工程的经费,其初步计划,已得上海若干金融界的同意,拟以将来涸出之土地作抵,发行公债 4000 万元,由金融界承销。这虽是一个理想,但战事如果不发生,理想一定可以实现,所谓有土则有财。预计入海水道完成后,可以多出一百几十万亩良田,增加了生产,安定了民生,既可免水旱之灾,又可强国家的富力,可惜这种事业停顿了。

导淮入海工程于 1934 年 11 月 1 日举行破土典礼,至 1937 年 4 月间始告完成,命名为"中山河"。河长 167 公里,底宽 35 米,两堤相距有 250米,只是土方工程即在 6200 万立方以上。人工征工居多,利用每年 1 月至 5 月、11 月至 12 月的农闲时间来做,有时亦用些雇工、兵工。征工最多时达 24 万人。沿线专员、县长、区、乡、保甲长,一齐动员,所用的工具,老的如牛车、独轮车、挑箕、人力漏水车等等。新的如汽车、皮带运土机、抽水机等等,应有尽有。关于民工吃的、住的、医药、娱乐等等,亦妥为供应,色色俱全。场面之大,实数十年来所未有。

导淮工程部分由江苏省府承担,均先后完成。导淮委员会方面,在抗战前已完成及未完成的工程有:

(一)疏浚张福河,以排淮洪而利航运与灌溉。计疏浚河道 37 公里,河底宽 32 米,岸坡一比二。于 1933 年 1 月开工,同年 6 月竣工。

(二)兴建邵伯船闸,以利运河航运。闸室净宽 10 米,净长 100 米,上下游最大水位差 7.7 米,半为双扇对开式钢门。于 1933 年 3 月开工,1933 年 6 月完成。

(三)兴建淮阴船闸,以利运河航运,结构布置同邵伯船闸,上下游最大水位差 9.2 米。

(四)修堵运河西堤,以利运河航运及湖滨滩地之灌溉。其工程为堵闭缺口,修理涵洞。于 1934 年 11 月开工,翌年 7 月竣工。

(五)兴建高邮船闸,以通湖航运。闸室将宽 10 米,净长 20 米,出入口净宽 5.8 米,为单扇钢门。于 1935 年 6 月开工,翌年 4 月完成。

(六)兴建杨庄活动坝,以控排洪入海水量,坝门采用史东奈式钢制,暂建五孔,各净宽 10 米。最大泄洪量每秒 750 立方米。于 1935 年 12 月开工,1937 年 6 月完成。

(七)安丰塘灌溉区工程,以利灌溉。其工程为浚河筑堤建闸,于 1936 年 4 月开工,至翌年 12 月因抗战停工。

(八)改建惠济闸,以节制灌溉水量。其工程为改建史东奈式门宽 6.2 米,钢筋混凝土闸墙条石护面,泄洪量每秒 90 立方米。于 1936 年 5 月开工,翌年 6 月完成。

(九)兴建三河活动坝,以节制排洪入江水量。其工程为史东奈式门 60 孔,各净宽 10 米。完成以后,可独步远东。于 1936 年 8 月开工,翌年 11 月底基本已完成 98%,因战事停工。运到工地钢料等,损失殆尽。

（十）兴建周门活动坝,以节制灌溉水位及水量,其结构与杨庄活动坝同。于1937年1月开工,11月底坝基工程大致完成,因战事停工。运到工地钢料等,损失殆尽。

（十一）兴建刘老涧泻水坝,以控制中运河泄洪水量。坝凡七孔,结构与杨庄活动坝略同。于1937年1月开工,同年12月完成坝基及引河工程后,因战事停工。运到工地钢料等,损失殆尽。

（十二）兴建中运河涵洞,以接济刘老涧船闸下游灌溉、航运水量。其工程为建筑双孔混凝土涵洞一座,每孔两米见方。于1937年3月开工,同年11月,因战事停工。

（十三）开挖六闸以下的运河浅段,以利运河航运。用挖泥机船两艘开挖,于1937年3月开工,同年6月因机船他调,未能完工。

（十四）建筑皖淮涵洞以泄洪、泻潮、灌溉农田。基本工程为添建涵洞11座,其中7座于1937年5月筹划开工,于翌年1月因战事停工。

（十五）疏浚皖淮浅段,以利航运。其工程为浚渫正阳关附近淮河浅段,冀与津浦铁路联运,以利运输。于1937年10月开工,后以战事停工。

陈果夫于1937年建议中央组设太湖流域水利工程处,负责规划及实施太湖流域上下游水利工程。陈果夫自兼主苏政后,即遵循当时的中央指示,督导苏省建设厅会同浙江省政府分别测勘、设计与实施,举办各项水利工程。在防洪与泻潮方面,有江南海塘之修建及通江各河口闸门之兴建;在灌溉与航运方面,有各运河干支各渠之疏流。各项工程如下:

（一）江南海塘工程:江南海塘工程南自苏、浙交界的金山起,北经江苏之松江、奉贤、南汇、川沙、上海、宝山、太仓至常熟之福山港口止,全长有300余公里,是江苏省南十余县市防备江海涨潮唯一之屏障。奉贤、川沙、南汇三县境内塘外沙滩广阔,浪潮较为缓和,均系土塘,向由地方自行修护。上海由沪市政府修护。松江在钱塘江口北岸,宝山、太仓、常熟三县境濒临扬子江南岸,所有塘堤受海潮冲击甚烈,向由中央拨款修筑石塘,后改由省方负责。民国二十年以前,省府款绌,岁修难于普遍。民国二十二年又遭两次猛潮,各处塘堤百孔千疮,岌岌可危,没有疏防,被海潮侵入,则向称江南富庶之区,即变为不毛之地。陈果夫督导建设厅择要修建,如大石塘之显露者,酌量复以混凝土,以防海水侵入石缝,钢筋混凝土岸墙之外倾者,加建支墙,以防堤毁,石坡木材之零乱缺少者,施以整理填补。其已毁至不可收拾者,则彻底改建。所建工程为三土三石,或三土四石,其间塘外塌削日剧之处,则建挡水坝以防护之。各段修建工程长共 16000余米。

(二)江南各运河之整治:(甲)镇锡运河为大运河在苏南境内之一段,在丹阳有练路,为该运河段蓄泻水库。依照大运河讨论会初步研究,及测勘该河湖段现状,以通行长约 60 米,宽约 7 米,及吃水深 2米之船舶,载重 600 吨,两列行驶为度。其工程为河槽之拓宽浚深,土方有三五十万余方,培修练湖围堤土方约有 400 万余方。(乙)丹金溧漕河及宜溧运河,均为江南大运河之主要支渠,横贯太湖流域下游,前者与运河段互相吐纳江湖,后者上承句容、高淳境内诸水,经由该河入太湖为尾闾,不唯为宜溧金丹各县水运交通之主干,且为承转江潮及山水来湖之干渠。其工程为河槽之拓宽浚深,土方共为 173万余公方。(丙)黄田港及澄锡运河。黄田港在江阴县境,北注扬子江,南达无锡,为江与湖间南北水运交通之要道,潮涨则倒灌入运,以利航灌,其间港汊纷列,又为锡武运河之尾闾,其工程为河槽之拓宽浚深,用机船开挖部分有 95000 立方,人工开挖部分有 69 万余立方。

(三)赤山湖河流域。赤山湖是秦淮河流域的上游,不在太湖流域范围,而与其接壤,泽被苏省西南部各县区。赤山湖诸水联络句容、溧水县境各水系,经流江宁县境入南京市的秦淮河以注于长江。因赤山湖被围堵,河床淤垫,又以堤防卑薄,旧有闸塌失修,因之霪雨为患,有时旱魃为害。陈果夫督劝建设厅在赤山湖口修建闸坝,以排节洪流;普修湖河堤防,以障洪水;疏浚干支各河,以利灌溉,共出

290 万余立方。

陈果夫为官一方,治水有责,深受当地民众欢迎,有诗曰:

昔日有大禹,今日有果夫;敢让山河换,敢令水造福。

| 陈果夫痛心疾首地哭了

1935 年底,江苏段导淮的宏伟工程全部完工,当年又是丰收年,全省人民欢欢喜喜,陈果夫更是喜在心里,笑在嘴角。在人民的赞美声里,陈果夫谢绝宾客,坐在灯下,开始撰写记录这一宏伟事件的文字——《导淮之过去与未来》。

陈果夫开章明义地写道:"我认为讲究水利,一定要懂得水的三种力量:第一是渗透力,第二是冲击力,第三是浮载力。这三种力量都能尽量利用,使它发挥到最大的效用,才能算是水利。"写到这里,陈果夫大笔一转就奔了正题——"导淮的由来"。写到兴奋处,他还禁不住地哼起自编的《导淮入海歌》来:

"淮河! 淮河! 利我江北乎? 害我江北乎? ……我无能力,我为小用。我善用我力,淮水为我操纵……大家齐用力,为了大家安乐与年丰! 大家多努力,为了永久安乐与年丰……"

三星正南时,夫人催他休息,他说不慌。鸡叫三遍时,在夫人催促下,他才肯休息。睡了一觉,到第二天中午继续开写,可谓是废寝忘食。

这天,正赶上导淮委员会秘书长沈百先先生来,看到了陈果夫这种干工作不要命的劲头儿,甚为感动,回家便写出了《果夫先生与导淮》一文作为纪念。沈百先拿着文章让陈果夫看,果夫哈哈笑了:"我哪有这么神?"

沈百先说:"这都是百姓说的,我做了收集。"

接着陈果夫不无感慨地说:"我们的老百姓太好了,只要有一点儿好处,他们就满足。"

"是啊,老百姓的口碑也是丰碑啊!"

……

1937 年暮春初夏之交的一天上午。

天空无云。

在蔚蓝色的天空中,一架银灰色的飞机轰鸣飞来。

在沈百先的安排下,陈果夫与幕僚们乘机飞上了蓝天,兴致勃勃地开始巡视江苏段的导淮工程。

陈果夫坐在窗口,鸟瞰苏北平原,只见河水如练,蜿蜒奔波。河两岸农田翠绿,庄稼茂盛。带有方格式的村落,一排排农舍鳞次栉比,扛着农具、赶着牛车的农民出了村庄,行走在田间小道上……飞机南行,片刻间,可以看到导淮工程顺着如练的河水,在码头、在集镇,像碉堡、像哨兵似的在列队欢迎他们。坐在陈果夫身边的是总工程师李仪祉先生,他不时地向陈果夫指点着、介绍着,此时映在陈果夫脸上的是兴奋、快慰。这时收音机里又播出了陈果夫自编的《导淮入海歌》来,更令他欣喜。

然而,陈果夫为导淮自足的好心情,维系不到一年,便被花园口的一声爆响,炸得灰飞烟灭。1938 年,日本侵略军从东海岸入侵,一直占领了徐州,国民党政府为阻止日寇西进的步伐,在郑州附近的花园口,将黄河南堤炸毁,滔滔河水破罅而出,再度造成黄河侵淮的惨况,50 万人化为鱼鳖的同时,陈果夫的导淮功绩也荡涤殆尽。真可谓:辛苦四五年,毁坏一夜间。

陈果夫哭了,陈果夫痛心疾首地哭了——因为那是自己的丰碑!

随着日军推进,随着抗战的全面爆发,南京国民政府西迁重庆,导淮委员会也随迁重庆。陈果夫辞去了江苏省主席一职,去重庆专任他的导淮委员会副委员长。结果第二年,淮河流域全部沦陷,导淮业务遂陷停顿。这时,后方军事运输繁忙,政府正谋取水道交通的改善。陈果夫临时请命,在蒋介石的指示下,商请经济部长就长江上游南岸之重要支流,如綦江、乌江及赤水河各水道,由导淮委员会规划整理,实施航运工程,免使这批水利精英失散。于是导淮委员会在陈果夫的带领下,开始了第二次创业——导(长)江。

规划确定之后,陈果夫走出家门,即与扬子江水利委员会商定,由导淮委员会在綦江施以渠化工程,兴建闸坝,做工程示范。事成后,在乌江及赤水河施以导疏工程,平险滩,免盘驳,通航运。导淮委员会迁至重庆后,陈果夫做了如下工程,又树了如下丰碑:

一、綦江工程:綦江源于贵州桐梓县境,至四川綦江县赶水场,始有舟楫之利,下经三溪镇,纳浦河之水入江津境,而汇于长江。第一期工程就江干流上游在石、凌晨踔、二响附近,各建闸坝一座,即可免除盘驳换船之烦。并整理险滩,开挖河床,清除礁石原 33600 立方,建筑丁顺坝 19200 立方。在浦河兴建闸坝三座,使该河段施以渠化,各船闸闸室净长 66 米,净宽 9 米。揽河大坝以河床地质较劣,均用堆石式。第二期工程就綦江干流中下游兴建闸坝六座,施以渠化,各船闸闸室净长 60 米,净宽 12 米。揽河大坝因河床地质较佳,均用重力式。并在綦江县城附近之闸坝,利用坝之上下水位差,加建水电厂一座,以供应沿江县城郊照明之需要。

二、乌江工程:乌江源于贵州省之乌蒙山东麓,横贯黔省北部,至龚滩,折向东北流入川境,经彭水至涪陵而注入长江,为长江上游南岸之重要支流,亦为川黔水道之一,其间险滩甚多,航行处处受阻。民国二十八年,导淮会设局整治,测勘水道各处滩险,并实施工程,轰除滩险 73 处,在水上者 119000 余立方,水下者 29000 立方,绕道 94 处共长 28300 米,绞关 19 座。使该江自龚滩至涪陵间约 200 公里间,险已夷,阻已通,运量大增。

三、赤水河工程:赤水河亦为长江上游南岸重要支流之一,系川物运黔要道,并为军运孔道之一。民国三十一年,导淮会设局整治,根据黄河水利委员会测勘资料,择要施工概以炸除滩险,除去浅段为主;修辟绕道及丁坝、顺坝、潜坝之导工事为辅。计全河工程已除险十之八,去浅十之七,缩短全程航行时间三分之一。嗣以抗战胜利,移交扬子江水利委员会接办。

綦江第一期渠化工程兴建的五闸坝,陈果夫分别以"智"、"仁"、"勇"、"信"、"严"五字,冠为闸名,以示战时应具之武德。"大智"闸完工后,陈果夫亲撰《大智船闸碑记》,勒于石,竖闸旁,以纪其事。

陈果夫称綦江水利工程之完成,对于航运、生产与经济,以至四川全省,关系至大,綦江将为"新四川之源泉"。依其个人理想,有其可能实现之途径。陈果夫在《綦江为新四川之源泉》一文中,陈述了他的这一见解:

> 綦江本流与支流之上游,产煤铁颇富,可供钢铁厂之用,为中枢所重视。对倭抗战之第二年,乃命导淮委员会在綦江本流与支流建造船闸,以利煤铁之运输。自开工以迄于今,历时四载,已完成船闸七座,显著困难,已可解决;然此特初步之成就耳;在低水位时期,尚未能畅行无阻也。依照导淮委员会之原计划,全江须建船闸25座,除已完成七座外,尚须添建18座。若能全部完成,则汹涌之势,可不再见,舟楫往来,咸庆安澜。不但将来炼钢铁所需之煤铁,可以源源供应,即盐布等上运货物,亦便利畅行。更伸论之,自江之源,至江之口,生产供给,可以自如,而江之两岸,尚有其他丰富资源,因交通便利,竞相开发,产量增加,价格下降,消费者交蒙其利,数百里綦江流域之经济,顿改旧观,亦自不难。

> 綦江船闸工程之完成,对于綦江航运,綦江流域之生产与经济,以至四川全省,关系重大,略如上述,依予个人之理想,其可能实现前途,试列举如左:25个船闸建设完成之后,每闸均有一坝,其水头相差,自4公尺至6公尺,每一坝之旁,均可设一水电厂,其发电自400匹马力至1000匹马力不等,总计不下于1万匹马力。至是电的供应,既极便利,綦江及蒲河两旁,可设无数之小工厂,其出品不但可供应四川,又可以小轮由长江下驶,运销江、浙及外洋。

> 沿綦江两旁之工业发达程序,其初期当广设小钢铁厂及机器厂,然后榨油厂、罐头工厂、颜料油漆厂、制药工厂等相继设立,数亦可

观。

綦江一带，素以产橘柑称。将来因政府之提倡，及运输外销之便利，人民皆乐于种植，橘柑成林，10年以后，下江各地，旧为"花旗橘"所倾销之市场，胥由綦江出口取而代之。

綦江上游，桐漆产量，本亦可观。今后因运输便利，大量增植，桐油厂油漆厂应运而生，同时，因炼焦厂所产生之油胶中提出之各种颜料，故又有颜料工厂，成为颜料油漆工业区。

綦江渔业素不发达，自船闸筑成以后，湍急之水归于平静，鱼鳖虾蟹之繁殖，乃成为自然之趋势。产量既日增，除外销之外，并以过剩者制成罐头。制鱼鳖虾蟹罐头之公司，尚可兼制橘子汁、橘子酱一类之罐头物品，一视当地各种制造原料在各季节中之供应情形而定。

綦江上游兼为出产药材之区域；在另一方面，因钢铁厂发达，炼焦厂随之而兴，于是中药之农产原料，与西药之化学原料，均能齐备，制药工业之发达，自在意中。

綦江本流与支流共有159公里航程，其因水运畅通之结果，航运活跃，商贾云集，工业品之质量时有显著进步。入晚沿江一带，各式电灯，如星罗棋布，普放光明，如从飞机上下望，拟诸欧洲之莱茵河、泰晤士河，其夜景或亦不过如是。

……

凡观光或道出綦江者，晓然于水利工程收效之宏，往往归请本地之政府当局。兴修水利工程，十数年间，四川各水道，纷纷建筑船闸，并于沿江各地开设水力发电厂，开发矿藏，举办工业农业渔业，生气勃勃，俨如泉涌。数十年后，四川各水道均可畅行无阻，由重庆北上至陕西、甘肃，或南行至贵州、云南均可以小火轮上下，毫无危险。即江、浙一带，泛滥之患，永不再发，亦受四川之赐。百年以后，历史家推究新四川之建设与文化进步之原因，一致认定綦江为发祥地，爰名之曰："新四川之源泉。"

再说由于陈果夫六年治水，政绩突出，一顶顶桂冠向他飘来：

1935 年 6 月,当选政府水利委员会委员;

1935 年 7 月,当选中国卫生教育社理事长;

1936 年 1 月,当选国民党五届中央执委常务委员、中国政治委员会委员、中央文化事业计划委员会主任、中央广播事业指导委员会主任、中央土地专门委员会主任、中央财政委员会委员;

1938 年 2 月,当选中央政治学校代理教育长;

1938 年 3 月,再次当选临时全国代表大会中央执委常务委员。

第二十章　苏政四年

┃ "痨病主席"无痨病

南京,国民党京畿之地。

江苏省,天子脚下。

作为中央组织部长的陈果夫到江苏任职,说好说歹者均有之,但这绝不表明陈果夫失宠,实际也是重用。再说中央也是征求过陈果夫意见的,陈果夫愿意为官一方。因此,中央的欢送会也是很热烈的。到会者,都表示了自己的希望和祝福。蒋介石综合了大家的发言,言辞更为热烈,希望更为殷切。

于是陈果夫在开完欢送会的第二天就走马上任了。

再说江苏省政府,由于弹劾一案,送走了顾主席,迎来了陈主席。辞旧迎新之际,说什么话的都有。说实在的,人们对顾祝同是有看法的,他来江苏两年半不到,拉帮结派,抬举了一些人,也打击了一些人。江苏没搞好,他有一定的责任。因此,在迎接新主席到任的时候,有两种心态:一是顾祝同的反对者,他们担心前面走了虎后面来了狼,他们大多保持着沉默;二是顾祝同的拥护者,他们捧惯了顾祝同,听说新来个痨病主席,不少人持有异议,还暗中作梗,使小动作。结果表明,陈果夫上任不到三个月,特别是听了他低调的施政报告,又观了他的言行,不少人改变了态度,怀疑者不再怀疑,反对派变成了赞成派。其中最典型的就是政学派的黄炎培,就是他称陈果夫为"痨病主席"的。陈果夫上任之初,他约集一帮人跑到省政府前静坐,陈果夫上台讲话他鼓倒掌,但是,不到一年,他就改变了态度,亲自出马到省政府,当面向陈果夫赔不是。

新官上任三把火。先不说后来人们如何赞美,且说陈果夫上任之初也是雄才大略,极想把这个天子的脚下搞一个全国的样板、各省的楷模,使之成为"富庶的江苏"、"模范的江苏"、"小康的江苏"、"文明的江苏",反正是江苏处处不落后。陈果夫当年40岁,年富力强,觉得有这个能力摘取这样的桂冠。然而面对着顾祝同留下的这个烂摊子,理想与现实间还有大大的距离,一时陈果夫还不知从何下手。正在他徘徊的时候,他想起了千年古训——"为政在人",眼前顿时一亮。后来,陈果夫在他的《苏政回忆》中写道:"我们一到江苏,首先便是用人问题。"他搞党务多年,深知人治社会中令行禁止的关键在人,不在法,更不在是非。"顾"天不变,"陈"天难立,当务之急是改变用人的局面。这也叫一朝天子一朝臣,自己不用外派人。

但要搞一朝天子一朝臣,还要玩手段,让人不知不觉地演变,或者说顺理成章地"上钩"——这就要有"高超的艺术"。

且看陈果夫的高超艺术的表演,他上任伊始,就抛出了省政府用其所长的"五条人事大纲"草案,大报小报地宣传,供人讨论,搞得家喻户晓,人人皆知。

且看这五条人事大纲草案。

第一条便是:重要的人事交与各厅厅长及省政府委员共同决定,不以个人好恶为取舍。第二条便是:不干预各厅各处各县市用人。第三条便是:尽量选用有朝气之青年任县长,使其能勇于兴革。第四条便是:鼓励国民党员从政,并勉以切实为人民谋幸福,以示革命者不用官僚作风。第五条便是:鼓励选用中央分配的中央政治学校毕业生,以提高县佐治人员的素质、水平。

从字面上看,陈果夫的规矩,除了第五条略有故作引导之嫌外,其他的均无可挑剔。可是真正读懂的人,却没有不惊呼厉害的。比方说第一条,实际的效用就是把人事权上调,集中到省政中枢,堵死下面擅开用人的口子。第二条说是不干预,其实是不让前任的旧班底横生枝节。第三条为走马换将寻觅理由。第四条更是冲着"其他派系"下药,以突出"党"的作用来贬斥军人的越俎代庖。可谓:事事有针对性,条条有杀伤力。

当时民众讨论踊跃,那些华丽的词汇,总是民众赞誉的热点。因此陈果夫的人气指数大升。人们在热热闹闹、高高兴兴中接受了陈果夫的用人五条。

照章办事。陈果夫很快草拟了一个省政府班子的名单,报了上去。殊不知这名单中九位要员中七位是CC分子(CC是取"二陈"拼音首母而成),另两位是蒋介石心腹,不用不行。后来,这纸名单拿到青年团中央常务干事会上讨论时,名单宣读后,有人扑哧笑了,道:"这哪里在组班子,这分明是在炒大锅菜。这菜名我是想好了,叫'一纸绘CC,一锅端黄埔'。"大家哈哈一笑了之。

有人把讨论结果透给了蒋介石,蒋介石硬是按着不批。

陈果夫急了,一天一个电话地催问,蒋介石不说不批,一个劲儿地打哈哈。今天推说没研究,明天推说有事情。陈果夫心想不妙,估计哪个人上出了问题,不称蒋君之意,于是,陈果夫作了退一步的打算,连夜起草报告:"如有更适当胜任者,请委座指定之。"

正如陈果夫的揣摩,在南昌剿共的蒋介石见到电文,正中下怀,忙唤来行营秘书长杨永泰,让其立即给陈果夫回电道:"建议民政厅长由政学系的辜仁发担任,余皆如名单所云。"

陈果夫接到电文,心中凉了半截,因为民政厅长是班子中的牛鼻子,是重中之重,不同于一般的职位。既然主子发了话,他还能说什么呢?于是他认为有人从中捣鬼,其实,这个人不是别人,正是蒋介石身边的秘书长杨永泰。

陈果夫的猜测果然没错,据知情人士披露:1934年陈果夫被任为江苏省主席时,曾电南昌行营秘书长,杨从中作梗,另派他的部下辜仁发为江苏民政厅长,陈果夫衔恨在心,待机发作。

不久,辜仁发东窗事发,他被控告重婚,对簿公堂。

后经记者们的宣扬,把个京沪闹得沸沸扬扬。辜仁发完全陷入了被动的困境。3月29日,监察院正式对辜仁发提出了弹劾。辜仁发绝望了,正伸着颈项等候挨宰,幸亏蒋介石明晓根底,不愿让政学系太过难堪,他把辜仁发叫去训了一顿,然后建议他自己提出辞职。4月3日,在陈果夫主持的江苏省政府会议上,通过了一项陈果夫期待已久的决议:"本府委员兼民政厅长辜仁发呈辞,转呈国民政府准予辞去本兼各职,由陈省主席暂行兼理。"

4月14日,陈果夫兼理民政厅长,4月17日,陈果夫在江苏省政府总理纪念周日上,专门做了一个报告,他用沉痛的语调,上台便说:"诸位,省政府于最近数星期中,发生了辜厅长的一件事,诚属不幸! 辜厅长来苏数月,工作努力,竟因此辞职,很可惋惜,我总感觉到:在政治上工作的人,不仅本身一切行动要多加检点,一切家庭的关系,也须特别注意。没有结婚的,择偶时须审慎;如果一时错误,娶妻不贤,日后她做了坏事,还要你自己负责,还是你自己受苦。所以在政治上负责的人,不应好色娶妾,连金石书画之类的风雅嗜好,都应当摒绝。因为嗜好一多,本身欲廉而不得,政治也无从澄清了。"这一番感言,只听得 CC 分子振聋发聩,政学系人物欲哭无泪。[1]

1934 年 5 月 3 日,余井塘接任江苏省民政厅长一职,此举意味着省政的各级衙门已向 CC 分子大大地敞开了。

┃ 治省兴政

倘若说新官上任三把火,陈果夫第一把火是治省用人,那么第二把火则是治省兴政。何为兴政? 且听陈果夫是如何说的。陈果夫第一次向省政府官员训话时,站着一口气讲了两个多小时,不喝水不喘气,那真叫人佩服。

他首先讲江苏要办成三民主义的模范省,首当其冲的是兴政。兴政是第一位的,是压倒一切的头等大事。兴政的要害在于兴利去弊,核心是"决策科学",原则是"工作求实"。兴政的目标是"提高行政工作效能,把江苏办成三民主义的样板省",着手处是"从有意应承上司、浮夸不实的衙门作风"进行整顿改革,大事着眼,小事着手。接着,陈果夫话锋一转,道:

---

[1] 参见李海生、张敏著:《陈果夫与陈立夫》,上海人民出版社 2001 年版,第 186—187 页。

"过去衙门虚设，数字虚报，官薪照领，敷衍塞责，令不行禁不止，我认为作为上峰，有方法问题也有作风问题，作风问题是痼疾问题，痼疾不根治，形式再好，口号再响亮，也无济于事。所以我们提倡'求实'的作风就是这个意思。比如合署办公，虽然可以提高工作效率，但可用于战时，未必合乎于平时；还有'案无留牍'的口号，要求公文不能积压，必须每天办结。其实既不可能，也无必要。硬当做官样文章来做，搞形式主义，取悦上司，就背离了'求实'、'科学'四字。因为公文的简单复杂，随内容而异，有些可以立即办，有些必须查卷查询，有些必须与各方接洽商量，还有须从长考虑，假设为满足形式上的行政效率办了，不仅贻误公事，而且倒回头重新办过岂非效率更差？我不赞成'案无留牍'的口号，该如何办就如何办，这就是'求实'。同时，讲究方法和工具上改进，推崇'科学'的理念是至关重要的。求实和科学四字，都是五四运动时期提出来的革命口号，我们就落实行动。"

陈果夫讲完"兴政"这个话题，接着又去参加另外一个孙中山纪念会，大会在开幕前，由司仪倡导为民主革命的先驱孙中山先生静默三分钟，可是不到一分钟就静默完毕。陈果夫不干了，作为省主席，他满脸严肃地讲："我们要兴政，就要从'求实'做起，从小事着眼，以小见大，不能马虎。静默三分就是三分，这叫求实。不可二分五十九秒，也不可三分零一秒。准时到准时退，从事建设不求实不能成功。马马虎虎的习惯必须革除。"

讲完后，他命令司仪立正，看准表，让会议重新开始，静默了三分钟。这次会议没有给大家留下什么印象，倒是陈果夫"求实"作风入木三分地让人刻骨铭心。

为落实强省兴政的大计，不久陈果夫又深入江南水乡，体恤民情，为民办事，又成一桩传闻。

且说这天，陈果夫一行在县城一家饭店吃饭，隔着窗户看得清楚，饭店对面有一家布店。一个乡下进城挑粪的老汉，脚一滑，一个踉跄，虽未跌倒，桶里的粪却溅了出来，刚好落在一家浙江老乡开的布店门前。老汉赶忙歇下担子，寻找笤帚清扫。老板站在门口，恶狠狠地说："粪落在我店门前，还用我的笤帚扫，不怕脏了我家的笤帚？你去擦掉！"

白头老汉说："好,我来擦,我来擦!"

说罢,就四下寻找地上的废纸、破布。老板却用脚踩着一片废纸,恶狠狠地说："得用你——的——棉——袄擦!"

老汉急圆了眼,说："你……你……"

老板把眼一瞪,说："你别给我瞪眼! 清早粪溅我店门前,误了我生意,你还有理?"

老汉无可奈何地脱下棉袄,打了一个寒噤。这时看热闹的人围了一圈,见老板无理欺人,都很气愤,也担心在这寒冬腊月,老汉冻坏了身体。但这老板"横"得很,都敢怒不敢言。老汉正要用棉衣擦粪,陈果夫从人丛中站了出来,说："老大爷。天冷,你穿上袄子。那柜台里有的是布匹,你拿一匹布来擦!"话中带硬。

老汉看看陌生人,又望望老板,不敢动作。陈果夫和秘书却走上来,硬是帮老汉穿上袄子,推着他去拿布匹。

老板气得圆睁两眼。看这来人高高的个头,瘦削的脸庞,长得白净斯文,身后又有提包的,有点儿来头,听说话是浙江口音,就说："客官,我们是同乡,你就甭管这闲事啦!"

陈果夫却说："老大爷,一切由我做主,快拿布匹来擦吧!"

"好,我拿!"

正在此时,一阵马蹄嗒嗒,尘埃扬起处,县长大人来了。原来,县长到城门迎接陈果夫主席,听说陈果夫已微服进城,就赶忙进城来找。一见正是陈果夫一行,就说："陈主席,本地一方,任你查处,如有不规,你就发话办吧!"

老汉就上店里拿了一匹布下来,擦地下粪便。

一匹布擦完,陈果夫说："不干净,再拿一匹!"

一连擦了八匹布,陈果夫方说："嗯,差不多了。"

老汉挑起粪桶走了。老板心里气,但可不敢吭声。陈果夫望望老板,说："老板,这八匹布记在我这个老乡头上。"

过了三天,陈果夫要走了。老板气不过,就在店门前贴了一张白纸长条,上写："虎走山还在。"陈果夫从门前经过,瞥眼看到"虎走山还在"的长幅,待知县送到城门口,陈果夫说:"李县长啊,我这里也有幅字,劳你的神,贴到我那同乡的布店门前。"

李县长忙接了过来,送别陈果夫之后,就拿到布店门前贴上。陈果夫写的是:"山在虎还来。"老板一见,吓得出了一身冷汗,从此不敢作恶。

这事一传十,十传百,在三苏大地传得沸沸扬扬,再加上"静默三分钟"的兴政传闻,陈果夫也成了三头六臂的神奇人物。

同时,陈果夫的"严谨顶真"的工作作风,也叫全省人佩服,下属官员纷纷效仿。一些下属官员到省城汇报工作,都是要准备三天的,揣摩上司的问话,生怕出了纰漏,或者说出个"大概"、"可能",陈主席是要你尴尬红脸的。陈果夫深知积习日久,一般不作训斥,只提一下希望,下不为例。且说这些官员也是有教训的,下次汇报不敢再马虎了。

| "专员不兼县长"始于江苏

陈果夫任江苏省主席期间,正是蒋介石对中国工农红军进行五次"围剿"的时期。蒋介石气盛,作为总司令的他,主张全国军事化,一切为前线,一切为"剿匪",所以南京政府的行政统制、行政督察、行政兼任都体现出战时特点来。战时的行政督察专员制明确规定,专员兼所在县县长,便于对全区地方武装力量的统筹调动。陈果夫在兴政过程中,首先大胆提出来"专员不兼县长,不兼县制,由江苏开始"。一时引起了轰动。

陈果夫在接受记者采访时,明确表明了自己的观点,说:"我认为江苏乃非'剿匪'省份,任何事都要求实,不应一刀切,专员还是以不兼县长为宜。因为设立一个制度,首先要求名副其实。省县之间既增加了中间督察一级,就要使它名副其实地发挥督察及层次节制的效用,倘使兼县,专员一方面是高一级的督察者,一方面又与其他县长为平行的同僚,结果一定顾此失彼,起不到应起的作用。"

陈果夫的观点见报后,有人举起了"棒子"给予抨击,说专员兼任县长是委员长的创造,江苏是蒋委员长的天下,不能说改就改。说这话期间,早有人也把此话捎给在南昌的蒋介石耳中,蒋介石也感觉到气愤,不过他没有把这种气愤表达出来,而私下里放出了风声,于是引发了一场激烈的大辩论。

陈果夫是聪明人,面对着两派的言辞激烈的争论,火药味十分浓烈,他认为吵架不能解决问题,真正解决问题还要靠实践。于是,在两派双方争执不下的时候,他潜入了苏北地区,在他的支持下,开始了专员不兼县长的试点示范。每个示范区根据其交通和自然环境,辖四县至九县不等。各专员公署编制不大,富有弹性。譬如,某一区的中心工作为水利,则专署内增设督察水利工程专家,另由建设厅派工程人员若干名辅助专员,督察水利工程。如某一区的中心工作,着重在整理财政,则由财政厅派专门人才若干人到该区署协助整理。由于江苏的行政督察专员制度,完全是因地因事,以制其宜,实行下来,确实比旧制好,蒋介石看了试点报告很高兴,大笔一挥作了推广的批示。先向苏南地区推广,而后向全国推广,成为了全国通行的制度。这件功劳当之无愧地应该记在陈果夫的头上。

再说与行政平行、同等重要的还有警政。陈果夫也给了很大重视,投入了很大的精力,为“安乐的江苏”打下了基础。据陈果夫回忆说:“警政是内政的骨干,国家的内政要上轨道,必须要从健全警察制度开始。”当时,蒋介石正在前方剿共,“大敌”当前,陈果夫的警政改革和健全,当然也离不开“反共防共”重要内容,他推行保甲制度和联防制度就是例证。

且说陈果夫推行的保甲制度,应该说是强化警政的一种手段,但却是始于宋代封建社会的一种治安制度。由于推翻了大清,这种制度就被束之高阁了。陈果夫却来了个“拿来主义”,他认为老祖先的东西也不全是过时的,宋元明清,四个朝代都在延用,说明它是管用的。

再说保甲制度主要是通过十户一甲、十甲一保的编组,由大到小,深入基层,把“防共反共”的任务和责任,落实到一家一户中去。用“管、教、养、卫”的方式,实行他的“联保连坐法”,必要时,还可以编组民团,维护治安。无疑这种保甲和联保制度,带有浓烈的防共反共的色彩。这也是陈果夫死心塌地跟随蒋介石,坚持以共为敌的罪证。

这种保甲制度不像督察制度,很快得到了蒋介石的赞许。蒋介石立即给陈果夫打气。陈果夫于 1934 年 4 月,先从苏北地区试点开始,而后向南各县推广实行保甲联防制度。与之同时,还要求各县强化壮丁训练,充实保安团队,然后与治安警察合编成地方保卫队,以增强防共抗共的力量。在此基础上,成立了江苏省保安司令部,陈果夫摇身一变成了"大司令",圆了他的军阀梦。他身后有 60 万保安队伍,"党阀"戴上了"军阀"冠,陈果夫啧啧自叹。

┃ 地政,成绩斐然

土地,万物之源,国脉所系,民生所依。中国自古便有泱泱农业大国之称,从远古女娲以泥造人的传说到后稷教人稼穑,走出游牧,人类便与土地结下了不解之缘。从先秦的"男乐其畴,女修其业"到周文王演八卦,尊土为"五行"之首,从唐朝的"地为天生,人为地显"到宋朝的"但存方寸地,留与子孙耕",从元朝的"土地,诸物之根菀也"到明朝"黄金有价地无价"……这些千古至理名言使陈果夫十分重视地政管理,"警政"、"地政"一起抓。在陈果夫建议下,1932 年 8 月中央政治学校增设了地政研究班。在地政班开学之际,作为省主席的陈果夫到班里做报告。

他说:"外国之所以富足的原因,不外乎能善于运用'人'与'地'两个方面。我国人口众多,何以积弱贫乏?是在于不能充分利用'人'和'地'。在人的方面,未能做到人尽其才;在地的方面,没有做到地尽其利。"

陈果夫早在导淮委任职时,就专门成立了土地处,充分发挥了他的思想,以地养河,以河兴地,地能生财,钱没花多少,水利工程一座座。如今他又强调地政管理工作,无不是从中得到的启示。于是,陈果夫不顾自己虚弱的身体,亲临三苏大地视察。在苏北地区,他亲眼看到由于水利失修,大片大片的淤地不能利用。他很心痛,下决心修一条南北运河:北自灌河之陈家港起,向南经过阜宁以东之淮河入海道,河槽一直沿海边到南通,入长江,汇大海。同时把运河挖出来的泥,筑成一条挡海的长堤,不使碱水内灌,则范公堤以西的数万亩土地,便可逐渐变成良田。这一计划中的新运河,距范公堤约二三十公里,这就是宋朝以后逐渐淤积起来的土地。这条运河要是开成,沿河的土地,原来为不毛之地,可以变为百里沃田,地价一定随之激涨;开辟运河经费,即可以土地之增益价值为抵押。但若不预为筹谋,必将为巨绅财主投机垄断,不劳而获地提取政府及千万人民辛苦经营的果实。连云港市在辟市之前未有筹谋,所有区位好的土地,为富商大官购买一空,市政建设经费不能从土地上去谋取解决,便是最现实的前车之鉴。所以陈果夫在运河工程之初,即命地政局派员调查预定新运河路线一带之地价,开始测量,根据测量数字和地价的趋势,计算出新运河预计发行公债 1200 万元,即以运河开辟后的土地增值来偿还。预计运河工程,一年半可以完成。完成后陆续收取沿河土地增益积金,两年半可以还清。所发公债,预定为五年还清本息之短期公债。1937 年下半年即开工,上半年已命令停止该路沿线土地之买卖,杜绝投机,所有开辟新运河的有关章则均经订定,由省政府会议通过,在章则中特别规定,凡属为新运河开辟努力之人员,得由省政府按其成绩,奖以宅地,并由省政府选择适当中心地区,将来可发展成市镇者,先收购若干之地,当做奖励宅地之用。原章程严禁工程人员作土地的投机,所以这一规定,又有人情之调剂,一方面杜绝其私购土地,一方面仍予以获得土地的希望,而鼓励其努力工作。

与此同时,陈果夫还在江苏实行了他的土地管理方案,办理江苏省的地政,分两步进行:一步是治标,为开办土地陈报,以整理财政为目的。最初有江宁式的土地陈报,后来萧县办得比较详密,所以又有萧县式的土地陈报。所谓土地陈报,就是要地主陈报他的土地。同时,就土地来查明其地主,使地与主联系起来,做到田赋不易陷匿、规避、转嫁。虽然是一种临时治标之计,但技术上却也费了一番工夫,财政上也小有成效。二步治本,便是丈量土地,整理地籍。这件事前任顾祝同已着手办理,陈果夫接任时,已有三县丈量完竣,开始登记地籍,前任向国外订购测量仪器甚多,后来江南富足各县,又各别添置了不少。有此基础,所以大规模办清丈,也就省事得多。至 1937 年下半年,江南各县丈量完毕,且有十县以上,将土地登记办好,并实行征收新式的地价税,以代替相沿数千年之田赋,实为我国历史上之创举。这也是陈果夫的一大功劳。

江苏的地政,虽因战事停顿,但其重要图籍仪器,及一部分在江苏训练出来的地政人才,都撤退到后方。器材存在四川万县。后方各省,后来在抗战时期所以能做了一些土地丈量工作,大半利用江苏撤退下来的人力与器材,这也未始不可以说"失之东隅,收之桑榆"。

"中央"会经通令建造公墓,并禁止农田造墓,这原则本来是对的,不过只能适应将来,却不可追溯过去。如果把原来散漫在农田中的坟墓,要坟主把这些集中,改迁公墓,一定会引起民众极大的反感。尤其江浙一带的坟墓,多用石礅,造得非常坚固,更难得搬动。所以江苏并未依照办理。因为中国未大规模用机器耕田,田里有坟,不十分影响耕作。等到农业机械化了,这问题自然会解决。现有的坟墓虽然暂不必迁,而适当的利用还是应该的。所以规定坟墓上应种农作物,或蔓藤之瓜果等类。在山地之坟墓,必须种植树木,经三年而不植树者平其坟,这样就可以地尽其利了。

苏北若干地方很多屯田,从前归军事机关管理,其收入大半为办事人员中饱。实际上这些屯田年代久远,已失去屯的意义。所以军政部视之如累赘,管也不好,不管也不好。陈果夫下令军政部将全部旧屯田及所管其他公地,交了出来。在海州有左右营两大块土地,先将地籍整理,次将地权完全归诸耕者所有,实行了耕者有其田。这样一来,农户皆大欢喜。以后即与其他土地一样,向政府缴纳地税。这些屯垦的兵,经过了多少年,早已是普通老百姓,而因为名义上是屯田,每年受不法军人的骚扰敲诈,一旦使之名副其实,所以都非常感激政府。军政部测量的黄河故道有公滩公地数万亩,这些地,原来是老百姓随便占用的,但规定为"中央"所有之公地,所以不向县政府纳税,而另有一批有力者,却向他们收钱。地政局把这些地落实清楚后,做好了土地所有权状及蓝图,规定收租规则,和耕种的老百姓订立租约,每年分两期收租,也受到了老百姓的欢迎。

在那时,全国地政以江苏为龙头,成绩斐然。

| 陈果夫理财之道

应该说陈果夫生财有道。从他记忆起,他就不缺钱花,少年有压岁钱;上中学起他就挣钱,根据物价差价,随便倒腾些东西就能挣到钱,这样既不误学习,权当是玩了,何乐而不为呢? 再者,成年后在上海他又委身于经纪(济)之道,崭露头角。所有这些,都为他去江苏,振兴江苏经济做了绝好的铺垫,后来江苏财政治理、合作化发展,江苏经济振兴,莫不是与他先前经验的积累有关。

且说 1934 年春,这是陈果夫上任的第二年,他凭借早年经营金融的经验,设计了一整套金库会计制度,并逐步施行,严格堵住了财务漏洞。金库制度实行开始,先指定江苏农民银行代理省、县金库,规定所有收支,一律在此办理,各机关只留少量备用金,这对各级官吏是一个严格的限制。会计制度为新式官厅会计,取消旧有的四柱清册,并且规定:每年办理一次假交待(年终盘结),为后来的交接做准备。会计制度初行时,方方面面持消极态度的特多,试行一段时间后,优点不少,大家才改变了态度,由消极到拥护。

过去,各地财务混乱,一旦县长大人调任,财务交待成了大问题,有清不完的账、扯不完的皮,拖几个月乃至一年者屡见不鲜。新的会计制度实行后,遇到调任,可以随走随交,最多只需一个月。这样一来,效率大大提高,同时也大大压缩了徇私舞弊的时间和空间。

再说合作事业是孙中山民生主义的具体体现。陈果夫一到任,就给予了重视,在陈果夫的策划下,通过一个响亮的口号"人人为我,我为人人",就把散沙般的农村、乡镇组织了起来,名曰合作社。陈果夫高度赞扬说:"资本主义及共产主义两极端中间的一条中庸大道,它调和着公利和私利,公用和私有,公营和私营,而且有计划统制之长,而无其短,所以是实行三民主义社会经济建设的康庄大道。"

中国合作运动的创始人应该说是陈果夫的老师薛仙舟先生。早年陈果夫赴德留学前,曾就教于薛仙舟,攻读德语。结果陈果夫德语字母装不进脑海,德语吃了"鸭蛋",而先生的合作理论却装进了头脑。陈果夫上任江苏省主席后,谁也不请,独把当年的薛老师用八抬大轿请了过来。老师问学生,请他何为? 学生答,中国要走合作化道路,我们江苏不能落后。请先生指导,且拟个全面的能推行的方案也。先生答道,合作事业是本人毕生之研究,如能见天日,是本人一生幸运事。于是,薛先生废寝忘食,不出半月,拿出了方案,呈报到蒋介石那里,大受称赞,大笔一挥照办。于是,江苏省就轰轰烈烈地开展起了合作化运动,并始于全国的先头。合作化轰轰烈烈地开展后,薛先生就撒手人寰。陈果夫在悼词中道:先生毕生献身合作事业,可惜先生看不到合作化的成果啦!

陈岩松时任江苏省建设厅合作科长,是最直接的执行者。据他回忆说,陈果夫任江苏省主席时,除了"在吴县设有光福合作实验区,推广蚕丝合作外,并在江南的丹阳、江北的淮阴,分设两个合作实验区,前者推行以信用合作为中心的乡镇综合性的合作组织,后者以推行牲畜运销保险为主的专营合作组织。此外,辅导各种农业特产,如徐州、南通的棉花,宿迁的金针菜,无锡、吴县的丝茧,吴江的丝绸及砀山的梨子等,均组织运销合作社,由省农民银行设立信托部,供应低利资金,并由中国合作学社在上海设立批发部,代办销售业务,即自货品生产后,凡集货、分级、包装、运输、奖金调剂及出售,全由合作机构办理,可免除中间剥削,以确保生产者得到生产全部的利益"。对上述做法,陈岩松的评论是:"果公早年在上海经商,富有商业经验,因此,他对合作事业不仅在理论方面有独创见解,且在业务经营方面,亦有精明确切的指示。"至于效果如何,他说当时有这方面的统计,称之为"中国合作运动成果记录"。附有统计图表 26 幅,记载了合作运动开始至 1932 年的主要成就,在合作社的数量与参加人数的项目上江苏分别占全国总量的 58.23％ 与 48％。到 1934 年末,江苏全省的合作社又由当初的 1609 个发展到 2600 个,参加人数也有了大幅度的增长。从经营的状况看,今胜于昔的趋势逐步显现出来。抗战爆发,1938年,江苏成为沦陷区,陈果夫念念不忘合作运动滋长的沃土,从中多有总结,归结为:"一个基础"、"一个原则"、"五类合作",即"合作社为三民主义的基础","互助为合作最高原则",具体有"工业合作"、"农业合作"、"交易合作"、"银行合作"与"保险合作"。

｜　禁烟传奇

陈果夫主苏政四年，正是南京国民党政府腐败的初期。正风兴政，包括规正官风、改良民风、净化社会，陈果夫都做了些有益的工作，唯独禁烟，成绩最大，似乎传奇，值得一表。

且说1932年11月，某夜晚，一个"大烟鬼"被陈果夫迎进了自己的行辕。此人大高个，身穿长布衫，一脸的烟容，脸黑不说，两腮明显地凹了进去。身上肉不多，活像个"大虾米"。不过，尚能看出年轻时的英俊风韵，只不过今非昔比。

此人是陈果夫当年南京陆军小学的同班同学徐俪江，当年他还未入陆小时，班主任误认为他是一位俪影女子，报到后方知是一位风度翩翩的小伙子，与陈果夫分为同桌。多年不见，这次应陈果夫盛邀来府做客，徐俪江心里直打鼓。

徐俪江进来时，陈果夫还没有下会，秘书让他在会客室稍等。待陈果夫下会与徐俪江相会时，他吃惊地发现老同学变化太大了，以至于不敢相信自己的眼睛。

"俪江兄，变了当年的俪影，让我也不敢相认了。"陈果夫开口先说。

"果夫，你官做大了，难得相见啦。"俪江答道。

"快坐下，"陈果夫又招呼秘书上茶，然后才坐下来问："你现在所司何事？"

"不怕你笑话，老同学落伍了，我在苏州是有名的寓公，在家里是个有名的烟枪，落了个孤家寡人。老婆反对，儿女反对。后来老婆见我是吃屎的狗改不了，也就嫁狗随狗了，同时抽起了大烟。"

"你的情况我知晓。"陈果夫平和地说。

徐俪江两眼露出了惊骇。似乎在问，你是怎么知道的？

"关心你呗。"陈果夫为徐俪江沏了水后，又道："今天请你来，我想了解烟场情况。"

"要说这行我不陌生。"徐俪江侃侃而谈："上海的黑市，苏州的黑道，南京的黑易,镇江的黑窝,不是我俩江瞎吹,全在我的脑瓜里。"徐俪江边说边指自己的脑袋。

"这我相信。"陈果夫洗耳恭听:"你对烟场有什么认识?"

"要我说真话还是说假话?"

"当然要讲真话!"陈果夫道。

"讲真话,要让我先骂蒋不死的!蒋介石年年喊禁烟,都是做表面文章而已。若要追究查禁不力的责任,全在蒋该死身上,当然我也是受害者。当年,杨永泰为替蒋介石筹措军费,献出新生活一计,实行鸦片三禁政策,结果使非生产区的鸦片贵如黄金。当时蒋介石剿共缺钱,这杨永泰也不是个玩意儿,反而向老蒋又献一计,倒卖鸦片可赚大钱。蒋介石也是个该杀的,居然点了头。搞得禁烟大防形同虚设,大烟泛滥成灾。"徐俪江一针见血地直指当局。

陈果夫也不介意道:"人家是人家,我是我,既然为官一方,就要造福一方。老同学,今天不瞒你说,我也要向你摊牌,江苏要禁烟!"

徐俪江又是惊骇,双目圆睁:"当真?"

"当真!"陈果夫双目严肃。

当徐俪江眼睛碰上陈果夫的眼神时,徐俪江的眼睛被灼了一下:"老同学,有话你说吧,需要用着我的时候。"

"我想任命你为省禁烟局局长!"

"老同学,你不是开玩笑吧?"徐俪江第三次惊骇。

陈果夫道:"你还有什么话要说?没什么话说明天上任。"

"不,不,"徐俪江连连摆手说:"让我考虑考虑。太急了点儿。"

"好,你说吧。"

徐俪江呷了口酽茶,拍拍自己的脑门,静默三秒钟,道:"既然老同学这般相信我,为接受这个任务,我先回苏州戒烟,等我戒了烟,我再来上任。这也表示我的决心。"

"好,一言为定!"当两双手相握时,一项任务达成。

再说徐俪江高兴,那是三个没想到的高兴,他与陈果夫分手后,一人走在长街上,他甩下了帽子,只觉得头脑轻快,脚板生风,边走边想,边想边高兴，一高兴就唱了起来，直到走进了死胡同，他才清醒过来。匆匆向苏州老家赶去。

徐俪江回到苏州，与老婆一讲高兴的事儿，老婆也乐得合不上嘴巴。夫妻二人下了决心，为了戒烟，一头扎进了外国人开的赐庄博习医院一个多月，服了外国洋药，硬是把十几年的大烟瘾给戒了。

出院那天，天格外蓝，徐俪江也改变了旧模样，他满脸红光，让前来迎接他的朋友们不胜感慨："精神了！"他在家里宴请了朋友们，第二天便登上了去省政府的火车。

当西装革履的徐俪江神采奕奕地出现在陈果夫面前时，陈果夫也惊骇了："士别三日，当刮目相看。烟戒了？"

"不但我戒了，老婆也跟着戒了。"

"好样的！"

接着徐俪江又把走马上任后的工作方案全盘托出，道："禁烟期间，对于'禁烟方案四步走'我作了考虑，不知可行不可行？"

陈果夫摆摆手："说来我听。"

"我想第一步，先发个通令，命令各缉私人员，全力以赴，断绝黑货的源头。"

"那第二步呢？"

"接着就要提高烟土销售的税收和各烟馆的营业税。第三步普遍在公私医院，成立戒烟治疗所，以方便并协助烟民脱离苦海，超生彼岸。第四步为提高积极性，多加奖金，使缉毒工作发挥更大的效果。"

"很好！"陈果夫立即给予了肯定："就这样办。"

于是，徐俪江就这样走马上任，不出三个月，就见端倪。徐俪江凭借自己对烟场黑白道的熟悉，四处出击，八面拦截，办法可行，方式得当，形势日见好转，民心称快，各地住院就医的烟民大大地增多，不少烟馆因为营业税多而倒闭，烟民大大减少。报纸上有人写文章称颂："自从来了徐俪江，江苏戒烟有保障；民风社风日见好，三苏人民齐赞扬。"

第二十一章　内讧纷起

┃　CC 叫板政学派

却说蒋介石联合一切可以联合的力量,过关斩将,斗倒了汪精卫的改组派,战垮了大同盟、西山会议派,赶跑了胡汉民派,最后形成了"蒋家王朝陈家党、宋家姐妹孔家财"的格局。这时的蒋介石采取了对外一致反共,对内制造派系,互相牵制、互相抗衡,以利于自己稳坐钓鱼船,独揽大权。

有人形象化地对蒋介石的班底作过一番描述,说:"王车驾三马",或者说:"三马驾王车。"这"王车"是蒋介石,"三马"就是蒋介石班底中三大派系,即是黄埔、CC 与政学派系。且说这三大派系,就资历、辈分来说,也有个高低、先后之分。要说根子最硬的还是黄埔派,应该说这是"三马"中的辕马。平分秋色的是政学与 CC 派。

陈果夫、陈立夫作为 CC 派的代表,看透了这一形势,于是先是叫板政学派。

再说政学派系的代表人物当数杨永泰。政学派在蒋家王朝中崛起较晚,发展却是十分迅猛,它能与黄埔、CC 形成三足鼎立之势,就是能言善辩的杨永泰起了决定性的作用。说到这里,有人不禁要问,这杨永泰何许人也?

这杨永泰是广东茂名人,大清时期中过秀才,当过同盟会会员,阅历很广。民国成立后,混入政界,当过袁世凯的国会议员,又替孙大总统管辖过广东省政。北伐伊始,经张群引荐,才被纳入蒋介石的幕下,担任国民革命军总司令部的总参议。时间稍长,主唱仆从,甚为和谐。杨永泰有一个特点,喜欢揣摩主子心思,习惯于备有两个正反方案在身,揣摩到度,便将方案抛出，常常让主子生出"英雄所见略同"的感慨来，久而久之深得老蒋赏识和宠爱。后来有人戏称之为"老谋深算"。

后来，杨永泰担任"剿匪"前线蒋介石南昌行营秘书长的职位，蒋介石逢有大事，必移樽就教，一时间"天下谁人不说杨"，实可谓：大红大紫，权倾朝野。

杨永泰也是聪明人，他利用蒋的充分信任，拉帮结派，打击异己，发展自己，短短六年间，他就赢得了"政学派的班主"的公论。

1935 年蒋介石结束了江西省内五次大剿共，南昌行营的历史使命结束。蒋介石有意安排杨永泰到湖北省政府任主席。就在这一风声传出来时，CC 派似乎是闻到了气味，以为这是政学派失宠的信号。陈果夫、陈立夫等立即紧闭屋门，拉下窗幔，开始筹谋于密室。

陈立夫说："这次杨永泰去了湖北，说明老蒋有意把他支开。"

陈果夫道："老蒋讨厌不讨厌杨永泰，话还不能太早下结论。"

"老兄怎么看？"

"要我看，这是权宜之计，有可能还要重用。"

"那我们该采取何种措施？"

陈果夫侃侃而道："趁他还没有到湖北报到，给湖北何成浚打招呼，两面夹击，煽风点火，让他干不下去。"

接着陈立夫也谈了自己的看法。

且说第二天一早，湖北绥署主任何成浚还没起床，就接到了一位 CC 分子打来的电话，让他秘密组织民众，借民众力量，以抵制杨永泰赴鄂任职。再说何成浚也早就听说杨永泰来鄂工作，对自己冲击很大。再者此人能量大，生怕他来湖北，搅得塘水兴，乱了一方宁静。再说 CC 派的主意正中自己的下怀，何乐而不为呢？于是何成浚思考了一会儿，掐灭了烟屁股，扔在了地上，并踩了一脚。

第三天，武汉校园就有零零星星的有关杨永泰的小字报、大字报。第四天就有学生到省政府门前静坐，抗议杨永泰来鄂主政。一周后，武汉三镇，大街小巷，游行的学生队伍比比皆是。在游行示威中，学生第一次喊出了"打倒卖国贼杨永泰"的口号。

民间传言甚多,传得沸沸扬扬。这个说"前面走了虎,后面来了狼"。那个讲"老羊(杨)涮汤,骚了一湖(北)"。还有的叨咕:"白羊(杨)要克九头鸟,反了乾坤。"结果激得反杨情绪满城风雨。

世上没有不透风的墙。武汉的反杨风潮消息传到了杨永泰耳里,开始杨还不大相信,因为在鄂他没有对立面。后来又有人反映,他才真的信了。他不光是信,心里还有些发憷,眼睁睁地望着天花板,半夜没闭上眼。思前想后,他便找到了主子,向老蒋倾诉了自己的苦衷:"我杨永泰没做那些缺德事,何必要火烧?"

"这个何成浚,怎么这样乱搞!"蒋介石听了十分生气。他一方面安抚杨永泰,一方面给何成浚发电报。电文如下:"据报:湖北省党部藉学生提出打倒杨永泰的口号,向政府示威。如果属实,即将该党部及其负责人一律军法从事,具报为要,中正。"

应该说,蒋介石不惜以杀 CC 分子为杨永泰入鄂开道,这是何等的支持与信任!

陈氏兄弟倏地发觉先前的估计(以为杨失宠)是大大地失误了。眼下,羊肉没涮着,沾了两手腥,局面被动,怎地是好?一番密室策划,陈立夫认为清水可以搅浑,浑水却不能澄清,索性让它越搅越浑,便心生一计,让刘鸣皋代表省党部,前往绥署说明情况:"打倒杨永泰"的口号,是学生自发喊出来的,与湖北省党部没有干系。

何成浚知道老蒋怪罪了下来,没个说法通不过,听了刘的汇报,没有追问,就对刘道:"那就照你刚才的意思,写个情况如实上报就是了。"

刘根据何的意见,拟了一段文字呈上,何成浚看了一遍说:"意思不错,只是电文太温和了些。"

刘鸣皋道:"劳驾你就下笔斧正吧。"

何成浚大笔一挥加上了十个字:"莫须有杀人,职责为不可。"

绥署办公厅主任陈光祖站在旁边看了,吓了一跳,战战兢兢地相问:"这样写,非触怒委员长不可。"

何成浚回答得痛快:"没有什么,最多不干就是了。"

且说何成浚早年是老蒋的幕僚,关系非同一般,他深知老蒋的脾气绝不会因为他的两句分量稍重的话大动干戈。

后来,蒋介石接到复电后,哈哈笑了:"这个何成浚没大没小的!"接着批示道:"让省党部来人汇报。"

何成浚把这个意见传达给刘鸣皋后,刘大吃一惊:"该汇报的都汇报了,还要汇报什么?"

何成浚说:"这个事只能意会不能言讲。你自己想去吧。"

"我想不了。"刘鸣皋像是一下子掉进了万丈深坑。他脑海中的蒋介石是一个凶神恶煞,说不定去南京是凶多吉少。他一夜没有睡好觉,第二天陪同书记长杨锦昱登上了赴南京的船。

他们在南京上岸后,没有直接找蒋介石,而是先到陈立夫那里探探风,陈立夫告诉他们不会有什么问题的。随即拨通了蒋介石侍从室的电话。

"啊,是小晏吗?"

"对,我是晏道刚。"晏道刚是侍从室的主任。

"湖北党部杨锦昱、刘鸣皋来了,人在我这里。委员长在吧?"

"你让他们过来吧。"

"那好。"

就这样二人就到了蒋介石住在中央陆军学校的官邸门前,在岗哨的指点下找到了侍从室,见到了蒋介石的大秘晏道刚主任。

晏道刚说:"你们先登个记吧。我尽快安排接见。"

登记完,刘鸣皋问晏:"我们这次来是否有杀头的危险?"

晏道刚听完哈哈地笑了:"你这是哪家的话呢?根本不存在杀头不杀头的问题,委员长的个性我是了解的。过去被他关押的人放出来就升官,免得放了,别人还记恨。要杀就不会让你们来,绝不会杀。现在不是杀不杀的问题,而是如何安抚你们的问题。心放到肚子里吧。"说得刘鸣皋和杨锦昱二人直点头。

会见是当天上午的11点钟。二人穿过三道岗,来到了蒋介石的办公室坐下。不一会儿,委员长从内屋里,脚穿拖鞋走过来,显得很随便。先以关心的口吻问了问二人的学历、经历和家庭情况,二人也感到亲切。接着他话锋一转道:"学生游行了几天?"

杨锦昱道:"两天。"

"打倒杨永泰的口号是怎么回事?"

刘鸣皋紧接着说:"是一个女学生喊的。"

杨锦昱也一唱一和地说:"我们已经做了认真调查,与我们党部的人没有关系。"

"没关系就好。"蒋介石说完站起了身,又道:"永泰很能干,是个干才也是个人才,对治理湖北会有成绩的。你们是湖北党部的领导,他是湖北政府的领导,都是一家人嘛,最近几天,他要报到,你们要精诚团结,共同把湖北的事情办好,不要有任何成见。你们听懂了吧?"

二人连连点头道:"我们一定精诚团结,把湖北工作搞上去!"

"那你们就回去吧,做好工作,不要再出纰漏。"蒋介石下了送客令。

离开委员长官邸时,晏道刚迎了过来,递给刘、杨各一张支票,说:"这是委员长送你们二人的旅费。"

刘鸣皋高兴地对晏道刚耳语道:"一切没出你的预想。"

刘、杨二人回到湖北一周后,就迎来了杨永泰的到任。CC派看出老蒋不惜血本要保住杨的位置,也就忍了下来。

且说杨永泰到任还是卖力工作,雷厉风行,做事善始善终,受到人们称道。然则时间一长,他那狐狸尾巴就露了出来——一手遮天,独断专行。于是先前的对立面又跳了出来,再加上 CC 分子的暗中作梗,日子也渐感难过。

时间定格在 1936 年 8 月的一天。这天早阴晚晴,早晨还下着小雨,杨永泰冒雨奉命去汉口日本海军司令部去谈判。下午归来时,一块乌云遮住头顶,雨点大了起来,他在途经江汉关时,枪声响了。一场早有蓄谋的暗杀发生了——杨永泰头中三枪,倒在雨水地里,再也没起来。

一天后,开枪的凶手谭戎轩,被附近地区的张屠户抓获归案。经过审理,背后指使人竟出人意料是胡汉民派、时任中央党部宣传部长的刘芦隐。蒋介石大笔一挥,刘芦隐丢官入狱。腾出的宣传部长一职,即由 CC

骨干分子填补了。这就是有名的虎(湖北)口夺羊(杨永泰)的悲剧。

凶案草草收场,疑问多多,人们不禁要问凶手不是当场而是隔日抓获,指使人刘芦隐为什么不千刀万剐?据有关记载:"杨案发生不久,刘(芦隐)在南京曾往见蒋介石,目的在解释外面说杨案与他有关谣言的无稽",谁知,蒋不但不见刘,反而冷冷地说:"他(指刘)何必来见我,他自己有了他的组织……"刘碰了钉子,知道情况不妙,"马上想赶夜车遁沪,谁知已为 CC 系的特务跟踪,在下关站秘密被捕"。当时,"与刘芦隐一道被捕的人很多,结果情形,也未昭告天下,不过据 CC 系传出的消息"称"刘的暗杀计划十分庞大,列入名单的",上自蒋介石下至 CC 系、政学系各类与蒋接近的人物都有,这张名单,一共有一百三十余人之多。CC 散布这消息的用意,无非是对刘要加上一顶空前未有的大帽子,犹如"君主时代的叛逆案一样","罪大不赦"。同时他们还散布刘"供出一篇长达八十余页的所谓阴谋罪状"的消息,并说"根据这张罪状,足以证明杨永泰确为刘所杀",而且这仅仅是"暗杀工作的开始",接下来就要轮到"陈氏兄弟"了……

抗战胜利后,CC 骨干方治对刘鸣皋道出了隐情,他说:"刺杀杨永泰这件事,确实是二陈先生指使的,当时不能泄露这个机密,现在谈谈没什么关系。"对此,陈果夫言辞闪烁,认为"暗杀者为私仇抑为公义,颇难遽断,须俟凶犯供明指使之人,始可明真相"。但据凶手谭戎轩所云:"我为奉中央党部的命令来杀汉奸",他说的党部为何不是二陈,而是党部宣传部长刘芦隐呢?这里的奥妙恐怕不是寻常人说得清道得明的。

随着时间的推移,新中国成立后一本正式出版物《三 C 传》,再次道出了隐情,认为:"杨案发生,全国震动,CC 为着避免政学系之指责,嫁祸于刘芦隐",大体情况是这样的:"刘芦隐本与胡汉民关系密切,目击当时国民党的腐败和蒋介石的独裁野心,颇有一番澄清宇内的计划和志向,便着手成立了一个革新国民党的组织",主要"以胡派嫡系为基础",同时还罗致了不少其他"进步分子",声势浩大。作者认为:"CC 系在于争权力的出发点刺杀了杨永泰,进一步以一石打双鸟的手法,顺便给刘芦隐一顶帽子,以打击胡汉民系,所谓供词等,那不过是秘书室中的制成品,绝无事实。"

从杨永泰一案,不难看出 CC 的狠毒,但是无毒不丈夫,获利最大的莫过于"二陈"。

| 赶走张厉生

却说蒋介石这位权术高手,之所以让"二陈"主持党务十多年,没有给其培植对立面,这有两个重要原因:一是"二陈"为浙江老乡,对其忠心耿耿;二是"外敌"压力甚大,一切力量对外,他也没有这种精力。在这形势下,"二陈"渐渐羽翼丰满,手下网罗了一帮喽啰后,难免在主子面前不像先前那样顺从,这使蒋介石不能不产生想法。

随着对红军五次"围剿"结束后,蒋介石腾出手来,便给"二陈"物色对立面,以打破"二陈"一统党务的天下。派谁去呢?他想到了一个人,陈诚的部下,名叫张厉生。于是便召来密室相谈,暗授机宜。

1935 年 12 月,蒋介石不顾陈果夫的反对,把张厉生推上了中央组织部长的岗位。张厉生到位时,蒋介石还亲临组织部讲了话,为张厉生保驾。

且说这张厉生年轻气盛,想给组织部带来新气象,提倡读书活动。可是组织部这地方,由于"二陈"多年经营,关系盘根错节。张厉生布置工作时,大家都说好好好,结果实行起来谁也不出力。最后闹得他提倡的读书活动半途而废。张厉生虽然盛怒,但慑于陈果夫在组织部的积威,自己多年又是陈果夫的部下,不敢对"二陈"手下的人马大动手术。再说军界的陈诚,虽然是自己的后台不假,但他做事谨慎多于大胆,自己身后没人马,万一出现闪失,怕是只有喊打的没有救人的!所以一直没敢对"二陈"下手。蒋介石看到眼里记在心里,对张厉生没有执行自己的意图十分生气。

张厉生不敢对"二陈"下手,而"二陈"却大开了"杀戒"。且说 1939 年 11 月,国民党第五届六中全会期间,陈果夫亲自出马,赤膊上阵,上书蒋介石,要求张厉生立即下台,并推荐朱家骅继任。蒋介石此时正生张厉生的气,看到张厉生下台的提案,立刻给予准许,并任命朱家骅担任组织部长。但是,应该说这是陈果夫一个错误。没想到自己推荐的人会向他开刀,反对自己,此是后话不讲。

迎来拆台人

"二陈"为了赶走张厉生,极力推荐朱家骅。朱家骅何许人也？据李西岳、苏学文撰文说:

> 朱家骅,字骝先,浙江湖州人,本是"二陈"的小老乡,曾任北京大学地质系教授。1926年戴季陶任广州中山大学校长时,把朱请到广州,推举他为副校长,以后升任校长。南京政府建立后,朱曾任中央大学校长、教育部长和交通部长。
>
> 朱家骅和二陈的关系本来不错,应该说也是CC关系上的人。但从一开始,朱家骅同二陈的关系就不是类似于张厉生、张道藩、余井塘等人居于二陈之下的上下级隶属关系。朱颇受戴季陶、张静江、吴稚晖这些国民党元老的重视,三人也频频在蒋面前对朱大加赞扬,因而蒋介石对朱的印象一日好过一日,而朱在国民党内官场行情也日渐看涨。朱和二陈关系处理得不错,一是看二陈势大,得罪不起;二是自己没有基本队伍,需要借和二陈的关系护身;三是因为朱是湖州人,属浙江系,二陈有意拉朱,想利用朱在学术教育界为CC出点儿力,也想利用朱和戴季陶的特殊关系,让戴多在蒋介石面前说点儿好话。戴季陶因为和蒋介石有盟兄弟的关系,又不拉帮结派,不恋官位,敢说敢干,不怕伤人,在蒋介石眼中一直占有特殊地位,蒋对他的意见,颇为重视,二陈怕戴季陶也加入反对他们的战团,如果这样,二陈是万万吃不消的。出于双方利害的需要,朱家骅自然而然地和二陈更加接近。在朱家骅当交通部长的时候,他拉张道藩当了交通次长,二陈对朱有什么要求,都通过张道藩向朱提出。基本上可以说是

有求必应。抗战开始后，朱家骅还是紧紧地靠拢着军委会第六部部长陈立夫。高级分子在六部聚会商议重要问题时，朱家骅基本上都被邀参加，陈果夫、陈立夫对朱说话，既不像对外，也不像对部下，既尊敬又亲切，口口声声叫"骝先"。

1938 年 3 月，戴季陶推荐朱家骅就任了中央秘书长兼中央调查统计局长。这次陈果夫又推荐朱家骅任中央组织部长。陈果夫有陈果夫的想法，戴季陶虽对"二陈"有看法，也举双手支持，可戴季陶推崇朱家骅的意图与陈果夫截然相反，他是想让朱家骅把"二陈"在国民党内搞糟的一套，全部抛弃，一窝端掉，方解心头之恨。因此朱家骅上台之前，曾与戴季陶有所勾通。

且说朱家骅出任中央组织部长后，他不像前任张厉生那样软弱，而是锋芒毕露，有破有立，说到做到。对内谁要有意见，马上请客送人，不管后台是谁，只要不是委员长。对外，他拉拢"三青团"作外援，对丁惟汾的大同盟、改组派的遗留人员等，统统收于翼下。唯独对 CC 分子大加清洗。

面对朱家骅的种种做法，陈果夫感到引狼入室，哑巴吃黄连有苦无处诉；陈立夫跳脚骂娘："这个朱骝先也太不像话了，怎么独对我们的人开刀！这哪里像老乡做的事！"陈果夫也接着道："真没想到，我们中的一些人见他势大，也去投靠朱家了。真谓世态变化，人心莫测！"

殊不知朱家骅的做法背后都得到了蒋介石和戴季陶的默许和支持，不然他朱家骅长十个胆也不敢。此时的蒋介石正在家中招待戴季陶，二人朗朗的笑声，像是对"二陈"不听话的一种报复。用蒋介石的话说，这叫一种工作方法。

两人正酒酣之际，宋美龄来到老蒋的耳边道："大令，果夫来了。我把他领到了会客厅。"

戴季陶把手一扬说："蒋兄，我得从后门走了，你们谈吧。"

蒋介石知道戴与陈的矛盾由来已久，也不便强留。

在会客厅中，陈果夫迎来了蒋介石，马上起座道："委员长，最近发生一系列的事情，让我们兄弟百思不得其解。"

"说说看，都是些什么事?"蒋介石道。

陈果夫早已打好腹稿，道："组织部内王秋先的调离，赵铁磁的免职，阚明的离职学习等都显得十分不正常。"

蒋介石一听哈哈笑了："我原以为什么大不了的事呢，原是这些陈芝麻烂谷子的事。这是组织部长的事情，你和家骅交换过意见没有?"

陈果夫道："这个朱家骅也太霸道了，能让你和他交换意见吗?"

"那这事就复杂了。"蒋介石推托道："要知道，朱家骅可是你向我推荐的，推荐人交换不了意见，你说吧，谁能与他交流?"

陈果夫直搔头皮，无言对答。

这时的蒋介石也演戏般地瞪起了眼珠子："当初，你们向我推荐时，这个人这好那好，一身是宝，现在是一身是骚。我没有找你，你还有脸来找我!"

"委员长，有我的失职。"陈果夫低头道。

"委员长，委员长，现在才知道我这个委员长，当初你们把我这个委员长放到哪里去啦!"蒋介石越说越有气。

自酿苦酒自己喝。陈果夫被弄了个无趣，不想御状没告成，反倒落了一身不是，越想越窝囊，这口恶气不出，他就要让气给憋死。

第二天一早，他抖抖精神，决心要到组织部，找朱家骅理论。他来到组织部的时候，扑了个空，心想这一定是朱家骅和同事在有意躲避他。后来看一看手表，离上班时间还有半个小时呢，这不是人家躲避，而是自己来早了。

朱家骅是第一个来上班的，陈果夫把他堵在了门口，开门见山："家骅，我陈果夫有哪点对不住你的地方?"

"有话屋里谈。"朱家骅不温不火地道。

"我进屋还怕狼吃了我呢!"

"你这话就不对了!"朱家骅制止道。

陈果夫恨铁不成钢地说："没有当初我的推荐，你有这个位置吗?"

朱家骅软中有硬地道："你甭小看人了，没有你的推荐，照样有人推荐。"

陈果夫双手发抖地道:"你这是过河拆桥,不讲道理!"

"我要工作了,请吧!"朱家骅说完退后一步,关住了门,任凭陈果夫怎么喊叫就是不开门。

这事儿传出去,说什么的都有,叫陈果夫好没面子。

从此,"二陈"和他们所领导的 CC 派处在低谷阶段。朱家骅仍不罢休,联合其他的力量,把个 CC 派系搞得个七零八落。这时的"二陈"对蒋介石是毕恭毕敬,说话办事不像先前那样专横跋扈了。

解铃还得系铃人。再说蒋介石这位著名的权术大师,觉得手心手背都是肉,他不喜欢两败俱伤。他看到了"二陈"的基础大为削弱,便主动站出来,以一种救世主的身份出现,再让"二陈"对他感激涕零。话说 1944 年,国民党召开第六次全国代表大会期间,蒋介石叫朱家骅将中央组织部长职位让给陈果夫,朱家骅去当教育部长。此次斗争以"二陈"重新上台执掌党务为结束。

蒋介石对谁都不相信,在他手下的每一个系统中,都刻意制造派别,使之互相抗衡,以利于他的大权独揽。蒋介石的这种手法并不高明,在当时就被一些人发现。最早发现者便是贺衷寒。此是后话不表。

｜ 争风文化阵地

且说 CC 派与黄埔派打天下时是"情侣",坐天下时是"冤家"。所谓派系,说穿了是为一派私利。要说 CC 与黄埔两派打派仗,大致可分两个阶段:第一阶段是 CC 团与复兴社的龃龉,主要是文化方面的争夺战;第二阶段是中统与军统的派仗,多是争风吃醋。

人们普遍知道,"二陈"发迹较早,借助于党权至上的强劲东风,极力向行政、经济、文化、教育等领域挺进,占领了中心地盘,等到黄埔派醒悟后,再来抢占阵地,地盘已经有限了。不过黄埔派凭借着自己元老资格,也向 CC 的地盘展开了攻势。不久 CC 的地盘眼见一个个失去。CC 也不甘心,有时也主动出击向对方"锅"里捞一勺子。结果双方便把官司打到了老蒋那里。老蒋作为裁判员，为了一碗水端平，定了个"游戏规则"：

"凡属党务、文化、教育、经济等领域，均为 CC 系的活动范围，黄埔系或复兴社，不得越界插手。"

根据蒋介石的"游戏规则"，CC 派先发制人，从有利于操纵文化界的政治目的出发，决定先成立"中国文化协会"。

世上没有不透风的墙。这个消息，不知怎的，让黄埔系知道了，心里老大的不舒坦。当时，正是蒋介石为实现专制独裁而大肆造势的时候。"二陈"率先提出了"一个主义、一个党、一个领袖"的口号，深得蒋介石赞赏。黄埔派系不甘落后，也在积极为"领袖独裁论"的信条苦拟腹稿，急于邀功，自然不能对文化阵地的缺失无所作为。更何况，他们还自信，搞舆论宣传，黄埔不在 CC 之下，凭什么让陈氏兄弟独享专利呢？

黄埔派自吹自擂，并不是没有根据。他们自称他们有"一个半"理论家：一个专家就是人们知道的贺衷寒，早在孙中山时期，就以写大块理论文章而出名，曾受到孙中山的青睐；如果说前者为老者，那半个理论家就是一个初出茅庐的小伙子，名叫刘健群。小伙子有才，凭着他的一手好文章，从一个农家子弟一举成为人们公认的小小理论家。小荷才露尖尖角，他的伯乐应该归功于黄埔大佬何应钦。有一段趣闻，李海生、张敏写得仔细：

> 当时，蒋介石被迫下野不久，何应钦想发表个拥蒋复职的通电，请幕中几支笔杆子拟稿，结果把读下来大煞风景，于是有人提议，"能否叫刘健群试试？"何应钦听推荐者介绍，才知就是那个刚从何厚光手下投奔过来的年轻人。凭借贵州同乡的地缘，才在司令部里谋到饭碗。
>
> 刘健群平时捞不到任何重要公干，只是打打杂而已。一天，去某团长处赴宴，开饭前溜达散步，突然想到最近拥蒋复职的通电很多，读来没有几篇像样的文章，不禁憾意大增，忽而扪心自问，这样的文章要是由我来写，该做成什么模样呢？
>
> 刘健群明晓新学，知道舆论是要"造"的。于是，根据宣传工作的

要求打起腹稿来。诸如什么该写,什么不该写,什么紧要,什么不紧要,梳理得丝丝入扣。首先,大势所趋,"革命"需要,应该渲染;其次,"革命领袖"力挽狂澜的巨大作用必须强调,突出"非蒋莫属"的意义顶顶紧要;最后以恳求的笔调收尾,希望蒋介石以大局为重,再度复出云云……腹稿打到这里,刘健群不由地咧嘴露笑,显然是对文章的编排十分满意。可是一想到自己在何幕中的地位卑微,根本捞不到主掌文案的机会,顿觉好生无趣。紧接着一阵饥肠辘辘,便背手返回厅内,发现八仙桌上,菜肴差不多码齐,于是找个座位落定,动筷举盅,很快就沉浸到酒醇肉香的咀嚼中去了。

不一会儿,司令部的副官撞进来,冲着正在大嚼的刘秘书气喘吁吁地道:"总……总算找到你了,快……快,总指挥有请。"

刘健群听说总指挥有请,硬是把送往口边的鸡翅扔到了碗里,来不及净手,就被副官拽着往外跑,心里"咚咚"地打鼓:"究竟出了什么事,该不会……"

刘健群忐忑不安地来到总指挥部,一进门见何应钦、顾祝同、刘峙都等在那里,有了着落,真可谓鬼使神差,歪打正着。当下便挽起袖管,提笔往纸上涂去,但见墨舌吐信,笔蛇游走,黑压压的一片文字,跃然纸上。何应钦朗朗读来,禁不住击节叫好。

电文发表后,果然搬动了蒋介石,何应钦领功受赏之际,刘健群的笔力文才也一举成名,被蒋介石圈入小组织中,当"嫡系"豢养起来。

凭着这样的资本,黄埔系一直认为在文化宣传的领域,可以比CC干得出色,时不时地在蒋介石耳边标榜,见老头子没有训斥,便壮起胆来与CC争抢地盘,劈手把"中国文化协会"名头搬来,抢先发表,弄得CC措手不及,深感狼狈。据CC高级干部黄敬斋回忆,"CC系精心策划"了很久,准备建立一个"培植文化专制霸权的全国性机构",定名为"中国文化协会"。谁知,"复兴社在武汉创办的,以黄少谷、刘炳黎主持的《扫荡报》,突然以迅雷不及掩耳之势,在该报第一版上,用通栏特号大字标题,抢先刊出了'中国文化协会'成立的消息和该协会的负责人员的名单等新闻特讯"。这个冲击波,"确实震撼了CC系整个首脑部"。

面对着黄埔派咄咄逼人的攻势,搞得"二陈"十分被动,于是他们不得不制定对策,利用领袖的权威,打压黄埔派的气焰。谁来给老蒋把窗户纸捅透呢? 陈立夫建议说:"依我看,还是家兄亲自到委员长那里当面讲为好。"

"去可以去,效果不一定很好。"陈果夫还想着当年他去蒋介石那里反映朱家骅的问题,老蒋不但没听,还鼻子不是鼻子地呲儿了他一顿。一想起这件事,他的腿肚子就打战。

"那还有什么别的办法可行?"

这时陈果夫来了精神:"老蒋的秘书陈布雷可以利用。再说我们间关系是无话不谈。他的入党介绍人还是我和老蒋呢!"

陈立夫说:"老蒋很看重他,他的意见十有八九能被老蒋采纳。只要他能给老蒋讲,问题也能解决。"

最后,张道藩、肖同滋、程天放、程沧波、吴醒亚都发表了相同的看法,以陈布雷向蒋介石施加影响为好。

关于文化协会大家都同意坚持办下去,黄埔派用的"中国文化协会"名字不能用。有人建议叫"中国文化建设协会"。多了"建设"二字更上口。事情往前赶,能办的事先办起来。最后研究了分工,立即行动起来。

第二天陈果夫就赶到了上海。工夫不负有心人,陈布雷果然出山,除答应向蒋介石施加影响外,还愿意为中国文化建设协会题词和书写宣言。

一周后的一天。

法租界爱表虞限路中华学艺社大礼堂,彩旗飘飘,热闹非凡。主席台上端坐着陈立夫、程天放、周佛海、张道藩等CC系领军人物。中国文化建设协会在此成立。会员9734人。会址在四象桥。大会通过宣言,刊登在当天的晚报上。后又出版了小册子,封面上的题词为陈布雷手书。

中国文化建设协会的隆重成立,大大超出了黄埔系的预想,粉碎了他们抢先占领的阴谋,在文化圈子内也为"二陈"挽回了些许面子。

接着不久,黄埔派发生不测:航空署长徐培根贪污汽油巨款,纵火南京机场,销赃灭证。邓文仪查究不力,引起蒋介石的暴怒。

话说在这个节骨眼上,陈布雷紧给老蒋上眼药,对蒋说:"在军言军,在政言政,委员长分工清楚,邓文仪搞文化协会纯是不务正业。"

正在气头上的蒋介石,终于下定决心,舍卒保车,处分了邓文仪,勒令解散了中国文化协会。

此事有人高兴有人忧。CC派在抗衡中取得了决定性的胜利。

| "中统"与"军统"之争

"中统"与"军统"之争实际上也是CC派系与黄埔派系争名夺利的继续。

说起根由,这两个特务机构原都是陈立夫的下属。当时陈任军委会调查统计局局长,一处为"中统"人马,处长徐恩曾;二处为后来"军统"人马,处长为戴笠。陈立夫身为局长,抬一处打压二处,从此二人积怨较深。

后来"中统"与"军统"分开,自立门户后矛盾更加激化。应该说这是精明老蒋的杰作。

且说军统利用分工之机,在监视好中统的基础上,扩展机构,调兵遣将,拓宽业务,增加收入,走私贩毒、利用战争买卖军火、印刷伪钞,杀人放火,无恶不作。所有这些,都得到了蒋介石的暗中支持,戴笠更是头脑发热,无所顾忌,根本不把"中统"看在眼里。

再说蒋介石之所以倾向军统,也与军事力量在政治角逐中的至上位置有关。蒋介石屡仆屡起,重要的经验在于抓住了军队的龙头,从而使得国民党内的反蒋运动常常是轰轰烈烈开头,凄凄惨惨收场。蒋介石看重掌军的诸多好处,无形中也使得黄埔派们一个个目空一切、牛气冲天,稍不注意便要惹是生非。

"中统"也不甘人后。在陈立夫间接的领导下,对内对外的工作都有专门的分工。尤其是反共工作是他们的重中之重,但也不能不竭力限制军统发展的强劲势头。

打铁先要自身硬。为了对付共产党,陈立夫也要特务们学习马克思著作,有时还要讨论共产党的内部建设,钻研"联共党史"。陈立夫认为,做一名高级特务,非有这一套本领不可。因此在"中统"内部有不少以"精通"马列主义自命之人。如当时的叶青、吴若萍等。为了获得情报,打入共产党内部,他们不得不搞"伪装革命、伪装是中间"的演习。

所谓演习,内部也叫"业务"学习,即是由吴若萍之流装扮成共产党分子,就某一具体问题,用所谓"站在共产党的立场,用马列主义观点,以唯物辩证法",作一番分析、判断,有时还要来一套所谓的"鼓动宣传",然后由其他参加"演习"的特务,作其要点评述,进而一再重演,直到达到能以假乱真的程度才结束。用陈立夫的话讲,这套把戏,训练目的在于使特务们以理论武装,以便打入共党内部而受信任。这也叫中统的软功。

为了斗争的需要,他们有时打入共产党内部,有时也打入军统的内部。打入共产党内部是为了向主子蒋介石邀功请赏;打入军统内部是为了摸清军统的情报。据说,中统曾派优秀特工队员张舞良秘密打入军统内部,破获过他们的制毒贩毒机构,一下子捅到了蒋介石那里,让军统大出洋相。"娘希屁!"这是老蒋当着戴笠的面第一次骂娘。

据刘不同回忆说:南京曾发生一件人命案子,说的是军统把持的复兴社南京领导人任觉五把政治学校的三名特工学生绑架,并秘密杀害。事后对外宣称,被害人系复兴社极端分子,因犯错误被处死,以示天下。陈果夫不相信这套歪理邪说,一口咬定学生是CC的人,被军统把持的复兴社无辜所杀。双方公说公有理,婆说婆有理,相持不下,对簿公堂。最后老蒋见死了人发话了,把任觉五法办了,以平衡双方的关系。

军统和中统的明争暗斗,由来已久。

据李海生、张敏撰文道:黄埔(派的军统)则在渗透的层次上,有过大胆的挺进,其间派女特务混到"二陈"身边,企图以色相将"二陈"拖到石榴裙下,就是不寻常的计谋。

其文说:

女特务叫向影心,曾是某党部官员的内眷,天性风骚,有勾动男人心肠的本事。有一次,在社交场合中与戴笠对上了眼,男的动心,女的有意,稍稍走动,两人便勾搭成奸。戴笠欢悦之际,时时不忘组织发展工作,他觉得向女士是块当特务的料,应该在亲密的感情色彩上,再加一道同志关系。当时,戴笠正为调查殷汝耕的汉奸勾当焦虑,准备物色一只"枕头",放在殷汝耕的床上,他觉得向影心很适合这件工作,一番交谈下来,向答应得爽快,很让戴笠高兴。于是邦衬着把向的婚姻关系了断,以"未婚"之身,投入了殷汝耕的怀抱。

向影心果有手段,三两招下来,就把殷汝耕摆弄得骨酥筋麻,直把"心肝宝贝"喊在嘴上,挂在心里,宠爱得没够,戴笠自然也将殷汝耕的动态摸了个门清。后来,殷汝耕准备着手建立伪政府,戴笠为阻挠其事,便命向影心干掉殷汝耕。

向接到密令后,选择了下毒的方法。因为殷汝耕有个习惯,每晚入睡前,总要吃一碗北方面条。这一天,向影心特别殷勤,亲手下面并施毒,由于毒药无色无味,端到殷汝耕面前,他丝毫没有察觉,正待举筷捞面时,传报有要人来访。殷汝耕搁下碗筷去会客,不知何事,一谈就是个把小时,面条放冷了,毒药的颜色显现出来,等到殷汝耕重新捧起面碗时,发现色泽不对,送去化验,证明有毒,回过神来一想,向影心首先脱不了干系,于是下令把她绑起来审讯。

向影心知道事情的利害,死不认账,问得急了,索性大发哕劲,哭哭啼啼,如怨如诉,一副楚楚可怜的样子,弄得殷汝耕肠子发软,不由地动了怜香惜玉的"善心",最后只是把她关入禁闭室,临走时还吩咐关押人员"好生看待"。后来,戴笠趁伪政权粉墨登场,殷汝耕忙得抽不开身子之际,花钱买通看守人员,把向影心救回了大本营。

冒险归来,戴笠温存有加,屡屡抚慰受惊的向影心,耳鬓厮磨之际,又布置了一个更重要的"卧底"任务,那就是打入 CC 的中枢,争取到"二陈"的恩宠。接着,戴笠巧妙地安排了许多社交机会,让打扮得花枝招展的向影心去接近"二陈"。戴笠远远地看着向影心巧施媚态的伎俩,心里暗暗得意。偏偏半路杀出个程咬金,一个曾与向影心有染的中统特务,悄悄把向影心暗害殷汝耕的事密报了上去,"二陈"听后大吃一惊,立即拗断了与向影心的来往。

｜ "运钞案"始末

中统与军统的矛盾由来已久。

且说军统戴笠是杀人不见血的杀人魔王。

在他当政时期，一系列的杀人案都与他有关：先是中国民权保障同盟会秘书长杨杏佛被暗杀案；后是申报馆总经理史量才的被暗杀案；接着是北洋政府国务总理的枪杀案；还有上海伪市长傅筱庵的刺杀案和汪精卫在河内的刺杀未遂案等等，都是他一手策划的。有人说蒋介石身边有两把刀，一把是中统的徐恩曾，一把就是军统戴笠。戴笠更令蒋介石佩服的是杀人不见血，戴笠屡屡让蒋介石称快。而中统的徐恩曾屡屡受到主子的批评。后来，国民党中央党部后院山墙上出了反动标语："总裁独裁，中正不正。"蒋介石十分生气，交给中统徐恩曾查办此事，结果徐恩曾毫无进展，蒋介石对中统徐恩曾的印象糟糕到了极点。

一天，蒋介石在"两统"（军统和中统）组织的年会上，跳脚大骂徐恩曾，让他站起来，当面厉声责问："共产党造我的谣言，说我同护士同居，破坏我的威信，你为何不对我报告？还有《新华日报》天天登文反对我、反对党国的言行，你为什么不负责任，听之任之？还有张学良、杨虎城早有倾共思想，你们情报部门都到哪吃饭去了?!"

徐恩曾被问得支支吾吾，答不出话来。

杀鸡给猴看。殊不知蒋介石也是对着"二陈"来的。"二陈"都带有旧知识分子的气味，既有谄媚事上的一面，亦有宁可丢官而不屈的一面，不像戴笠那么死心塌地为蒋卖命。戴笠看中了这一点，更是有恃无恐。用告御状的办法，打击中统的领导层，挤压对方，扩大自己的地盘。1941年，特检处由中统划归军统，军统分子刘幡上任，执行戴笠批示，翻过身来死整中统人员，一个个地过"关"，闹得人心惶惶。

中统丢失了特检处，等于少了一双眼睛，少了一个监视军统的窗口，反之处处受制于人。不光是中统的对外往来信件，就连"二陈"的信件也常被他们拆看，由此差一点儿酿成大祸，徐恩曾险些丢命。

要说清这桩险案，先从1943年"运钞案"说起。

这是一天清晨。

山道弯弯，两边都是险峰峻峭，峰回路转。

山道上车辆稀少，由于战争，有时一天也没有车辆通过。因此这条路也称"死人路"。据说一些土匪劫贼，经常隐匿在山林路旁，见车就拦，见人就杀。已出了多起命案。无人再敢跑这条死人路了。

恰恰就在这天，两辆卡车一辆美式吉普就行驶在这条死人路上。

且看这三辆车，吉普在前开路，中间是一辆装得高高的货车，后面护卫的是一辆挂着军队牌号的军车，车内坐有荷枪实弹的八名押运士兵。

黎明前的车队，却是昼行晓宿。主要为了躲避日机的轰炸。这车队一拉溜地保持着10米的车距，首尾相护，车车相护，一路顺利，直奔重庆方向而来。

下雨了，路越来越滑，越泥泞。

天空由白转亮。

坐在头车上的徐恩曾，是这车队的总指挥，此时他一脸的严肃，不时地观天看表，前面就是三斗坪封锁线，过了封锁线，就过了沦陷区，到了抗战区的大后方。想到这里，多日疲劳和辛苦一扫而光；想到主子陈立夫交给的任务即将完成，他脸上露出了少有的笑容。于是他命令司机加大油门，提高车速，黎明前越过封锁线，在后方区里吃早餐。

司机加大油门时，前面突然出现了情况，一头野猪从路边草丛中蹿了出来，司机急忙踩刹车，车是停住了，徐总指挥的头差一点儿撞到前挡风玻璃上。后面的车差一点儿撞着前车的屁股。徐总指挥埋怨司机不把野猪给撞死，干吗要踩刹车？司机说，我没看清是头野猪，是觉得有情况要处理。好啦，一头到手的肥猪给跑了，你说馋人不馋人！

两人正在后悔莫及的时候，前面传来了"停车"喊声。

这次不是野猪了，而是一位举三角旗的人。

此人穿着国民党军服，随着他的喊声，树林边蹿出一队士兵。

徐恩曾的吉普不情愿地停了下来。徐恩曾使了个眼神,让司机上前问清情况。

"干什么的,拦我们的车?"

"例行检查——"

这时徐恩曾下了车,说道:"我们是军车,是执行公务的!"

司机忙向对方介绍说:"这是我们车队的总指挥徐恩曾先生。"

徐恩曾也掏出自己的证件,让拦车者看:"我是党部的,都是一家人啊。"

对方看都不看徐恩曾的证件,说:"先不说一家人啦,检查完后再说吧!"说完他又向身旁的士兵喊道:"妈的,还愣着干啥,还不快上车检查!"

"不能检查!"徐恩曾意识到了什么,大手一挥道。

"看来你是心虚了.刚才还论一家人哩,现在不是啦是不是?"举旗人一脸横肉地说:"你说不检查就不检查了,"说到这里,他又下令说:"上车查!"

哗啦啦地一帮士兵上了车,掀开了挡雨的帆布,下面露出一箱箱保险柜。再撬开保险柜时,一捆捆崭新的国民党纸币放光耀眼!

"你这是走私钞币!"

"不,我是奉上级的命令运钞。"

"哪个上级?"

"中统局。"

"别客气,你就跟我们走一趟吧!"

徐恩曾见胳膊扭不过大腿,只好说:"把车开到中统局。"

"这个你就不要管了!"

徐恩曾的运钞车被押解到重庆,扣到了军法处。中统局的徐大局长因涉嫌犯罪,被投入大牢。

接着,戴笠一纸御状告到了蒋介石那里,称"徐恩曾舞弊走私,妨碍国家税务,理应予以枪决,以儆效尤"。蒋介石慌了,也不知是怎么回事,立即召来主管中统的陈立夫问罪。

据记载,陈立夫来到侍从室时,有人提示他说,老先生(指蒋)今天脸色不好，你要小心为好。

陈立夫心里打鼓，中统局本想自己挣一把，没想到出现这个结局。陈立夫硬着头皮走进了老蒋的办公室。蒋介石气咻咻地把电报甩到陈立夫的面前："你看看吧，徐恩曾干的好事！"说完，两眼像利剑般地盯着对方。

陈立夫秉性冷静，遇事不慌，看完电文，平和地对蒋说："委员长，这个事情如有错，我应该担。"

"为什么？"

陈立夫道："这事情很早了，有人向我汇报过，上海沦陷前，有一车印好的纸钞，从上海转运到了香港，时间一长，我们政府无暇顾及，就忘了这件事。我听了这件事，就派徐恩曾去办这件事。"

"你总得跟我说一声啊！"蒋介石埋怨道。

"不是我不跟你说，战事繁忙，我看你连饭也顾不上吃，没有及时汇报。这是我的错误。"陈立夫说这话时，也撒了个弥天大谎。实际他是为了中统的一己私利，而不是为了党国。

蒋介石无可奈何地点了点头，说："看在你的面子上，我且放他一马，下不为例，知道吗？"

"知道，知道。"

第二天，远在福建的戴笠，接到了老蒋的批示："本案解中央办理。"戴笠马上猜测到"二陈"兄弟做了手脚。来了个一不做二不休，先依照"缉私法令"，没收车上所有物资，只把徐恩曾押送重庆。到了重庆，蒋介石安抚一番，就把徐恩曾放了。徐恩曾总算逃过一劫，躲过军统的迎面一击。

不过，戴笠还抓住"二陈"有私吞公款的嫌疑，或真或假地到处宣泄，一时搞得"二陈"像秀才遇到兵——有理说不清，暗地里只生闷气。

此消彼长，一枯一荣。曾几何时，野心勃勃的戴笠竟想吞并中统，推翻"二陈"，独揽特工的大权。可惜，东窗事发，一个"赵理君杀人案"的出现，击沉了他的黄粱美梦。

再说戴笠为了一派私利，无所不能。他为了提高军统的恐怖行动，不惜以重金网罗鸡鸣狗盗之徒，卵于翼下。赵理君在归顺戴笠之前，就是上海滩有名的恶横，人称"老枪"、"老黑"。此人自幼死了娘，三岁又殁了爹，有人生无人养。打架斗殴是家常便饭。杀人放火也是隔三差五。抗战全面爆发时,凭着他的杀人本领,戴笠又提拔赵理君担任行动科长职务,此人更是骄横了,真正成了杀人狂。

后来,"老枪"利用把持黄河渡口的职权,对过往人流敲诈勒索,稍有不从,便以拳脚相加,老百姓敢怒不敢言。有一青年学生,这天要过渡时,老枪以水大河宽为由,向过渡人员收取平时多三倍过渡费。小青年据理力争,惹火了老枪,老枪上前一步,扯着了小青年的脖领子,说道:"再喊叫我就把你扔到河里喂蟹去!"

小青年血气方刚,哪里能听进老枪的话:"你敢!你敢!"

"看我敢不敢!"老枪说完把小青年高举过头顶,转了三圈,然后猛一用劲儿,就像抛铅球似的把小青年扔到波澜壮阔的黄河主河道中去了,小青年没有来得及喊叫,就埋没在大浪中去了。

中统得知了这件事,遂向老蒋告御状,老蒋命他们尽快取证。"二陈"便派遣特务前往出事地点,装扮老百姓,秘密搜查证据。这事不巧又被老枪发觉,动了兽性,竟带着一批军统分子对洛阳地区的 CC 分子施暴,当场有常孝儒、郭姚曙等 6 人惨遭活埋。

血案发生后,陈立夫立即给予曝光,令全国人民口诛笔伐。蒋介石闻之怒发冲冠,即责令戴笠严查事主。戴笠顶不住压力,只得丢卒保车,忍痛割爱,斩了赵理君的人头,硬生生地吞下"二陈"新闻曝光的苦果。

事后,戴笠躲避不过记者的追逐,欲盖弥彰地说:"老枪"罪有应得。根据我们军统掌握的情报,"老枪"是共党嫌疑。他这样做的目的,是挑拨军统和中统的关系。

应该说,戴笠的这番表白,令人不服,不说中统不信,就是军统自己也不相信。戴笠这个杀人魔王,已经把事情做绝,把自己推上了悬崖边。他的话已不能自圆其说。

善有善报,恶有恶报。时间到了 1946 年 3 月 17 日,戴笠生命的大限已经来临,因飞机失事,摔死在江宁县板桥镇南面的戴家山上。

死因风波又起,传闻多多。

还有一种较为普遍的看法,那就是戴笠为 CC 派谋杀。这里有《三凶传》的记载,书中的观点十分明确,认为:"'二陈'之想杀戴(笠),存心已早,在西安事变之前,均苦缺乏机会,加上军统爪牙甚多,如事前不筹划妥善,生恐刺虎不成反为虎噬。一直忍耐到抗战胜利,'二陈'觉得此时如不将戴除去,那么胜利后特务大权更休想过问,因为在表面上抗战期间军统确比中统凶猛一点儿。"而"替戴笠驾飞机的那位留美学生,远在未返国之前,据说一切费用等等都是由'二陈'秘密接济,返国之后,'二陈'又很技巧地把这位死士弄到为戴驾专机的位置。"对实施的过程,说法更有神秘感,认为按"'二陈'原来的意思,是叫这个驾驶员,故意将飞机机件损坏,到危险时驾驶员可以乘降落伞下降,不但没有生命危险,事成之后高官厚禄,随其所欲。故驾驶员在飞机出事前一刹那,本拟跳伞,乃为戴笠执枪阻止,遂同归于尽"。

种种说法,都是"死无对证的推测",不足为信,不过从中可以看出中统与军统的水火之势,早已是公开的秘密。

总之,以中统、军统为背景的两大特务系统势若水火的争风吃醋,基本上是国民党派系斗争的产物,它既不会以徐恩曾的失宠而停歇,也不会因为戴笠的暴死而中止。恰应了《国民党派系斗争史》一书所云:"党方CC系的特务组织与军方黄埔系的特务组织从成立的一天起,就处在尖锐的矛盾中,直到它们一起归于灭亡,才告终结。"

第二十二章　间谍大战

｜　蔡孟坚立功

当历史进入 20 世纪 30 年代时,日本频频向中国挑衅,蒋介石政权也加紧对中国工农红军的频频围剿。日本叫嚣三个月亡华,蒋介石叫嚣七日灭红(军)。围绕这一纲领,蒋介石要求他的特务机构停止"内战",一致对外,打入共产党内部,获得情报,配合围剿,做到尽快灭共。

这时,中国共产党尽管势力较小,也不甘示弱。为了迎击敌人的围剿,粉碎蒋介石的围攻,也以牙还牙,成立了"中共特科行动大队",派员打入敌人内部,做到瓦解敌人、消灭敌人。当时,打入国民党内部的有钱壮飞、李克农、胡底等,维护着上海的中共机关。国民党打入共产党内的也有不少,最出名的是蔡孟坚。

且说这一非常时刻,蒋介石任命心腹陈立夫为间谍机构的总头目,不能不说是对陈立夫的信任和重用。陈与心腹徐恩曾密谋一番,决定派人打入共产党内部,以此取得突破口,扩大战果。派谁去呢? 他们研究来研究去,认为有一个人可以担当此重任,他就是蔡孟坚。

此人是湖北人,是特工行动队的业务尖子,同时有过类似的工作经验。陈、徐达成共识后,由徐恩曾面授机宜,作为特派员派往武汉,专门从事破坏共产党的地下组织的活动。要求只能成功不能失败。临行前陈立夫又亲自谈话,亲自鼓劲。蔡孟坚也不负陈望,到武汉后,很快就打进了中共湖北省委内部,做了省委书记的特勤,并里应外合地将省委书记和其妻逮捕杀害。

蔡孟坚干得漂亮,接踵而来带人会同租界捕房包围了在汉口法租界的中共长江局机关,逮捕了中共长江局负责人尤崇新。尤崇新在特务的威胁利诱之下,说出了中共地下党活动的一些情况,随后蔡孟坚又安排他化装,同时派出特务打手数名,暗中随其在汉口大马路行走,寻找所认识的目标。

这是 1931 年 5 月的一天。

街头人来人往,熙熙攘攘。再往前行,不远处的大隅首,有一广场,广场上人很多,里三层外三层,围着看一位艺人武术表演。那艺人年方二十多岁,红光满面,天庭饱满,他头裹三尺红绫,脚穿黑色圆口布鞋,手拿哨棒,行走如风。在众人的喝彩下,舞起哨棒。那哨棒像是一条龙,在他身前身后身左身右腾飞起来,顿时满场风涛,拔地而起。人们不得不赶紧后退几步,把场地扩大。只见他功架扎实有力,动作轻盈舒展,如急风暴雨,似电闪雷鸣。忽而是"金鸡抖翎",忽而是"天边挂月",忽而是"大鹏展翅",忽而是"吴刚献酒",观众们都是眼睛瞪得滚圆,嘴半张着……

接着,那艺人又扔掉手中的哨棒,徒手打起了少林红拳,颇有点儿梁山遗风。你看他拳来脚去,如流星似闪电,宛如攀树登枝的猴子。他的表演身手灵活,进退自如,起伏转折,节奏分明,得心应手。年轻人那干净利落的腾、挪、躲、闪,变化多端的攻防技法,刚柔相济的动作节奏,严谨典雅的架式规范,使人目不暇接,回味无穷。

"啾啾"一阵叫声,伴着一群山雀从广场边的树林里飞出,向广场中心飞来,在飞越艺人头顶时,说时迟那时快,只见艺人弓身捡起一块石子儿,向鸟儿投去。"啪"的一声,山雀儿一头栽落到场子中央。人们顿时沸腾了。"神功!神功!"人们呼喊起来。惊得有人向空中扔起了帽子,有人打起了嘟嘟的口哨声。年轻人表演完毕,拱起双手,微启双唇,连连说道:"今年水大,颗粒绝收,国民党又叫刮民党,千方百计围剿共产党不说,又千方百计地搜刮民财,闹得神州大地鸡狗不安。我们也两天没吃饭了。有钱的帮个钱场,无钱的帮个人场。"没容得那艺人说完,那铜钱像雨点、似雪花般地撒在年轻人脚下。就在年轻人弯腰捡钱时,被尤崇新认了出来,马上对蔡孟坚小声说:"他就是中共中央保卫局长顾顺章!"

"没错,我就下手抓了?"

蔡孟坚说完向身后的特务使了一个眼色,接着上前对顾顺章道:"顾顺章,你被捕了!"蔡孟坚话音落地,一帮便衣一拥而上,将顾顺章抓获。

蔡孟坚为了邀功请赏,亲自对顾顺章进行软化,出马接待,敬烟敬茶,但顾顺章却是徐庶进曹营一言不发。蔡孟坚不愧为老牌特务,并不生气,他笑着对顾顺章说:"我们虽没见过面,但我知道你,你也一定知道我。"

顾顺章仍是一言不发。

蔡孟坚有些恼怒了,但他不表露出来,只是又提醒顾顺章一句:"你我为人都知道,一切用不着多说。要生,便说出你所知道的一切;否则,只有死。"顾顺章毫无表示。

蔡孟坚见此状,知道现在多说也无益,不如让顾顺章放松放松,好好考虑,一切等回南京请示陈立夫之后,再想办法。于是他又对顾顺章说:"我决定送你去南京,你自己好好地考虑,选择自己的前途。"

顾顺章被捕的消息传到南京,陈立夫、徐恩曾十分高兴,当即把消息报告给蒋介石,并且下达指令,命武汉警备司令部稽查处副处长蔡孟坚亲自押顾来京。

钱壮飞建功

敌中有我,我中有敌。

且说正当蔡孟坚打入共产党之际,共产党员钱壮飞也奉密令,早已打入了国民党的中统局。

1928 年夏,钱壮飞经过组织联系,考入了徐恩曾在上海开办的无线电训练班,并逐渐取得了徐恩曾的信任,为以后进入国民党最高特务机关创造了有利条件。

钱壮飞进了徐恩曾的无线电训练班以后,勤奋好学,多才多艺,又善于交际,加上是徐恩曾的同乡,深得徐恩曾的信任。不久徐恩曾当上了上海无线电管理局局长,刚刚毕业的钱壮飞就被任命为无线电管理局秘书。1929 年春天,陈立夫派徐恩曾去杭州筹办西湖博览会,徐恩曾要钱壮飞帮忙,并且在浙江省教育厅给他挂了一个秘书的职衔。钱壮飞为了取得徐恩曾的信任，"奉公守法，勤勤恳恳"，把这次博览会搞得格外精彩，颇得社会人士和国民党官僚们的好评，连国民党的"财神爷"孔祥熙都亲自去看过。由此，钱壮飞进一步得到了徐恩曾的器重，博览会一结束，就当上了徐恩曾的私人秘书。

徐恩曾趋炎附势，借助他与陈立夫姑表兄弟的关系，不久又当上了特务总头目陈立夫的副手。钱壮飞也水涨船高，成为了中统局的机要秘书，任务是扩大组织，发展成员。钱壮飞趁此机会，介绍共产党员李克农加入了组织，公开身份是上海无线电管理局职员，在上海滩站稳了脚跟。不久，又介绍胡底在南京主持"民智通讯社"。为了加强党的领导，中共中央特科派陈赓与李克农保持单线联系。南京有什么情况，由李克农及时反映给陈赓。李克农、钱壮飞、胡底三个人组成一个党小组。李克农任组长。

党务调查科由徐恩曾建议迁移到南京中山东路五号一幢两层的西式小楼，独门独院。徐恩曾是这里的甩手总掌柜，钱壮飞是这里的大管家。据李西岳、苏学文撰文道：

> 　　徐恩曾是个纨绔子弟，整天在舞场、妓院里混日子。他把所有的事情全都推给钱壮飞去办。调查科迁到新址后，凡是送给徐恩曾的文件、电报，都由中央党部转送到这里来。首先看到这些文电的就是钱壮飞。蒋介石对红色区域进行第一、第二次"围剿"的时候，钱壮飞曾在这里获得许多有用的军事情报，经李克农交陈赓。这些情报准确及时，中央转发到红色区域，对于红军作战起了重大作用。
>
> 　　这里不但建立起了秘密电台，还开始制造便于携带的小型收发报机。因此就在门口挂上一块"正元实业社"的招牌，作为这个神秘机关的掩护。徐恩曾的秘密电台也设立在这里，以后派到汉口、九江、安庆等地的调查员，都同这里的电台通报。凡是给徐恩曾的电报、报告和各种情报，都是首先经过钱壮飞，由他审阅并提出处理意见，徐恩曾只在上面签个字。这样，钱壮飞就掌握了这里的全部机密。

这个时候,徐恩曾虽然对钱壮飞越来越信任。可是有一件东西,他却紧紧抓住不放。这东西就像徐恩曾的护身符,每次外出的时候,总是把它带在身上,藏在贴身衣服口袋里面。原来这是他同国民党高级官员通话用的密码本。钱壮飞知道,没有这个密码本,国民党最高统治集团的核心机密就搞不到。他虽然早就想搞到这个密码本,可是却一直没有机会。李克农和钱壮飞分析了徐恩曾的致命弱点是腐化堕落,好色喜嫖,于是设下一计。有一次徐恩曾到上海开会,他们趁机一起向徐恩曾宣传,哪儿哪儿有漂亮姑娘。徐恩曾一听便动了花心,马上要去。李克农却故意说:"你不能去,你带这么个东西去怎么存?"徐恩曾马上从小褂里掏出密码本交给李克农。他们随后马上复制收藏起来。

由于国民党的需要,设立了公开情报机构,在南京丹凤街设立"民智通讯社",天津日本租界秋山街五号设立"长城通讯社",而把这套情报机构的指挥机关"长江通讯社"设在南京中央饭店四楼(中山路五号隔壁),由钱壮飞负责。这些机构名义上是国民党特务机关的附属组织,实际上自上而下完全掌握在共产党的手里。然而,积极筹建这些机构,正是李克农、钱壮飞、胡底进一步取得徐恩曾信任的方式之一。

自从有了长江通讯社,李克农、钱壮飞、胡底的活动就更加便利了。每次李克农来南京,就在中央饭店四楼住下,三个人在这里一起商谈工作。国民党特务搜集来的共产党文件,都汇集到通讯社来,钱壮飞只在上面盖一个图章,交人收藏起来就完事了。当时国民党要什么情报,钱壮飞就给他们编造。1930年4月,蒋介石和冯玉祥、阎锡山混战之后,蒋介石要搞张学良的情报。因为东北军对于全国局势举足轻重是谁都知道的。过去国民党也搞过他们的情报,但是派到东北的人,都被日本人搞掉了。钱壮飞闻得此讯,告诉陈赓,他亲自出马,邀上正在天津的胡底,组织一个小组去沈阳。中央特科对此事特别重视,派陈赓和他们一同前往。于是陈赓他们利用这个难得的机会,拿国民党特务机关的招牌作掩护,花着国民党的钱,就便巡视了中央特科在东北和华北的工作,为共产党带回许多重要的机密情报。为了应付国民党,钱壮飞回到上海,同李克农一起,把报纸上的消息剪剪贴贴,加上一些材料,写成一份4万多字的报告。钱壮飞回到南京以后,徐恩曾连声称赞"了不起",对钱壮飞表示"佩服之至",立即给予了嘉奖。因为有了这些,不但徐恩曾能够以此邀功,陈立夫也可以在蒋介石面前炫耀。

| 顾顺章叛变

因为顾顺章是共产党的要员,陈立夫对他寄托着厚望。顾顺章还没到南京的时候,陈立夫就把电话打过去了,要徐恩曾做好接站的准备。陈立夫还说,如果能抽出时间,他也亲自出马迎接。

"让顾住在哪儿?"徐恩曾请示道。

"你们那里很僻静,腾出一个房间,好好打扫一下。"

"那好那好。"

当天晚上,顾顺章在蔡孟坚的护送下,来到了南京中山东路,住在党务调查科的办公楼里。

话说第二天早 8 点,陈立夫准时来到顾顺章住处,令陈立夫失望的是,顾顺章守口如瓶,一问三不知。更使陈立夫生气的是,顾顺章小看了陈立夫,说什么蒋介石为什么不来?我要当面见你们的委员长蒋介石。

"你不要敬酒不吃吃罚酒!"陈立夫临走时甩下了一句话。

后来,陈立夫把顾顺章的要求反映到蒋介石那里。蒋介石"嗯"了一声,片刻道:"那好,你们不成,我来谈。"

蒋介石和顾顺章的谈话是在一个落霞的傍晚,他们整整谈了三个多小时。从时间上看,这个没被陈立夫、徐恩曾攻破的堡垒,被蒋介石一下攻破了。

开始谈判的时候,顾顺章有一个顾虑是,说也杀不说也杀,于是他就坚持了不说不讲为上策。蒋介石看透了这一点,首先向他保证:"不抓不杀。"有了蒋介石这句话作定心丸,顾顺章彻头彻尾地叛变了,如竹筒倒豆子,他都说了出来。

再说中共在上海的直属单位所在地,原来多数是在顾顺章领导的保卫组的护卫之下。中共中央从钱壮飞那里获知顾顺章被国民党逮捕之后，当即作出紧急决定，首先是转移各个地下机关。根据当时的实际情况，一个地下机关的安全转移是很不容易的。当调查科从顾顺章口中得悉情报后，立即赶往上海，中共中央的大多数机关已经转移，但也有少数一时转移不及的机关，如红旗报社、保卫组办公处、北四川路接头处等，遭到了特务的破坏。其中周恩来原来常到的办公处所，也遭到破坏，周恩来幸而在特务们来到前的一刻钟离去，否则难免不遭毒手。

抓捕邓演达是在一个漆黑一团的夜晚。当时邓演达应邀正在上海愚园路愚园坊二十号，给江西起义干部训练班的毕业学员讲话。谁知这个消息走漏了，在邓演达正在讲话时，敌人呼啦啦地包围了院子。待邓演达做完报告，走出深院时，还没有反应过来，十几个便衣特务蜂拥而上，将邓演达抓住投进预先准备好的麻袋，扎紧袋口，扔到停在院外的车上，随后又转火车，直奔南京。

邓演达被捕的消息报到陈立夫那里，陈立夫又报到蒋介石那里，正在南昌坐地"围剿"红军的蒋介石闻听后大喜道："先投进监狱，让他尝尝我的厉害！等我完成剿匪后再来处置！"

上海莫里哀路二十九号，宋庆龄住宅。

那是一个傍晚，宋庆龄吃了晚饭，送走了两位来拜访的年轻的共产党员，望了望西天的云霞，然后回到书斋里，动手给友人写信。可是她的心无法静下来，一封信足足写了一个小时，还感到语言颠三倒四的，表达不尽如人意。倏然间，有人敲门。宋庆龄上前开门，来人是江西起义干训班的两个中年同志。

"夫人，演达被捕了！"

"啊——"宋庆龄大吃一惊，"快坐下，是怎么回事，你们详细谈谈！"

"事情是这样的！"俩中年一五一十地道出了邓演达被捕的经过，最后，他们断定："一定是有叛徒告密！"

"现在演达在哪里？"宋庆龄又问。

俩中年摇摇头说："不清楚。"

"你们先回去，"宋庆龄说："后面的事，我来处理。"

宋庆龄终止了写信。她脑海里反复浮现着邓演达的形象……大革命失败后，邓演达曾做过多次振奋人心的演讲；流亡苏联时，他们一同总结经验教训，一同又扯起了革命的旗帜，他是位干起工作不要命的好同志；在流亡柏林时，为研究中国的农民革命运动，他又呕心沥血，废寝忘食地工作着，往往在沉闷中又偶出妙语，幽默含蓄；回国后，他又积极地投身到反蒋的洪流中，尽管她不赞成他的第三政党的观念，毕竟他是一个革命坚决的好同志；他创办的《革命行动》报，言辞之激烈，无疑是投向蒋政权心腹的一柄利剑……这一切，都在促使着宋庆龄下决心要营救邓演达。

可是话说过来，此事谈何容易！要知道，营救邓演达，必须亲自向蒋介石求情。求情的事，宋庆龄从来没干过，而且这次求情不是求同志而是自己的敌人。大革命失败后，她曾发表过谴责蒋介石并宣布不与其同流合污的"七一四"声明；孙中山遗体迁回南京时，她又反复重复这个声明，致使蒋介石对其愤愤不平。眼下真的要求情了，还真难为了宋庆龄。

宋庆龄经过一段痛苦的斗争后，革命情、同志情、战友情终于占了上风。于是，她从上海出发，乘上了去南京的火车，开始营救邓演达的行动。尽管事情复杂，她已有充分的思想准备。

9月的南京，天高气爽，风和日丽。但只要稍稍留心，就不难看出其恐怖的气氛来。宋庆龄以其特殊身份，终于见到了蒋介石。

蒋介石闻听宋庆龄求见，心里一怔，他对宋庆龄的印象是出污泥而不染，失败面前不低头，为笼络她使他绞尽脑汁，包括中山陵工程的修建，并没有感化宋庆龄。如今宋庆龄自己找上门来，他还以为她受了感化，才降服于他呢！

接见是在南京总统府内，这是蒋介石的刻意安排。宋庆龄来到总统府会客厅，不卑不亢，落落大方。蒋介石示意宋庆龄坐下，与以往接待客人的情形不一样的是蒋介石亲自端茶奉水，一口一个"二姐"叫得好甜好亲。

"二姐，只要你来政府工作，我一切都听你的。"蒋介石奉上茶水道。

"工作之事暂且不谈，这次来主要是为邓演达的事。"宋庆龄道，"现在国难当头,你与邓演达的矛盾,我来给你们调解好不好?"

"啊,原来,二姐是为这事而来呀?"蒋介石好扫兴。

"对。请你把邓演达叫来,我们三人当面谈。"

"……"蒋介石默不作声。

宋庆龄又道:"如果你觉得这里谈不方便的话,就派人陪我去见邓演达,我先同他谈谈,然后咱们三人再谈?"

"……"蒋介石的脸上肌肉抽动着,仍默不作声。

最后,宋庆龄一定要见邓演达,蒋便耍一个花招道:"我还不知道此事哟,要找你去问陈立夫,兴许他会知道的。"当宋庆龄找到陈立夫时,陈又推说只知道邓演达关在南京,但具体位置还不太清楚。

宋庆龄愤然离开总统府。

▍ 杀害邓演达,是在夜深人静的夜晚

为营救邓演达,宋庆龄于 11 月 25 日又登上了去南京的列车。这时,她经过多方打探,才得知邓演达被关在南京中央军人监狱,已受尽了酷刑。

一下车,便由孙中山侍卫副官马湘和范良陪同,直奔位于郊外的中央军人监狱。该监狱长名叫胡逸民,在北伐战争时,与邓演达私交颇深,十分敬佩邓的为人和才华。听了宋庆龄的口述,十分同情邓的不幸:"夫人此行,有什么要求?"

"我想见邓演达一面!"宋庆龄道。

"那好。"胡逸民见是国母宋庆龄要求,岂有不准之理。于是他在没有事先请示蒋介石的情况下,便命令左右大开绿灯。

会见是在胡逸民的办公室里,胡逸民安排宋庆龄坐下,奉上茶水。接着又传邓演达过来。这在宋庆龄看来已经是最高的礼遇了。

"夫人,想不到还能见到你!"战友相见,邓演达喊道。

"演达,我的好同志。"宋庆龄望着浑身血迹的邓演达,泪流不止。许

久许久,才控制住了自己。

"当初,你的告诫我没听进去……"邓演达也痛哭起来,"不过,我也死而无怨啦!"

"我们正在设法营救你,希望你好好配合,坚持到底。"说到这里,宋庆龄再次控制不住自己的感情了。两人挥泪而谈,时而激昂陈词,时而垂泪痛哭,情景极为悲壮。

就在宋庆龄离开狱牢之后,早有人把邓演达与宋庆龄秘密会见一事报到蒋介石处。蒋介石大怒:"娘希屁,这还了得!他胡逸民胆大包天,敢不请示我,问他有几个脑袋?"当下便派侍卫长王世和急急忙忙赶到中央军人监狱,找到胡逸民。

"胡狱长,你好大胆啊!"王世和一副盛气凌人的样子。

"国母求见,岂有不见之理!"胡逸民解释道。

"你真糊涂啊,"王世和道,"我看你已经干到头了。"

……

接着,一场横祸降落到胡逸民头上。反过来,宋庆龄与邓演达的会见,使蒋介石感到宋庆龄插手此案,夜长梦多,日后难以收拾。恰在这时,九一八事变爆发,由于蒋介石的不抵抗政策,全国人民为挽救民族危亡掀起了汹涌澎湃的爱国救亡运动,一浪高于一浪,迫使蒋介石下决心快刀斩乱麻。他立即召来陈立夫,下达密令,先软化,软化不行再"斩决报来"。接着,又派李熙元与邓演达谈判释放条件:"要释放您,好说。"李熙元开口便说。"但要讲个条件。"

"什么条件?"邓演达问。

"你保证不写反蒋文章,再奉劝宋庆龄支持党国工作。"

邓演达听后哈哈大笑,许久才止住笑声道:"我写反蒋文章,不是我邓演达要写,而是中国人民要我写的!至于要夫人支持你们政府,那是人家的事,管不了,两个条件,我一个也答应不了。要杀要关,随便吧!"邓演达浩气在胸。

"请你再考虑一下!"李熙元再次劝道。

"没有什么可考虑的!"邓演达一口咬定。

谈话不欢而散。

紧接着，蒋介石便下了处决的密令。

1931 年 11 月 29 日，那是一个阴沉的晚上，外面刮着寒风，风声像一个临死的人在呻吟；一阵骤雨鞭打着牢房的窗户，时而隔着一段死一般的沉寂的时间。

牢房的门"哗啦"一声被打开了。五个士兵在徐恩曾的带领下，把邓演达解出，秘密地押至南京麒麟门外沙子岗，残酷地杀害了他。邓演达留下了"为人民而死，虽死犹荣！"的豪言壮语。时年仅 36 岁。

起初，宋庆龄闻此消息，并不相信，还以为蒋介石下野，孙科任行政院长后，邓演达即可释放。这时，宋庆龄怀着忐忑不安的心情，立即乘车去南京，找蒋介石询问，蒋介石道："你已经见不到他了。"宋庆龄听后勃然大怒："你们是杀人不见血的刽子手！"说完，一抬手把茶几掀翻在地，蒋介石急急逃上楼去，宋庆龄愤然离开南京返沪。

血雨腥风伴随着邓演达壮烈牺牲的消息，在华夏大地传开。人们觉醒，反蒋的浪潮一浪高于一浪。

| 顾顺章的嘴脸和下场

顾顺章还出卖了中共保卫组地下工作人员，其中绝大多数在被捕后拒绝自首叛党，被特务们杀害了，少数人在顾顺章的影响下叛变了。

同时，由于顾顺章的表现，经蒋介石批示，顾顺章成了得力的中统特务。他的加盟让 CC 的防共反共能力加强，在对共产党的大抓捕中，顾顺章成为了举足轻重的人物。

首先，顾顺章作为现成的教员，他可以用自己的经验，让中统分子更深入地了解共产党的活动规律和特点，为此他组织编辑了六本特工丛书，即《训练工作》《情报工作》《行动工作》《侦查工作》《审查工作》《组织工作》。

此外，顾顺章还为"二陈"出谋划策，培养特工，顾顺章曾向陈立夫建议:要彻底动摇共产党在上海的基础,就应该设立一个强有力的机构;同时,对于"自首政策"必须切实行动,以架空、瓦解和最后消灭共产党。

顾顺章还提出开办"特工人员训练班"的建议,训练一批特工骨干,充实各级特务机构。为了打击共产党,他还建议在上海设立一个以行动工作为重点的上海特别行动区,以组织对组织,不断打击共产党。这些建议后来都被陈立夫、徐恩曾采纳利用。

由于共产党的基层组织里的党员大部分是在业的工人,有家庭负担,有失业的风险。特务们对这些人采取的政策是"扩大自首潮流,瓦解中共组织",尽量不予逮捕,通过谈话,说服他们秘密自首,充当特务的耳目内线。这种方式,特务们自称为"细胞"政策。而"细胞"政策多运用于产业工人集中的上海地区。

马绍武,又名史济美,是"二陈"在上海的特务头子。1932年,他来到上海,首先在沪西地区开展"细胞"工作。

马绍武根据自首人提供的线索,查证确实后,即采用突击说服的办法,把对象吸收为自己的内线关系,使之成为"细胞"。在突击说服时,特务常把说服对象带到茶馆或清静的马路边,或到对象的家里,先和他谈生活情况,工作情况,然后和他谈对共产党的看法和态度。一般情况下对象是不会轻易表露自己的态度的,谈话特务就对他显露身份,对他进行威胁和反动宣传,然后进一步说:"你有妻儿老小,全家靠你养活,你参加反动组织,扰乱社会治安,万一被捕,你的家庭不也要受到牵连吗?我们为了挽救你,希望你早点儿向政府自首,这样可以保证你的前途和家庭安全。何去何从,你要三思……"

特务的这种"细胞"政策极为毒辣。马绍武在沪西不到半年的时间里,几乎掌握了中共沪西地区整个基层组织活动的情况。

马绍武被中共"特科"行动队刺杀后,继任的徐兆麟继承和发展了"细胞"政策,他不仅注意发展内线"细胞",更重视对内线"细胞"的培训和利用。在培训利用中,凡发现不利于内线"细胞"提升的障碍,便予以清除,为他们进一步打入高一级组织打通道路。这些内线"细胞"一旦被提升上去,对特务进行破坏活动十分有利。

　　为拉拢内线"细胞",特务机关采取小恩小惠,每月分别给予 5 到 15 元的活动津贴费,对有"重要表现"的给予一定的奖励,对家庭生活比较困难的也酌给生活补助费等。

　　为了对被捕的共产党人进行政治欺骗,诱其叛变,根据"二陈"的建议,国民党还专门成立了从事此项工作的机构——反省院,同时公布了《反省院条例》,将反省院纳入政府机构。特务们常常将抓来的共产党人关进反省院中进行所谓反省,"反省合格"后予以释放,并从中挑选一部分人专门从事破坏中共组织的活动。

　　最早的反省院是 1930 年在湖南长沙设立的湖南反省院。该院由湖南省主席何键直接控制。随后,沿长江各省也相继建立了反省院。

　　按组织系统,反省院隶属法院。由于原有的司法人员对革命人士所进行的欺骗诱叛的办法不如 CC 特务的阴险毒辣。为了使反省院成为更省力的破坏革命的工具,扩大自己的势力范围,"二陈"极力控制了这一机关。

　　反省院在押的人员分为三类,一为被认为叛变共产党不彻底分子;二为坚决不承认自己是共产党员的人;三是被认为有共产党嫌疑的人和思想"左倾"人士。另外,还有一些原属中统,后被认为对组织不忠,违反特务纪律的人。

　　反省院所标榜的政治训练内容有三条:一为以全民革命反对无产阶级革命;二为以阶级调和反对阶级斗争;三为以三民主义反对共产主义。

　　反省院规定所有"反省人"的"反省"以六个月为一期,每六个月举行一次考试,甲、乙两组去笔试,其试题多为"对苏联的认识如何"、"中苏关系是怎样"、"三民主义与共产主义比较"之类。对于丙、丁两组是口试。考试不及格者便留级,继续"反省"半年。那些训育员常用威胁的口吻对在押的"反省人"说:"如果三期不及格,便要枪毙!"所以在押的人精神上经常受到折磨和摧残。考试及格者发给一张"准予自新"的证明书,释放出去。即使是这些被释放出去的"自新人"仍必须接受当地特务室的管制三年,定期汇报思想和言行。如果"自新人"被认为有共产党活动的,随时可以被重新关押监禁。

陈果夫、陈立夫利用这些办法，虽使一些革命不坚定分子叛变，但更多的共产党员在敌人威胁利诱的面前，却永葆革命者的本色。

再说 CC 在特务工作上的发展，引起了军统的嫉妒。戴笠把这归结为"叛徒"政策的奇效。于是从挖墙脚的本能出发，开始对顾顺章拉拢收买。据说，最初的接触是从戴请顾到军统特务训练班讲课开始的，随后，两人有了来往，戴发现顾时不时地流露出郁郁不得志的情绪，便投其所好，暗许高官厚禄，怂恿顾离开中统，暗度陈仓。

戴欲挖走顾顺章的图谋，除了有削弱中统的意思外，他还发现，顾确有才干，而且两人均出身下层，都有一身江湖习性，偶尔凑在一起，言谈欢洽。后来，这事让中统分子发现，立即把顾顺章软禁起来，直至秘密处死。

对于顾顺章被秘密处置的具体经过，说法很不一致。一说是：1934年左右，戴笠曾商得徐恩曾的同意，并请蒋介石批准，借调顾顺章参加军统在南京的训练工作，担任训练班的顾问和教官。从此顾便与戴发生直接关系，并企图把顾顺章拉入军统特务组织。顾顺章也因得不到徐恩曾的信任逐渐倾向于军统。这当然是徐恩曾绝对不能容许的。1935年，徐指示顾建中在某一次工作会议上，以顾顺章"不服从命令，企图别树一帜"为名，拔出手枪，将顾射杀。

一说是顾顺章与戴笠确曾暗中有来往，还阴谋组织"新共产党"，事情败露后，被软禁在南京细柳巷四十一号；又转移至南京明瓦廊。1934年关入苏州反省院，第二年被秘密枪杀。

徐恩曾在自己的回忆录中也说到顾顺章的死，他把原因归咎于顾的重新叛变。他说，顾在我们这边找不到出路，又去和共产党勾结，向共产党提供我内部人事和业务报告。后又发现他有实行暗杀计划后，逃往江西苏区的准备，我只好对他放弃了。对于顾被枪杀的事实，徐恩曾不无感慨地说："我所遗憾的是这位具有特殊贡献的朋友，不曾和我合作到底"，他也是"唯一的转变后又想回到敌人怀里的一个"。

总之说法多多。常言道，善有善报，恶有恶报，不是不报，时候不到。叛徒自有叛徒的下场，这才是最主要的。

第二十三章　花开花落

｜　花落之时

1935 年 11 月，国民党第五次全国代表大会闭幕。接着召开五届一中全会，选举新一届班子。开票那天，陈立夫作为唱票人，意外发现自己比主子蒋介石还多了四票。在旧中国，功盖主子，这是要遭殃的。陈立夫灵机一动，自作聪明地在自己的得票数中抹去了一个"正"字。公布结果时，陈立夫尾随蒋介石，名列第二，自以为得计。哪知这段隐情有人暗中告诉了老蒋，还对此事作了添油加醋的描绘。这使蒋介石勃然大怒。此前，蒋介石就隐隐约约听到"二陈"十分自负的传闻，已构成了对他个人的威胁和挑战。"娘希屁，我还没死呢，你们就想篡位，看我怎么收拾你们！"蒋介石骂了一句。

事有预感。开完一中全会后，陈立夫虽然当选第五届中央执行委员，但他却睡不着觉了。两眼圆睁地望着天花板，没有睡意。眼中像是有个小松针似的支着，就是合不上眼皮儿。辗转反侧，他在想，选票比主子多不是好事，万一有人捅到了主子那里，事情就不好说了，俗语说是跳进黄河也洗不清。他隐隐约约感到蒋介石知道了此事，他从老蒋阴沉的脸上读出了不测。再说，这次会议，他和长兄都没有当选中央常委。他的中组部长也被换了下来。包括他的中央文化事业计划委员会主任，土地专门委员会主任及中央财务委员会委员都一一被撤了下来。这里面大有文章……

应该说，任何事情的发展都遵循着一定的规律，由弱到盛，由盛到衰。陈氏兄弟当然也逃不脱规律的约束。在蒋氏王朝中，他们已经从鼎盛开始了衰落。国民党五大就是转折点。这是公认的说法。

国民党五届一中全会后不久,有则消息传到陈立夫耳中,说是蒋介石要拘押他。他很愕然,不相信这是真的。他找到了长兄打听,陈果夫又向蒋介石的大秘陈布雷打听,确有其事。这时,兄弟二人在寒心的同时,都傻眼了。他们第一感觉是蒋介石太狠毒了,竟不念兄弟二人对他忠诚的一生。万般无奈之中,兄弟二人回到湖州老家搬来救兵,即叫二叔的遗孀姚文英,跑到蒋介石面前哭诉:"我的儿子死了,立夫就是我的儿子,他有多大胆敢不听委员长的话,你难道忍心叫英士绝后吗?"

陈其美生有两个儿子,真正属于嫡出的就是陈先夫一人。蒋介石不忘先烈厚恩,对其夫人十分照顾。1932年,陈先夫投考中央航校,体检一关未曾通过,他当即给蒋介石写信,表明自己在空军方面的志向。蒋介石难拂其意,就把义侄塞入航校。结果呢? 应验了"严是爱,溺是害"的老话。那一天,陈先夫头脑发热,置不可单人驾机的规章为儿戏,独自上了天。到得空中后,只见山移海倒,乱云飞渡,形势十分险恶,心里一慌,操纵上大乱方寸,飞机便像断线的纸鸢,翻着身子倒栽,最后撞在杭州笕桥附近的农田里。

这件事故对蒋介石的刺激很大,一直以为对不住陈其美。眼下,听姚文英哭诉,说到"绝后"之类的伤心话,禁不住愧从中来,哪里还敢再提问"罪"的事。然而,"死罪可免,活罪难逃",二婶保得了立夫平安,却止不住立夫滑坡。在一些相关的著作里,都认为蒋对陈氏兄弟的态度自此发生变化,抑制和冷落成为主调。从此,"蒋家王朝陈家党"的陈家党在慢慢演变。

| 神秘之旅

国民党五大以后,陈立夫就像雪人似地在政坛上消失。曾有一段时间,人们无论在报上还是在新闻里都不见了他的大名。人们称之"失踪"。不少人在猜测,当年这个政坛上的活跃人物如今在哪里? 有的说陈立夫被日本人绑架了;有的说陈立夫被蒋介石打入了冷宫;还有的说,你们压根儿就不知道,陈立夫病了,就在他的家乡湖州疗养呢!这次病得不轻,差一点儿见了阎王。

人们不禁要问,陈立夫到底在哪里呢?

1935年12月24日夜,天上没有星星,也没有月亮,只有狂风暴雨鞭打着大海,大海暴怒了,掀起了小山般的波浪涌上上海码头。一艘即将起航的德国邮轮"朴次腾号"发出了起航前沉闷的汽笛声,像是挑战大海;很快,邮轮就驶入了大海。

在邮轮的头等舱里,坐着三位东方人,他们分别是李融清、张冲、程天放。

且说这位身穿西服、头戴礼帽的长者李融清,明眼人一看就知,他不是李融清,而是大名鼎鼎的陈立夫。陈立夫为何改名?这要到何方去?

在日本的大举进攻面前,国内民众抗战声日高,蒋介石为了寻求国际援助,想到了苏联。因为在周边国家中,只有苏联才能与日本抗衡。日本入侵中国,无疑威胁着苏联,苏联不会袖手旁观的。

接着,蒋介石就授命陈立夫作为他的私人代表,主持同苏联驻华大使的外交谈判。蒋介石之所以启用陈立夫,除了陈是喝过洋墨水的,见过世面之外,陈立夫赞同在目前国难当头的形势下调整中苏两国关系也是个重要原因。再说陈立夫早就倡议恢复中苏邦交,给苏联人留下了个好印象。

陈立夫与苏联驻华大使鲍格莫洛夫的谈判既秘密又艰难。

在会谈前,陈立夫分析认为:苏联之所以愿意同中国谈判,是因为它害怕中国与日本妥协。如果这样的话,那么日军就会通过蒙古,直抵苏联边境。而当时德国也已从西线窥测苏联,这样苏联就会陷入顾此失彼的境地。因此在会谈中,陈立夫即表示愿意与苏联友好,共同抗击日本的入侵。

鲍格莫洛夫一方面担心中国的妥协会导致日军对苏联的进攻;另一方面又认为中国国力太弱,在日德联合进攻苏联时,中国不能起到什么大的作用。因此在会谈中,鲍格莫洛夫既表示愿意中苏友好,又表现出不太迫切和积极的态度。

这样，双方各有算盘，互不信任。虽然双方都愿意友好，但会谈却没有什么积极的成果。谈了又停，停了又谈，谈谈停停，秘密进行了半年多。

这种马拉松式的谈判开始蒋介石还颇为支持。随着日军在华北活动越来越猖獗，蒋介石压力越来越大。有一天，蒋介石把陈立夫叫到自己的官邸里，和陈商量谈判事。陈立夫说："日人越来越嚣张，我们应加快对苏交涉的步子，打破僵局，争取能在短时期内建立中苏合作关系。这样，在必要的时候，我们可以打苏联这张牌来警告日本人。我看你亲自出马，效果会更好些。"

"好吧。"蒋介石采纳了陈立夫的建议。

1935年10月，南京孔祥熙官邸灯火通明，但却静得出奇。客厅里只有蒋介石、陈立夫、鲍格莫洛夫等人在会谈。在会谈中，蒋介石表示目前的僵局均不利于双方。中苏应尽快改善关系，共同对日。为了打消鲍格莫洛夫的疑虑，蒋介石又保证中国政府在任何情况下都不同日本签订反苏的军事协定。

也许是蒋介石的态度感染了鲍格莫洛夫，鲍格莫洛夫提出了一个积极建议："南京国民政府最好派一名高级官员访问莫斯科，直接与斯大林会谈。"

蒋介石接受了鲍的建议，并选陈立夫秘密出访莫斯科。同时陪同陈立夫出访的还有特工总部的设计委员会主任张冲、新任驻德大使程天放。

此时，陈立夫走出船舱，立在甲板上，任凭海风吹拂着他的头发。他在想着下一个谈判对手，他不是一般的对手，而是苏联的领袖斯大林。对于斯大林的个性特点，他知之不多，只听说他是一个很自负、很盛气凌人的人，他喜欢独断专行。面对这样的一个对手，他应该采取什么策略呢？如果谈判成功，将会给抗战开创一个新的局面。如果失败，那不是个人脸面的问题，而是一个民族的问题。此时此刻，他突然感到自己身上的担子重了起来。

邮轮经过一个多月的航行，到了德国的柏林。陈立夫、张冲、程天放下了船，安顿下来便给国内发电报，说已到了柏林。这时，蒋介石从国内来电,指示陈立夫、张冲暂时停在柏林,原地待命。等待是难熬的。陈立夫、张冲在柏林,一等就是两个多月。

在柏林,他们游览最多的是位于柏林市中心的蒂尔公园。一出勃兰登堡门只见望不到尽头的绿树组成的长长的碧玉屏风,使人顿感神清气爽,别有天地,这就是被柏林人称为蒂尔园的东西长六里、南北宽二里的市内森林公园。这里直耸蓝天的大树,一株挨着一株,郁郁葱葱。繁茂的树叶上荡漾着翡翠般的嫩绿,蔽天蔽日。漫步林阴小道,潺潺溪流,一湖碧水,时隐时现。成排的白玉雕像,姹紫嫣红的花坛,掩映在绿树后面一幢幢造型别致、建筑精美的别墅,使高雅、恬静的蒂尔园别具匠心。陈立夫和张冲来这里看树、赏花、听鸟、观光,暂时忘怀那政治的纷繁,真是心旷神怡、"宠辱皆忘"了。陈、张由于此行秘密,并不敢在柏林公开活动,只是在早晨和黄昏来公园,这已使他们心满意足了。同时他们还利用一些有利时机,与德国朝野进行暗中接触,从中摸取苏联对中国的态度。

两个多月之后,盼着尽快东行的陈立夫忽然接到蒋介石从国内发来的急电,命令他立即取消赴苏计划,迅速返回,不得有误。

望着这电报,陈立夫一时摸不着头脑,但蒋委员长的指示他是不敢违背的。何况赴莫斯科谈判是否成功尚是个未知数,取消此行对于他来说反而是替他解下了包袱。因此,在接到急电之后,他即收拾行李,与张冲一起,打道回国了。

等陈立夫回到国内,他才明白这究竟是怎么回事了。原来,当陈立夫离开南京去上海乘船时,日本侦探很快就知道他要去莫斯科与斯大林谈判。为了阻止中苏谈判,日本一方面在外放出"陈立夫去苏俄"的空气,挑动国民党内的亲日派和顽固分子跳出来质问蒋介石;另一方面,日本又给蒋介石施加压力,如果不取消这次谈判,日本将采取"有力措施"。

日本人的招数果然奏效。因为陈立夫赴莫斯科谈判,从头到尾都是蒋介石一人在幕后操纵,极为秘密,连国民党中央和国民政府中的许多要员都不知此事。如此重大国策,却瞒着政府,当然就有许多人对蒋介石不满了。而蒋介石此时对苏关系也做了错误分析,他认为:"日俄两国对我中国,有一相同的企图,就是迫使我们中国脱离西方,尤其对美关系,而陷入孤立地位,只有听任他们的宰割,日俄两国……为了共同对付西方尤其是美国,亦可以瓜分中国为条件,而互谋妥协。"基于这种错误的认识,蒋介石认为直接与苏联进行高级会谈的时机尚未成熟,如果匆匆行事,到时机密泄露,将使中国陷入难堪境地。因此,蒋介石一纸电令,召回了陈立夫。

| 与中共谈判

陈立夫与苏谈判半途而废,接着他又接受了蒋介石的密令,与中共接触。

陈立夫听了,大惑不解地问:"这不……"

还没容陈立夫说完,蒋介石按下他的肩膀说:"你想想,我们的对面有两个敌人,你要是作为指挥员,该如何指挥?"

陈立夫听了,笑了:"对付敌人只能是刀枪。"

"你错了!"蒋介石笑得十分开心。接着解释说:"攘外必先安内。这是我们的既定方针。不过,共产党也叫唤得厉害,团结一致,共同抗日。如果我不做一点儿姿态,那些抗议的学生也不答应。再说这日本,娘希屁,也太不像话,得寸进尺,一步步进逼,老子给他鼻子他就上脸。娘希屁,最近闹得我是老鼠钻风箱两头受气。"

听了主子的一席话,陈立夫直点头,连说:"我懂我懂。"

接着二人又密谋了方案。采取兵分两路,同时与中共接头。

先说一路在国外。陈立夫立刻拨通了国民政府驻苏大使馆首席代表邓文仪的电话,要他尽快与中共驻共产国际代表团负责人王明进行接触。邓文仪接到电话后,马不停蹄地找到了王明。王明说这是一件大事,他自己还做不了主,建议国共谈判放在国内为好。邓文仪认为可行。不久,中共方面指定潘汉年为联系人,与邓文仪会见,并派潘汉年回国,与国民党代表继续谈判。

再说二路在国内。陈立夫把一艰巨任务交给了心腹曾养甫。且说这曾养甫早年在上海协助陈果夫招兵买马,后为陈果夫所推荐、提拔,颇受"二陈"信任。此时曾已经爬上了国民党中央执行委员会委员、铁道部政务次长高位。

曾养甫接受任务时,国统区还处在蒋介石的白色恐怖之下,剿共灭匪的口号不绝于耳。如果此事为外人获知,曾养甫的前途和居家命运都会受到威胁。再说国统区的共产党完全处于地下状态,平时特务想抓到一个普通的共产党员都很困难,现在去哪儿找共产党负责人呢?但是曾养甫最终还是想出了一个人。这个人的身影浮现在他的脑子里,就是主持浙赣铁路理事会的秘书谌小岑。

谌小岑神通广大。在第一次国共合作中,谌与国共两党关系密切,特别是两方的高层领导人都有过深交。当曾养甫找到谌小岑时,谌小岑马上说:"很抱歉,我已经与共产党那方没有联系了。"

曾养甫问:"听说你与周恩来很熟悉,是吗?"

"是的。不过也是没联系了。"

"你再想想,还有什么人能取得联系?"

谌小岑想了一会儿,一拍脑门回答:"是还有一个人,我差点儿忘了,他就是与中共北平市委有联系的北平中国大学教授吕振羽先生。他有这个联系的能力。"

曾养甫拱手相谢:"那就拜托了。"

此后,曾养甫很快与中共的高层取得了联系,同时也与周恩来挂上了钩。这时,周恩来也接到了莫斯科王明关于国共两党谈判合作事的来函。溪流归海,周恩来为此事特作了安排。于是,国共两党便坐到一起,开始了谈判。这是继大革命失败后,两党的第一次握手。陈立夫作为蒋介石的特别代表出席了谈判。谈判的地点定在上海。

1936 年 6 月上旬的一天。

上海谌小岑的住宅。

窗幔低垂。

中共代表潘汉年带着周恩来致陈果夫、陈立夫的亲笔信,来到了这里。曾养甫带着陈立夫的亲笔信在这里早已等候。谌小岑作为主人迎接了他们。

双方交换了信件,握手寒暄。然后各自展信阅读。

陈立夫的信中提出了国共合作抗日的四项条件:

1. A方(指国民党)欢迎 B 方(指共产党)的武装队伍参加对日作战;

2. B方武装队伍参加对日作战时,与中央军同等待遇;

3. B方如有政治上的意见,可通过即将成立的民意机关提出,由中央选择;

4. B方可选择一地区试验其政治经济之理想。

周恩来致陈氏二兄弟的信中写道:

分手十年,国难日亟。报载两先生有联俄之举。虽属道路传闻,然已可窥见两先生最近趋向。黄君(中共与南京联络的联络员)从金陵来,知养甫先生所策划者,正为贤者主持。呼高应远,桢见京中今日之空气,已非昔比。敝党数年呼吁,得两先生为之振导,使两党重趋合作,国难转机,实在此一举。

近者寇入益深,伪军侵绥,已成事实,日本航空总站,且更设于定远营,西北危亡迫在旦夕。乃国共两军犹存敌对,此不仅为吾民族之仇者所快,抑且互消国力,自速其亡。敝方自一方面军到西北后,已数作停战要求。今二、四方面军亦已北入陕甘,其目的全在会合抗日,盖保西北即以保中国。敝方现持送贵党中央公函,表示敝方一般方针及建立两党合作之希望与诚意,以冀救之御侮,得辟新径。两先生居贵党中枢,与蒋先生又亲切无间,尚望更进一言,立停军事行动,实行联俄联共,一致抗日,则民族壁垒一新,日寇虽狡,汉奸虽毒,终必为统一战线所击破,此可敢断言者。敝方为贯彻此主张,早已准备随时与贵方负责代表作具体谈判。现养甫先生函邀面叙,极所欢迎。

但甚望两先生能直接与会。如果夫先生公冗不克分身,务望立夫先生不辞劳瘁,以便双方迅作负责之商谈。想两先生,乐观事成,必不以鄙言为河汉。

周恩来的来信,不计前嫌,切盼国民党领导人能基于民族大义,与共产党携手合作。并对"二陈"寄予了殷切希望。陈立夫看完信后,颇为感动,更加努力于两党的合作,再次邀请周恩来到广州或香港会谈,还希望陕北与武汉电台通过密码直接联系。

雨后天晴,天空出现了彩虹。国共合作前途出现了光明。

陈氏兄弟想好事促成,不料主子蒋介石又改变了联共的主意。

应该说,蒋介石当初联共出于形势所迫,是无奈之举。一方面是因日寇进逼甚急,而英美对日妥协,蒋介石无奈只好联苏、联共以抗击日本;另一方面是因国民党内部反蒋势力联合起来,借"抗日"之名,欲打倒蒋介石。蒋介石为应付反蒋派,也需和共产党缓和一下对立。

且说到了9月,国内外形势又发生了变化。英、美原以为日本占领东北后,是作为进攻苏联的准备,故而对日妥协。不料日军占领东北后,不是北向苏联,而是南下华北,欲灭亡整个中国,这就大大损害了英、美帝国主义在华的利益。英、美不能容忍日本在华北的扩张。于是,英、美对日态度比以前强硬起来,英国还答应贷巨款给国民党。在英美的压力下,日本人也稍稍收敛了一些。另外,陈济棠、李宗仁、白崇禧等联合起来倒蒋的"两广事变"也平息了,李、白等通电表示服从"中央"。

在这种情况下,蒋介石认为红军三大主力部队已会合于陕甘宁边区,人数虽已减少到3万人,但仍是他的心中之患,必欲除之而后快。于是蒋介石策划集中兵力,围攻陕甘宁边区。叫嚷三个月剿红灭共。

既然如此,蒋介石就把谈判当成了负担。于是他命令"二陈"故意抬高谈判条件或尽快结束这场谈判。

蒋介石既做如是想,"二陈"便积极替主子卖命了。

11月10日,上海沧州饭店,陈立夫会见了中共代表潘汉年。

会见时,气氛很沉闷。陈立夫摆出一副阴冷的面孔,睥睨地看着中共方面的人员,一副高高在上的样子。

中共代表潘汉年虽然年仅 30 岁,但经验却十分丰富,他早年只身闯入上海文坛,成为一名很有影响的"十字街头"文学闯将。嗣后又投身革命,曾担任中央特科二科科长。在长期的对敌斗争中,他练就了一双敏锐的眼睛。今天的这场会谈一开始他就感觉到有些异常,他暗暗叮嘱自己,今天的这场会谈,一定要牢牢把握住原则,不能松懈,不能给陈立夫以可乘之机。

会谈开始了,潘汉年站了起来,以他那惯有的学者风度,有条有理地说明了中共起草的《中共两党抗日救国协定草案》,提出了许多合情合理的建议:

——双方派全权代表谈判,订立抗日救国协定。

——双方共同努力,实行对日武装抗战,保卫与恢复全中国之领土与主权,实现抗日救国联合战线。

——国共两党派出同等数量的代表组织混合委员会作为经常接洽与讨论的机关。

——国共双方均保持其政治、组织上的独立性。

——为实现抗日救国统一战线,应采取一系列必要的步骤,双方立即停止军事行动;划定红军适宜的屯驻地区;改革现行政治制度,释放政治犯;召开抗日救国代表大会;建立全国统一的军事机关;与苏联订立互助协定,等等。

陈立夫聚精会神地听着潘汉年的发言。说老实话,陈立夫从内心里佩服共产党,认为这个草案确是无可挑剔的。但蒋介石在会谈之前,就已经给他下了密令,无论如何也不能承认中共方面提出的这个草案。故而他一面在专心听潘汉年的发言,一面又在思考如何刁难中共,让中共知难而退出谈判。

潘汉年的发言完毕之后,陈立夫接着发言,他故作坦诚的模样,说道:

既然共产党开诚合作,那我就好任意提条件了。首先,对立的政权与军队必须取消,中共军队最多编 3000 人到 5000 人,师以上干部一律解职出洋,半年后召回,量才录用,适当分配到南京政府各机关服务。如果军队能如此解决,中共所提的政治各点就好考虑了。

陈立夫的"真诚"并没有蒙住潘汉年的眼睛,他一眼看穿了陈立夫的险恶用心,如果交出了政权与军队,那么中共拿什么与国民党抗衡呢?第一次国共合作,中国共产党不就吃了没掌握军队的亏吗?对陈立夫所提的条件绝不能答应。

陈立夫的话音刚落,潘汉年就站了起来,严正指出:

你这是站在"剿共"立场,来收编我们,这不平等。当初邓文仪在莫斯科活动,曾养甫派人送到苏区的条件都不是收编,而是讨论合作。

"先生理解错了,这怎能叫收编呢?"

潘汉年一针见血地道:"你这些条件当是奉了蒋先生之命才摆出的,蒋先生目前有此想,大概误认为红军已到了无能为力的时候了,或者受困于日本防共之提议吧。"

潘汉年的话一下子揭穿了陈立夫的老底,陈十分尴尬,无言以对。沉默了十几分钟以后,陈立夫才说:"你我均非军事当局,无权决定军事。能否请周恩来出来一次,蒋先生愿和周恩来面谈。"

潘汉年一口回绝了陈立夫的建议。他说:"在你们这种苛刻条件下,周恩来是不会出来和你们谈的。"

谈判陷入了僵局。

为了打破僵局,积极争取蒋介石抗日,中共又做出了重要让步,指示潘汉年,"为一致抗日,我们并不坚持过高要求,可照曾谈原则协定"。

"曾谈原则"是原来陈立夫通过曾养甫向中共提出的谈判条件:共产党公开活动;民主政府继续存在;参加国会;红军改名受蒋指挥,照国民革命军编制与待遇,但不变更红军原有之组织与领导。这也是当初蒋介石的意思。

但蒋介石已经食言。

此时,他正在洛阳坐镇,指挥大军围剿红军,怎会坐下来与中共平等谈判呢?他拒绝了中共的建议。

11 月 16 日,陈立夫再次邀请潘汉年赴南京会谈。这次会谈较之上海的会谈,陈立夫更无诚意可言。

会谈一开始,陈立夫便告诉潘汉年说:

"蒋先生以为上海谈判我方所提各条件并无不妥,不能放弃。希望潘先生能将此意见迅速转告延安。"

顿了顿,陈立夫又故作理解状,说道:

"我知道这样做实在有些委屈贵方了。但如果因此能达成协议,驱逐日寇,保我领土主权之完整,受点儿委屈又有何不可呢?"

尽管陈立夫巧舌如簧,但潘汉年不为所动,潘汉年严肃地说道:

"这不是什么委屈不委屈的问题,为了团结蒋先生一致抗日,我方已做出了重要让步,以贵方提出的四个条件作为谈判的基础。而蒋先生却拒绝了这样的提议。试问究竟是我方不愿受委屈呢,还是蒋先生没诚意呢?"

陈立夫见软的不成,便来硬的,他威胁说:

"目前日、德两国已签订反共协定,并且正在拉蒋先生加入反苏战线,中苏关系可能会恶化。如果此时延安方面仍不愿受点儿委屈的话,到了那时,红军岂不更糟糕。"

潘汉年听完此话,觉得再也没有可谈的了,便站起身来,拱手向陈立夫告别:"蒋先生既然要加入反苏战线,就不会抗日。那我们今天的谈判也不需要了。"

至此,陈立夫、潘汉年的会谈再一次不欢而散。

战火将在谈判失败后开始。正当玩火的蒋介石指挥他的部下向陕北红军开火时,他的部下却不干了。老蒋做梦也没想到的"西安事变"发生了。

"西安事变"中站错队

1936 年 10 月 31 日是蒋介石 50 大寿寿辰。由于这时蒋介石正积极充实军备、修筑国防工事,陈果夫想出了一个发动全国各界人士向蒋介石献机祝寿的主意。他的这个建议是向何应钦提出的,理由是:"委座生日,最好发动由各方面捐献飞机,作为寿礼,可固国防。"何应钦表示赞成。这样,一场献机祝寿活动便在全国展开了。

时任江苏省主席的陈果夫献机九架,他在 10 月 31 日下午乘汽车由镇江到句容,亲自主持江苏全省各力量献机祝寿命名大典,民众到者数千人,各界代表到会者也不少。江苏所献九架飞机来自:党政系统;政治军警系统;小学生;教职员与学生;商界;商界;商界;自治人民和农民;童子军与自由职业者。

且说 12 月 4 日。

偌大的洛阳机场。蒋介石在结束"洛阳献机祝寿"后起飞到西安。到机场送行的有党政要员、各界代表以及市民和学生等,参加者很多,场面非常热烈。

这天,刚降过一场大雪,北风一刮,新扫过的机场上结着厚厚的冰凌。机场周围的树木缀满银花,建筑物像琼楼玉宇似的闪着耀眼的银辉。宋美龄身披藕荷色的大氅,内有鸭绒马甲,敞领中衬着乳白色绸纱巾,别着一枚硕大的红宝石胸针。乌黑发亮的长长的鬓发,在脑后盘成一个隆起的高髻,与众不同,别有风韵。这几天她身体不适,脸色不大好,伴有低烧。本来她执意要陪丈夫到西安,蒋介石不允,让她回南京看病,因此她也变成了送行者。蒋介石此行目的,是要同负责指挥西安国民党军队的军官,其中包括已故军阀张作霖的儿子少帅张学良进行商议。蒋介石认为,西安的地理位置在战略上有利于对共产党的根据地发动最后一次围剿。他想命令少帅张学良的军队首当其冲。

宋美龄和其他官员一一与蒋介石握手告别,目送着他登机,然后飞机启动、滑翔、升空,一直消失在云天之外……

就在蒋介石离开的两小时后,宋美龄也带着侍从室官员、端纳顾问及陈布雷等一大批人,乘机离开了洛阳,抵达南京。

西安在望了。

蒋介石伏在机窗俯视着,八百里秦川与天衔接,渭水流过它的胸膛,淡墨涂抹的终南山守卫在南端;市郊寒冷的田野裸露着,黄土中间,散落着稠密的村庄;古城西安黑压压的一大片,浸在冬天金色的阳光里。高耸的城门楼,市区中心的钟楼、鼓楼,还有唐代建筑大雁塔,排站在天空下。

蒋介石在望远镜里端详半晌,透口气道:"想不到这边却靠近延安,我非要解决延安不可!"

蒋介石一到西安,便宣布他将照常发动"剿共"战役,并定于12月12日开始。

"汉卿、虎城,今天我是专门邀你俩谈谈剿共一事的。"蒋介石一副凶神模样,"前几天毛泽东、朱德有公开信给我,说:'吾人感以至诚,再一次请求先生当机立断,允许吾人之救国要求,化敌为友,共同抗日。'你道我怎么答复他们?"

张学良、杨虎城不做声。

"我根本没有理他们!"蒋介石冷笑一声,"这回我自己来,就算是答复了! 我要统率三十万大军杀奔陕北,宣布不准抗日,继续彻底剿匪!"他扭过头来:"今天是12月8日,我来西安已经四天了,希望在年底可以解决!"

"委员长!"张学良硬着头皮央求道:"今日之下,枪口向外第一,中国人不能再自相残杀了!"

"汉卿!"蒋介石面孔一板,"这是你应该讲的话吗? 我早听腻了!"

"委员长!"杨虎城也苦着脸央求道:"这件事情实在太大,希望……"

"什么希望不希望!"蒋介石大怒,"希望就在消灭共匪! 其他什么日本不日本,都是次要的!"

张、杨两人只得忍着,默默地跟他到省党部,听蒋介石向东北军、西北军训话:"我们最近的敌人是共产党,日本离我们很远,如果远近不分,便是前后倒置,便不是革命,无论如何此时须讨共产党,如果反对这个命令,中央不能不给以处置! 东北军和十七路军现在只有两条路可走:一条是到陕北剿匪,中央军作为你们的援军;一条路是调往闽、皖,听任中央调配! 你们不要自误了!"

"委员长!"张学良、杨虎城无可奈何,会后就向蒋进行"哭谏",他俩痛哭流涕,要求停止内战一致抗日,一直哭诉了三个小时。最后蒋介石把桌子一拍,大声叫道:"你现在就是拿手枪把我打死了,我的剿共政策也不能变!"

张、杨两人满肚委屈,好不愤慨。原来蒋介石为了戒备,到西安后,并不住在城里,而是去临潼居住。

临潼离西安25公里,是著名的温泉疗养地。当年,杨贵妃"侍儿扶起娇无力",正是临潼的华清池。那地方位于骊山脚下,挨近秦始皇陵,气候适宜,山景可观。

西安,这个在极度忍耐之中的历史古城,已经超过限度,它要爆炸了!

少帅张学良,与当地的铁腕人物杨虎城,也预感到风雨满楼。蒋介石咄咄逼人,凶相毕露,并有杀机。他们的事业就将断送,他们本人将被调往南方,何去何从?是蒋介石把他们推向了悬崖!他们商量着,决定实行兵谏。

蒋介石每天去西安骂过一阵,回到临潼,心中兀自没有好气。侍卫们都不敢吭一声,听寒鸦聒噪,黑压压把天空遮了一大片。

蒋还有个习惯,每天黎明前起床,把一口假牙放在床头柜上,穿着睡衣在窗前静立一小时。他的公馆有50名卫兵保护,卫队长是一名因屠杀学潮学生而臭名昭著的军官。12月12日——新的"剿匪"战役即将开始的那一天——早晨5点半,蒋介石正站在他卧室的后窗前,向外凝视着花园围墙上面露出的山峦。在朦胧的夜色中,四辆军用卡车满载着120名全副武装的军人在公馆大门外骤然停住。首车上的营长命令开门。里面的哨兵拒绝开门。卡车上的军人立即开枪射击。

枪声,震撼着黎明前的夜空!

枪声,在骊山脚下回鸣!

紧接着,野犬乱吠,寒鸦惊飞。

蒋介石暗吃一惊,他马上判明:兵变!昨天没有听陈诚规劝,说张、杨要举行兵变。

枪声越来越紧,继而可以听到喊杀声……

蒋介石忙不迭伸手穿衣，可是牙床打战，四肢发抖，越急越慌，越穿不上衣裳，好不容易喊出一声道："来，来人哪！"

"是！"那侍卫拔腿便走，却再也没有回来。

第二阵枪声又起，如炒豆子一般哗剥乱响。蒋介石趁机拉灭了电灯，心想不能让人发现我。仓促间，蒋介石这个大委员长，大汗淋淋，乱了方寸。他再在衫、裤外面罩上一件皮袍，启门外望，黑黢黢夜空中子弹乱飞，曳光闪闪。一时又束手无策，片刻后心想三十六计，走为上计。可是夜黑如墨，又不知该往哪边走才算安全，正在默念上帝保命，不料斜刺里钻出两个黑影。蒋介石心想这下可完了，跌跌撞撞一头栽倒在床上。房门已经推开，一个熟悉的声音在叫，蒋介石一听是侍卫官竺培基，登时有了气力，连忙爬起来问道："什么事？什么事？"另一个黑影开口道："叛兵已经蜂拥入内，本来已经冲到第二号桥，给我们侍从队抵抗过一阵，死伤极大，对方知道我们有了防备，现已略退，请委员长马上离开！"

"好好好。"蒋介石登时又软了半截："走、走，走吧。"当下三个人拉拉扯扯摸出房门，又有一条黑影蹿将出来，大叫："快跑！我是区队长的传令员，现在叛军已经冲进二门，你们千万不要往二门那边跑。刚才毛区队长同后山哨兵所通过电话，说那边并无异状，也未发现叛兵，你们可以往那边逃。"

"毛区队长在哪里？"蒋介石结结巴巴。

"区队长正在前院假山旁率队抵抗。"传令员答道。

"叛军是何模样？"

"一色戴皮帽子的东北军。"

"快走！"蒋介石甩掉侍卫的扶持："你们莫搀我，容易给人发现目标。你们前边走，我在后面跟。我想今天是一部分的兵变，一定是共匪煽动驻临潼部队暴动，而不是张学良的计划。如果真是他的计划，整个东北军都叛变，那行辕外墙四周都包围了。"蒋介石忽地尖叫一声："啊哟！"犹如鬼叫，吓得侍卫官竺培基、施文彪跳起尺半高。

两名侍卫官定睛一看，原来有一条黑影正从背后山径转角处飞奔而来。施文彪正待开枪，那黑影已经开口："我是蒋孝镇！"于是大家惊魂稍定,竺培基低声喝问:"你后面有无追兵?"蒋孝镇气喘如牛:"没有,没,没有。"于是四人在一片乱枪声中向崎岖山径摸索行进。

蒋介石踉踉跄跄来到飞虹桥上,前方有人忽报:"东门无法过,铁将军把守着。"侍卫官还想找大石把它砸碎,蒋介石骂道:"娘希屁! 你这一敲,不是告诉人家,说我在这里吗?"于是命令道:"咱们就从这矮墙上跳出去!"

竺培基身高马大,容不得考虑,自动伏在地上垫底,施文彪爬上去,实行叠罗汉。幸得墙矮,不需要再加一个蒋孝镇了。蒋介石在蒋孝镇的扶持之下,摇摇晃晃爬到了墙上。蒋介石爬到墙上往下一看,心想总算还好,逃命要紧,于是纵身一跳。这一跳不打紧,却扭伤了脚。原来墙外下临深沟,荒草遮掩,黑夜中不易辨别。

三个人忙了一阵,足足有十分钟光景,这才硬撑着想继续逃亡,刚走一步又跌倒在地。三侍卫不容分说,就把他抬出深沟,由两人架着慢慢走向山顶。可是问题来了:原来此山东隅并无山径,西行又怕碰到东北军。蒋介石疼痛难忍,道:"不要往西,还是上山吧。"于是攀援摸索,跌跌撞撞;山岭陡绝,一步一哼。半小时后快到山巅,蒋介石实在无法再走,又怕侍卫心怀异志,倒在平坦处唉声叹气道:"这一次你们辛苦了,只要我出得去,你们都有重赏。"正说话间,四周枪声又大作起来,前后左右,闪烁着一片手电筒光。蒋介石慌忙叫三人分头侦察,自己也摸索着站了起来。刚刚立定,只听三人中有两人惨叫,再无下文。随着这两声惨叫,对方已经知道此间有人,子弹更密,"嗖嗖嗖"地从蒋介石头顶掠过。他急忙伏地,一步一哼往前爬,双手被荆棘划破……

他爬了一阵,才知道自己并不是往山上爬,而是往山下爬。四周枪声盈耳,吆喝之声四起。蒋介石望望山顶,别说爬向山上,即使一口气能安全地爬到刚才的沟中隐蔽,也不可能了。而且双手是血,满身酸疼,其状狼狈不堪,难以形容,这个样子逃到山顶再给押下来,岂不笑掉了人家的门牙? 想到门牙,蒋介石才发觉自己忘记戴上假牙,难怪上下两排牙床"突突突"地厮打。

山坡上岩石累累,夹杂着稀疏的荆棘,没有藏身之处。他一个人伏在山地思虑,更多人正在他周围搜寻。那刺刀挑荆棘的声音隐隐传来,使他心惊肉跳。蒋介石决定找一个好地方藏起来再说,于是他使尽平生的劲,继续爬行。至一棵大树旁,再向右爬,发现一块大石头后面有一浅洞,荆棘丛生,尚可容身。蒋介石躲在洞里,身体蜷缩着,尽量紧贴石壁,以免被人发现。

天色渐亮,朔风劲吹。

搜索队已将偌大个骊山团团包围。一个小分队已搜查到岩洞旁边。在前他们已经发现两个侍卫官的尸体。

“他奶奶的! 刚才还有人说,发现了他的侍卫尸体,我看就在此处,他跑不远。给我找,即使他钻进王八洞,也得拉他出来!”

岩洞中的蒋介石听得一清二楚,他身子不禁打寒战,蠕动一下。

“报告队长!”另一个声音在问,“他会不会往那个方向跑?”

“那边是什么地方?”

“那边不远,正是秦始皇的坟墓,这边是秦始皇坟墓的山脚下。”

“他妈的!”一个大嗓门焦急地叫道:“弟兄们,仔细找,别让这个现代秦始皇逃走了。”

“瞧!”一个人突然叫道:“队长,你身边那个小洞洞,上面的草刚才忽地动了一下! 这小子没准儿就藏在这乌龟洞里!”

“谁躲在里面? 快点儿出来,否则开枪了!”孙铭九倒退一步,拔枪在手,向洞旁岩石连放三枪。

蒋介石听见枪声,身子更抖个不停。如今听说要他快点儿出来,否则开枪,简直魂不附体。于是慢吞吞挺了挺腰,蠕动了一下。洞外士兵们看见野草忽地在动,露出个亮光光半个脑袋,但突地又消失。

“准没错,是不抗日的老蒋!”

“那光头好亮,好白!”

……

紧接着,万道阳光升出骊山,欢呼声也震撼了骊山。

士兵们一声呐喊,把洞口围个密不通风,三扯两拉,把个蒋介石给硬拉了出来。只见他满脸惨白,浑身打战,大冷天光秃秃脑门上在冒热气。嘴巴干瘪得一条线,光着一只左脚,右脚却光丫穿皮鞋,鞋带早已散失。蒋介石出得洞来,两眼发直,一个士兵蹿过去拿起枪柄拦腰一下子,打得他"哟哟哟"地直叫娘;另一个士兵如法炮制,也举起枪托朝他腰里打过去,只听见噗的一声,蒋介石已经弯着腰跪倒在地。若不是孙铭九出面拦阻,非把他揍个半死不可。孙铭九把他拉开来背在背上,然后他们轮流背着他下了山。一辆小汽车在山下等待。他们把他送到杨虎城用作司令部的新市政厅。市政厅的院子里有一个军乐队和一大批高级军官迎候他,这与当时气氛很不协调。当他穿着睡衣一瘸一拐地走下轿车时,乐队奏起了国民党党歌,军官们向他敬了礼。少帅张学良走上前去搀扶蒋介石进了一个房间,让他躺在床上,一位大夫给他治伤。

至此,兵变任务完成了。

在南京,最先察觉西安发生问题的是陈果夫的老友曾养甫。因为他主管交通通讯,当西安张学良、杨虎城发动事变后,曾一度下令和外界断绝一切通讯联系,曾养甫发现这一异常情况后,立即命令查找原因,12日下午5时,证明西安发生事变。陈果夫立即从曾养甫处得到了消息,但关于蒋的下落,尚未能查明。在曾养甫查明西安发生事变之前,为查核有关西安方面的消息,陈果夫还找陈布雷打听情况,据陈布雷日记记载:"是日下午1时余方在寓,忽接果夫电话,询余有西安之消息,余怪问之,则谓西安至南京电报已不通矣。"

南京得到蒋介石被扣的消息,犹如晴天霹雳,大为震惊。片刻后,有人哭有人笑,政府内一种暗藏的反蒋势力抬头,各种矛盾交织一起,再加上街头谣言四起,简直一塌糊涂。

南京,追随总指挥何应钦,同意轰炸西安的官员,齐聚何应钦的官邸,在商讨轰炸方案。这里面就有陈果夫、陈立夫,他们都是主张轰炸的强硬派。

会议开到一半,宋美龄就呼天嚎地闯了进来,大哭大叫。

宋美龄哭了一阵,收住哭声道:"何总司令,一切的事情我都知道了!

现在我来问你,你们轰炸是何用意?你假若发动战争,你能善其后吗?你能救出委员长的生命吗?我现在老实告诉你,你这样做简直是想谋杀他!"

何应钦一听,脸色大变。在座的陈果夫、陈立夫的脸色也不好看。

宋美龄干脆指手画脚站着讲:"幸亏是你在领导这批饭桶,要是旁人,我一定当他是异党分子看待!何总司令,这是可以闹着玩的事吗?委员长在这个时候如果有个三长两短,哼!到时候兵荒马乱,连你也跑不了!"

何应钦一个劲儿搓手,赔笑道:"那么照夫人的意思,应该应该……"

"应该停止军事行动!"宋美龄斩钉截铁,"你非给我停止讨伐不可!你非给我用尽一切办法把他救出来不可!你非要把他活着救出不可!你非要立刻去做不可!"

"夫人,"何应钦做为难状,同时也撇开自己的责任,"这是会上通过的,不是一两个人的意思。"

"Damn!"宋美龄连英语骂人也急了出来,"要不,你就重新召开会议,我也出席!"她弦外有音:"免得让你为难。"

"不不不,"何应钦一脸笑,"夫人不必劳驾,救出领袖,是我们大家的责任。"他试探道:"已经有 20 个师出发了!"

"200 个师也得调回来!"宋美龄冷冷地说道:"何总司令,你以为武力讨伐真有把握吗?你未免太乐观了!好多外国朋友告诉我,为这件事一旦发动大规模的战争,西北方面并不是孤立无援的。广东、广西、云南、湖南、四川、山东、河北、察哈尔、山西、绥远、宁夏的各地军事政治负责人,都会乘机而动,并且可以确定,他们没有一个人愿意花气力帮助你发动战争,甚至有几个人,也许他们全会走到张、杨方面去!"

"这个,"何应钦讪讪答道,"这个问题我们也曾研究过,戴笠那边可以派人前往各地设法收买……"

"收买?"宋美龄冷笑道,"别做梦了!现在他们每个人都想在这次冲突中扩充势力,谁给你收买?"

"是的,夫人。"何应钦不由不软了下来,"那么,照夫人的意思,现在我们应该先做些什么?"

"派人到西安去！"

"这怎么可以？"何应钦假装吃惊："那不太危险了吗？而且西安附近已经开始轰炸。"

"我说我要你停止一切战争措施！"宋美龄拍拍桌子："我明天便派端纳到洛阳，转赴西安。子文也快回来，他们也会去，我也要亲自去！"

"夫人，"何应钦劝道，"夫人不必去了，冯玉祥愿意代替委员长做人质，就让他去一趟好了。"

"不！谁也代替不了我，我要亲自去！"宋美龄说一不二。

"实在太危险，你的安全……"何应钦还没讲完，宋美龄道："告辞了！"说完，望了何一眼，匆匆穿上皮大衣，戴上手套，抓起皮手袋扭头就走。

会议至此不欢而散。

12月21日，宋子文自西安返回南京。孔祥熙告诉陈果夫说，张学良在找台阶下台，要价已经报出来了，以后要看我们的还价了。由于宋子文可以和蒋介石直接谈话，陈果夫大为不满，他抱怨说："留学生问题极为重要。凡变乱之起，常有不明国情而言之成理之新归国留学生在内，故今后派遣留学生，不得不重订新政。"第二天，宋子文与宋美龄、蒋鼎文、戴笠三人飞往西安，具体和张学良谈判放蒋事宜。23日谈判成功，26日，蒋介石在张学良的陪同下回到南京。

难中见真情。西安事变发生以后，陈果夫、陈立夫积极主张讨伐张学良、杨虎城，以武力解决西安事变，救出蒋介石。在这一点上，"二陈"的态度与何应钦是一致的。

然而，何应钦坚决主张讨伐却另有隐衷，他想趁机置蒋介石于死地，而以自己取代蒋介石的位置，何应钦在戴季陶、居正、吴稚晖、叶楚伧、陈果夫、陈立夫等人支持下，就任讨逆军总司令，部署对西安的讨伐行动，并派出大批空军轰炸西安。

不料西安事变竟和平解决了。在蒋介石接受了联共抗日、释放政治犯、担保内战不再发生等条件后，张、杨释放了蒋介石。

蒋介石回到南京后还表扬了"二陈"，认为他们在西安事变问题上的主张和态度是正确的。但不久，蒋介石就翻了脸，"二陈"由受表扬成了老蒋的出气筒。

蒋介石、宋美龄、陈布雷等以宋美龄的名义，合伙炮制了《西安事变回忆录》，大大地讽刺了何应钦、戴季陶、陈果夫、陈立夫等武力讨伐派。曾有一个阶段，陈氏二兄弟竟然抬不起头来。

陈立夫由于在西安事变中站错了队，挨了蒋介石的骂，这时就不得不更加跟紧蒋介石，以弥补西安事变中的错误了。此时的蒋介石虽对"二陈"无有好感，但念到跟随自己多年，还是派陈立夫做了教育部长，陈果夫做了中央政治学校代理教育长。双方都去搞了教育工作。这样的安排明眼人却能看出了门道：作为"蒋家王朝陈家党"的陈氏家族，已远离了党魁的位置，在走下坡路。

第二十四章　教育部长

"国难部长"

陈立夫做了七年的教育部长,他曾引以为豪。

七年,人生能有几个七年啊!他曾无不骄傲地说:"我在教育部任内,做了不少事,订了不少制度……迄今犹均在沿用。"

陈立夫当教育部长是从1938年初至1944年。抗战八年,他干了七年。他曾不无揶揄地自嘲道:"我的(教育)部长任务几乎与抗战相始终",是个地地道道的"国难部长"。回忆当初之际,调统工作他干得顺手,有声有色,改换门庭,他几乎没有想过。在前,那是九一八事变不久,行政院长汪精卫曾力荐他出任教育部长,他都没同意。事隔五年,蒋介石再次找到了他。那天本已很晚了,他已洗漱完毕,刚要躺下休息,电话铃响了。

"立夫,你来一趟。"

"好的,委员长。"

"这都几点了?"听到话声的太太直埋怨。

再说蒋介石夜间办公是常有的事,当时是国共合作,抗日当头,敌人的轰炸没点儿,政府的工作也跟着没点的轰炸跑。一切都打乱了节奏。

教育部长换届人选问题一直困惑着蒋介石,有人举荐了不少人,他一个也没有看中,有一个人他看中了,人家不愿干。这个人就是曾在美国留过学的陈立夫,第一次谈话,不好勉强,这是第二次谈话。

陈立夫屁股还没有坐下,蒋介石就发问了:"你想好了吗?"

"如果委员长没有第二个人选,我就以党国为重吧。"

"看来你还是不情愿啊!"蒋介石说完哈哈笑了:"不情愿也得情愿,战争不等人,明天就下命令,后天就上任。"

"这也太紧张了吧?"

"都是战争逼的。"

说话间,远方还传来隆隆的炮声。

陈立夫伴着日军的炮声走马上任了。在敌人的炮声中开始了他为期七年的教育生涯。

陈立夫上任第二天,就报来了新的消息:有三所小学和一所中学,遭到了日机的轰炸,128名学生和两名教师在这次袭击中死亡。

"会暂且开到这里,先处理丧事。"正在开会的陈立夫中止了会议。

陈立夫驱车来到了位于光华路的一所小学校现场。这是四所遭轰炸最为严重的一所学校,日机总共在这所小学投下了五枚重型炸弹,81人死亡。其中一个班级正在上课,34名学生,还有1名教师全部遇难。

陈立夫来到这座教室的时候,只见教室全部坍塌,把一边的老榆树也砸倒了。

陈立夫看完了现场,又来到了战时救护医院,看望那些受伤的学生。在一个病床前,他停下了脚步,俯下身子问道:"你现在好吗?"

受伤的女学生回答:"现在好多了。刚入院的时候我还昏迷不醒。"

"当时的情况你还记得吗?"

"记得,记得。"女学生说:"我和三个女生正在校园里跳皮筋,正用劲的时候,听到了轰鸣声,我们还没有反应过来,一架日机就贴着二班的教室到了头顶上,一阵风起,伴着一声炸响,我什么也不知道了。"

"要记住这笔血债!"

女学生咬咬嘴唇,点了点头。

"等你伤好了,要好生学习,将来报效祖国。"

"好的。"

另外,他还告诉陪同的医院院长说:"要好好为他们治疗。"

……

┃　陈立夫的"五湖四海"

炮弹为陈立夫上了第一课,今后还将有更多的炮弹陪伴着他,走过这抗日战争的七年。应该说这仅仅是开始。

形势是制定政策的先导。

面对着抗日战争的全面爆发,文化需要适应,建设需要适应,教育也要转轨。有人讲,学生要停课,教师要扛枪,高年级的学生也要参战,做到全民皆兵。有人提出废弃旧制、实施战时教育的主张,以应对"一切为了抗日,一切为了前线"的口号。从这样的主张出发,战时的大学,应该办成"抗战人才的供应所","救亡干部的训练所","同时也是民族革命青年先锋战士的产生地";"高中以上的学校除个别与战事有关者外,为配合抗战,均应予以改组和停办",鼓励大家当兵去;"初中以下学生未及兵役年龄"的,"亦可变更课程,缩短年限"。还有的希望把沿海的大学撤到后方,等等,不胜枚举。

面对着教育要急速转轨的新形势,陈立夫有很多工作要做。更令陈立夫忧心的,新官刚上任,人们对他还不相信,观望者十有八九。常言说:一朝天子一朝臣。自己不是 CC 派,凶多吉少,这碗饭要端多久,心里真没谱!

但是陈立夫最懂党务,最知道班子人选的重要。多年来他为多少单位配备过领导班子,他已记不清了。但是有一条是好的单位一定是有一个好的班子,只有好的班子才能出好的效率。因此,他十分重视班子的重新建设。当他得知人心不稳时,他采取政治家的手腕,做出城头变旗不变阵的口头表示:"我这个人不搞山头,不拉宗派,人事暂时不动。凡是愿意干的,我都留用。"接着陈立夫举例诉说自己的立党为公:"我过去受命为中央党部秘书长时,只带了一个秘书。我自己不分人我,人家的人自然可为我用。"于是,这几句暗示的话,在当时起到了稳定"军心"的作用,很多人由原来的担心变成了惊喜。这样一来,确保了行政事务的稳定和继续性,不致减少工作的效率,达到了陈立夫暗示的目的。

且说陈立夫说此话不到两个月,形势一俟稳定,就立刻抛出了张道

藩、张廷休的任命令,并把他们推上重要岗位。明眼人都知二位是陈的绝
对亲信。手段与陈果夫当年改造中组部的做法如出一辙,名义上也叫
"补缺"。

老部长王世杰离任时,带走了两个次长和总务司的两位司长以及秘
书。这留下的职位,陈立夫已不再顾虑众目睽睽,毅然祭起了"肥水不流
外人田"的说辞。后来,他在回忆录中叙述了当时的情节,认为"补充人
员"的事是"十分瞩目的",因为这些主要职位,都与将来教育政策的制定
和执行关系重大,从保全大局考虑,必须用信得过的人,于是"发表了历任
浙江省教育厅长、交通部和内政部次长的张道藩同志为常务次长,又发表
了曾任河南省政府秘书长及国民党中央党部秘书的张廷休同志为秘书"。
对此,陈立夫并不掩饰派系色彩,公开承认"这两位都是与我共事较久的
同志",他们"都曾担任过大学教授,也是教育界的知名人士",把部内的
"日常事务交给他们",是完全可以放心的。

另外,还能反映出陈立夫主张的"五湖四海"的干部政策,那就是在业
务上,他起用了一批学术元老,这不但为他装门面,还能显出他超人的远
见。这些老权威的起用,特别是对教材的编制,在历史上留下了值得书写
的一笔。为了体现"五湖四海"的宗旨,他选取了三名知名的教授充实司
局岗位。他们分别是:清华大学工学院院长顾毓秀教授任教育部政务次
长;复旦大学教育系主任章益教授任高等教育司长;北京大学教育系主任
吴俊升教授任总务司长。在任职会上,陈立夫侃侃而谈他的五湖四海的
干部政策,他说:

"我陈立夫是留洋的人,深知中国教育的差距和不足,也深知如果再
不搞五湖四海,就要被人抛出更远。因此这次任用的三名教授都是国内
的顶尖人物。这三位和我过去都没有私人关系,顾先生是在中国工程师
学会及科学化运动协会相识的,章先生是经复旦大学的友人介绍相识的,
吴先生过去只见过一面甚至还没有交谈过。我选任他们,是因为他们过
去对于教育的著作言论和成绩,以及在教育界的声望,可以帮助我执行国
家的教育政策。同时又因为国内教育以北方的北京、南方的上海为重心,
而三位先生恰恰在各区域有代表性,顾先生与北方教育界有渊源;章先生

熟悉上海教育界；吴先生出身东南大学而执教北方，与南北两方大学都有关系，所以他们就是五湖四海的象征。"

应该说，陈立夫的五湖四海的意义，一时还显现不出来，容到两年后便放射出夺目的光彩来。

┃　收回"文化租界"，创办中国大学

由于陈立夫的求学经历和学识，他对国内和国外的教育情况都了如指掌，特别是对中国大学教育的现状更是不满。应该说他是有想法的一任部长。因此他一上任就提出大学改革的想法。

这天，他谢绝宾客，把自己关在屋里，着重研究一份国联调查团的报告。这是一份有理有据的报告。他很需要这样一份报告，没想到国联这么快地做到了。这里面有很多数字是他以前没有掌握的。该调查团利用三个月的时间，考察了中国的高校现状和主要症结，认为主要症结是"受外国教育影响巨大"。

下面的文字吸引了陈立夫的眼球：

> 总认为外国的月亮是圆的。学科研究大多以外国语为媒介，引用的资料和例证，也多取外国。大学的历史、政治、经济课程，似乎是为研究西洋的中国学生而设。自然科学教育方面，偏重于外国的情形更为严重。这是其一。
>
> 其二，学校课程偏重于文、法，而忽视农、商、医各门。据目前统计，在 58 个公私立之大学中，约 70% 设有文科，40% 设有法科，22% 设有农科，27% 设有工科，12% 设有医科。又有 26 个专科学院中，有 6 个专修法科，有 4 个专修文学、艺术之类，而农、工、医专科学校，合计亦仅 10 个左右而已。照此则专门以上学校之畸形发展，其结果不外形成文、法人才之过剩，与农、工、医人才之缺乏。因其过剩，故失业者逐渐增加，构成社会上种种不安状态；因其缺乏，故有若干建设

事业不能得专门人才为之推进。果以为此种教育上病态之应纠正，固不待于今日，而以今日为尤急。盖一方面训政建设正在规划与推进，他方面又值国家多难之时期，皆有重订教育方针，造就若干适用之人才，以应付此非常环境之必要也。

其三，大学教育应造就领袖人才，与专门技术人员，以图国家建设事业之发展，及政治学术文化之进步。凡大学及大学预科应分布全国，不得以多数同科之大学集于一隅，亦不得于不适宜之地点，任意设立。其学额之多寡，与其分系、分科，国家应依其需要之程度分别规定。其毕业程度，必与外国大学毕业程度相当，由政府派员考试之。如现有大学程度过低，不合标准，应增加其肄业年限，并由政府限制派遣留学生。

……

凡此种种，无非欲革其弊，兴其利，使人能尽其才，以挽救中国之贫弱；崇尚首先以光大民族之精神；更附之以改革学制、改善教育方法及有合理之互助，使教育能尽其功能。依此方法，切实行之，则迎头赶上外国，当非难事也。

陈立夫看完这份调查报告，长期积蓄在内心深处的民族情结，在渐渐地膨胀发作，一个时代的最强音从心底深处发出："收复'文化租界'，创办中国式的大学！"

在这种情况下，陈立夫召开了"大学生改革座谈会"，他把来自一线的、现已可称为他的干将的三名权威请来谈改革。陈立夫首先开门见山：

"今天是大学改革座谈会。我先发言，抛砖引玉。我认为文化侵略者对于所侵略的国家，首先要毁灭其历史文化，我起先对于这些阴谋，还不大了解，后来才恍然大悟。现在沿江、沿海都被日军占据了，所有大学都往后撤，进行安顿。我发现这些大学都像外国租界。这个完全采用德国学制，那个完全采用法国学制，其他不是采用美国制，就是英国制。但是采用中国学制的又在哪里？课程五花八门，毫无标准，有关中国历史的部门为最缺之。学政治或经济的不谈中国政治或经济制度史，学农的不谈中国农业史,国文更是最不注重的一门功课了。这些都是问题,我的意见是要把中国人应知的中国各部门的历史材料放入必修课,无教材的则奖励写作,使中国的大学真正成为中国的大学。"

接着大家发言,最后统一了思想,明确了整理大学的三项基本原则:一是规定统一标准——提高一般大学生课程水准,并与国家文化及建设政策相吻合。二是注重基本训练——首先注意广博基础的培养,文理法各科基本科目为共同必修;然后专精一科,由博返约,使学生不因专门研究而偏固。三是突出精要科目——课程设置力求统整与集中,使学生对本学科精要科目能充分学习,融会贯通,删除琐细科目。至于必修课,统一由教育部规定范围,诸多中国人须备的知识要素囊括其中。比如中国历史科目中的中国法治史、中国政治史等等;语言科目中,中国文与外国文同为基本的工具科目,中国文要求须能阅读古文书籍和作通顺文章,外国文须能阅读所习学科外文参考书,不达标者不能毕业。

这样一来,三位权威都有了发挥重要作用的天地。陈立夫最后把这最艰巨的任务交给了高教司长章益教授总管。时间限定三年,只争朝夕。

会后,章益司长还成立了大学生教材用书编辑委员会,编制在高教司内,以公开征求、特约撰写、采用成书的方法,在从前的基础上编定大学教材用书163部。同时还编写了各科目教材纲要草案48种。比如钱穆的《国史大纲》、王力的汉语法理论,贺麟、金岳霖、汤用彤在哲学、逻辑方面的研究,闻一多的文学史,华罗庚的《堆垒素数论》,王竹溪的《热学问题之研究》等等。

从此以后,中国人才真正有了自己的大学课程体系,才有了真正属于自己的学术体系,这样才是真正的中国式的大学。应该说这是陈立夫突出的政绩。这便是:用了三权威,换来教材书。

倡导公平竞争,实行统考统招

陈立夫在任期间,对教育的又一贡献则是教育制度的改革,而教育制度的改革,最重要的是倡导公平竞争,实行统考统招。

50年后,陈立夫仍很自负,在一次报告中,他曾引以为自豪的是自己从事教育事业七年的历史。他毫不谦虚地说:"我于教育行政方面,有相当的建树和成就。有些改革的成果,比如大学教材,统考统招等等,至今沿用,我很欣然。这些成就固然与我个人的努力有关,但也离不开方方面面的支持与合作。真正出了大力的还是我起用的那三位权威。是他们的建议帮助了我的决策。所以我很感谢他们。"

说到这里,陈立夫站了起来,道:"章益教授来了没有?"

"来了。"

"顾毓秀教授来了没有?"

"来了。"

"吴俊升教授来了没有?"

"来了。"

陈立夫道:"我代表我个人向三位当年曾给我很大支持的好友表示衷心的感谢!"

大家一阵热烈激情的掌声。

回忆历史,陈立夫的统考统招制度的改革迈得既坚定又艰难。

统一招生制度主要包括两个方面:一是统一招生机构的设立,变多方自招为一家统招;二是统一考试,亦即时间统一、试卷统一。追溯起来,原是抗战前的打算。陈立夫上台后,国民政府已退缩山城重庆,这是个地处大西南、交通不便、天高皇帝远的地方。试想全国又是一个炮火连天的烽火战场,要在全国这么大的范围内搞统一招生考试,难度相当大。一是难在各地时间的统一上,试卷的保密送达就是一个重要的问题。这主要牵涉到交通工具。再是监考机构的安排,也是一个难题。主要是换地区人员监考,这也有一个人员组织和交通问题。三是统一阅卷工作量大,时间紧,又在战争中。总之困难重重。

在这困难面前,不少人顾虑多多,还有的人打退堂鼓,或说现在是战争年代,等战争结束再统招统考不迟;或说政府在西南后方,交通不便,不便于指导;或说沦陷区和后方的招生难以协调等等。

开弓没有回头箭。

陈立夫是改革者,他认为困难是弹簧,你弱它就强。同时他还认为,谋事在人。在陈立夫的办公室里,研究方案落实的会一个接着一个地开,他们把方案做得尽量完善,万无一失。把可能遇到的困难想到前面,拿出解决的办法来应付。

万事俱备,只欠东风。在一个朝霞似火的早晨,作为教育部长的陈立夫终于拍板施行,结束了一夜的长会。太阳又是新的,他们没有休息,又投入实施的"战场"。这年正是 1938 年。中国统招统考的实行,伴随着抗日救国的烽火燃烧起来。

陈立夫坚守阵地,兵来将挡,水来土屯。

因为理论和实践总有一段距离。实际操作过程中遇到的困难,显然比预料中的要大。比如交通方面,各考区分散在后方,试题全靠派员乘飞机专送,万一遇到类似天气、机械故障之类的阻碍,试题就难以在统考那天到达。又如,战时敌机空袭频繁,万一考试的那天,有敌机骚扰,学生闻警离场,统考的筹划就被破坏了。再如试题的保密问题,因为是分区复印,增加了全过程监控的难度。

恰巧在统考那天,重庆山城有一考场被日机轰炸。消息报到陈立夫那里,陈立夫了解情况后,立即指示按预先的准备执行,启用预备考场。结果撤离后的学生很快进入预备考场,时间虽然推后了 40 分钟,还算没有影响考试的进行。

第一年统考统招工作,虽然暴露了一些问题,但总算顺利。在公开场合里,陈立夫高度评价了准备工作的"周密",与具体办事人员的"勤谨负责"。第二年,为保险起见,陈立夫总结经验,稍作改动,把十九省市划成几块,改为分区联合招生,看似大统一的退步,其实倒是切合实际、可用可行的局部统一。统招工作又向前迈进了一步。

第三年,统招工作已走上了正规化、制度化。然而,在贯彻过程中,有的因为早先习惯自行招生而反对统一招生的院校,眼下却因为习惯了统一招生不乐意联合招生了。听着嘀嘀咕咕的噪音,善于从生活现象中提炼人生哲理的陈立夫，顿生感慨，叹谓："惰性二字，世人痼疾，即便面对良法美意，也是难于图始，而乐于现成。真的到了分区联合做出眉目之后，他们或许又属于撑顺风船的那类了。"

据陈立夫回忆说：

"为了统一大学生入学水准以及解除高中毕业生各处奔波参加各大学入学考试的困难，我决定在后方十九省市分区举行大学入学统一考试办法。"为此，"教育部成立了统一招生委员会，各考区分设招生委员会办理报名考试阅卷事宜。考试日期由教育部统一招生委员会主办，由部公布"。

这个制度连续试行了三年，陈立夫对结果比较满意，他说："对于整齐入学水准免除学生奔波之苦，并保证录取的公正无私，又可减少各院校个别办理入学考试的浪费，实属一举数得。"

对于大学考试制度的改良，似乎要简便许多，用陈立夫自己的话表述，即"改进毕业考试的办法，除学期学年考试外，增加了毕业总考"。陈立夫的这条改良设想，缘于他对欧美教育的了解。据他所知，当时的欧美大学，处理学生毕业问题，有两种不同的办法：一种办法是平时无成绩考核，毕业考试算总账，如德国就沿用这种办法。再就是注重平时及学期考试，考试及格，给予学分，如美国就通行这种办法。陈立夫经过比较，认为美国的方法较好，中国的大学，应采用美国模式。国联教育调查团认为美国这种模式"至不妥当"，当时曾建议改为"最终试验及格"的方式，没有被当局采用。

后来陈立夫又走了折中路线，也就是略改原制而另加毕业总考。因循此法，每学期学年有考试亦是累积学分，但要求学生必须修足四学年课程，才可以参加毕业考试。毕业考试除了考末一个学期的课程外，还须举行毕业总考。之所以要这样做，陈立夫的理由是："平时有学期学年考试，对于学生之学习进程，随时有督促与考核，但不是只要求学生累积若干学分，即可毕业，而要在举行总考时，使学生对以往四年所有主要学科有一通盘复习，使其对所获知识作最后之整理而得系统的了解，不致东鳞西爪支离破碎，有学分制之流弊。"作为一种解释，陈立夫相信它的说服力，相关的评价当然也就不低了,乃至事隔五十多年以后,他仍然认为,"此种折中办法,比德国及英法两国类似的办法,也尚胜一筹"。

| "统制教育"与费氏夫妇结仇

陈立夫在推行他的统考统招工作中,随着时间的推进,日军炮火的延伸,中国的华北、华东已成为了日军的控制地,大批山河沦陷。一批批的逃难者,从前方拥向后方。他们中有工人,有农民,更多的还是穿长衫的知识分子。根据当时国民政府的指示,要对口安排,即文化口安排文化口,教育口安排教育口。陈立夫作为教育部长,有责任承担起教育口的安排。

开始时,从战区和沦陷区来的学生、教师还少,还好安排。可是随着形势发展,逃难者越来越多,一时人满为患。教师生活无着,学生无法安排,急得教育部的官员团团乱转,束手无策。

"给我一支烟。"从来不抽烟的陈立夫向部属要了一支烟提神。

接着又有两名教师带领 12 名学生到了教育部的门口。陈立夫说:"城里已满,那就安排在郊区吧。小王去办一下。其余人继续开会。"

这次会是难民安置会,从下午 3 点直至晚上 9 点。目前,难民安置已打乱了正常的工作节奏,成了教育部的头等大事。

"我发言。"顾树森向陈立夫举起了手。

"好,大家静一静,听听树森的意见。"

顾树森说:"我建议把大部分中等学校教师和学生,分别在适当地区设立国立临时中学,予以收容。另外对一部分中学教师和一些小学教师、社会教育人员,设立战区中心小学教师服务团,使他们得以继续工作,维持生活。建一座学校,就能安置 1000 到 3000 人。这样既能使学生不失学,教师也能有活干。各得其所。比那就安置而安置显得主动。"

"树森的意见很好。今天的会没白开。"陈立夫立刻表态支持。

会后,他先在河南淅川上集设立国立河南临时中学,专门收容南京、上海、江苏、安徽、浙江等省市逃亡后方的中等学校教师和学生。后来,经国民政府行政院批准,各临时中学去掉"临时"二字,改为国立中学。

接着,陆续在陕西安康设立国立陕西中学,甘肃天水设立国立甘肃中学,湖北郧阳设立国立湖北中学,陕西洋县设立国立山西中学,湖南乾城设立国立安徽中学,分别收容各战区陆续退到后方的中等教师和学生。后来,陈立夫将这些国立中学,按照成立的先后顺序,分别定名第一、第二、第三、第四中学,到 1942 年,共成立国立中学 22 所。此外还专门设有招收妇女教师和女学生的国立女子中学;还有专门招收华侨学生的第一、第二、第三,三个华侨中学和其他特设的国立艺术中学。

另外,还有一些大、中、小学成建制地从沿海地带搬迁后方。在搬迁中,由于日机的轰炸,人员流散,已不能单独成校。陈立夫便把这部分学校,收拢合并,采取战时措施,成立联合学校。其中以中、小学联校居多,大学也有,最为著名的如设在昆明的"西南联大"和设在西安的"西北联大"。

国立中学的设置,包括高中、初中、师范、简师、职业各科训练等。国立中学校长人选,由教育部秘书主任张廷休掌握,经费的支配和发放,由总务司长章益掌握。陈立夫基本上管不了各联合大学,但对各国立中学控制极严,意图防范各校教师、学生思想"左倾"。为了约束学生,他大发国民党入党志愿书和党证,动员中学教师和学生整批入党或集体入党。为了随时观察学校动向,有的学校发展不了 CC 分子,他就派人强行打入,充当教师或学生。有的充当教师或学生的 CC 分子,既不教课也不学习,整天在学校四处乱逛,查找别人的思想问题。

对于沦陷区,陈立夫基本上根据《沦陷区教育设施方案》制定各种管理方法。将江苏、安徽、浙江、河南、河北、山东、山西、察哈尔、绥远等九省和北平、天津、上海、武汉四市划分五个教育指导区,每区设置专员,负责办理从沦陷区撤退到敌踪不到地区的各中等学校的事情。1939 年"教育部战区指导委员会"成立后,重新划全国沦陷区为 70 区,由陈立夫亲自指挥。"教育部战区指导委员会"下辖三个组,分别主管特别教育、战区教育和战区救济工作。

陈立夫任教育部长除了安置战时流散教师、学生,恢复教学秩序外,更重要的是统制教育,也就是让教育完全成为国民党统治的工具,这也是蒋介石让他出任教育部长最重要的目的。陈立夫统制教育主要采取了两方面的措施:

首先,推行国民教育。1938 年 4 月,国民党五届四中全会曾有《改进地方行政组织,确立地方自治基础》的决议案,1939 年 9 月,国民政府根据此决议案制定《新县制组织纲要》,其中关于教育方面,规定乡镇设中心学校,保设国民学校,受教育者包括儿童、成年人和妇女三部分。乡镇长、中心学校校长、乡壮丁队长、保长、保国民学校校长、保壮丁队队长,分别以一人兼任。在教育、经济发达的地区,乡镇中心学校教员,兼任乡镇公所文化股主任及干事;保国民学校教员,兼任保办公处文化干事。教育部根据这个规定,于 1940 年制定颁布了《国民教育实施纲领》,同年 3 月正式实行。

其次,实施特种教育。特种教育是蒋介石在南昌行营"剿共"期间对占领的革命根据地,即所谓的"收复区"民众进行的一种欺骗教育,其内容可分为管、教、养、卫四个方面。

推行特种教育的办法是建立中山民众学校,集中力量,把普通教育和社会教育结合起来,以弥补人才、经费不足的缺陷。中山民校分设儿童班、成人班和妇女班,根据情况,酌情设立高级班或职业班。教学内容为:宣传三民主义,揭破"赤匪"之错误与罪恶;并针对民众之思想言论,为深切之指导,教以礼、义、廉、耻与忠孝、仁爱、信义、和平等美德,表扬历史上为民族生存,为国家牺牲的伟大事迹,解说国家现在所处之地位与国际环境,授以普通文、应用文、歌曲等,注意阅读及思想发表之训练,并公民生活之常识。

陈立夫未参加过南昌时期的特种教育工作,他继任教育部长后,采取了三项措施,加强自蒋介石那里继承来的特种教育:一是到原来实行过特种教育的省区视察中山民校,搜集原来中共编写的课本、教材;二是针对中共课本、教材,编印读物和宣传材料,作反宣传;三是编印统一的中山学校教科书。中国教育本来没有指定的教科书。朱家骅第一次任教育部长时,发起编印中小学教科书。王世杰继任后继续编辑,但各学校仍自由使用,不作为固定教科书。陈立夫担任教育部长后,先编了一部小学教科书,通令全国采用。随后,他又操纵编写了一套"固定中学教科书"。陈立夫编的这两套教科书,有两个特点:一是重视宣传儒家思想,二是注意宣传国民党的三民主义,甚至把国民党的党员守则12条也作为小学训练要目编了进去。

陈立夫的上述做法,当时曾引起争议,部分教师表示不满。美籍学者费正清夫妇正在重庆从事新闻及文化工作,听到这个反映,对陈立夫推行的"党化教育"也表示有同感。他在写给美国政府的报告中,或在媒介上撰文,都毫无保留地提出批评,认为陈立夫"统制思想"和"党化教育"的做法是违背民主精神的。

抗战胜利前夕,美国报纸的谴责声越来越激烈,措辞越来越激烈。蒋介石考虑到光复之后与美国建立关系的重要性,有意容忍了来自大洋彼岸的声音。据圈内人士透露,这也是促成蒋介石忍痛割爱、陈立夫离开教育部的重要原因。对此,陈立夫十分恼恨费氏夫妇。事隔50年后,他坚持认为费氏夫妇"所做的乃是破坏中国(当然是指国民党政权)的工作";他们引导美国政府作出了"错误的决定";并且"吹毛求疵,抓住我对学生严格管理的方法","诬我统制思想",甚至"在哈佛大学发动倒陈运动"。这笔将近半个多世纪的恩怨,是否还有其他方面的纠葛,不得而知。

陈立夫的性贿赂与蒋介石的性爱日记

抗日战争前期,陈氏兄弟因西安事变站错队,曾让蒋介石懊恼、埋怨不已。陈氏兄弟为了平复与主子蒋的关系,抗战后期曾投其所好,把自己留洋归来的侄女投送到蒋介石的怀抱,以达到修复关系、控制蒋介石的目的。

蒋介石在《日记》中,记载了很多自己的风流之事。在蒋的《日记》里,蒋介石公开承认自己的拈花惹草。《日记》中,经常有"今晚出去探花"的记载,但蒋介石又时常警惕自己,例如一次从福建路过香港到上海,他写道:"香港乃花花世界,余能否经受考验,就看今天!"结果,当天晚上他还是上了妓院,并在日记上写道:"我的毛病就是好色也!"

另外,《日记》中还透露蒋介石与宋美龄的夫妻关系出于真感情,而非如外界猜测的政治婚姻。在与宋美龄结婚后,蒋介石用情就十分专一,而宋美龄也多次表现出对蒋介石的同生共死夫妻感情。但在与宋美龄结婚之后,蒋介石也曾经不住诱惑拈花惹草,宋美龄还曾将蒋介石捉奸在床。

人生沧桑,似水流年,不知不觉间,到抗战后期,美龄已由一个仪态万方的迷人少女,变成了半老徐娘。蒋介石本是上海滩风月场中老手,拈花惹草惯了的,只因为前些年美龄还是青春年华,加上尚须依靠宋家势力维持门面,一时收心敛性,虽有妄想还无妄行。现在眼看美龄色衰,一场抗战又使他感望倍增,黄埔弟子一个个羽毛渐丰,成为掌管军政大权的各方诸侯,殊少后忧,免不了故态复萌,见了年轻姑娘,就要盯着人家的嫩脸蛋和鼓胸脯多瞄几眼,算是秀色作餐吧!

恰巧,美龄到了更年期,身体和心理都出现了不少变化,很不愿再让老蒋挨挨碰碰,特别是近期皮肤上又出了麻疹,怎么治也不灵,一贯珍重自己美好形象的美龄,干脆住进了大姐家,不与蒋同床共枕了。

蒋介石难耐寂寞,闲暇时间就开始各处游游逛逛。一天,他在军统特务头子戴笠陪同下,逛到了CC系头子陈立夫公馆。

说起CC系,这是美国人给陈果夫、陈立夫兄弟叫起来的。因陈氏兄弟名字英文写法第一个字母是C,"二陈"嘛,当然就称CC了。CC系是国民党中最大最强的派系。

不想这一逛,竟使蒋介石出乎意料地摘到了水蜜桃。

蒋介石在陈立夫的客厅里刚坐下,就从屋里走出一位20来岁的少女给他沏茶。只见这女子身材修长,皮肤白嫩。一身米色旗袍,紧裹着丰满而极富线条的身体。长长的披发,在翘起的乳峰上撩拨着。尤其当她抬眼看人时,荡漾着一股略带野性的调皮劲儿。较之当年宋美龄,更多了几分撩人情趣,让他心动。

蒋介石心旌摇荡,色眼迷离。陈立夫见状,赶紧介绍道:"这是小弟的侄女陈颖,在美国加州专攻英文,刚刚学成归国,还望委座多加关照。"

"噢,好。好。"蒋介石急忙低头喝茶掩饰自己,心猿意马却一时不能收回，手指蘸了茶水，一连在桌子上写了几个"颖"字。

最善察言观色的戴笠见状赶忙说："校长，这段夫人身体不好，你不是正缺一位英文秘书吗？我看陈小姐是胜此任，不知……"

陈立夫一听，马上感到这正是讨好蒋介石，改变自己目前不利处境的好机会，立即接口说："如果委座不嫌弃，颖子能到您身边工作，这是我们陈家的大幸，也是颖子的造化。"说完转身招呼陈颖："颖子，快过来拜见蒋伯伯，让蒋伯伯考考你，考试合格，蒋伯伯要你去做秘书呢。"

倒完水刚要进屋的陈颖一转身，袅袅婷婷摆到蒋介石面前，不弯腰施礼，只是杏眼含春、朱唇半启地说了声："蒋伯伯好，陈颖请你考考试。"

蒋介石这回有了正当理由，把陈小姐从头到脚看了个够，也看了个自家半身酥麻，嘴里含混不清地噢噢着，就只说个"好，好！"

陈小姐也是人精，瞧见阵势，早知蒋介石心意，故意把小红嘴唇一噘，卖弄的眼神瞧着蒋介石说："你考试题还没出呢就说好，什么好？哪儿好？好又怎么样呢？"

蒋介石自知失态，急忙改口说："嗯，俗话说，东洋镀银，西洋镀金啊。我只是镀银的，你伯母是镀金的。你呢，也是镀金的，这就好，好啊！我看哪，你这么年轻，又……又，嗯，说不定能超过你伯母呢！"

蒋介石意味深长的话，使陈小姐心领神会，当下就差一点儿扑到老蒋怀里。

从此，蒋介石金屋添香，再不寂寞，日子过得有滋有味，连脾气都变好了。自然，有了小颖，那就顾不上"大令"（英文"亲爱的"，美龄要求蒋这样称呼她）了。

美龄还是忙她的航空队，慰问伤员，偶尔与蒋介石一起出席礼仪活动，对陈颖乘虚而入的事毫无觉察。

倒是霭龄从陈立夫近期春风得意的脸上，发现了疑点，她又通过自己的情报系统秘密侦察，终于证实了蒋介石的风流韵事。

霭龄想了大半夜。

孔祥熙过去同外国人做生意时，也有过一些轻佻行为。曾有个叫荣定蕙的女子，受洋行利用，浓妆艳抹与孔祥熙鬼混过一段，后来被自己发现,责令他老实交代,孔祥熙毕竟怕老婆,胆子不大,果然就老实交代了。以后给他定了规矩,尚未闻他再沾过什么腥。

而这次美龄遇到的问题就不同了。如果陈小姐是一般官宦或平民家的女儿,那还问题不大,老牛啃嫩草,本是蒋介石这类男人的癖性,新鲜劲儿一过,他也就丢开手了。而这陈颖可不同,她留过洋,有文化、有手段,生于陈家,有背景、有靠山,搞不好就会引发美龄的婚变,鹊巢鸠占,取而代之。CC系的势力不可低估,"二陈"对孔祥熙一直怨隙较深,如果他们拼力玩到那一步,不仅是美龄的痛苦,老孔也势必失宠,宋家会大大削弱。霭龄越想越感到一种危机。从蒋介石对毛福梅、对陈洁如的历史推断,他完全做得出那种事来。

除草务在萌芽之时!

霭龄请美龄回到蒋介石身边,关心一下他的饮食起居。

三天后美龄又来到孔公馆,一见霭龄就哭倒在大姐身上。显然她已经亲自证实了一切。她气得有些语无伦次,一会儿说要当场捉奸,让奸夫淫妇曝光,一会儿说要离婚,再不能与这样卑鄙的家伙一起生活。

霭龄等她哭够了,情绪稳定了,这才向美龄面授四条要则:第一,蒋介石在公众中的形象不仅属于他个人,还是宋家的财富,必须维护;第二,与蒋的婚姻是维系宋孔家族根本利益的纽带,任何情况下不能自绝;第三,陈小姐不是勾栏女子或平头百姓,只能善待;第四嘛,霭龄咬咬牙,要釜底抽薪!绝不留死灰复燃之患。

至于具体怎么处理,霭龄没有说,用不着说。美龄只要清醒了,她的手段足以对付。

果然,宋美龄捉奸,捉单不捉双。她在蒋介石刚在香闺春风一度离开之后,闯进了这一片凌乱的陈颖卧室。在陈颖惊魂未定之际,用50万美金、一张机票和一本美国护照,神不知鬼不觉地把她送到了大洋彼岸。

蒋介石不见了陈小姐,只能捶桌打椅发无名之火,却无法明说明查。"二陈"收到驻美大使馆电报才知陈颖又到了美国。不管怎么说,反正是再无法冠冕堂皇地送到蒋介石身边当"英文秘书"了。兄弟俩犹如斗败的公鸡,只好躲一边去梳理羽毛了。

第二十五章　重庆谈判

｜　陈立夫的反共立场

1945 年 8 月 10 日，这是一个可喜的日子。

下午 6 时许，山城重庆无线电波中传出了"日本已接受波茨坦宣言"的喜讯。中央社的墙上立即贴出了"日本投降了"的巨幅标语。

欢庆的鞭炮声漫过了山城的大街小巷，在人们心底炸响；欢喜的锣鼓喧天，敲出了欢天喜地的好心情。先是成队学生走上街头，贴标语喊口号，再是市民走出家门，重庆便成了欢腾的海洋。大小市街，人行道两侧，市民排列，队如长蛇。《新华日报》以"山城沉浸在狂欢之中"为题，描写"千千万万市民拥向街头，一片海涛似的欢呼，连珠炮似的鞭炮，狂热的鼓掌声，顿时掩盖了整个山城"。

8 月 15 日，蒋介石对全国军民发表广播演说，庆贺胜利，宣布放假三天。对于抗日战争的胜利，"二陈"与全国人民一样，欢欣鼓舞。

病中的陈果夫，也是喜不自胜，在民国元老居正 70 大寿这天（10 月 21 日），以晚辈身份赠祝寿诗一首：

> 先知先觉居先生，
> 仁爱心肠广济人。
> 五十年来勤国事，
> 而今司法更严明。
> 在兹胜利双庆月，
> 举觞宜称万众心。
> 国泰乐成人益寿，

再加七十不为增。

这年的春节格外喜庆,陈果夫觉得余兴未减,转身回屋,磨墨铺纸,凝神思索,挥笔写下几副喜联,贴满了陈氏官邸:

胜利还乡,勿忘八年苦战;
和平建国,正是千载良机。
研究科学,必须赶上原子弹;
从事建设,不可习染旧官风。

从这些喜联,不难看出陈果夫在政治上希望和平建国,开创新风,经济上希望从事建设,在科学文化方面希望能赶上世界强国的迫切心情。

陈立夫更是高兴,他不但听到了日本投降的消息,同时还听到了蒋介石要安排他做中央执行委员会政治会议秘书长的消息,乃是双喜临门。他找到陈果夫,还有 CC 派的几位好友,共道欣喜之情,当晚也破例喝了些酒。

酒能助兴,酒也能伤人。酒过三巡之时,陈立夫就感觉到不对劲,只觉头大眼昏。为了助兴,接着又喝了一盅。这一盅下肚,就出了问题,他就滑到了桌子底下,不省人事,把大家都吓蒙了。慌乱之中,喊来了救护车,拉到了医院,送进急诊室。当时血压 200,心跳 120,大夫好一阵抢救,又是打针又是输液。直到两小时后,陈立夫才算清醒过来。这真是乐极生悲。

第二天,陈立夫便出了院,好人一般。他照常接见了学生代表,并听取了代表们的发言。陈立夫像位小学生似地不时地还在笔记本上记录着学生们的发言要点,悉心倾听他们的意见。

学生们畅所欲言,面对抗战的胜利,学生们憧憬着新的未来,展望着共和国的雏形,并要为其献身。当有同学说到这里时,提到抗战胜利是由国共两党共同努力取得的,成功之日,国共两党仍需继续合作,以期和平建国,共谋开国大业。其实这话并没有错,却触动了陈立夫的反共神经,听到这里,他一下子拍案而起:"话不能这样讲,共产党不能与国民党平分秋色!"

被斥责的学生吓了一跳。

陈立夫觉得这样训斥学生有些不妥,马上又变得和颜悦色起来,道:"你们接受党的教育多年,应该晓知我们的政策。"

"什么政策?"

"日本赶跑了,新的敌人出来了,那就是共产党。对共产党只有杀,我已杀了他们高级党员二千几百几十几,普通党员二万几千几百几十几了!"

与会者面面相觑,谁也不敢做声。

陈立夫坐下了,稍缓和了一下口气接着道:"我再重申一遍,从今以后,我绝不允许再有人在我面前提国共合作。为啥?我心烦。"

接见会不欢而散。

应该说,在国民党的阵营中,陈立夫是反共的强硬派。这种强硬,不是与生俱来,而是从蒋介石那里学来的。自从西安事变站错队,蒋介石曾一度对他们兄弟疏远,兄弟二人还是像当年紧跟主子不掉队。

陈立夫认为,国共两党打了多年的仗,积怨甚深,对共产党只有消灭,除此以外没二话,但面对共产党军事实力的扩充,解放区的扩大,他也隐约有所担心。

陈立夫在政坛上可谓活跃分子,而陈果夫因为病魔缠身,他的大部分时间都是在卧室中呻吟,整天挣扎在生与死之间,尽管这样,他仍然没有淡化对政治的热情。

胜利来得突然,建国便提到了日程。建设什么样的国家?陈果夫、陈立夫决定搞一个方案,先于他人呈到主子那里。要搞方案,必先座谈。于是便邀请著名学者梁漱溟来家叙谈。梁漱溟早年是北大教授,对中西文化颇有造诣,"二陈"对他的学问功底也深为折服。梁漱溟的"党应该改弦更张,励精图治,进行彻底的清理与整顿"的见解,使陈氏二兄弟顿开茅塞。接着又听取了元老派张静江的意见。拟出了"建党八条建议",决定面见蒋介石。且说这八条建议是:

一、官僚作风与军阀作风不可再留；

二、政治应有方法，使早澄清，入法治之轨；

三、制度不立，无以为政；

四、为求安定，有时反种将来不安之恨；

五、性格不可让人捉摸，知注重某点，而窃取其他之点；

六、党无基础，共党如来合作，则我危险；

七、多听取老同志及新同志之意见；

八、同志应培植，否则将来无可用之同志，呼应不灵，难应付意外事变。

从这八条建议中，不难看出他的反共排共的思想。陈氏兄弟满以为这八条建议能得到蒋介石的一阵夸奖，没想到马屁股没拍成，倒拍到了马蹄子上。

蒋介石转过身来道："党内确有诸多不尽如人意的地方，说实话，我也有不满情绪，但你二位的批评是不是有些过重了？"

陈果夫不语，陈立夫低下头。

蒋介石又笑了起来："尽管言辞有过重之嫌，但这八条建议足以证明果夫、立夫的忧国忧民意识，闻过则喜嘛。清理与整顿，是必要的，但我自有主张就是了。"

陈立夫接过来说："对于国共两党的关系，委座认为该如何处理？"

蒋介石的答复却完全出乎"二陈"的预料，"我决定邀请毛泽东来重庆谈判。"

陈果夫、陈立夫惊讶不已。

蒋介石笑着解释道："如果抗战一结束，我就急忙与共产党分手，那么，国共两党分裂的责任不就加在我的头上吗，我为何要做这等傻事？"

陈立夫道："那也不能和共产党平分秋色啊！"

蒋介石在屋内踱了几步，慢悠悠地道："傻瓜才与他平分秋色呢。我们也要抓民心啊。抗战八年，中国老百姓吃尽战争的苦头，如今抗战胜利,人心思定,在这种形势下,我不能当中国的希特勒。"

陈果夫道:"如果请毛泽东来重庆谈判,不就等于与共产党和平建国吗?"

蒋介石打断陈果夫的话:"果夫尚不完全理解我之用意。这些年,延安对我来说一直是块心病。剿共剿了十几年,共匪反倒地盘更大,人马更多了,所以,我这块心病也就越来越重了。"

陈立夫道:"那为什么还要邀毛泽东来重庆呢?"

蒋介石道:"我相信他不会来,如果他不来正合我意,说明他与我党合作无诚意,我先礼后兵,日后刀枪相见,责任就不在我啦。"

| 初见毛泽东

1945 年 8 月 28 日,蓝天无云,风和日丽。

重庆机场。

毛泽东、周恩来、王若飞的专机在空中盘旋了一圈后,像只展翅的大鹏,翩翩地降落在跑道上。

毛泽东、周恩来、王若飞在张治中、赫尔利的陪同下款款走下专机。

机场内,人山人海,有学生有工人;重庆街头,成千上万的工人、市民和学生自动游行,热烈欢迎毛泽东等的到来。整个陪都为之轰动。

民主人士柳亚子赋诗称颂毛泽东的行动是"弥天大勇。"

重庆《大公报》发表评论说:"毛先生能够惠然肯来,其本身就是一件大喜事。"

且说毛泽东的此次重庆之行,是应蒋介石之邀,商谈建国大事。蒋介石的电报发到延安后,就有两种尖锐对立的反映:一种是说,这种邀请是黄鼠狼给鸡拜年,没安好心,这里有阴谋算计,万万不能上当,不能去重庆,去重庆等于自投罗网。这种意见是普遍的。一种是说,任何事情都会有风险,风险越大的事情,成功的回报也越高。一个人的生命只有一次,献给最危险最有意义的事情是值得的。毛泽东就是持这种激流勇进的态度。他力排众议，坚持重庆纵是火海刀山、纵是地雷阵，也要勇往直前。

再说蒋介石给延安的邀请信，其实也是一种计谋。正如蒋介石所说，如果毛不敢来，我是做到了"先礼后兵，刀枪相见"，到时别怪我不客气！谁知这件事超出了老蒋的料想，毛泽东不是不敢来，而是大摇大摆地坐飞机来了，应该说让他措手不及。这在民众的心里，毛泽东走了一手上风棋。

机场上人山人海。"毛先生，欢迎您！""毛先生，辛苦了！"口号声此起彼伏。最叫人感动的是有人打出了一条横幅，上面书写着四个大字："弥天大勇"。

迎接的文官武将主动上前，这时毛泽东摘下头上的帽子，在头顶挥动，缓缓举步，向欢迎的人群答礼。

在停机坪上，毛泽东发表书面讲话，他说："现在抗日战争已经胜利结束，中国即将进入和平建设时期，当前时机极为重要。目前最切者，为保证国内和平，实施民主政治，巩固国内团结。国内政治上军事上所存在的各项迫切问题，应在和平、民主、团结的基础上加以合理解决，以期实现全国之统一，建设独立、自由与富强的新中国。"他的简短讲话引起一阵暴雨般的掌声。

大约半小时以后，机场上的欢迎场面才结束，毛泽东等三人被送往曾家岩桂园休息。

蒋氏官邸。

蒋介石搔搔头皮对赫尔利大使说："毛泽东这么快地来了，要同他谈些什么，我还真没想好。"

赫尔利大使道："你们谈什么我不管，既然毛泽东来了，蒋将军千万告诫你的部下，不得胡来，尤其是果夫、立夫等人，他们对毛恨之入骨，不要图一时之快，反惹起全世界舆论哗然，或者更使红军奋激，那我们就不合算了。"

"你放心，赫尔利大使。"蒋介石道。

当夜，蒋介石找来陈立夫、陈果夫密谈。

蒋介石对陈立夫、陈果夫说:"毛泽东和周恩来已到重庆,想是你们已经知道了,他们到达重庆以后的安全,由你们二位负责。不过我自己已答应赫尔利大使和魏德迈将军,绝不让毛泽东在重庆有任何意外。如出意外,我要拿你们是问。"

"我们明白!"

在曾家岩,毛泽东等人用过午餐,稍事停留以后,便驱车来到红岩村十三号,与在这里等候多时的党内同志见面。

晚餐为毛泽东接风洗尘,由蒋介石安排。

重庆的山洞林园,灯火通明。

毛泽东的专车风驶进林园,卷起落叶片片,在一处花园前停下。

毛泽东在周恩来、王若飞的陪同下走下汽车时,主人蒋介石赶紧迎了上去。当两双手相握的时候,历史似乎又发生了某种改变。西方的一位作家,曾形象地说过一句话:中国的近现代史,实际是两位强人的争斗史。一方是毛泽东,一方是蒋介石。

蒋介石很有风度地道:"润之,你好! 屈指算来,我们已有多年没有见面了,上次我请你来,你没有来,你派林彪来了。"

毛泽东从容不迫地道:"我这不是来了吗。"

蒋介石双手抱在一起:"来了就好,来了就好。"

毛泽东谦逊地道:"我们久别重逢,实在令人高兴。"

蒋介石道:"欢迎润之到重庆来,希望你能多住些日子,我们很好地谈一谈。"

毛泽东道:"感谢蒋先生的好意,还请蒋先生多多赐教。"

两人再一次握手。

客人们被引进客厅就座,应邀出席作陪的,有国民党政府大员张群、王世杰、邵力子、陈诚、张治中、吴国桢、周至柔等,还有赫尔利大使和驻华美军司令魏德迈将军。陈氏兄弟没有参加,是蒋介石食言,怕他们火药味浓,担心别的事情。为此陈氏兄弟还有满腹牢骚。

宴席间,气氛非常热烈,毛泽东与蒋介石相继致词,并几次举杯互祝健康。

宴后,毛泽东等人即下榻于林园二号楼。他们在这里住了两个晚上,8月30日,才搬回红岩村居住。

应该看到,对于蒋介石邀请毛泽东来重庆谈判,陈果夫、陈立夫持反对态度。陈果夫重病在身,显得力不从心,而陈立夫则三番五次找蒋介石,力陈自己的主张,仍一口不变地认为:对于共产党,只有消灭,不存在和谈。

对于陈立夫的强硬态度,蒋介石从内心赞同,但对他的露骨又极不欣赏。他不得不承认,"二陈"搞党务是行家,但搞政治斗争就显得缺乏头脑,缺乏策略,只知道一味地蛮干。担心之下,取消了他们的谈判资格。蒋介石重新委派了王世杰、张群、邵力子、张治中等作为国民党代表,与中共展开谈判。

谈判期间的9月1日。山城刚下了一场雨,雨过天晴,天空出现彩虹。雨后的空气显得格外新鲜。这一天,中苏文化协会举行庆祝中苏友好同盟条约签订的鸡尾酒会。主持人孙科、张治中、邵力子,向在陪都的国共两党负责人以及其他党派负责人、文艺界人士、社会名流贤达发出了邀请。

陈立夫被列入邀请人员名单,但陈立夫并不知道酒会中也有中共方面的代表。直到毛泽东来到他面前、与他握手时,他才感到突然。

且说这天晚7时,陈立夫衣冠楚楚、兴致勃勃地来到中苏友协大楼。一进门,陈立夫忽然感到气氛有些不大对头,大厅内,挤满了各种服装的客人。

国民党官员孙科、冯玉祥、张治中、邵力子、王世杰、陈诚、朱家骅、吴铁城等人早已到达了会场。

苏联大使彼得罗夫及罗申武官也到了。

大家握手,互相问候。

另一边,等候着的却是各民主党派的负责人及社会知名人士,如沈钧儒、左舜生、傅斯年、王昆仑、张申府、郭沫若、茅盾、史良、侯外庐等。

众人有说有笑,却并不入座,像是等待着什么重要人物的到来。

陈立夫感到纳闷儿,他胡乱找了个位置坐下来,并不时地和熟人打招呼。

忽然大厅里响起一阵热烈的掌声,陈立夫猛地抬头一看,只见中共领袖毛泽东和周恩来、王若飞等人春风满面地出现在大厅门口。

毛泽东神采奕奕,迈着稳健的步伐走进大厅,和大家一一握手。

没等陈立夫反应过来,毛泽东的一双手已经紧紧地握住了他。

毛泽东微笑着说:"如果我没有认错的话,你该是陈立夫先生吧。久仰久仰啊。"

陈立夫显得十分尴尬,他不知道说什么好,只是不住地重复着:"欢迎……欢迎……"

宴会开始了,在频频的祝酒中,陈立夫才摆脱了尴尬。

毛泽东、周恩来站起来,向大家祝酒,大家一饮而尽。

毛泽东与周恩来举着杯来到陈立夫面前,毛泽东说:"陈立夫先生,山城幸会,不胜荣幸之至啊,润之敬你一杯。"

陈立夫没想到毛泽东这么快就来给他敬酒,他感到很被动,忙站起来,举起杯却语无伦次,道:"谢谢……欢迎……"

毛泽东笑着一饮而尽。

陈立夫也痛痛快快地喝了下去。

毛泽东、周恩来正要走,陈立夫却拽住了他们,他亲自给二位斟满酒,自己也满上,端起来说:"承蒙毛先生、周先生的真诚厚爱,立夫也敬你们一杯。"

毛泽东说声谢谢,又先干了。

周恩来也笑笑,一饮而尽。

陈立夫与二位相视一笑,把酒喝干。

这次与毛泽东、周恩来喝酒见面后,陈立夫心中掀起阵阵波澜。

他当天就找陈果夫,把对毛泽东的第一印象对陈果夫讲了:"我认为毛泽东无论相貌与气质,乃至举止言谈,都非常让人敬畏,这是我在委员长面前从来没有产生过的感觉。"

陈果夫没见过毛泽东,他也有耳闻,听了陈立夫的话,他干咳了几声,道:"确实令我们不可等闲视之啊。"

陈立夫接着说:"他那种随和大度,侃侃而谈,出口成章,还有他那浓厚的湖南腔,给人一种不可抗拒的诱惑力。还有他那博大的胸襟和坦诚的态度,让人有一种高山仰止之感。"

陈果夫皱着眉头说:"毛泽东能够来重庆,对我党就是一种不祥之兆,他有如此的胆魄与勇气,实在出乎我之意料。"

陈立夫道:"看来毛泽东这班人,不是我们党说的山沟沟里的'共匪',从来重庆以后各界人士对他们的态度来看,共产党收买人心的手段远比我们高明啊。"

陈果夫点点头。

此后数日,陈立夫又参加了一系列与毛泽东礼节性的会见,令陈立夫感触颇多。

9月2日,蒋介石在官邸宴请毛泽东,这次有陈立夫作陪。

9月5日,晚上8时,中干校礼堂。蒋介石举行茶话会,招待苏联大使彼得罗夫及其馆员。并邀请毛泽东、周恩来、王若飞三人作陪。陈立夫出席了这次茶话会。

毛泽东仍然春风满面,操着一口湖南腔,显得很活跃。他说:"古人说得好,和为贵啊,国共两党也该是以和为主。和气生财嘛。"

蒋介石道:"润之言之有理,我请你来重庆,就是为了和平建国嘛。"

陈立夫听不太懂毛泽东的湖南话,但对"和为贵"三个字,却记得一清二楚。他内心有一种危机感,他知道,毛泽东打出"和为贵"的招牌,从舆论上已经在全国人民心中争取了主动,占据了位置。

眼观毛泽东的言谈举止,除让陈立夫从内心感到一种震慑外,他还希望能想出一个办法,说服毛泽东放弃共产主义,信仰三民主义。

同时,陈立夫还在背地里策划了一些破坏和谈的活动,他暗中指挥特务密切注意各方面的情况,只要有人与中共代表接触,当时不便逮捕,也要进行登记。

陈立夫还指使国民党各报纸对和谈进行少量报道,以降低中共的影响。他还派一个叫卜锐新的中统特务到《中央日报》任记者,专门刺探中共方面的情报,直接交陈训悆或陶希圣,再由他们面呈陈立夫。陈立夫为破坏国共和谈可谓费尽了心机,他利用控制舆论工具的权力,对和谈的消息进行多方面的封锁。

毛泽东三访陈氏兄弟

红岩村,是山城的一个比较清静的村子。毛泽东等从林园二号搬到这里后,就没有再改地方,一直住在这里。

这天,参加重庆谈判的中共领导人举行了会议。

毛泽东首先发言:"趁回延安之前,我还想拜访两个人。"

王若飞问:"哪两个人?"

"陈果夫、陈立夫兄弟。"

毛泽东的访陈计划,令中共代表团的成员们深为不解。王若飞睁大了眼睛,等待下文。

毛泽东点燃了一支烟,慢慢地道:"应该说有两个方面的原因吧。第一方面原因是陈氏兄弟积极反共,且为国民党千方百计置共产党于死地立下了汗马功劳,所以我要拜访他们,这是其一。第二方面的原因,不错,这些人是反共的。但我到重庆来,还不是为了跟反共头子蒋介石进行谈判吗?国民党现在是右派当权,要解决问题,光找左派不行,他们是赞成与我们合作的,但他们不掌权。解决问题,还要找右派,不能放弃和右派接触。这是其二。"

"陈氏兄弟是有名的特务头子,这里有危险。"周恩来为毛泽东的安全担心。

毛泽东坦然一笑:"不入虎穴,焉得虎子嘛,我毛泽东既然敢来重庆,就已经把个人生命置之度外了。再说,我相信他们也不敢把我怎么样,最危险的地方就是最安全的地方嘛。"

周恩来、王若飞说不服毛泽东,只好执行这一计划。

9月7日,毛泽东、周恩来、王若飞一行前往陈公馆,去拜访陈立夫,不巧,陈立夫正好外出了。

拜访陈立夫未成,9月18日,毛泽东又去拜访陈果夫。

此时,陈果夫正在病床上呻吟,听到毛泽东来重庆的消息后,他就一直耿耿于怀,后来,听陈立夫说看见毛泽东的感受,不知为什么,他从心眼里对毛泽东产生了一种敬畏心理。此时,毛泽东却来拜访,来得那样突然,他一点儿心理准备也没有。

陈果夫有些不知所措,尽管他对毛泽东有一种莫名的敬畏,但他还是想见毛泽东一面的,但绝对不是现在。一来自己没心理准备,说些什么呢,如果说错了,自己担当不起责任;二来自己这副病态,恐遭共产党人耻笑,想来想去,干脆以体弱身衰为由,婉言谢绝了。

又一次吃了闭门羹,毛泽东当然有些扫兴。

回到住所,毛泽东仍不甘心,他说:"刘备拜访诸葛亮不是三顾茅庐吗,我毛泽东莫非还不如刘玄德,去!"

9月20日,毛泽东、周恩来、王若飞又一次来到陈公馆,拜访陈立夫。

陈立夫对毛泽东的再次拜访已经有心理准备,后来又听陈果夫说,毛泽东也曾去拜访但被谢绝,他想,毛泽东一定还会来。

陈立夫起身相迎,握住毛泽东的手热情地说:"有劳毛先生大驾,有失远迎,有失远迎!"

毛泽东风趣地道:"上次来访未遇,很扫我兴呐,陈先生,你不介意润之的坚持吧?"

陈立夫忙说:"哪里哪里,您是共产党的领袖,能光临寒舍,是立夫的造化。"

一阵寒暄过后,毛泽东进入正题:"立夫先生,还记得第一次国共合作的情景吧? 那可是令润之终生难忘啊。"

陈立夫一直找机会想说服毛泽东放弃共产主义,信仰三民主义,前几次都是在公共场合会面,没机会多谈,况且也轮不到他,今天是在自己家里,他终于找到机会了。

陈立夫迫不及待地说:"毛先生,立夫早就有句话想跟你说,我认为,中国人应信仰三民主义,这是孙中山先生提出来的,目前,只有三民主义才能救中国,马列主义是外来的,不符合中国的国情。"

毛泽东一听,笑了起来,说道:"陈先生,我正想就这个问题求教于你呢。孙中山先生提倡三民主义,主张联俄、联共、扶助农工,所以,我们才取得了第一次国共合作的胜利。而你们的三民主义呢,却是反共、'剿'共、压制工农,千方百计欲置共产党于死地,这难道是拯救中国吗?"

陈立夫听了毛泽东的话,额上渗出冷汗,他没想到毛泽东会这么尖锐,忙说:"毛先生,言重了吧?"

毛泽东立刻收住了笑容,脸色变得十分严肃,他有力地挥动着大手厉声道:"陈先生,恐怕言不为重吧,十年内战,你们对共产党进行了五次'围剿',迫使红军北上长征。但是,不知你们想过没有,为什么共产党不但没有被消灭,反而发展壮大了,在抗日战争中,被你们'围剿'剩下的红军,重整旗鼓,改编成八路军、新四军,成为对日作战的劲旅……"

陈立夫接过来说:"毛先生,抗日战争爆发,我们不还是进行了第二次国共合作吗?"

毛泽东站了起来,表情更加严肃,义正词严,凛然不可侵犯:"别忘了,是国民党的积极'剿'共,才引进了日本帝国主义的侵略,并且险些招致亡国灭族之祸,难道这一教训还不发人深省吗?"

陈立夫被毛泽东说得满脸通红,语无伦次不知所措。

毛泽东见陈立夫有些尴尬,便改变了语气,诙谐地说:"陈先生,看来,你们的三民主义,还是不行啊。"

此时,周恩来插话:"国民党'围剿'了我们十几年,但抗日战争爆发,国难当头,我党还是以大局为重,不计前嫌,与国民党实行了第二次合作。"

陈立夫见说不过毛泽东、周恩来,便从另一个方面入手:"现在抗战胜利了,你们应该放弃共产党的武力政权。一国之中,怎能有多种政权存在?"

毛泽东摇摇头,反驳道:"怎么,陈先生又逼我们上山打游击,当山大王?过去我们打游击,是国民党'剿'共逼出来的,那叫逼上梁山!就像孙悟空大闹天宫,玉皇大帝封他为弼马温。孙悟空不服气,自己号称是齐天大圣。可是你们连弼马温也不给我们做,我们没办法,只好上山打游击。"

周恩来接过来说:"陈先生,上山打游击可不是共产党人的专利啊。现在抗战胜利了,人心思定,人心思安,国共两党应该再一次携起手来,本着平等、和平、民主、团结的原则,共同建设国家,使民族兴旺,人民富强,而不是谁迫使谁放下武力,俯首称臣。"

毛泽东又说:"还是那句老话,和为贵,和为安啊。"

陈立夫从心里认为毛泽东、周恩来说的都是事实,也颇有道理,他没有更充分的理由来驳倒他们,尽管他长期在国民党内部掌管党务和宣传工作。

毛泽东说:"怎么样,陈先生,对我们的来意不会曲解吧?"

陈立夫忙道:"哪里哪里。你们这次来重庆,足以证明共产党主张和平建国的诚意,这正是民心所向,大势所趋啊。"

毛泽东道:"陈先生能认识到这一点就好,还希望你能为国共两党的会谈多效力哟。"

陈立夫也说:"那当然,那当然,我一定尽力。"

毛泽东起身告辞。

陈立夫恭敬相送。

送走毛泽东等人,陈立夫陷入沉思之中,说实话,对于共产党领袖的胸怀、度量、才华以及高风亮节,陈立夫深感佩服,这使他劝说毛泽东放弃共产主义,信仰三民主义的想法逐渐淡化。相反,有些方面他几乎被毛泽东、周恩来给说服了,所以,他显得十分被动。在毛泽东来访之前,他曾有了理论上的准备,并准备好好和毛泽东展开一场辩论,没承想,自己的理论竟不堪一击,甚至都没来得及把自己的理论全盘托出,就被完全驳倒了。

陈立夫想了一夜。他找到陈果夫,把同毛泽东、周恩来的谈话一五一十说了一遍。

陈果夫在病床上认真听着,等陈立夫说完,他无可奈何地说:"这正是我怕见到毛泽东的一个主要原因。"

陈立夫道:"我不得不承认,毛泽东的有些主张,是颇有道理的,也是能够赢得民心的。"

陈果夫道:"这么多年来,共产党一直消灭不掉,恐怕这就是重要的原因。"

陈立夫道:"不管共产党如何赢得民心,也不管它怎么正义,但国民党是大党,有枪,有政权,有钱,有地盘,有美国人的支持,这一点恐怕是共产党所望尘莫及的。"

陈果夫道:"你我都是从政的,搞党务内行,但搞武装斗争就是门外汉了。包括蒋先生在内,未必是毛泽东的对手,不然,剿了十几年,共产党还活得那么自在。"

陈立夫道:"那是日本人救了共产党,不然,他跑到陕北又怎么样,只要在中国地盘上,早晚要剿死他。"

陈果夫道:"共产党枪少,人少,又偏于穷山沟一隅,虽然民心所向,又怎能与国民党分庭抗礼呢?"

陈立夫道:"所以,我们不能改变立场,态度一定要强硬,绝对不能跟他们搞什么和谈,要和谈怎么会等到现在?"

陈果夫道:"我们要提醒委座,对共产党绝对不能手软。"

……

正义难敌

1945 年 10 月 10 日。国共两党代表在重庆经过多天的讨价还价的谈判,终于签署了《政府与中共代表会谈纪要》,即《双十协定》。

但是,国民党却顽固地拒绝承认人民军队和解放区民主政权的合法地位,并妄图在"统一军令"和"统一政令"的借口下,取消中共领导的人民军队和解放区政权。10 月 11 日,毛泽东返延安,周恩来则仍留在重庆。

《双十协定》签订以后,中国共产党忠实地履行自己的诺言,着手将长江以南——苏南、皖南、浙东、浙西的新四军撤往江北,再次用实际行动向全国人民表明和平建国的诚意。

可是,双方签字的墨迹未干,蒋介石就在 10 月 13 日向全国各战区将领下达"剿匪"令。旁观者清。这时人们已经看清蒋介石假谈判真内战的面目。

这时,美国政府以救世主面貌出现,采取了调解国共两党争端的政策。11 月 27 日,美国总统杜鲁门批准赫尔利辞去驻华大使职务,并派陆军上将马歇尔为特使,来到中国,参加国共停战谈判。

经过商议,1946 年 1 月 5 日达成了《关于停止国内军事冲突的协议》。

在停火的 1946 年 1 月 10 日,中央政治协商会议在重庆拉开了序幕,并邀请中共代表参加了会议。

早在会议开幕之前,蒋介石就为会议定了基调:容共限共灭共。

对于召开政协会议,陈果夫、陈立夫一直有抵触情绪,坚决反对共产党参加会议。陈立夫在向蒋介石进言中说:"委座,政治协商会议必无好结果,且无论如何,共党已得到好处,本党已受害……中国如行多党政治,照现在党、政、军均未健全之际,颇有蹈覆辙之可能。请临崖勒马,另选途径。"

蒋介石回答:"任何事情都是两方面的,有利亦有弊。"

陈立夫说:"我只是提醒委座,面对共产党想摘桃子,千万不要上共党的当!"

"我知道了,只有傻瓜才会上他们的当。"

政治协商会议在重庆的国民政府礼堂如期召开。

参加会议的代表共 38 人,国民党有 8 个名额,这 8 位成员是陈立夫、孙科、张群、吴铁城、王世杰、陈布雷、张厉生、邵力子。

中共方面有 7 个名额,成员是:周恩来、董必武、王若飞、叶剑英、吴玉章、陆定一、邓颖超。

由于停战协定签署的好消息已经传开,参加会议的 38 名代表和列席会议的中外记者,个个喜形于色,兴高采烈。

蒋介石穿着整洁,最后一个走进会场。今天他是开幕式的主角。

以往,凡是公开场合露面,蒋介石总是板着面孔,不苟言笑,以表示其威严。

今天的蒋介石却满面春风,笑容可掬,显示出少有的随和与谦恭。

蒋介石一到,会议主席便宣布开幕。例行的仪式完成以后,蒋介石便以国民政府主席的身份致开幕词。蒋介石一讲话,马上又恢复了以往的威严,他以训斥的口气告诫与会代表:

第一,要真诚坦白,树立民主楷模;

第二,要大公无私,顾会国家利益;

第三,要高瞻远瞩,正视国家前途。

蒋介石的下马威,把与会人员给弄蒙了。

蒋介石仿佛知道代表们要听些什么,只见他话锋一转,出人意料地道:"乘此机会,我要向各位宣布政府决定实施的几个重要事项。"

代表们肃静。

蒋介石宣布了四条:

一、确保人民之自由。人民享有身体、信仰、言论、出版、集会、结社之自由,现有法令依此原则,分别予以废止和修正。司法与警察以外机关,不得拘捕、审讯及处罚人民。

二、确保政党之合法地位,各政党在法律面前一律平等,并可在法律范围内公开活动。

三、实施普选。各地积极推行地方自治,依法实行由下而上之普选。

四、释放政治犯。除汉奸及确有危害民国之行为者外,所有政治犯分别予以释放。

蒋介石的话刚落,场内响起掌声。

不少代表为蒋介石的讲话所感动,认为这是政治协商会议成功的好兆头。

开幕式过后,政协会议便开始讨论各项议案。列入会议日程表的,主要有政府改组,施政纲领,军事问题,国民大会,宪法草案等五大议案。

五大议案一展开讨论,立刻引起了激烈争论,特别是国共两党的立场不同,分歧就更加明显,尤其对一些重大原则问题,各方代表争论相当激烈。

争论的焦点,实际上仍是重庆谈判时未能解决的重大问题,即能不能实现政治民主化和军队国家化及如何实现政治民主化和军队国家化。

陈立夫踌躇满志地参加了这次会议,上次遭受到毛泽东、周恩来的驳斥以后,他内心一直窝着火,今天,他要力陈自己的观点,把面子挽回来,也给中共以有力的回击。

会议刚一组织发言,陈立夫首先站了起来,慷慨陈词道:"我极力主张首先军队国家化,然后政治民主化,这本无可争议。"

陈立夫刚说完,还未落座,张群也跟着附和。

周恩来站了起来,义正词严地对陈立夫说:"现在的政府还是一党专制的政府,把军队交给政府,实际是交给了国民党,人民的军队就等于变成国民党的军队。故此,中共方面坚持政治民主化是军队国家化的前提条件,政治民主化与军队国家化应同时进行,没有先后。"

周恩来的话,一些代表们表示赞同。

陈立夫和张群面面相觑,无话可辩。

通过激烈的争论,最终达成了折衷的协议,确定了军队属于国家,军党分立、军民分治的原则以及以政治军、公平合理地整编全国军队的办法。

陈立夫要求中共将军队交给国民党的企图遭到挫败。

关于国民大会的问题,围绕十年前国民党包办选出的旧代表是否有效问题,一党专政还是多党专政问题,关于宪章问题等,会议也展开了激烈的争论。

陈立夫刚才在军队问题上被周恩来等击败了,现在到了党的问题,陈立夫感到优势在自己一方,所以,他又显得十分活跃。

陈立夫说:"拿历史的眼光看,中国必须实行一党专政,如果多党专政,势必造成国家混乱,政权无核心无权威性。"陈立夫停了一下,又接着说:"我认为,旧代表仍然有效,不应有争议。"

周恩来则针锋相对:"陈先生,请不要言辞过激,旧代表是国民党一党包办的,是在国民党控制之下选举的,这是不合法的,更不能代表人民的利益和愿望。"

陈立夫辩解道:"有人批评国大选举法有指定代表为不民主,我仍有不同意见。其实,中国要进入民主,还要相当的时间,请各位代表要正确看待。"

陈立夫刚说完,中共代表邓颖超马上站起来反驳:"中国民主化进程固然要一定时间,但即使是现在的中国,指定代表本身是不民主,也是不必要的。"

陈立夫丝毫不让,继续辩解道:"希望中共方面不可忽视这个问题,中国的国情是很多有能力有地位人士崇尚清高而不愿竞选,须三顾茅庐去请,故指定代表有其必要。"

这时,中共方面代表陆定一听不下去了,也站起来反驳陈立夫:"陈先生认为,中国人民有不愿意参加竞选的习惯,这在某些老先生中或有些事实,但数量极少。相反,曾琦先生昨天就曾说,当时青年党是放弃竞选的,中共更是被迫无法参加竞选。如果中共有好环境,会不参加竞选吗?要说国情,国情主要的是在这里,许多政党都愿竞选,满足这一要求很重要。"

面对中共代表的夹击,陈立夫无话可说了,他在等待着下一个问题的争论。

关于实施什么政治制度的问题,争论仍然十分激烈。

陈立夫又首先发言:"国民党以党治国是效仿苏联,今天大家以多党制的理论来批评一党制,那是什么也不能解决的,希望大家要充分认识一党制的实际情况。"

接着,陈立夫还对中共解放区实行三三制政权,提出指控:"众所周知,相信国民党代表在国大代表中比例甚少,比中共方面所说的'三三制'还要少。"

陆定一又站起来反驳陈立夫:"国民大会旧代表的名单已经发表,据说国民党员占半数,加上当然代表与指定代表,合计起来,如说国民党代表在国民大会中的数目比'三三制'下中共党员在民意机关中所占人数还少,这是难以令人相信的。"

陈立夫还要说什么,陆定一接着说下去:"我们认为苏联制度的特点是使无数的工、农、知识分子有权。国民党学习这一制度,如能使工、农、知识分子有权,那就不胜感激,而事实却是大家共见的。不是吗,陈先生?"

陈立夫被陆定一驳得无言以对,他不得不胡乱为自己辩护:"学习苏联,不也是中共所推崇的吗?"

陆定一打断陈立夫的话,继续道:"苏联并不是一切事情由党包办,而是由党领导人民工作。在中国则一党专政,这是办不通的,中国应实行多党政治。"

陆定一还回顾了过去国共两党合作的历史,指出:在大革命到抗战中,国民党有其功绩,但所能有其功绩,乃因实行了两党或多党合作,这一点,陈先生不能不承认吧?

陆定一的发言,得到了多数代表的赞同,陈立夫一时无言可辩,默不作声。

在中共和各民主党派、无党派人士及国民党内三民主义分子的积极努力下,政协会议就大多数问题达成了协议。

陈立夫有些闷闷不乐。

1月31日,政协会议举行闭幕式,蒋介石致闭幕词:"今后中正无论在朝在野,均必本着公民应尽的责任,忠实地坚决地遵守会议的一切决议,确保和平团结的一贯精神,督促我们国家走上统一民主的光明大道,以期报答为革命抗战牺牲的先烈,完成国父缔造民国未完的事业。"

政协会议在一片掌声中落下帷幕。

陈立夫把政协会议的有关情况向陈果夫作了汇报,病床上的陈果夫气得发抖。的确,政协会议的结果,令"二陈"沮丧。尤其是陈立夫,开会前他曾踌躇满志,自命不凡,他过高地估计了自己和国民党的势力,他根本没把"民主协商"放在眼里,更没把共产党放在眼里,他自认为政协会议无非就是国民党大会的另一种形式,没想到共产党的代表个个都那么厉害,也没想到其他民主党派和无党派人士都站在共产党一边,提起来,心里便觉得有些憋闷。

陈果夫更是忧心忡忡,他抚今思昔,怅然长叹:"因党的组织不加入,致受共党甚至其他无名之党之欺凌侮辱,实在无以对前辈,无以对死者。"

这位国民党的党务专家似乎已经感到了国民党内存在的诸多问题,开始面对现实,但他又不明白国民党究竟为什么会有这些问题,更不知道该如何医治这些问题。

陈果夫希望蒋介石今后"应道之以德,齐之以礼,不宜专迫之以政,齐之以利也"。陈果夫的弦外之音是:光靠武力镇压是不能解决问题的。

陈立夫却与陈果夫的主张不同,也许他还年轻气盛,他根本不承认国民党自身的问题,他仍然认为,对于共产党,只有动用武力消灭,他根本不把什么民主放在眼里。

国民党中央召开讨论政协决议的会议,CC派干将谷正纲、张道藩等人大哭大闹,向蒋介石发难。

"国民党完蛋了!"

"国民党什么都没有了。"

"国民党投降共产党了!"

"共产党犯上作乱了!"

"国民党作为执政党,太软弱无能了。"

"先总理创下的革命业绩,就要毁于一旦了!"

……

有人还指着出席政协会议的代表孙科破口大骂,骂他出卖了国民党,投降了共产党。

陈立夫听了大家的牢骚怨言,坐在一边一言不发。

面对这场闹剧,身为国民党总裁的蒋介石竟听之任之,以往的威严,此时此刻已荡然无存。

一直到谷正纲等人发完牢骚,蒋介石才慢条斯理地说:

"我对决议也不满意,但事已至此,无法推翻原案,只有姑且通过,将来再说。"

显然,蒋介石也和谷正纲等CC派一样,对政协决议十分不满,但他又表示，现在对此事已经无能为力。

| "二陈"发难

陈立夫对政协会议作出的决议极为不满，他三番五次找蒋介石，妥筹补救。经过一阵密谋，他们决心撕毁政协决议，以武力和恐怖对付共产党。

实际上，政协会议召开前后，CC特务就一直从事着破坏活动。

17日晚，政协第五次大会举行。

李德全主持会议，安排原国民党代表邵力子、青年党代表曾琦到会做报告，因当天政协散会较晚，曾又委托李璜代讲。

李璜向大会报告了青年党在政协会议上的提案内容，希望政协会议取得成功。

这时，特务们狂呼：

"打倒异党派！"

"拥护国民党！"

"拥护蒋总裁！"

报告人讲完后，一个特务骂了一声："民主？民主你妈的×！"

邵力子是在李璜讲话之后到会的，当时会场秩序已经陷入混乱。大会主持人向邵力子汇报了特务公开捣乱的情况，邵当即宣布休会。

这次大会又不欢而散。

18日晚，第六次民众大会召开。

大会由李公朴主持，请邵力子和中共代表王若飞做报告。

邵力子在报告中说，请大家不要抹杀国民党在推翻清王朝、进行北伐和抗日战争中的作用，希望国事要在和谐中解决。

中共代表王若飞指出：解决问题必须互相承认与互相尊重，有了这个条件，才能和谐地解决。王若飞在讲话中还指出：蒋介石提出"军队国家化"的实质,就是想一口吃掉八路军、新四军,消灭人民革命力量。

王若飞的讲话,引起一阵热烈的掌声。

这时,中统专员刘俊山等人却突然敲起小锣,拿起木棍、石块向讲台上投去。顿时,讲台上乱作一团。特务们嗷嗷大叫,石头像雨点一般向讲台投去。

王若飞怒不可遏:"你们太卑鄙了!"

许多群众立即奔上讲台,在石子纷飞中,奋不顾身,把王若飞送上轿车,直送到沧白堂大门之外,让汽车安全驶离。

一个在会场发了言的青年,刚刚走出大门就被殴打,腹部受伤,一些群众上去搀扶,也同样遭到殴打。不少群众头部、腹部受伤,特务们哄闹着扬长而去。

　　……

陈立夫制造这些事端的目的,在于破坏政协会议的召开,但是阴谋却未得逞。

陈立夫不甘心,又找陈果夫商量下一步的行动,经过密谋,二人制定了一个方案,在方案实施之前,他们一起去见蒋介石,在蒋介石的授意下施行了。

陈立夫亲自出马,召集国民党重庆党部委员方治、中统局副局长叶秀峰等人面授机宜。

陈立夫向特务们正式发布命令:要以"民众对民众"的办法来破坏各界人士庆祝政协会议胜利结束的活动。

方治、叶秀峰按照陈立夫的指令,经过一番密谋,作出四项决定:

一、转变会议内容,设法推出刘野樵为大会总主席,派擅长辩论的国民党员参加演讲。

二、把握会场情绪,发动国民党员、三青团员及社会服务队队员共600人参加大会。

三、请警察局派警察到场维持秩序,逮捕人犯。

四、挑选干练的人担任大会司仪,控制扩音器,参加大会的党、团、队员应于 10 日上午 8 时到达会场,环立主席团前,保护主席团之安全。

经过紧锣密鼓的布置,拼凑了九人的主席团。

与此同时,恢复了早已停刊的《新蜀夜报》作为进行破坏的宣传工具。

叶秀峰也调动大批中统特务,进行了严密布置。总队长龚景华、行动组长郑蕴侠负责调配人员,检验武器,做好了一切准备工作。

陪都各界庆祝政协会议成功大会定于 2 月 10 日上午 9 时半在较场口广场举行。

全市欢腾,人心振奋。远至数百里以外的学生,许多住在乡下的教授学者和各界知名人士,前一天就纷纷赶到城内。

郭沫若偕夫人等一家六人提前赶来参加。

参加大会的团体,带着各自的群众队伍,按时陆续进入会场,到会群众有 1 万多人。

8 点刚过,政协代表及筹备会选定的主席团尚未到达,而国民党御用组织的"九人主席团"在 800 多名特务打手的簇拥下,提前进入会场。

这 800 多名特务打手以 20 多人为一组,分 30 多个组,分布在主席台上下四周。

一个未经大会聘请的军乐队坐在主席台上。

刘野樵、吴人初、周德侯"等九人主席团"跑上主席台,气势汹汹地向筹备会工作人员索取"主席团"标志。

李公朴是筹备会推定的总指挥,当他走向主席台时,刘野樵劈头问道:"谁是大会总主席? 这总主席是谁选的?"

李公朴被问愣了,他不知刘野樵的来历,便说:"等主席团到齐后再共同商量吧。"

这时,章乃器到达会场,刘野樵又与章纠缠。

章乃器厉声问:"你们是干什么的,是主席团的人吗?"

还没等李公朴有什么表示,马上蹿出来几个特务,其中一个特务抓住章乃器的脖领,当胸就是一拳,还有一个特务大骂道:"老不死的,我让你凶!"

这时,台上台下的一些特务打手,趁机起哄:"开会! 开会!"

刘野樵、吴人初、周德侯、庞仪山等趁势霸占了讲台,并控制了扩音器。

李公朴、施复亮与刘野樵磋商总主席的人选。

章乃器指出筹备会提出的是李德全。

刘野樵提出吴人初。

吴人初则提出刘野樵。

正在各执一词、难以敲定之际,扩音器里传来周德侯的吼叫声:"我们选占中国人口百分之八十的农会代表刘野樵担任总主席!"

周德侯的声音刚落,几百名特务齐声叫好,并热烈鼓掌。

周德侯便宣布庆祝大会程序:

一、开会。

二、奏乐。

三、唱党歌。

四、读总理遗言。

五、请大会总主席刘野樵讲话。

特务们又一阵起哄,鼓掌。

面对眼前的形势,李公朴、马寅初、章乃器、郭沫若义愤填膺。在忍无可忍的情况下,他们大声齐呼:"请大会总指挥李公朴讲话!"

李公朴刚走到台前,一群特务马上包围了他。

李公朴厉声问:"你们要干什么?"

一个特务挥动拳头咬着牙吼道:"你说干什么? 揍你!"

另一个特务也凶狠地说:"今天我们要给你们放放血!"

几个特务一拥而上,把李公朴连推带打弄下台,一阵拳脚相加,大打出手。

台上台下,秩序大乱。

李公朴被扯着胡须围着会台转,胡子被扯掉许多,头部被铁尺打伤,顿时血流如注。

特务们一边打人一边乱吼乱叫。

"请勿打人!"郭沫若挺身而出,护住李公朴,并大声喊道。

这时,一个膀大腰圆的特务上来指着郭沫若的鼻子质问道:"你是谁?"

"我是郭沫若,你们为什么打人?"郭沫若大声反问他。那特务伸出拳头对准郭沫若的眼镜狠狠地打了一拳:"打的就是你郭沫若!"

郭沫若趔趄几下,差点儿跌倒,他在地上乱摸眼镜,幸由中国妇女联谊会负责人朱宝粹捡起,并把他搀扶到一边。

马寅初也屡遭拳脚,身上的马褂被剥走,文稿也被抢。施复亮被追打到会场附近的一家小杂货店内,特务还不罢手。

正在这时,市参议会长胡子昂赶到,趁机用车把施复亮接走。

打得正激烈,周恩来赶到会场,目睹被打的李公朴、章乃器、郭沫若等人,不胜悲痛,连声痛斥:"这是什么国家! 这是什么国家!"

当群众离开会场后,特务们仍在场上吵吵闹闹,冒充大会名义,通过了所谓"宣言",大肆攻击《政协决议》。

特务们还把会场上的布标、旗帜、桌凳抢劫一空。

陈立夫导演的这场闹剧推向高潮,特务们洋洋得意,欢呼胜利。

陈立夫并没有就此罢休,2 月 22 日,他所指挥的 100 多名 CC 特务,在光天化日之下,闯进重庆新华日报社,历时两个多小时,将报社营业部四层楼各室逐一彻底捣毁,门窗桌椅,荡然无存,杯碗炉灶,片物不留,书籍报纸,逐一撕毁,满地狼藉,惨不忍睹。

报社营业部主任杨黎原,图书科主任徐君曼及职员管俗民等人都遭到殴打,有的受轻伤,有的受重伤住院抢救。

6 月下旬,上海各界人士鉴于蒋介石已决心发动内战,联合发起组织上海人民和平请愿团,由马叙伦、胡厥文、胡子婴、雷洁琼等为代表,于 6 月 23 日赴南京请愿。

然而,当他们到达南京下关火车站时,陈立夫早已布置好的中统特务们蜂拥而上,对代表们围攻殴打。马叙伦、雷洁琼等多人受伤,陈立夫又制造了"下关惨案"。

中共代表团当夜得到消息后,即向国民党提出严重抗议,并要求查办凶手,保障人权。

京、沪各报刊也纷纷对这一消息进行了报道,全国舆论哗然。

蒋介石见事情闹大了,对陈立夫大发雷霆。

陈立夫效忠蒋介石才不遗余力地制造这一系列事端,但事后却遭到蒋介石一顿臭骂,心里自然窝火,但事情毕竟闹大了,影响造出去了,他因此有苦难言。

人民一致呼吁国民党取消特务政治。国际舆论上也给予压力,而蒋介石又舍不得放弃 CC 特务势力。"二陈"出了个万全之策:把中统局改为"中央党员通讯局",使中统局的原班人马全部保存了下来。①

---

① 参见李西岳、苏学文著:《陈氏家族全传》,中国文史出版社 2001 年版,第 497—529 页。

第二十六章 余辉暮暮

| CC 派的解体

话说天下大事分久必合,合久必分。"二陈"在政治边缘化的过程中,亲手堆砌的 CC 壁垒,虽然森严,也被戳出了四个血窟窿,实力大减,一年不如一年。

先说张厉生这员 CC 干将,改换门庭,投靠陈诚。这着实向 CC 捅了一刀。

张厉生加入 CC,始于 1929 年春,那时 CC 派正红,他经人介绍到了中央组织部做了陈果夫的秘书。随后,CC 组织"青白团"的时候,张厉生摇身一变,成了"青白团"的大拿,再后任中央常务干事,进入 CC 大头目行列。

实际这张厉生也是一棵墙头上的草,随风倒。他当时投靠 CC,CC 正红。他现在投靠陈诚,因为他看到了"陈诚当兴"、白虎转世、九头鸟再生。

据 CC 骨干胡梦华回忆,张厉生在筹建"诚社"的过程中暴露出颇多疑点。胡说:"一个秋天的中午,张厉生用电话通知我到前门外廊房头条撷英番菜馆吃饭。我赶到菜馆,发现已有十来人聚在那里,他们是:天津市党部书记长、天津市河北省立法商学院教授,以及八个学生。张点齐了菜,大家边吃边谈,议论的主题就是平津两地的合作,讨论的气氛十分热烈。"到了这一年冬天,胡梦华估计"诚社"在平津地区已发展到二三百人的规模,成立了三四十个小组,成员"大都是北方人,主要是河北人",说明张厉生在 CC 内部扩展北方党务,以地缘概念滚动个人雪球的野心已露端倪。再就是"诚社"名称的来历,张曾亲口对胡梦华说,取之"修辞立其诚"的古训。偏巧陈诚号辞修,意蕴相近,从而引发外间人的揣测,以为诚社与陈诚有关。胡梦华问过张厉生,张环顾左右而言他,只承认认识陈诚比陈果夫要早,"1928年陈诚在国民革命军司令部当警卫司令时,我就是他的秘书"。另外又说:"眼下,陈诚一鹤冲天,前程无可限量,说不准蒋的继承人非他莫属。"显见,张对陈诚心仪已久。

再说陈诚要成大气候,也要招兵买马,如今张厉生暗送秋波,岂有不理之理,私下里两人一拍即合,唯独对陈果夫瞒了个严实。后来陈果夫在不知情的情况下,又推荐张厉生接替了自己的中组部长职务,然后张改换门庭,这使陈果夫最为恼羞成怒:"这个张厉生,算我瞎了眼!"

再说第二个血窟窿,是朱家骅自立山头造成的。但朱家骅聪明,不像张厉生落了个"叛徒"的骂名。

朱家骅,"二陈"的正宗老乡,不但是浙江人还是湖州人,这叫亲上加亲。他凭着德国柏林大学堂堂正正的哲学博士、北京大学地质系教授的学衔跨入政坛。当年,陈果夫发起"中央俱乐部"时,将朱家骅视为同辈,没有拉他参加,目的是保持朋友关系,免生寄人篱下的尴尬,对此,朱家骅感激不尽,庆幸有余。因为天生的优势感,使朱自视清高。而他又绝顶聪明,左右逢源,一方面依傍"二陈",一方面紧傍党国元老戴季陶。戴季陶对一表人才的朱家骅爱助有加。他曾公开宣称:"中国只有一个半人才,半个是李培基,另一个完才是朱家骅。"后来朱家骅位升国民党中央秘书长,戴季陶立下首功。蒋介石当选总裁时,心里对汪精卫的顾虑没有消除,极想找一位掣肘力量,限制汪的权力。戴又向蒋献策说:"此事好办。只要把国民党中央党部秘书长拔高一截,改称中央秘书长,具体主管中央党部的日常事务,就能阻止汪精卫直接插手党务。"蒋一听是理,遂给朱家骅戴了高帽。

国民党五全大以前,"二陈"正在走红,朱对"二陈"的依傍和服从,并无疑义。1931年朱任交通部长,凡是"二陈"交办的事,朱一一应酬,为了表示他的忠心,曾重用CC骨干分子张道藩担任交通次长,就是一个例证。

朱家骅自立山头的转折,是在他登上了中央秘书长的宝座,自以为权大了,势高了,他已不把"二陈"放在眼里,于是开始了他另立山头的准备。后来,翅膀渐硬,朱家骅便翻江倒海,毒招迭出。什么大换血、大调整、大整改,把个 CC 派整得晕头转向。"二陈"万万没有想到学富五车的朱大教授,居然学得了"厚黑学"的真谛,不由地连连自责,老鬼也有失算时。这段情节,胡梦华曾作描述,分析得极有层次,他说:"张厉生对陈究竟还有'同志会'的拘束,谨小慎微,唯恐开罪于陈氏。朱家骅进了中央组织部则一朝天子一朝臣,内外来了一个大换班,创立了'朱家骅系'。对于陈果夫、陈立夫辈来说,只是前门赶走了驯狗,后门引进了恶狼。"①

郭绪印在其主编的《国民党派系斗争史》中说:"1940 年前后,朱家骅雄心勃勃,大有取代'二陈'之势。他到处做报告、演讲,做舆论准备。在中山大学同学会举行的欢迎会上,朱做了中山大学是党的大学的演讲",声称"总理为完成国民革命的使命,决心培养革命干部,创办黄埔军校和中山大学","中大所负的使命和其他的国立大学,是有点儿不同的。总理手创的大学,总理在那里演讲的三民主义的大学,本党第一次全国代表大会也是在那里举行的大学……中山大学的历史背景,使中大成为党的大学"。该书认为:"当时代表国民党的学校是 CC 控制的'中央政校'。朱极力把中山大学说成'党的大学',其目的是为了与 CC 争夺党权。朱家骅曾任中大校长,如果中山大学是党的大学,那他自然是居于'二陈'之上的党的领袖人物了。"②

面对这种恶况,一向持重老练的陈果夫也禁不住跳脚骂娘。至此,朱家骅的这一刀正捅在"二陈"的痛处,使 CC 元气大伤。

再说第三刀是众臣僚叛国投敌。周佛海、李士群首当其冲。

先说周佛海,或许是高官的诱惑,或许是时局的变化,周佛海秘密地投入了汪精卫的怀抱。后来他在《回忆与前瞻》中坦陈:"汪先生的主张,是完全和我们一致的,所以我们当时就无形中以汪先生为中心,酝酿和平运动。"1937 年 8 月至 1938 年 4 月,随着主战场的节节失利,以汪精卫为代表的妥协路线在国民党内逐步抬头,于是谋求结束战争的另一种手

---

① 胡梦华:《国民党 CC 派系的形成经过》,摘自《CC 内幕》,中国文史出版社 1988 年版,第35 页。

② 郭绪印主编:《国民党派系斗争史》,上海人民出版社 1992 年版,第 602 页。

段——谈判,开始在秘密的层面中进行,具体由高宗武负责。高是国民政府外交部亚洲司司长,同时也是"低调俱乐部"的主要成员,他主持的谈判,有两种尺度:站在政府的立场上,他觉得日本人要价过高;站在小集团的立场上,他与日本人谈妥了由"汪精卫收拾时局"的条件,这桩买卖,让蒋介石大为震怒,一脚把高宗武踢出了局。这样一来,反而促使汪精卫下定决心,准备撇开蒋介石,单独与日本人媾和,组成真正的日伪政权。至此,周佛海就自己绑了汪精卫的叛国的战车上,历任伪国民党中央执行委员、军事委员会副委员长、行政院副院长、财政部长、警政部长、中央储备银行总裁、上海市长。同时被他拖下水的 CC 分子,还有罗君强、梅思平、章正范、汪曼云等。

再论李士群,早年是共产党员,后变节叛变,投入了"二陈"的怀抱,成为真正的中统特务。1937 年底南京沦陷,李士群奉命潜入敌后,住在南京中央路大树根 76 号。该人是有势便是爹,有钱便是娘。他手拿活动经费,满足私欲,雇佣了一名女佣,厮混到难分难解时,方知这女佣是日本特务,专冲着他的嗜好布网下套。李士群"扑哧"一声笑了,处惊自乐,悠悠然地说:"正好,我是巴不得成为你网中的鱼!"这一下,反倒使女佣吃惊了:"真的?"

1938 年夏秋之交,李士群奉命取代甘青山担任国民党株萍铁路局特别党部主任,他利用职权,侵吞了该党部的特务活动经费,携款潜逃香港,在日本女特务的陪同下,拜见了日本驻香港的总领事中村丰一。中村丰一觉得是骡子是马,得拉出去遛遛,李士群的疆场应该在上海,于是让李士群带着自己的亲笔信,到日本驻沪总领馆找清水董三。

李士群带书直奔上海,与清水董三拉上关系。清水说:"欢迎李先生到来,希望能携手合作,共创大东亚共荣。"李士群连连躬身,不乏卑颜地说道:"李某愿意效劳,效犬马之劳。"就这样李士群摇身一变,由国民党的中统潜伏特务,变成了日本帝国主义的鹰犬。

结局可想而知,他先是在日本人的援助支持下,正式成立汪伪特工组织。他与周佛海走到了一起,同时又与汪伪政权挂上了钩;接着大量的国民党潜伏组织被破获;大批的 CC 分子失节附逆,速度之快,效率之著,大有奔雷之迅,屋倾之猛。据有关史料所载,中统机关被破获的最高日纪录竟达 48 处;附逆的 CC 分子助纣为虐,还使汪伪特工组织有了汪伪"中统"的别称。

此消息传到重庆,徐恩曾气得跳脚,"二陈"更是又悲又痛。"痛"者,CC 力量损兵折将;"悲"者,多年的党化教育一风吹尽,为着区区性命,CC 中人可以将民族气节轻易淡忘。

屋漏偏逢连阴雨,逆舟又遇迎头浪。

再说 CC 大员徐恩曾腐败丢官,东窗事发,这使 CC 派雪上加霜,无疑是捅进 CC 壁垒的又一重刀。

在 CC 营造的壁垒中,如果以"二陈"为中心,那么徐恩曾、叶秀峰则是"二陈"的左右臂。左右臂被砍,"二陈"岂不叫痛。这叫壁垒中出事,殃及核心。

应该说,徐恩曾是中统局的真正大老板,亦叫当家老板。徐为大,叶为次。论私论公,徐都在叶秀峰之上。徐曾是"二陈"的表兄弟,又是陈立夫的留美同学,交情非同一般。

且说 1928 年,徐经"二陈"的提携,出任中央组织部总务,有几件事干得着实漂亮。据张国栋回忆,徐恩曾在"任职期间,有几件颇得陈立夫赏识:一是对主管的文书工作有办法,建立了多种制度,布置得井井有条;二是为中央党部新装了一套电话总机;三是为中央党部编了一套较为复杂的密电码;四是在主管经费时开支合理,使用节约"。后来,徐任调查科主任,负责特工总部,在诱降顾顺章等事件中,屡立奇功,当之无愧地成为 CC 中不可一世的重量级人物。

徐取信于"二陈",还在于他的忠诚。早先,叶秀峰当调查科主任,曾与陈立夫闹别扭,有一次竟撂下挑子独自去杭州休假,弄得陈立夫好不尴尬。陈临时召来徐恩曾代理,一番尽心尽职的努力,居然帮老同学解了困厄。1930 年春,徐被正式任命为调查科的头儿,与其说是胜任,莫如说是信任。最典型的表现,当是朱家骅图谋 CC 的时候,徐的坚决抵制,成了"二陈"保卫中统领地的"马其诺防线"。起初,朱家骅利用职权安插亲信,徐恩曾表面允诺，暗地里却千方百计地掣肘，尽量把朱的人弄成"空心萝卜"。

徐恩曾的"铁杆"以及他在 CC 中的分量，无可避免地被推到党派斗争的前沿，一个时期里，来自黄埔系、政学系、朱家骅系的揭发报告和批评意见，源源不断地输往最高领导层，诸如"中统"纪律松懈，办事效率不高，心有旁骛，反共不力的指责，都令蒋介石骂娘，要不是"二陈"从中缓颊，徐恩曾早就倒了大霉。然而，人毁不如自毁，大防稀松的徐恩曾偏偏小节又出了纰漏，一来二去，让人点了死穴。

说来也是无巧不成书，蒋介石免去徐恩曾"本兼各职，永不录用"的手令，最后交给陈立夫执行。亲临此景，双方的心境大起波澜。在徐恩曾看来，仕途漫漫，始亦立夫，终亦立夫，莫非天意？在陈立夫看来，兴有恩曾，衰有恩曾。好一番感伤涌出，恰似诸葛亮挥泪斩马谡，泪流满面……

徐恩曾走了，"国民党政权腐化"的话题却像清朝人的一条长长的辫子，留在身后，让人说三道四，谴责唾骂，好像 CC 成了腐化的源头。

陈氏兄弟抵制蒋公子

徐恩曾问题的出现，给国民党政权的腐败敲响了警钟。

关于国民党腐败问题，就连蒋介石也不得不承认。面对着这个严峻的局面，蒋介石着实也头痛。于是他召集了一个会议，参加者有陈立夫、刘建群、康泽等老同志。他把早在抗战之初就想创造一个"新生命"的想法全盘托出，让大家仁者见仁，智者见智，各抒己见。当时大家都顺着他的思路往上爬，说这个大组织应该包括国民党的所有派系，不仅包括国民党党外派系，还包括党外青年。过去的青年人，对国民党厌恶，不愿意参加组织，有了大组织，就能聚集全国青年，力行抗战建国纲领与联合优秀分子，充实革命的实力。康泽提议大组织的名称叫"三民主义青年团"。陈立夫则表示：不希望大组织取代国民党，以为"团"的名称前应该加上"党"的帽子，即叫"中国国民党三民主义青年团"。蒋介石说："有你这'中国国民党'几个字，人家就不来了。我看就用三民主义青年团来号召的好。"

大主意拿定，众喽啰行事，结果除了曾琦的青年党、张君劢的民社党、陈铭枢的社会民主党愿意加入外，别的党派都存异议，周恩来更是明确地表示："中国共产党不能解散。"于是，蒋介石的"新生命"未及诞生，便胎死腹中。后来，"三民主义青年团"虽然成立，目标却转到"统一国民党内各派上面来"。蒋经国便坐了这个组织的头把交椅。

有其父必有其子。蒋经国也是一位野心之人。

且说1946年9月，江西庐山，风景秀丽的地方。三青团的第二次代表大会正在这里召开。主持会议的自然是蒋经国。

使人特别敏感的是，这次会议上，蒋经国派人散发了以中央干校名义出版的两本小册子，一本名叫《我们对团的建议》；一本名叫《团的改造》，公然主张把"三青团改造成为独立的党"。这实际上是蒋经国揣摩了父亲的意志而编写的，是有来头的。

再说陈氏兄弟看了小册子后，就睡不着觉了。凭着他们多年从政的经验和体会，一场暴风雨就要来临。他们不光嗅到了小蒋的野心，同时还感觉到这种理论的提出，对党将是一场大灾难。因为党团分立的最坏结局，就是以团代党。如果到了那一天，自己，连同CC都将一文不值。

兄弟二人商量了半夜，决定还是早下手为强。

不久，又传来消息：老蒋原则同意小蒋以三青团组党。那消息说得有鼻子有眼的，不信也得信：说是蒋介石在庐山的别墅里召见了三青团的高干，一边对自己读过并且圈红的《改造》一书大加赞许；一边又指示三青团研究"独立组党"的纲领，要起草一个文件，送给他看。二是在大会的闭幕词中，蒋介石反反复复地谈了自己对党的失望，多次强调三青团"独立发扬革命创造精神"的重要性。随后，谴责国民党"腐化"，要求三青团独立组党的呼声一浪高过一浪，从发言的内容看，不像即兴的发挥。

此消息证实了"二陈"的猜测没错，同时也激起了他们为捍卫CC不惜拼死一搏的雄心。于是，兄弟二人分头行动，陈立夫快马先行，带上一批CC骨干，星夜兼程，直奔庐山，向蒋介石表达反对"三青团独立组党"

的意见。任凭陈立夫详陈危害,蒋介石始终不肯表态。陈立夫没辙了,双膝一屈,跪伏在地,一字一泣地说道:

"兹事体大,总裁万万不可草率行事!"

蒋介石听了,"我草率什么啦?我行何事体啦?胡搅蛮缠,成何体统!"

说话间,戴季陶闯了进来,此佬脾气更大,措词更加激烈,他从陈果夫那里知道蒋介石不要党了,直着嗓子便嚷:"党是总理缔造的,我不能撒手不管!"他与蒋介石理论,满口的革命辞藻,陈立夫听得暗呼痛快,说到尾梢,一声"阿弥陀佛",又有回头是岸的感召,听得蒋介石良久无语,最后表示,自己会考虑大多数人的意见。

翌日,大会继续进行。接到陈立夫通知,火速从北平赶到庐山的黄宇人率先发言,他说:"国民党曾有光荣的历史,今日的腐败无能,怪谁呢?我以为总裁应负主要责任。因为中央党政大员,都是总裁任命的,他们直接向总裁负责,不受民意机关和舆论的监督,可见总裁的责任最大。如果青年团要组成一个实行三民主义的党,必须另选出一位领袖,才能在新环境中发挥其领导才能,否则,我们的团长以一身兼任两个党的领袖,当新党攻击国民党腐败无能时,他将何以自处?"

黄宇人是党内有名的"大炮",以口无遮拦著称,一席话说得在理,全场为之默然。蒋介石连遇两阵阻击,心里开始明白:以团代党的风险太大,弄不好要翻船。于是凭着政治家的机巧,了无声息地将"组新党"的念头打消了。

蒋的突然转变,与会代表并不知道。

9月6日,围绕三青团的性质和地位的主题召开讨论会。会上,组建新党的调门依然高唱入云。有一个叫张其学的三青团干部,想在蒋介石面前讨好,竭力抨击"党的腐化","党已失去人心",大声疾呼"立即组党",博得了全场的喝彩。

蒋介石问秘书长:"这位代表姓什么?"

张正在得意时,未等秘书长回复,便抢先自报家门,大声地答道:"我是四川支团书记张其学。"

蒋面带愠色地点一下头,向大会发问:"张代表说党腐化了,是不是啊?"

大家齐声说:"是。"

蒋又问:"党腐化了,你们有没有责任?"

台下没人回答,只是交头接耳,窃窃私语。

蒋清了清嗓子,接着说:"党腐化了,你们就有责任振作起来,你们现在反而说,团要离开党,另外组党,这是逃避责任! 这不是革命的表现,而是革命的逃兵!"蒋介石把话说得分量很重,代表们像吃了闷棍一样,有点儿发晕。

蒋介石目扫会场一周,目光停在张其学身上说:"张代表的发言是错误的。"

张其学暗呼冤枉,马上站起身来辩解:"报告团长,我没有错。团长在开幕词中就指示我们独立组党……"

蒋不等对方把话说完,就怒斥道:"你胡说!"接着转身吩咐秘书长,取消张代表的发言资格。

张其学像泄了气的皮球跌落在座椅上,整个会场上只剩下蒋介石的声音在回荡。他一会儿指责党不争气,一会儿批评团不成熟,异想天开地要闹独立,这不是陷党于死地吗? 他还说,自己的确对团寄予厚望,但绝不是要团来取代党。现在大家误会很深,有必要清理一下……

蒋介石把该讲的意思讲完,拂袖而去,会场上顿时炸开了锅,秘书长不知如何应付,只得宣布休会一天。

三青团独立组党的梦想破灭,不仅使 CC 显示了力量,而且看到了希望。陈氏兄弟趁热打铁,频频向蒋介石进言,痛陈党团分立的危害,突出强调了一元领导的重要性。蒋介石终于同意党团合并。1947 年 9月,三青团被宣布取消,该组织的干部与成员重新登记后,全部转入同级党部工作。看上去,"二陈"挫败毁党的预谋,保住了 CC 的根据地。可实际上,以蒋经国为首的三青团高干纷纷挤进国民党中央执委会,使纯 CC 色彩的陈家党内,有了太子爷的地盘。陈氏兄弟算算"总账",明里赚了面子,暗里吃亏不少,于是对党团合并的局面,一直有行政机关清算的图谋。①

总而言之,蒋介石可以改变三青团独立组党的初衷,并不会放弃扶植蒋经国的愿望。实际蒋陈间的斗争并没有结束。

｜ 陈果夫顶撞蒋介石

且说"蒋家王朝陈家党",这句话生动地反映了陈果夫兄弟,积极卖命蒋家王朝,在政治上摇旗呐喊,在组织上招降纳叛,为维护王朝的统治,带病工作 20 年,可谓呕心沥血,殚精竭虑。

应该说在国民党五全大会以前,蒋介石并未亏待陈氏兄弟,给予了百分之一百的信任。包括职务、权力,能给予的便给予,能下放的便下放。这叫放手放脚。然而在国民党五全大以后,随着蒋经国的成长,他似乎觉察到了陈氏兄弟再不限制,就要威胁到儿子的升官道路。再加上 CC 派出现了一系列的问题,于是借口也来了,陈氏兄弟只降不提,这是蒋介石内定的大原则。可是陈氏兄弟并不知情。时间一长,"二陈"开始有所感觉,但不知什么原因。有人开玩笑说:"你们占了位置,小蒋往哪放?"对此,陈果夫摇摇头:"这哪是往哪放啊。"

1933 年 5 月的一天,蒋介石突然传令召见陈果夫。作为监察院副院长的陈果夫正在找党内同志谈话,听到总裁要召见的消息,他立即终止了谈话,心想着一定有好事降临,直到蒋公馆。

"总裁,是你找我?"陈果夫气喘吁吁。

"想让你挑担子。"蒋介石很随便。

"什么担子?"

"江苏省主席。怎么样?"

陈果夫没置可否。

---

① 参见李海生、张敏著:《陈果夫与陈立夫》,上海人民出版社 2001 年版,第 305—307 页。

蒋介石开始了攻心:"这可是京官,很多人想去的地方,我没能安排。和你现在的副院长职务相比,虽然职务有些降,可是是实职啊。你和立夫都是在机关长大,没有地方工作经验,到头来总要吃亏。到地方干得好,升迁也快。"

蒋介石说到这里,陈果夫有些动心。实际他考虑更多的是职务的升迁。如果是先降后升,吃小亏占大便宜,那样他也认了,于是他立即向蒋回话说:"感谢总裁的信任,我应该下去锻炼锻炼,争取干一番事业,过总裁的考验关。"

"这就对了。"蒋介石哈哈地笑起来:"是的,就要干一番事业来,我祝贺你。"

"什么时候报到?"

"不要急嘛。什么时候下令什么时候报到。"

"好的。"

应该说派陈果夫到江苏省任政府主席,是蒋介石想法赶走"二陈"的第一步棋。从 1935 年起,蒋介石便对"二陈"起了疑心,想方设法在党内给陈氏兄弟物色对手,并不断调整"二陈"的职务。同时也加紧了对蒋经国的栽培,目的是他要搞蒋家天下蒋家党。

陈果夫在江苏省主席的位置上带病工作了五年,仍不见蒋把他调回南京。开始时,他还踌躇满志,时间一长,他不着急,别人倒替他着了急。最着急的还是陈立夫,陈立夫在蒋介石面前几次有意把话题扯到兄长身上,而蒋介石就是金口玉言,避而不谈。这使陈立夫大伤脑筋。

一天,兄弟二人见了面,讲起这事,陈果夫问:"老蒋没表态?"

"不是不表态,人家是有意回避咱们。"

"不行,我就打辞职报告。我这病也难坚持。"陈果夫说完把一大把中药丸子直往口中倒,然后用水冲下。陈立夫看着骨瘦如柴的兄长,眼泪一下子夺眶而出:"大哥,我看就写报告吧。还是保命要紧。"

"好吧。"陈果夫不情愿地说。

再说蒋介石看到了陈果夫的辞职报告,挥笔批道:念果夫苏政五年,带病工作,政绩突出,考虑其身体状况,准予辞职。

无官一身轻。陈果夫卸任的第二天,还没有容对方来得及开欢送会,他就乘上西去的汽车前往安徽省的安庆,然后再到九江,与他先前离开南京的夫人朱明、父亲陈其业、弟弟陈立夫等人会合。他们游了九江,九江的雾大,看不清庐山的真面目。接着他们又乘船西上到了武汉。日军轰炸向纵深推进,武汉告急,他又迁移长沙,最后到达陪都重庆,与国民政府会合。

应该说这一段时间,陈果夫主要是养病治病,由于休息较好,身体渐渐地恢复。对于离职,他曾做过将来任职的预想,他也企盼着预想的到来。话说这天,陈果夫正在林园二号与一帮朋友下棋,他的秘书走过来,把一纸命令递给他。他看了半天,怎么也没有想到,蒋介石会委任他为中央政治学校代理教育长。又是一个没想到,他到一所学校管教育,教育长还是一个代理的。

军人天职是服从。陈果夫硬着头皮到了职。他寡寡不欢,但又是木已成舟。经过五年的地方的锻炼,克勤尽职,本想回中央担任要职,哪里想到,离了中央,去了无职无权无势的学校。这时,他才回过点儿味来,仿佛是吃了一只绿头蝇一样,感觉上了蒋介石的当。蒋介石说话不算数,不该当初轻信蒋的话。越想越生气,陈果夫在教育长的位置上又住了一次院。出院后,他仍敬职敬业地工作,决心把学校工作上一个新台阶,以挽回总裁对自己的不公。

可是陈果夫错了,也太天真了。蒋介石真正把他赶出了中央,就不会也不能再回到中央。按照蒋的观点是离中央越远越好。

此时此刻的蒋介石正酝酿着一场更坏的阴谋,把陈果夫赶到更远的边省去。

时间到了1938年的秋天,蒋介石再次传令陈果夫,商谈任职事宜。

陈果夫怀疑自己的耳朵听错了:"到甘肃省任主席?"

"不错,是甘肃。"蒋介石说:"甘肃是个大省,又是个穷省,更需要有才能的能打开局面的人。中央研究来研究去,认为你较为合适。"

"我……"陈果夫大吃一惊:不要说上中央了,甘肃还比不上江苏呢!他实在想不明白老蒋卖的什么药。对于身前这位蒋总裁,顿时他感到既熟悉又陌生起来。

蒋介石开导说："越是艰苦越是锻炼人的地方。中央在考验你。"说到这里，蒋介石揭老底地说："想当初，到江苏任职时，你不像今天啊，那时你爽快得很。"

"此一时彼一时，容我考虑考虑。"陈果夫做了推辞。

陈果夫一连想了好几天，终于找了一个冠冕堂皇的理由回敬蒋介石。他说："现在抗战方兴，最好此时不更换甘肃省主席，军政仍应该统一，更要考虑新疆盛世才的猜疑。"

蒋介石知道陈果夫是不想去，但他说得又有道理，只好放弃此议。

但蒋介石赶陈果夫离开中央的念头一直没有打消，此后，蒋介石又几次劝陈果夫下去当省主席，陈果夫均以身体不好为由加以拒绝。

时间到了1943年的初春。油菜花开，蝴蝶采蜜。

蒋介石再次召见陈果夫，先问身体如何，再谈工作。

陈果夫回答："身体还可以，我的病得到控制。要彻底好，看来希望不大。因为这病不是一时半会儿得的。"

"身体是第一，工作是第二。"蒋介石说到这话锋一转："最近浙江主席黄季宽打了辞职报告，不知你听到没有？"

陈果夫心里纳闷儿：此事与我无关，老蒋问我干什么？便说："我是有病在床，消息不大灵通。"

蒋介石继续说："浙江是我们的家乡。浙江好比一国，浙江的建设如何，不光是家乡的问题，也是一国的问题。我想让你挑这个担子，不知你意下如何？"

谈来谈去，还是到省里工作，陈果夫打心里很烦，立马就不高兴了，接着说："现在可当主席之人不少，我身体尚未痊愈，此时去此职，身体怕是受不了啊。"

蒋介石不高兴了："果夫，你受命组织部长时，可是欣然接受的啊。"

陈果夫解释道："在中央工作，担子轻些，可以照顾我的身体。下面可就不一样了。"

蒋介石一听火更大了："你做地方事做得好，在中央做不好。"

　　陈见蒋翻了脸,也忍不住了,多年的积怨一并火起,他提高了声音道:"中央的事我做不好,请问委座,现下中央谁做得好?"

　　蒋介石被问得哑口无言。

　　应该说这是十多年来陈果夫第一次顶撞蒋介石。蒋介石面子上过不去,拂袖道:"这不去那不去,你陈家的事我管不了!"

　　此事不了了之。

　　吵了一架,也使陈果夫头脑清醒起来,蒋介石之所以千方百计地把他挤出中央,是为了扶植太子蒋经国,变着法儿地削弱 CC 派的势力,越是这样,陈果夫就千方百计地赖在中央不走。老蒋也拿他没办法。

　　吵了一架,心里也出了一口恶气,陈果夫觉得痛快不少。但是想起二十多年蒋陈友谊,也着实让他留恋。于是一幕幕往事在他的脑海里翻来覆去……

　　爱子之心,人皆有之。那时,老蒋在前方打仗,他把经国从家乡弄到上海上学,并托付给陈果夫照顾。陈果夫又当爹又当妈,百般呵护。蒋介石也不客气,今天写信明天写信,要这要那,陈果夫一一照办。

　　1923 年 2 月 28 日,蒋介石写信给蒋经国说:"每月可于果夫哥哥处,挪零用钱三元,如果想买各种书籍,并与果夫兄商定为要。"

　　9 月 4 日,蒋介石又给蒋经国写信说:"如有信件可托果夫哥哥写个信封寄出,你弟(纬国)处应常通函问候。"

　　9 月 13 日,蒋介石给蒋经国信中说:"再嘱你请果夫哥哥寄陈舜球银20 元,给其做学费。"

　　9 月 14 日信中说:"我上次托果夫转交你的信,想已收到了,我在这里很好,勿念。"

　　10 月 13 日,又写信说:"你有空闲的时候,可以托果夫哥哥拣几本小说看看。但小说不能做正项功课,只可算是解心郁、发性灵的读物。"

　　蒋介石把在上海的财产也托陈果夫代为保管,甚至把自已 1000 多两银子的一个存折,也交给了陈果夫。

　　1926 年,蒋介石第一次东征后,编写《曾朝治兵语录》,邮寄上海,托陈果夫付印。

由此可见,这些年月,蒋陈可谓相交莫逆,情同手足,陈果夫也不负蒋之重托,对蒋经国关怀备至,体贴入微,尽了义务和责任,蒋经国也是感激涕零。

蒋介石不忘陈果夫照顾蒋经国之恩,对陈果夫的身体也倍加关心照顾,这一点,陈果夫当然心里也十分明白。

1943年夏,陈果夫肺病加重,蒋介石每天派人送去牛乳两磅,供陈果夫营养身体用。

1948年7月,陈果夫去上海为吴倚沧治丧,由于连日辛劳,以致肺病发作,吐血不止。蒋介石又派人专程看望,并嘱咐他悉心静养。

陈果夫的病情加重,吐的多是淤血,新药国内少,他打听到有一种叫牛儿海蒙柏拉斯丁的止血好药,四处托人买,怎么也买不到,蒋介石听说了,让宋美龄到中美陆军医院去想办法,又派蒋纬国向美军索取。对此,陈果夫当然感激不尽。

1948年10月9日,陈果夫过生日,许多人送来了生日蛋糕和花篮,人来人往,热闹非凡。9时许,蒋介石和蒋经国也来了,在陈果夫家待了一刻钟才走。一是来祝贺陈果夫的生日,二是来看望陈果夫的病。

蒋介石说:"果夫今日面色尚好。"

陈果夫说:"面色好是因病中特别维护肠胃。肠胃之消化系统,犹之国家之经济机构,经济健全,所以虽有病,气色仍好。"

蒋介石笑笑说:"果夫真是久病成医啊。"

陈果夫听了也苦笑起来。

蒋介石又询问:"用中医治,还是用西医治?"

陈果夫说:"现在用西医,将来培补时需要中医。"

蒋介石说:"还是西医可靠。"

陈果夫说:"就是西医不能做整个计划。"

从中,不难看出蒋、陈的亲密关系。

且说蒋介石为了修补他与陈果夫的关系,就在"顶牛"的第二年,也就是1944年春,组织部长朱家骅下台,留下了空位,蒋介石为了安抚陈果夫,让他暂任组织部长,由于陈果夫身体不佳,年底便由其弟陈立夫改任。

卸任后的陈果夫便去担任一些无关紧要的虚职。用他的话说:顾问顾问,能问就问;代理代理,光代不理。于是抱病投入他的桃花源中续写他的《新桃花源记》了。

到 1948 年时,他的《新桃花源记》就写不下去了。因为我解放大军的炮声隆隆,打破了桃花源本来的宁静。

一天,夜黑如墨。阴森的天穹下着秋雨,宛如大自然的乐曲,如歌如诉,美妙绝伦。位在林园中的陈果夫的别墅,正好处在这种大自然音乐的包围中。

陈果夫对沙沙的秋雨声常有亢奋感。可是今夜的雨声已使他亢奋不起来了。陈氏兄弟围着一台老式落地收音机,在静静地收听着来自中国人民解放军的前方战场报道……

我人民解放军在辽沈战役结束、淮海战役正在胜利发展之际,东北野战军和华北军区第二、第三兵团共计 100 万人,联合发动了平津战役。平津战役历时 64 天,共歼灭和改编国民党军队 52 万余人,基本上解放了华北全境。在绥远,保存下的一部分国民党军队,经过相当时间,在董其武将军率领下通电起义,接受改编。这样,对今后如何解决国民党军队便有了天津、北平、绥远三种方式。

辽沈、淮海、平津三大战役,无论是战争的规模或取得的战果,在中国战争史上都是空前的,在世界战争史上也是罕见的。这三大战役从 1948 年 9 月 12 日开始,至 1949 年 1 月 31 日结束,历时 4 个月零 19 天,共歼灭国民党军队 154 万人,使国民党赖以维持其反动统治的主要军事力量基本上被摧毁,为中国革命在全国的胜利奠定了基础。

三大战役的胜利,是人民战争的伟大胜利。

又有消息说,当人民解放军渡江作战的时候,侵入中国内河长江的"紫石英"号等英国军舰先后驶向人民解放军防区,妨碍渡江,双方发生武装冲突。英舰开炮打死打伤人民解放军 252 人。"紫石英"号被人民解放军击伤停搁在镇江江面,其余三艘英舰逃走。事后,英国政府声称"英国军舰有合法权利在长江行驶",保守党领袖丘吉尔甚至主张派出航空母舰到中国海上"实行武力的报复"。中国人民解放军总部立刻发表声明,严正指出:"中国的领土主权,中国人民必须保卫,绝对不允许外国政府来侵犯。"这个声明,表达了中国人民不怕任何威胁、坚决反对帝国主义侵略的正义立场,使长期以来饱受帝国主义欺压的中国人民感到扬眉吐气。它表明,外国侵略者依仗他们船坚炮利在中国领土上横行不法的时代已一去不复返了……

由于形势所致,陈氏兄弟时常有收听"敌"台消息的习惯,他们在时刻关心着全国的局势。新闻一结束,陈果夫起身把旋钮关上。两人坐在客厅,又是一阵沉默。

陈果夫神色沮丧。

陈立夫说:"大局已定,全国赤化只是时间问题。"

陈果夫道:"我也有这种预感。"

"我想大哥先撤一步,我随后就跟上。"

"往哪撤?"

"按老蒋的计划,去台湾呗。"

"好吧。"陈果夫叹了口气:"屋漏偏遭连阴雨。最近我这不中用的身体也大不如前。"说完他剧烈地咳嗽起来。陈立夫慌忙给他捶背,一口痰喷吐出来,竟带有大片血丝。

"大哥,你得看病啊!"

"是的。"接着又是一声巨咳,便是血浆。

也许是耐不住疾病的痛苦,也许是不忍看到共产党的大炮打到上海,1948 年 11 月 15 日,"不能打算私事"的陈果夫,终于拿起笔,给蒋介石写信,提出离开上海到台湾养病。

蒋介石见陈果夫确已到了苟延残喘的地步,况且也好借此机会把他踢出政界,没加任何犹豫,当即批准。

陈果夫经过一段时间的清理财产,于 12 月 6 日晚上,登上中兴轮,前往台湾。

前来送行的有弟弟陈立夫和 CC 系的头头脑脑们。

　　陈果夫望着上海滩的万家灯火，望着上海城参差巍峨的楼宇，禁不住涌起一阵悲凉与酸楚，此次离开上海，何日再返回呢？十年？八年？也许是一辈子也回不来了。

　　陈立夫见陈果夫满脸的凄凉，也禁不住触景生情，想到了自己的命运，他强装笑颜地对陈果夫说："上船吧。到台湾后好好静养身体，免得小弟牵挂。"

　　陈果夫长长地叹了一口气，无限惆怅地道："人生如梦，往事如烟啊，曲直是非，自有后人评说，人命天定，何必自寻烦恼，还是自我珍重，颐养天年吧。"他朝陈立夫双手一抱，轮船启动了。

　　望着远去的轮船，陈立夫心中也涌起一股无名的惆怅。

　　1949 年 10 月 1 日，毛泽东在天安门城楼用他那浓郁的湘南口音庄严地宣布：中华人民共和国成立了！誓与共党为敌的陈立夫，看不到一丝希望，在蒋介石先他而逃的情况下，一个黄昏，他也匆匆忙忙地上了飞机，还没有容他落座，飞机已经发动升空。别了，大陆！别了，故乡！

｜　陈氏兄弟双双"出局"

　　1950 年 3 月，共和国迎来了第一个艳阳春天，而龟缩在海岛的蒋介石是一脸的沮丧。痛失大陆的心痛，使他痛下决心，决不食言，重新规划台湾的明天。要建设好明天，首先要总结经验，加强党的改造。一旦提到党务，蒋介石就要骂娘。在一次党的改造动员大会上，他公开点名批评陈氏兄弟，辜负了党国的希望。

　　他的批评要点有二：一是国民党在大陆的失败，本质上是党本身的失败，而党的失败是"二陈"直接造成的，必须承担应有责任。二是党的改造就是告别过去，刷新政治，"不能再见党内派系倾轧、人事纷争的现象。我们党员不能再有败坏纪纲、藐视组织的行径；我们不能容许过去招致大陆沦亡的一切观念、行为和作风，用到台湾来，瓦解我'中华民国'最后的基础，使其重蹈大陆各省的覆辙"，而要做到这一点，清算历史、改变现状、创造未来是贯通的。

会后,"二陈"也挂不住脸面了,感到了问题的严重性。"二陈"一商量,认为是老蒋赶走他们的信号。人贵有自知之明。于是"二陈"萌生了引咎而退的念头。据萧铮回忆:"某日总裁曾单独召见立夫兄,谈及党的问题,立夫兄谓大陆之失败,党政军三方面均应有人负失败责任。党的失败,伊与果夫先生应负其责,故嗣后改造,伊与果夫先生不宜参加云云。总裁闻之默然。"

1950 年 7 月 26 日,蒋介石在台北宾馆举行茶会,会上宣布了酝酿已久的中国国民党改造方案,以及由陈诚、张道藩、谷正纲、蒋经国、沈昌焕、连震东、张其昀、陈雪屏、胡健中、袁守谦、崔书琴、谷凤翔、曾虚白、肖自诚、郭澄等 16 人组成的"中央改造委员会",8 月 5 日,"中央改造委员会"正式接替原"中央党部"职权,挂牌办公。自此,控制、操纵国民党党务长达 24 年之久的陈氏兄弟,首次双双出局,并且随着撕落的日历,被丢入了旧朝遗老的行列。

应该承认,蒋介石为了争取民心,取悦舆论,确实惩治了一些国民党内的腐败分子,但充其量只是抓获了几条"小鱼",像孔宋这样的大鱼,颠颠地跑到了美国,安享清福,蒋的动静再大,也鞭长莫及。

其实,醉翁之意不在酒,整肃本是个幌子,明眼人在说,目的在于为儿子蒋经国清除路障。1950 年 6 月,即改造运动开始的两个月,蒋介石以"勾结匪党,煽惑部队叛变"的罪名,枪毙了二级上将陈仪,用血腥的方式,拉开了"整肃"失职的党、政、军高级官员的帷幕。随后,黄埔、CC 的大佬们一个个成了刀下鱼肉,任人宰割。1952 年 10 月,整党工作大功告成。蒋经国的党内地位迅速抬升,一跃成为国民党内仅次于陈诚的巨擘。而向以主持党务为荣的 CC 团,却几乎全军覆没。

陈果夫之死

1951 年 8 月 25 日 16 时 52 分,当时钟的指针在这刻停留的时候,陈果夫经过痛苦的挣扎,终于闭上了双眼,享年 59 岁。

先是传来妻子朱明的哭声,继而是儿女们的哭声。

他身后留下了妻子儿女,留下了无限的遗憾:为什么不早不晚,偏偏死在来台后的今天? 如果再早一年,他可身葬故乡,如今却是另说了。

陈果夫从政 20 多年,虽然也从事过金融,搞过合作,但是四面徒壁,两袖清风,晚年的吃药看病都成了问题。妻子朱明流着泪在诉说:说起来谁也不相信,我们家老陈干净,干净得晚年吃不起药。我们的积攒全用在了老陈的药罐子上去了。我们初来台中市时,住房还借租台中市长的。想搬出来找大一点儿的房子,竟怕交不起房租。

因为医疗费太高,在台中时竟拮据到无钱住院吃药的地步,死神却一步步向他逼来。万般无奈之中,陈果夫只好给台湾交通银行总经理赵棣华写了一封信,向他要交通银行董事应付给的车马费。

陈果夫的经济状况传到了 CC 大将洪兰友的耳朵里,他很同情陈果夫的遭遇,无奈之下,自己手中又不掌管经费,便及时向蒋介石作了汇报。蒋介石得知此事,遂命令俞鸿钧从台湾农行支付 5000 银元给陈果夫作医疗费,才算解决了困难。陈果夫虽然得到了蒋介石的资助,但毕竟是杯水车薪,无法满足陈果夫长期治病的开支。迁到台北以后,陈果夫又面临经济拮据,但是不论什么人来看他,问他是否需用钱,需不需要资助,他一概说不用。

陈果夫在生命有限的时间里,仍然坚持读书与写作,三天内看完《现代科学丛刊》30 余册,除写了《老爷歌》《太太歌》聊作消遣以外,7 月 30 日在病床上完成了《老病人谈中西医》,这是他最后的著作。8 月,编辑《求是集》,内载最近作品及早年著作,共 66 篇,为短篇文集,尚未完稿,原定于 66 岁生日出版文集,已组成编辑委员会,也得到了陈果夫的允许,谁知,他却没有等到出版这一天。

据《陈果夫日记》载:7 月 15 日这一天,体温高,而且"脓愈多,以及亦兼弱,自 12 日起,自吴迪、林茂生商定用 PAS,一面服,一面由旧创口射入,每针药水原为 10CC。但初次仅打 2CC,约 30 分钟后,咳嗽味苦,可见其人空洞矣。14 日注射 4CC,约 10 余分钟,咳嗽甚烈,吐出苦水苦痰,有时几乎喘不过气。"

8月18日,经医生用X光拍照,证实结核杆菌已由左肺侵入右肺,并由右肺侵入血管,再由血管进入脑后,其生命已经处于垂危之际。

这天,陈果夫仍坚持写日记:"今天我的肋膜炎原与骨不通,故外面可以封口,自三十七年大吐血之后,内外相通,致封口有影响于内部。今后的确比以前为难也。"

陈果夫知道自己剩下的时间越来越少了,一种"自觉死生忙"之感悄然而起。

临死之前,陈果夫仍然关心着国民党的前途及台湾的政局,他将自己长期思考的对政治、社会、人生的各种意见集中起来,挣扎着起床,由人搀扶着,写在纸上,名为"诤谏之文",派人呈交蒋介石,以表明他对国民党和蒋介石的忠心。

"人之将死,其言也善,鸟之将亡,其鸣也哀。"病入膏肓的陈果夫不顾死神一天天靠近,不遗余力地倾吐着他对国民党对蒋介石的"善言"。

8月25日上午,陈果夫病势急转,体温骤然增高,口中发出呓语,好像要说什么,但什么也说不出来。

到下午2时后,便进入昏迷状态,体温高达摄氏40多度。陈果夫面色蜡黄,呼吸微弱,口吐白沫,手向空中乱抓。

朱明把身子探过去,抓住他的手,问他:"果夫,你想说什么就说吧,我在这儿听着呢。"

陈果夫喘着粗气,他死死地抓住朱明的手,朱明把脸贴近陈果夫的脸,再一次问他:"果夫,你有什么话要说吗?你的儿女们都在跟前,有话就说吧。"

然而陈果夫抓住朱明的手,嘴张了几次,没说出一个字,又陷入昏迷状态。

应该说打从入台以来,他就觉得一日不如一日。他就强忍病痛,赶着著书立说,诉出心中的苦闷。应该说1950年是他最最难挨的一年,官场上的失意,生活上的窘迫,精神上的打击,再加上陈立夫去了美国定居,真是寂寞无助,孤岛冷月。

不久,又传来了张静江纽约病故的消息。这对他打击不小。想起自己初到上海滩闯荡时,身无分文,是张老的一个烧鸡救了他的命,然后又给他理发、洗澡,买上新衣,后来就搞证券交易所,让他一夜暴富。大革命时期又来往甚密,如今竟先他而去了。他深陷于极度悲痛之中。

陈果夫深陷于极度悲痛之中。他强忍悲痛,支撑起身子,写了一篇《纪念静江先生》的短文,交给国民党《中央日报》发表。

那篇文章见报之后,陈果夫又撑起身子反复读了一遍,读着读着又落起泪来。

医生劝他不要过于悲痛,不然,身体就更加虚弱。

然而,就在此时,又有噩耗不断传来,陈果夫的故友赵棣华、张简齐、俞松均相继离世,有的年龄比自己还轻,却走在他的前面,这就更增添了几分惆怅。

陈果夫知道自己在世的时间越来越短了,便夜以继日地写作,无论医生怎么相劝,他也不听,甚至有时跟医生发脾气,说自己已经是要死的人了,不用再治了。

1950年底,陈果夫终于完成了回忆录之一《苏政回忆》,他似乎轻松了许多,自己觉得精神状况好一些,准备第二天再写其他方面的回忆录。

除夕之夜,爆竹声声,万家灯火。

陈果夫独坐床头,静思默想,许多往事一起涌上心头。

往事不堪回首。

然而,人老了,特别是感到自己已在世不久的时候,越容易怀旧,他想自己的童年,想从政几十年的坎坎坷坷,风风雨雨,想自己的恋爱、婚姻与家庭,想与立夫的手足之情和患难与共。

多少年来,陈果夫早已养成了岁末回顾一年工作的习惯,他有记日记的习惯,不管再忙再累,也总要把一天的事记下来。到了岁末,要写成文字总结。

对于1950年这不平常的一年,该总结的东西太多了,他简直不知从哪些方面开始着手回顾总结。

回首往事,他给自己做了一个大致的总结:

一、住繁华都市多年,尚未入妓院、舞场、赌场之类,为无聊之消遣。

二、管钱始终不将钱作为私有,或为金钱所管,反之愈爱钱。

三、读书未尝为书本所囿,或自以为知足。

四、管人事不作弄人,不私于人,更不自用私人。

五、做官未尝作福、作威、营私或运用政客,作固位之想,及幸进之图,我始终保持平民本色,接近商业工作,自己做到不做生意,不与人谈私利。

六、办党务工作植党之想,办教育亦然。

七、生病能摆脱烦恼,始终抱乐观与进取之心。

为便于延医购药,改善治疗条件,1951 年 1 月 15 日,陈果夫决定从台中迁至台北市。台中市各机关长官,于这天晚上在小北楼三楼礼堂为陈果夫宴饯。

1 月 22 日,陈果夫乘车到台中市车站,送行者约百余人,下午就到了台北市,接站者也约 100 多人,场面很壮观。陈果夫下车后,高兴地和大家握手问候,此时,他的病好像减轻了许多。

陈果夫在台北,住青田街一幢公寓楼,到台北后,医疗条件确实比台中好多了。然而,来访的客人也比在台中时多了。这又不利于他的休息。

台北是台湾的政治中心,陈果夫在政治失意中,觉得不可以像在台中那样随便说话。一天,友人苗培成等来见。老朋友相见,格外亲切,话也投机,气氛很热烈、和谐。

苗培成善开玩笑,在这个时候,更爱逗陈果夫开心,他说:"台中天高!"

陈果夫心领神会,马上答道:"可惜皇帝太远!"

众人大笑。

接着几个人又谈了一些别的话题。

陈果夫突然说:"离开政坛,各位感觉如何?"

苗培成是个聪明人,怕引起陈果夫心中不快而加重病情,忙接过来说:"咱们今天不谈政治。"大家都附着说不谈政治。陈果夫也跟着谨慎起来。

送走客人,陈果夫卧于病榻之上,为使女梅花作《老爷歌》与《太太歌》以资消遣。

《老爷歌》写道:

老爷老,脾气好。

日日夜夜困在病床上,

看书、会客、做文章,

脱衣着衣忙勿了。

有时眯眯笑,

有时嘴巴翘。

撳铃叫我来做事,

还有给我吃糖了。

讲起故事来,

三天三夜讲勿了。

《太太歌》写道:

太太,太太,

难喜闹喧。

性子急,脾气大。

吃饭吃得快,肚子常常要吃坏。

发起火来我顶怕,

高兴起来给我买个洋娃娃。

陈果夫似有返老还童之感,无聊之中变得有聊,这样,确实能够减少一些痛苦,也能帮自己打发一些时间。

4月上旬,他的《苏政回忆》出版,此书以随笔的方式而著。陈果夫在自序中说:"我写这本小册子的动机:一则个人从政的经验,也许有可供今后从政同志参考之处;二则以后我和同志见面时,省得再讲,没有见面的同志,一编在手,亦如和我谈话,尤其从前允许向中央政校同学讲话,正可以此代替,唯延迟十年,殊为遗憾。不幸此十年中间,中国政治进步甚少,此册虽陈旧事迹,或仍可供参考之用……"

《苏政回忆》的出版,确实给病入膏肓的陈果夫带来了许多安慰,此书能在他生前出版,确是幸事。

然而,也有诸多不高兴的事萦绕着他,给他雪上加霜。

6月初,他得知叔父陈英士(陈其美)的坟墓被捣毁,深为惋惜,并大哭一场,悲愤难平。当天,他在日记中写道:

"二叔墓顶之党徽,是我的设计,当时配合角度等颇绅周章。民国十七年,中央常会讨论统一党、国旗格式时,我将我之设计提付讨论,并参照自绘之明信片,乃得确实格式,此有历史价值之建筑,今竟无法保存,殊为可惜。"

陈果夫与叔父陈其美感情颇深,他能追随蒋介石,在国民党政坛生存20多年,应该说倚仗的是陈其美,蒋介石之所以不能轻易踢开"二陈",也在于与陈其美的交情上。

一生风雨坎坷,功过自有后人评说。

国民党蒋介石虽对陈果夫已不再信任,但人死万事休,生前虽未红得发紫,但死后也让他备享哀荣。

蒋介石下决心要为陈果夫厚葬,以慰在天之灵。

陈果夫去世的当天,国民党"中央改造委员会"便成立了治丧委员会,推定73人,又委派CC系骨干洪兰友任总干事。

8月26日,81岁高龄的陈其业从台中专程赶到台北,见儿子先他而去,白发人送黑发人,老人几次昏厥过去。

陈果夫寓所陷入一片悲痛之中。

蒋介石于26日、27日两次到枫东殡仪馆吊唁,他望着陈果夫的遗体,脸上浮现出极度哀痛的神情并几度鞠躬。

人死如灯灭,尚在世间的人恩恩怨怨将一笔勾销。

蒋介石似乎要求陈果夫的在天之灵对他宽恕。

　　蒋介石为了表达对陈果夫的哀悼之情,亲手书写"痛失元良"匾额一幅。

　　27日下午3时,陈果夫遗体入殓。

　　9月15日,蒋介石特颁"褒扬令":

　　　　前国民政府委员、监察院副院长陈果夫,资性弘毅,志行纯笃,缵承革命家风,效忠三民主义,越四十年如一日。溯自民前加盟,先后参与武昌起义暨讨袁、北伐、抗战、戡乱诸役,赞襄缔创,卓著勋勤,中经办黄埔军校,主治淮河水利,敬恭将事,均彰懋绩。嗣更外膺疆寄,内佐铨衡,肃政培才,弥宏实效。对于共匪倡乱,尤能灼识机先,襄力防杜,冒险犯难,弗渝初志。至其匡维礼俗,研考卫生,改革地政,倡导合作,盖画良谟,有裨建国,乃以忧劳,触发旧疾,赍志溘逝,追怀政迹,轸怀弥深! 应予明令褒扬,从优议恤。生平事迹,存备宣付史馆,用彰政府驾念勋庸之志意! 此令!

　　陈果夫生前受到蒋介石的冷落,死后却备享殊荣,对陈氏家族的死者和生者都是莫大的安慰。

　　9月16日,各界借台湾大学法学院礼堂为陈果夫举行公祭典礼。

　　下午3时,陈果夫灵柩被安葬在台北市郊观音山西云寺右侧的一块山地里。这里青松翠柏,云蒸雾蔚,环境幽雅,景色秀美。

　　选择了这块墓地,似乎满足了陈果夫的遗愿。但陈果夫最理想的地方倒是他的家乡——浙江湖州,他生前十分喜欢自己的家乡,曾写过一首名为《故乡》的诗:

　　　　我希望我的故乡,
　　　　山河无恙;
　　　　我希望我的故乡,
　　　　人文发扬;
　　　　我希望我的故乡,

　　腥膻洗尽，

　　从此无人敢侵略；

　　我希望我的故乡，

　　爱我如慈母，

　　不让我漂泊他乡，

　　我爱我的故乡，

　　我永远不愿离开，

　　我的故乡。

　　诗行中，跳跃着他爱故乡的故乡情结，诗韵里，寄托着他对故乡的思乡之情，只可惜，就像他不能选择自己的生与死一样，他已没有权利回到自己的故乡了。这对陈果夫来说，不能说不算一件遗憾终生的事。

尾章　海外拾零

｜　陈立夫定居美国

　　且说蒋介石在龟缩海岛后的日子里,他以党的改造为名,大开杀戒,剪除异己,搞得人人自危,鸡犬不得安宁。这时,不少人跑了,有的人从地球上消失了。陈立夫的命运也不例外,他和长兄不但被挤出政坛,同时还受到责难。

　　与其长兄陈果夫相比,陈立夫毕竟还是位少壮派。对于自己的政坛出局很是想不通。他躺在床上不吃不喝,只是唉声叹气,到了第三天,可急坏了他的夫人孙禄卿。孙也是大户人家出身,吟诗作画,描龙绘凤,样样皆通。她见丈夫三天不吃不喝,十分着急。大哥果夫有病,不便行动,她便请大嫂朱明,来到家里,好一阵开劝。

　　"大弟,你这不吃不喝可是病啊。你大哥可不像你这样,人能进也能退,人家可想得通。天底下的事,哪能事事如意呢,就像自己的五指一样,伸出来也不一样长。让我说啊,你是一辈子没受过委屈,受一点儿委屈就不行。那老百姓天天受委屈,日子就不过啦?"

　　朱明一阵机关枪似地打去,陈立夫翻了个身坐起:"大嫂,不是我们男人受不了委屈,事情不是那回事。"

　　"反正我是看你们陈氏兄弟失落了,心里有气不成。要我说,你们优哉游哉惯了。"朱明又道:"天天管人,不能叫人管你一天。"

　　"好,今天我受嫂嫂管。"

　　"管,就要听我的,是吗?"朱明问。

　　"是。"

　　"人是铁,饭是钢,先吃饭再说。"

就这样陈立夫算是进食了。夫人孙禄卿对嫂嫂充满了敬意。

当晚,孙禄卿对丈夫说:"我知道你要强。你是鹰,有时候鹰是比鸡飞得还低,但鸡永远飞不过鹰高。"

陈立夫点点头会意地笑了:"把那话写出来,供我戒免。"

孙禄卿笑了:好,我为你写首诗吧。

于是,陈立夫展纸,孙禄卿挥笔写道:

> 争名夺利几时休,
> 起早眠退不自由。
> 身骑驴骡望骏马,
> 位居宰相望王侯。
> 不愁衣食担劳碌,
> 哪怕阎王就取钩。
> 续子荫孙图富贵,
> 更无一个肯回头。

陈立夫细细品来,正润心田。陈立夫感谢地望着夫人,使他感到熟悉又陌生。

孙禄卿见陈立夫情绪好转,及时开导说:"我们都是身埋半截土的人了,什么看不透,何必为名而活,何必为名所累,一切都是身外之物。"

"身外之物?"陈立夫有些激动了,"我为党国呕心沥血20余载,没有功劳也有苦劳吧,到如今却被蒋一脚踢开,公理何言?"

"事到如今,你应该看破红尘了。既然你知道蒋家的为人,还争一席委身之地干什么?有人说,少年气盛要争名,中年养老要挣钱,老年长寿要保身。我但求我俩一个好身板,安度晚年。"

"夫人言之有理。"陈立夫叹了一口气:"唉!安度晚年?如果在台北,恐怕不会有好的晚年可度哇。"

孙禄卿说:"你觉得这里不好,那咱们远走高飞啊!"

陈立夫展眉一惊:"远走高飞?"

孙禄卿道:"对,咱们远走高飞。你想想,宋子文走了,孔祥熙走了,他们是发了国难财以后,在国民党危急时刻走的。我们一生清正廉洁,上不愧党,下不愧民,中间不愧自己的良心,而且我们一直追随着党,最后是蒋家抛弃了我们,我们走到哪都心安理得,踏踏实实。"

"是啊。"陈立夫眼睛一亮。

孙禄卿又道:"我已订好了机票。"

陈立夫再次睁大了眼睛:"真的?"

"我还能骗你。"夫人的口气很肯定:"我是想开了,为了你的身子,必须躲得老蒋远远的,这叫眼不见心不烦。"

"我才服了,知我莫如妻。"陈立夫由衷地笑了:"什么时间的机票?"

"两周后吧。"孙禄卿给陈立夫整了整衣服领子,又帮他理了理蓬乱的头发:"所以,用不着愁眉苦脸,茶饭不思,也许我们后半生过回老百姓的日子,更有趣味呢。"

陈立夫点点头。

孙禄卿高兴了:"今晚你可以睡个好觉了。"

陈立夫笑笑:"是的。夫人想得太周到了。我想到的夫人想到了;我没想到的夫人也替我想到了,我嘛,还有什么后顾之忧呢?"

两周后,陈立夫和家人登上了飞往纽约的航班。恰在上机前的一个小时,蒋介石派秘书送来了5万台币。这叫陈立夫不知是感激还是拒绝。据有人风言风语,说是老蒋怕陈立夫出走犹豫不决,才故意送来的,实际这是买路钱。成也萧何败也萧何,陈立夫此时此刻不知说什么才好。

机场上没有鲜花,没有人送行。

天空中,有一块乌云,遮住了明媚的阳光。

机场上空,有一只掉队的大雁,扇动着双翅向南飞去,同时还不时地发出啊啊的叫声。触景生情。陈立夫感到自己多像那只南飞的孤雁啊。这时飞机升空,陈立夫望着机场中的指挥塔尖,然后整个台北尽收眼下,泪水夺眶而溢。先前他从大陆飞往台岛,今天又从台岛飞往大洋的彼岸,故乡越来越远……

| 养鸡专业户

陈立夫到达纽约后，在朋友们介绍下转车到了美国新泽西州的湖林镇。

这是个美丽的地方，依山傍水，山水相映。当时的湖林镇还未开发，生态原始，不是桃花源胜似桃花源。陈立夫和家人用了平生积蓄，再加上蒋氏送来的那 5 万元钱，买下了一个山头，再建房子，便定居了下来。随着房子的突起，不久人们便发现这里出现了一家私人农场。农场主是一位很斯文的老翁，他头戴鸭舌帽，一身中山装，英文口语虽不大熟练，但能把意思表达出来。他每天开着一辆老式汽车，悠然自得地跑来跑去，一天到晚不得闲，脸上还老挂着笑容。

半年后，湖林镇中的早市，又出现了一个吆喝卖鸡蛋的老农，头扎毛巾，一身当地老农的打扮，地道流利的当地话。他身前的几筐鸡蛋，召来了一帮老头老太太们，围着筐子拣鸡蛋，渐渐地密不透风。那老农边称鸡蛋边道："都是自产鸡蛋，多一个少一点儿没关系，都是乡里乡亲的。好，多一点儿我也不拿下了，明天再来。"乐得买鸡蛋的老太太合不上嘴："明天一定来买，同时还叫上妹子来。"

和能生财，童叟无欺。就这样，卖鸡蛋的老农与这里的镇民成了好朋友。从此老农停止吆喝，每天把鸡蛋筐一卸，就会召来一群人，不到一个小时，鸡蛋准能卖完。

有一天，不知是谁传出来了，说卖鸡蛋的老农正是旧中国官场的大佬陈立夫，惊得买鸡蛋的老太太目瞪口呆：原来是他！第二天，一帮老太太为了证实此事，早早地来到早市，等待此人的出现。结果此人不但公开承认自己是陈立夫的真实身份，还说了一席知心话让人深思："以前的高官厚禄是过去，现在我是从零开始，专修心性，刚开始我还不适应，时间长了，自得其乐。"

"修心性，很有意思，我是第一次听说。"一位老大妈说。

陈立夫道："我刚开始卖鸡蛋，手脚不是那么利索，一位少妇等得不耐烦了,说笨手笨脚的还能卖鸡蛋。顺手掏出五元钱,让我先练练手先做。反正什么人都有,是练心性的好机会。说实在的,挣钱不是我的目的。钱有多少够花,修性做人才是最重要。"

"你是怎么想到修心性的?"

"说起这话还有点儿长。应该说归功于我的好太太。"接着陈立夫讲了一个不太遥远而又现实的故事……

任何事都有第一。说起第一次卖鸡蛋,陈立夫做官多年,没有勇气去。夫人孙禄卿没有责备,道:"一个人不管地位多高,都要修身养性。我送给你一本书吧。"

"什么书?"

"《老子》。"孙禄卿随手从书架取了下来。陈立夫惊疑地接过来。

夫人道:"你先静下心来研读。今天我去卖鸡蛋。等回来我们再一起交流。"

"好的,夫人。"

夫人走后,陈立夫静心潜读。渐渐地他读进去了,发现了别样的天地。老子在《道德经》中一字讲得最多,老子说:

> 昔之得一者:天得一以清,地得一以宁,神得一以灵,谷得一以盈,万物得一以生,侯王得一以为天下贞。
>
> 其致之,一也,谓天毋已清将恐裂,谓地毋已宁将恐发,谓神毋已灵将恐歇,谓谷毋已盈将恐竭,谓万物毋以生将恐灭,谓侯王毋已贞而贵高,将恐蹶。
>
> ……

这就是说自古以来得到一的:天得到一,因而清明;地得到一,因而安宁;神得到一,因而英灵;溪得到一,因而充盈;万物得到一,因而苗生;侯王得到一,因而做天下的准绳。

倘若发展到极端,天过度地清明,就怕要消歇;溪过度地充盈,就怕要枯竭;万物过度地苗生,就怕要绝灭;侯王过度地以做准绳而贵且高,就怕要倒蹶。所以贵必定以贱为根本,高必定以下为基础。因此侯王自称为孤家、为寡人、为不毂,这就是以贱为根本呀。

孙禄卿卖鸡蛋回来后,问丈夫怎么理解一和二、贵和贱?陈立夫扑哧一声笑了,说:"我懂了,贵必以贱为本,万物得一,因而苗生。明天我就实践一,第一次卖鸡蛋。"

有了一就不愁二,陈立夫除了养鸡卖蛋,最大的兴趣莫过于著书立说了。于是他忙里偷闲,完成了长篇回忆录——《成败之鉴》。在这部书中,他回忆了自己的政治生涯、人生历程。其中有一部分,是写他在美国湖林镇所经历的艰苦岁月,现摘录如下:

赴美定居后,有许多朋友都从事教职。

当时我是学矿冶的,可教矿冶课,也能教哲学和中国文化。就在此时,我的女儿中学毕业,要去新泽西湖林城上大学,此地是一养鸡中心,也是避寒的所在地,故有许多一流规模的大旅社,它们夏天歇业,冬季生意兴隆,百分之九十是犹太人在做生意。

我有一位朋友胡定安先生,是过去江苏医学院院长,提议到新泽西养鸡,并邀我同去;恰值我女儿也去此地念书,我便答应了一起去养鸡。

在开业之前,我们去看了六个养鸡场,最后选一较便宜者买了下来,成交要付 47000 美元,可先付两万元,其余分期十年给付。

这是一笔大数字,而我只有 4000 元,不得已只好向朋友告贷。

孔祥熙先生很慷慨,答应借我 8000 元,与我合伙的胡先生也只能拿 4000 元,剩的 4000 元还是其他朋友帮忙的。

我为什么要选择养鸡行业呢?因为我想想替政府已工作这么多年,侍候了蒋公和党内外不少人,而竟不受谅解,此后将不再侍候任何人!那么去照料鸡没有这种感觉了。

此时,美国的蛋价很好,故从事养鸡业也颇能赚钱,而半年下来,我们赚了 5000 元。

在美国养鸡,饲料都是用机器定时传送和控制,但我们的农场却用人工,很不现代化及科学化,且饮用水也不够,乃以所赚之钱购买了部输送鸡粮机器和开掘一口深水井,5000元就这么花掉了。

我们共养了5000只鸡,饲养很忙碌,所幸三个儿子都抽暇帮忙,那时我小儿子才8岁,不过,养鸡也有方便的一面,就以饲料来说,只要一通电的话就会送来。

那时我健康良好,100磅的饲料,我一弯腰就能扛起来。甚至过去有的脊背疼宿疾,经养鸡劳动后,也不再有复发的感觉了。

我经营养鸡业是一面工作,一面学习,总算运气好,没碰上如鸡瘟等的麻烦事。

养了三年后,有一次鸡生了喉咙病,那时共有10大间鸡舍,每间饲养500只,计有5000只鸡,如都生起病来,那真会一发不可收拾,幸亏医治得早,传染不普遍,所以并无大碍。

这5000只鸡,若以七折计,每天即可生蛋3500个,可谓利润甚丰。

干哪一行,必须了解哪一行。就拿养鸡业来说,买小鸡也是一项大学问,最主要的是对小鸡能辨别雌雄的问题,因为买了雌鸡才会生蛋,如买来公鸡就亏蚀老本了。通常我们难以辨雌雄,必须专家们以显微镜辨识。出鸡壳的小鸡,在24小时以内他们才能分辨出雌雄来。当然,这也难保是百分之百的准确,偶尔也有一二只看走了眼的,在这方面,日本人很是权威。

天生万物似有一定规律,以鸡的雌雄来说,如有5000只新生的小鸡,雌雄大概各占一半,差不多51%与49%之比例。

小鸡难养,冬天又怕冷,要有保温设备,待慢慢大起来后,并须请专家打针,然后放到屋外,且应严防黄鼠狼类,使蛋能维持一定重量,不使过小者掺杂其中,并加以洗灌,以维护生产品质与信誉。

为保持其新鲜度,须当天装箱,以供收买者取货,就近由新泽西去供应纽约市场所需。

奈何好景不长,待东西高速公路完成通车后,蛋价暴跌,原因为西部地区养鸡,是放饲于田野间,鸡蛋成本低廉,业者用货柜车用冷藏方式，把蛋连夜运往纽约廉价销售，与新泽西养鸡中心竞争蛋市，原有市场大部分被其抢走。

几年以后，使新泽西养鸡场生意冷落，纷纷倒闭。我隔壁是一家犹太人，他很有眼光，告诉我说："高速公路一通，西部蛋源源运来，竞争困难，我们不能养鸡了！"

于是，那犹太人把鸡场断然卖掉。

但我却不敢做此打算，卖掉养鸡场干什么？此时，每个月比过去最少减收 3000 元，生活越来越困难，会用机器不用人工的养鸡业者，还可勉强维持，而人工饲养者便无法维持下去。

开始与我合伙的胡先生在经营三年后已离去，我的大儿子也去念书进修，最后只剩下我的内子及小儿子合力经营，尽管一再节省开支，但还是周转不灵，乃向朋友借贷维持，而我所借的钱，大都言明两三个月一定还，从未失信过一天。

我的养鸡生涯自 1953 年开始至 1961 年，实无法再继续下去，乃不得不关闭养鸡场，结束了为期八年惨淡经营的养鸡业。

"福无双至，祸不单行"，真应验了这句话，就在我关闭养鸡场后，碰上了一桩倒霉的事。

我开始养鸡时，连房舍一并投保 16000 元，现在鸡不养了，保险公司的人因我已有八年的交往关系，便好心地对我说："鸡不养了，何必再保这么多险呢？可以少保一点儿嘛。"

于是，我决定只投保 4000 元。

孰料退保不久，却发生一场森林大火。恰巧，那天我们全家应邀到纽约朋友家做客，火顺风蔓延到我的养鸡场。

我的那片农场共有 30 英亩大，房舍占了三亩地，那时地上落叶遍地，久不下雨，大火就燃烧着落叶一路烧过来。

说来也是不幸中之大幸，就在做客前夕，把我房子四周落叶扫净，不料，竟因此使燃烧未延伸过来，房子乃未被大火波及，而三排鸡舍被焚，只剩下半排鸡房，我一部新坐车，放在饲料室旁边，也烧成灰烬，那是因为去纽约朋友家做客，往返是搭当地朋友的便车去的，故把车停放家中车间里,不料竟遭此意外。

逢此火灾,适值减投保之后,只保了原来的四分之一,因此赔偿也减少了! 此非始料所能及。

1964 年 10 月,那场森林大火,把陈立夫的农场化为灰烬。

正如他在文章中所云:"此非始料所能及。"这场无情的大火,把他平淡的田园生活烧焦了,连同他的十年创业。面对焦土尘烟,面对狼藉一片,陈立夫的心也似乎被烧焦了。

陈立夫后悔自己偏偏在这一天去纽约朋友家做客。

孙禄卿安慰他:天灾人祸,谁也躲不过。

陈立夫又后悔自己不该提前退了 12000 元的保险金,不然会减少一些损失。

儿女们劝他:钱财是身外之物,只要没烧着人就算是幸事。

陈立夫曾一度情绪低落,在政坛上失意被迫远走他乡,原想在平淡无奇与世无争的田园生活中得到一些慰藉,谁料,躲过了人祸,又遇上天灾。

大火后,有人建议陈立夫把地皮卖掉。陈立夫经过再三考虑之后,没有那样做,尽管 30 英亩土地能换回不少的钱,完全能够挣回这场大火造成的损失,但他不想那样做,他反倒把眼光放得更长远。

当时,陈立夫的长子陈泽安在威斯康星大学已获博士学位。次子陈泽宁也完成了博士学业,服务于电子公司。女儿陈泽蓉虽在念大学,但已结婚,搞半工半读,不需家庭负担,老四陈泽宠在普渡大学研究所攻读航空工程,也即将毕业。

他的儿子们早就希望父亲能放弃农场,与他们一起生活。这次,儿女们知道农场失火后,都纷纷要求陈立夫夫妇到他们那儿去。

陈立夫知道儿女都很孝顺,也有能力养活他,让他安度晚年,但他不想去和儿子们一起生活。陈立夫过惯了这种"晨兴理荒秽,戴月荷锄归"的田园生活。失火后不久,陈立夫又开始挥锹,整理荒地,盖起了房舍,并重新买了少量的鸡来喂养。同时,他们还在家中做起了皮蛋、咸蛋、豆腐乳、粽子等副业,将这些产品运到纽约,卖到那里的华侨餐厅。

就这样，陈立夫夫妇又开始了新的生活。

｜ 返台定居

花开花落，岁岁重阳。

时间到了 1966 年 9 月，陈立夫平静的生活又添波澜。

这天陈立夫正在书房看书，大孙子喊着"爷爷、爷爷"，像只小鸟飞进了陈立夫的书房。

"什么事啊？我的乐乐。"陈立夫停下看书，把头转过来问。

"信，你的信。"

陈立夫接过信，和乐乐亲吻了一下，道："玩去吧。"乐乐高兴地跑走了，陈立夫展信阅读起来。

信是蒋经国来的，大意是说，明年是父亲蒋公的八十大寿，准备要好好庆贺一番，父亲还惦记着你，让我写信，一是邀请你们全家返台定居，二是参加父亲的八十大寿庆典。

面对着新的波澜，夫人孙禄卿说："我也拿不准，不行开个家庭会吧，听听孩子们的意见。"陈立夫也称好。

陈立夫与孙禄卿共生育三儿一女，并且皆以成婚。他们意见像事先商量好的似的，一致不同意父亲回台定居。理由是这么多年都过来了，生活安定，全家和睦。孙禄卿也说，孩子们一个个事有所成，都很孝顺。我们也能老有所养，要我说就不必回台定居。

开完家庭会的这一夜，陈立夫睡不着觉了，往事一幕接一幕地回忆起来，乃是一部理还乱、剪不断的蒋陈情结……

1951 年长兄陈果夫在台逝世，蒋介石来电传报噩耗，没有允许陈立夫返台吊唁，铸下陈立夫的终生愧疚；1961 年 2 月，父亲陈其业病危，蒋介石又发来电报，允许陈立夫回台探望。他到达台北松山机场的时候，蒋经国、陈诚、朱家骅、李石曾、莫德惠、陈启天、孙亚夫、黄国书等到机场迎接。面对着这些军政大员，面对着这沸腾的场面，陈立夫激动得流下了眼泪。想不到自己在政治上失意离台十年，在美一直过着隐居生活，清心寡欲，不问政治，而一朝回台后，却受到如此隆重的欢迎，真有受宠若惊之感。第二天，他就去拜见了蒋介石，蒋介石十分客气，亲自给他倒茶，询问了他在美的生活，言语间透着关切之意，只是闭口不谈政治。告别时，蒋介石送他到了府外，挽留他在台多待几日，既来之则安之，走走转转，访亲问友，多年不见，肯定要有话说。

陈立夫也满口应承，但静静地思忖，便咂出了蒋的话中有话，其实是提醒陈立夫不要涉足台湾政事，因为蒋经国的根基还需培植。随后陈立夫又对媒介进行观察，发现自己返台的事，各大报纸反应冷淡，正像《公论报》的概括所云："新闻界对陈氏行踪及尊翁病况略有报道外，其他甚少评论。以陈氏过去之显赫，受其扶掖提携者自不乏人，似不应相喻于无言中，显出如此寂寞。尤其与陈氏关系极深的中央报，竟无一词一字欢迎之意，不得不令人有冷暖炎凉之感。"

陈立夫揣摩清楚老蒋的心思，明白台湾不宜久留，他一待父丧完毕，旋即返美，许多本应由儿子料理的后事，都托付给了亲戚朋友。后来，他在回忆录中说："因有人怕我被总统留台任职，颇有疑虑，故以早离为宜。""父亲丧事，全赖在台友人料理。"因此，每每想到"台湾"二字，总觉得于"孝"、"悌"有愧，心里不怎么好受。

陈立夫偕夫人在台湾住了 42 天后，便乘机飞日本，从日本取道回美国。

陈立夫离台后的情形，台湾的有关报纸作了专门报道：悄然离开台湾的陈立夫，16 日到达东京之后，显然的，他的心绪大为轻松下来。

4 月中旬以后的江户风光，虽然那些急性的早樱和垂樱，大多已经谢了春红，但是晚开的八重樱，配合着暖和如醉的仲春天气，却仍然保留着几许旖旎。

陈立夫心绪转为轻松，当然，不单纯因为他走进了一个春光明媚的世界，实际上，他从严肃的居丧期间以及 42 天台北那股紧张的政治空气中摆脱出来，一种自然的生理反应，也应该舒畅地深吐一口气的。

然而，真要决意不回台湾吧，根性上的切断、忠道上的失落，更让他深感不安,于是又想蒋介石以前诸多的好处,尤其是鸡场那场大火,老蒋得知后,慷慨解囊,给靠借钱度日的陈立夫莫大的慰藉,他在回忆录中写道:"幸在此期间,蒋公了解我的困窘,虽然我从未张口,他却每年总有一两次寄来二三千元,几乎成了我偿还借债的固定来源,不啻是雪中送炭,我很感激蒋公的关怀。"1963年来,陈诚淡出政界后,蒋家子承父业的格局基本稳定下来,蒋介石频频发来信息和信号,多次让蒋经国给陈立夫写信,许以"联合国大使"、"驻日大使"、"考试院院长"、"西班牙大使"、"希腊大使"等头衔,请陈立夫挑选。此时陈不问政治的决心弥坚,对上述安排一律不感兴趣,虽说拒绝得很爽快,心里的感动却没有减少,如今追忆起来,还真有点儿苦尽甜来的感觉。

他觉得,这次蒋邀他返台是真心实意的。人与动物的最大不同就是具有感情。陈立夫是那种注重感情的人。总之,拗不过情理的作祟,陈立夫撇开子女的反对,坚持走自己的路,于1966年10月26日回到了台湾。

在台北松山机场,他和夫人孙禄卿一下飞机,欢迎的人群如海,人们手中的鲜花向他晃动。更显眼的是,那人群的海洋中有一幅标语:"欢迎陈立夫回台定居。"人们向他挥手。陈立夫挥着帽子向大家招手致意。

下机5分钟后,陈立夫夫妇便离开检查室,可是他们夫妇寸步难行,从检查室到门口贵宾室,平日最多一分钟可以到达,这天却被挤了十多分钟才到达。陈立夫一进贵宾室门就被关上了。台湾的军政官员,在蒋经国的带领下,一一与陈立夫握手拥抱。陈立夫再一次涌起感情的波澜。

记者们在门口等得焦急无助,力图挤进贵宾室,拍下这动人的场面和历史的镜头,却被警察挡驾。

三分钟后,蒋经国陪着陈立夫夫妇走出贵宾室,人潮又涌动起来。在这些人流中,除了国民党元老人物,还有当时在"立法院"、"监察院"、"行政院"、"国大代表"中的重要人物,有不少还是陈立夫提拔起来的后生。因此,当他们听到陈立夫返台的消息后,没有一个不争先恐后地到机场来欢迎他。于是便有了机场上一个空前的热烈场面。

一个记者把话筒举到了他的嘴边,为避免人们无端的猜疑,陈立夫借机表示说:"此次返台,专为总统祝寿,别无他意。"

到台湾的第二天,陈立夫便到"总统官邸"拜见蒋介石。陈立夫倏地发现,气氛真切得出人意料。蒋介石已到门外等待,他紧紧地握住陈立夫的手说:"人老了,总想家乡的事、过去的事,水是家乡的甜,人是故旧的亲啊。"一席话说得陈立夫怦然心动。

思古感怀是人老的一种象征。蒋介石一语道出隐衷,陈立夫也忍不住感慨起来:"立夫身在异地,思乡思亲,如煎似熬,心中没有一天的平静……"说到这里,感动得语塞,指端竟也微微地颤动起来。

蒋介石问:"我给你的信,还有经国的信都收到了吗?"

陈立夫回答:"都收到了,每次阅信,我都动容。"

"立夫在美国怎么样? 孩子们都很好吧?"

陈立夫回答:"我在美国的乡下生活,那里风光秀丽,气候适宜,颇能修身养性。我做些养鸡著书的事,倒也过得充实,孩子们也都已成家,各有所成,只是我和禄卿闲下来的时候,也常想起台湾,想起朋友,想起总统,唉,毕竟是故乡难离啊。"

蒋介石听得出对方话里有怨艾,似乎仍为阻碍奔丧的旧事耿耿于怀,便略带歉意地一叹:"往事如烟,不堪回首,瞻望未来才是重要的。你还是回来吧,树高千丈,叶落归根,总不至于在外漂泊一辈子吧。趁我还在,早作些安排,晚年可以过得安稳一些。果夫去了,我必须为你负责,否则,百年之后,我有何颜面重见英士先贤。"

蒋介石说到二叔的名字,陈立夫心中"咯噔"一下,久已淡漠的"蒋陈情结"重新清晰起来。他抬头看看老蒋满怀企盼的眼神,一股热血涌上心头,终于点头答应了:"好,我听你老的。"随后,捧出一份寿礼,恭敬地递给"总统"。

蒋接拿在手,见是一本书,饶有兴趣地翻开扉页,口里喃喃念道:"《四书道贯》。"

说起这份寿礼,陈立夫着实费了一番心思。他记得1944年,也是蒋介石过生日,朱家骅为了逢迎讨好,铸造了九个直径二尺的铜鼎献给蒋介石。美国人知道后,大肆渲染,说:"蒋介石叫人给他献九鼎,目的是准备做皇帝。"接着,国内舆论大哗,指责批评的声浪,滚滚而来。蒋介石无端受辱,十分气愤,大骂朱家骅"混蛋",为此连带着朱仕途受累,一蹶不振。

陈立夫明白自己虽不足与当年的朱家骅相提并论,但多少也算是政坛间的敏感人物,万一寿礼送得不妥,平白引来是非口舌,蒋介石不高兴,自己不乐意,何苦呢?于是想到礼轻情重的古训,准备把这几年写的得意之作《四书道贯》献上。一来,表白不过问政治的意愿,以文化言志,非常符合气氛。二来,蒋介石国学的根底深厚,长时期里,被人颂扬的只是军政方面的才干,偶尔有以文为师的机会,他肯定高兴。

"这是我在美国研习《易经》的一些心得,还请总统多多指教。"陈立夫说得十分诚恳。

蒋介石知道陈立夫的《四书道贯》在海外影响很大,已经重印了好几次,当即表示:一定认真阅读。

未久,蒋把陈立夫叫去,谈了自己的看法,他认为:"这本书的前言与结论,写得非常精彩,只是书名太深一点儿。"陈立夫说:"假如总统有更好的书名,待下次再版的时候可以更改。"蒋说:"让我再想一想看。"过了两天,蒋介石托蒋经国捎来口信谓:"不必改名了,只要把我所题的字插入该书第一页就好了,使'道贯'二字更易使人明了。"蒋介石的题字是:"陈立夫著'四书一贯之道'",落款"蒋中正"。陈立夫见到题字"殊深感激",认为这是蒋介石对自己的厚爱,这些当然都是后话了。

从"总统"官邸出来,陈立夫忽觉脚步格外轻快,不知是归宿落定,还是与"总统"有了新的沟通,反正心里说不尽的舒坦,原本答应就《四书道贯》一题,在台讲十次课的允诺,经不住蒋介石的鼓励,一气讲了七八十次,结果疲累得生了一场大病。他在回忆录中说:"蒋公看了我送他的作为寿礼的《四书道贯》后,大为激赏,特邀我到慈湖去住一晚,并且要我去各军校讲一讲。……我以为军校不过三四所,不料合起来竟有十几所。……先例一开,计有一百余所学校请我去讲演,待讲到第七十五所学校时,就渐感体力不支,再加上过多的邀宴应酬,终在一场台北国际狮子会讲演中病倒了。经送荣民总医院诊治,确定为急性肝炎,蒋公到医院看望我,问医师病况怎样?医师们说:'很严重。'蒋介石面露焦急的神色,专门从香港请来了名医、肠胃科专家张光璧先生,经他诊治,认为'病情虽很严重,但无危险,要多休息'。①

不久,陈立夫就恢复了健康,然后返回美国,做好美国方面的收尾工作,真正到台湾定居已经到了 1970 年的早春。

| 斩不断的"蒋陈情结"

陈立夫回到台湾后,蒋介石点将让他担任文复会的副会长:"看了你的《四书道贯》,我感到你在文化方面有独特的见解,你就当我的副手吧?"

陈立夫推辞道:"谢谢总裁好意,我早已说过,不问政事,回台湾是为了安度晚年。再说我年纪已大,已过血气方刚之时,不想多麻烦的事。"

蒋道:"你是党国的元老,曾立下过汗马功劳,同时也积累了丰富的治国经验,过去我让你开革命矿,今天又让你开文化矿,一文一武,都是为党国。你身体尚好,说实话我不用用谁呢? 再说这个职位,不叫官啊,你就不要再推辞了!"

"立夫追随总裁近 30 年,虽为党国做了些工作,但也有'失蹄'的地方,每每想起我就很痛心。在美国这些年来,我一边养鸡,一边读书著书,面壁思过,总结经验教训。"

蒋介石也动了感情:"立夫言重了。要说失误,首先是我的失误。你不必事事自责啊! 人非圣贤孰能无过。"

陈立夫心想,自己跟随蒋介石多年,要让蒋介石与人认错还没有听说过,今天能让他当面说错,也很不容易了。陈立夫也就不再坚持自己的意见了:"好吧,让我试试看。"就这样陈立夫走马上任。

应该说台湾的阳光和人情味都带给陈立夫在美国时少有的欢笑。同时也给蒋介石带来舆论上的好评,抑或最高分。

且说台湾的大报小报,不厌其烦,连篇累牍的宣传,文章的标题一个比一个好看:你说是"日久人心见",我说是"年老还童趣";你说是"友谊天

---

① 引自李海生、张敏著:《陈果夫与陈立夫》,上海人民出版社 2001 年版,第 425—427 页。

地长"，我说是"蒋公是好人"；你说是"安抚陈家党"，我说是"重振台湾心"。总之，仁者见仁，智者见智。最大的获胜者是蒋介石。且说陈氏兄弟功不可没，蒋介石的高明又超于此。

当初，蒋介石看出了陈氏党的强大，根深叶茂，如不伐此树，必遮阴于自己的公子。于是他便来了一招，砍树还阳。这一下就动了陈氏兄弟的内脏，结果是一亡一走，等于给蒋介石去了一块心病。如今威胁已无，他又念起了旧情，情真真意绵绵，叫谁也动容。

先是陈果夫下世，蒋介石是又吊唁又赠挽联，更是声嘶力竭地褒奖，让死者都动情，曾在党内党外引起轰动。如今又盛情邀请陈立夫回台定居，真可谓打一巴掌揉三揉，蒋介石等于"仁至义尽"了。不久，又委任陈立夫"总统府资政"、"中央评议会委员"等光彩头衔。虽然这些都是有名无实的虚职，但又是一个人政治生涯的荣耀。

陈立夫虽然修身养性这么多年，还是没有抵挡住蒋介石名利的诱惑。他是一名实干家，没有当成虚职做，在这虚职的岗位，笔耕不止，老有所成。1999年4月《财讯》周刊采访陈立夫，谈到文化研究方面的贡献时，陈立夫说，自己一共写了30本书，编了70本书，翻译15本书，"这是很少有人做到的"，并且表示："以后看我活多久，也许还要写。"

1982年3月21日，这是收获的日子，陈立夫获台湾当局颁发的"国家文化奖"。获此殊荣的只有两人，陈立夫为其中之一。此是后话不说。

再说蒋介石，为了子承父业，早在1966年3月，就搞一场国民大会选举"总统"的闹剧。他恳切期望国民党中央另行考虑"总统"候选人人选。让他专心负责党务和军事。但真正了解老蒋的人都没有上当，不了解老蒋的人，纷纷报名竞争。殊不知这是一场弥天大谎。报名者不但当不成"总统"，反而都成了有野心、被整肃的对象。不少少壮派在这场闹剧中纷纷落马。这是继整肃CC派以来的大整肃。这再次为太子登基铺平了道路。

1969年3月，国民党召开"十大"，蒋介石再次利用这次会议之机，替小蒋物色好替身。

在这次会议上，蒋介石继续任"总裁"，而其他一些国民党元老，都选进了"中央评议委员会",引进了一批新"中央委员",这些大多是蒋经国的人马,使蒋经国在"国民党中央"有了自己的班底,使其地位得到巩固。

1972年2月,台湾召开"国民大会"。这次大会上,蒋介石也不再谦虚:"行政院长严家淦请求辞职,以勉循所请,予以照准。兹拟以蒋经国继任行政院长。"

蒋介石接着说:"蒋员坚韧刚毅,有守有为,历任国政要职,于政治、军事、财经各项设施,多所建树,其于行政院副院长任内,襄助院长处理院务,贡献良多,以之任为行政院院长,必能胜任愉快。爰依宪法第五十五条第一项之规定,提请贵院同意,以便任命。"

"立法院"岂敢怠慢,马上召集当时出席院会的委员,开会结果,"立法院"以381票通过。

在蒋介石的努力下,蒋经国终于荣登"行政院长"宝座。从此,台湾全面进入了蒋经国时代。

这时的蒋介石终于可松一口气,但是他的身体却已是一天不如一天了,不久就住进了"荣民总医院"。

人老了总是怀旧,于是陈立夫便成了医院的常客。他常陪蒋介石谈心,谈童年谈故乡,尽是一些逸闻趣事,让他们开怀大笑,忘记病痛。他们已从过去的恩恩怨怨中解脱了出来。有时,陈立夫有事几天未去,蒋经国便打电话询问,并派车接陈立夫过去。就这样两位老人度过了他们人生最难忘的日子。

1974年底,台湾地区盛行流感,免疫力下降的蒋介石又染上流感,并发肺炎,呼吸困难。元旦过后,又出现持续的高烧不退,病情急速恶化,医院已发出了病危通知书。

家人日夜守护在病房。这天下午,处在半昏迷状态的蒋介石,突然醒了过来,张着大口,喘着粗气,说:"……我看到一个人,是立夫,让他不要走,我,我有话要给他说……"

在旁的蒋经国忙上前问:"你是唤立夫?"

蒋介石点头。

"他马上就来。"

蒋介石闭上眼睛。片刻他又睁开眼睛，问："立夫来了没有？我怕等不及他们了，我要上车了……"

说着话，陈立夫已经赶到病榻前："总裁，立夫在这。"

蒋介石眼睛一亮，挪动了一下身子，吃力地说："立夫坐近点儿，立夫坐近点儿，我，我有话说。"

陈立夫朝前移了移位置，把手伸过去，握住蒋介石枯瘦如柴的双手，感慨万分地说："总裁，立夫听着呢，你说吧。"

蒋介石顿了顿，口喘粗气说："你要扶助经国，你和果夫都是总理的好学仔，亦是我的左膀右臂，过去虽有些误会，彼此都能理解。你们对党国忠贞不渝，挑了我半壁江山的担子，功不可没。"

陈立夫心受感动，此时他掏出手绢不断地擦眼睛，并对蒋介石说："陈蒋都是一家人，一家人不说两家话。立夫之所以有今天，全凭着总裁的提携和恩赐。至于我们的功劳，还说不上。如果说做了点儿工作的话，全是总裁的指导。"

说到这里，蒋介石又喊蒋经国："经儿，蒋陈两家是一家，我走了，你们兄弟要互相照顾，我有对不住陈家的事，你要来补。"

"父亲，我已记住了。"

"总裁，你放心吧，经国的事也是我的事，我们会互相照顾好的。"

蒋介石点头："蒋家天下陈家党。这话应说不假。我党有许多久经考验的元老，果夫、立夫当数首指。从上海证券所开始，到黄埔军校，每一步走来，我们都是荣辱与共，风雨同舟，互相支持，相濡以沫，实乃知我冷暖者非果夫、立夫莫属！"

说得陈立夫也眼泪横流："总裁不要说了，立夫心知肚明。再说你的病需要静，不要激动。"

"好，好，我不激动。"

宋美龄替蒋介石擦拭了眼泪，说："立夫来看你，是希望你的身体康复。我们都应该高高兴兴。"

蒋经国也凑过来说："父亲，你安心养病，不要胡思，你会好起来的。"

蒋介石点头后，一阵干咳，上气不接下气地又昏迷过去了，医生马上过来抢救。这时陈立夫趁机退了出去。想不到这成了他与蒋介石的最后诀别。

4月5日晨,进入弥留之际的蒋介石竟回光返照,他竟起身坐在椅子上,面带笑容,与儿子交谈。

当天下午,蒋介石感到腹部不适,泌尿系统失灵。

晚8点15分,蒋介石病情恶化,脉搏转缓,血压下降,经抢救无效,当晚11时50分停止呼吸。时年89岁。

当日子夜,台湾党政军要员皆赶到蒋介石在台北市郊的草山别墅,在别墅中举行了蒋介石遗嘱签字仪式。

宋美龄、严家淦、蒋经国、倪文亚等人在遗嘱上签了字。

蒋介石死后两小时,台湾当局"新闻局"发布死亡公报,把死亡改为"驾殂"。实为不折不扣的历代皇朝记录帝王死亡的笔法。

蒋介石生前希望葬在南京中山陵一侧,因此台湾当局将其灵柩暂厝桃园县大溪镇慈湖,以待将来运回大陆实现其遗愿。陈立夫作为国民党元老,并以"总统府资政"和"中央评议委员"的身份,参加了蒋介石的丧葬仪式。

陈立夫参加完蒋介石的丧葬之后,一连几天都在哀痛中不能自拔,虽然对蒋介石他也曾怨过恨过,但在此时此刻,他念得更多的却是蒋介石多年来对自己的栽培,没有蒋介石让他来"开采革命之矿",他也不会活跃在政坛若干年,更不会建立辉煌的业绩。

陈立夫感到,自己的这种无限悲哀,也有条件反射之感,此时,他想起了自己过世的哥哥和父亲,这样,使他于哀痛之中不能自拔,直到数日后才作罢。

致力于统一大业

1988年7月15日一大早。

位于台北阳明山的陈氏的庭院里,小孙女阿琳像发现什么新大陆似的惊叫着跑过来,向爷爷报告,她发现院落后面的那棵铁树开了花。是啊,打种下来,已经有十三四年了吧,几乎与阿琳的年龄一般大,就没有看见它开过花。今天开花,着实稀奇。它那高高的枝上,靠近尖处缀满了花蕾,一嘟嘟的,像是白色的绒毛球一样非常好看;顶上端的三个花蕾已经绽放,淡淡的清香,引来几只蜜蜂在上空翻飞,时落时飞,嗡嗡地叫个不停⋯⋯

这时读大学的孙子阿春也放假在家,正在看报,《中国时报》上的一则新闻标题吸引了他。新闻的标题是《枯树发芽,铁树开花》,讲的是世纪老人陈立夫把"海峡两岸统一案"抛向国民党第十一届中央评议会,可称为枯木发芽、铁树开花。

听到妹妹阿琳的喊声,阿春也手拿报纸跑了过去:"真的,铁树开花!"阿春说完又道:"爷爷,你看,这报纸上说你是铁树开花哩!"

陈立夫接过报纸,戴上花镜一看,哈哈地笑出了声:"这记者真会形容,我也成了铁树开花啦。"

且说在国民党的阵营里,陈氏兄弟可以称得起铁杆的反共派,这是人人皆知的事。几十年的恩恩怨怨,使他与共产党不共戴天。今天他要提出两岸统一案,不但是铁树开花,还是奇闻。

这则新闻在台湾飞传。

再说这个提案,是陈立夫联合蒋纬国等 32 名"议员"提出来的。主要内容是:"以中国文化统一中国,建立共信;以投资共同实行国父实业计划,建立自信,并以争取大陆民心,以利和平统一。"

在这个提案中,陈立夫明确指出:"中国之统一为台湾海峡两岸及海外全体同胞之共同愿望,故仅为时间问题。"

陈立夫等还提出:"中国的统一必须以由中国人以自力达成之,非第三者所愿成能助成者。谋求统一,必先建立共信,有了共信,自信乃生。自信生,自会团结统一。"在这方面共信是重要的。因为"中国文化为建立共信的最佳条件",所以陈立夫等人明确提出以中国文化作为实现祖国统一的基础。

关于实现祖国统一的进程,陈立夫等人认为,在自信的基础上,以台湾的科技潜力,与大陆的人力、物力资源,"共同成立国家未来计划经济委员会"，开展两岸的经济合作，进而双方在各方面之敌对行为全部去除，在此基础上，通过"政治整合之协商"，实现两岸经济、政治、文化的全面合作，从而达到海峡两岸统一。

为了建立自信，陈立夫等人主张："唯若统一有望，有限度的接触，则不可避免。"

从这项提案可以看出，陈立夫等已经放弃了原来"以三民主义统一中国"的主张，首次公开肯定国、共两党可以通过中华文化同根的认同，经济合作互惠，消除敌对，建立互信，并在此基础上实现政治合作、和平统一。

陈立夫的提案对国民党长期坚持的"三不"政策是一个有力的冲击。然而，陈立夫等人的提案，却遭到了台湾当局的否定。

陈立夫又一次感到了失落，尽管他知道自己的"中央评议委员"的头衔是虚的。

但是，陈立夫等人的提案公布后，在台湾岛内外引起了强烈反响。不少报刊发表专文，表明对这一提案的看法。台湾的《新闻》周刊刊登陈杰夫的署名文章《反共老人要做联共先锋》，更是引起了轰动效应。

在大陆，中国共产党对陈立夫等人的提案表示欢迎。《人民日报》为此发表社论，认为该提案是"顺应两岸人民强烈要求和平统一，振兴中华的历史潮流的……这种谋求祖国统一的积极态度令人感佩"。

社论认为如果该提案能付诸实施，"必将对两岸关系的发展和祖国的和平统一事业产生积极影响"。

一石激起千重浪。所有这些都对陈立夫是一个很大的鼓舞。此后，陈立夫在多种场合，对海峡两岸的统一问题发表多次谈话，希望国共两党不计前嫌，再度合作，以诚相待共同携手。希望两岸进行接触，希望统一之日早到来。

1988年，已是垂暮之年的陈立夫，在海峡两岸再次成为新闻的焦点人物。

这一提案后，陈立夫等又提出向大陆提供50亿到100亿美元的长期低息贷款，以支持大陆的改革开放和经济建设。但台独者李登辉却置之不理。面对着李登辉的种种"台独"表演，陈立夫迎头痛击，他千方百计在一些公共场所或报刊上发表演说和文章,揭穿"台独"的阴谋诡计,极力宣传"用中国文化统一中国的主张"。他曾理直气壮地说:"蒋介石一生反共,但也没有提出台湾要独立,不论过去、现在和将来,台湾应该始终在中国的版图上。"

陈立夫时刻关心着祖国的统一,也时刻关心着大陆的建设和发展。

1991年,为了挖掘和开发传统的中华中医学,中国第三届唯象中医研究会于1月7日在深圳举行年会。

陈立夫收到大陆邀请信后,十分高兴,他本想参加会议,顺便到大陆观光,但通过多种努力,未能如愿,他感到十分遗憾,在大会开幕之际,他从台湾发来了贺电:

> 唯象中医学研究会邹伟俊先生暨全体会员公鉴:
>
> 中医学原于易理,在天成象,在地成形,人生于天地之间,象与形在变,人亦受其影响而变,变而失去中和则病,使之恢复中和曰医。
>
> ......
>
> 谨此祝大会成功,与会诸公身体健康。
>
> 陈立夫

贺电中,表达了陈立夫希望祖国中医药学发扬光大的愿望,也表露出他对祖国的向往之心。

与时俱进。1992年9月5日,为打开海峡两岸新闻界双向交流的大门,首批大陆记者代表团访问台湾时,陈立夫十分愉快地接受了大陆记者的专访。

9月9日。风和日丽。

下午3时,大陆记者团驱车来到台北郊外风光秀丽的阳明山下,一幢白色二层小楼便出现在面前,这就是陈立夫的住宅。

记者们下车后,兴冲冲地进入客厅,宽畅的客厅充满着高雅之气,孔夫子的画像、三凤开屏的璧雕,几尊古董器皿,一幅"铁肩担道义,妙手著文章"的对联,还有置于高几之上的兰花,把客厅点缀得幽雅别致,充满了书香气息。

3时30分,93岁的陈立夫准时步入客厅,这天他穿一身黑灰色西装,配着碎花领带,白皙而清瘦的面庞上浮现出自然的笑容,虽已年过九旬高龄,但背不弯腰不弓,步态稳健,气质不减当年,从他的步履和神态看出,他是一个精神旺盛且会保养身体的人。

陈立夫和来访者一一握手,显得热情、大方而真诚。

陈立夫让大家入座,并让家人给客人端上饮料和水果。

陈立夫说:"我和毛泽东先生、周恩来先生的交往,至今记忆犹新。第一次合作,我们的共同目标是北伐,打倒军阀。第二次国共合作,我们的目标是抗日,要打倒日本帝国主义。"

陈立夫喝一口茶,接着说:"国共两党当时目的一致,平等合作。现在,我认为我们的目标,是用中国同源同根的文化迎接21世纪。从某种意义上讲,这个目标更为伟大。我们应该抓住机会,争取在文化、经济方面为世界做出贡献。现在苏联解体,美国又有经济问题,这是中国发展唯一的机会。"

陈立夫接着说:"等中国站起来,不仅在文化上帮助全世界,也可以在经济上帮助全世界!"他说着,有力地挥动了一下右手,精神十分振奋。

有记者问:"陈立夫先生,你倡导用中国文化来统一中国,这是一个新鲜的命题,特别是由你这样一位国民党党务专家提出来,就更难能可贵,那么,你认为要实现海峡两岸的统一,应该采取哪些步骤呢?"

陈立夫坦然地说:"我主张国共两党应先坐下来谈判,要走出第一步,真正从民族的利益出发,在文化、经济上互相帮助,共同合作,促进海峡两岸的经济、文化繁荣。"

有记者问:"陈先生离开大陆40余年了,又曾在美国定居多年,请问您想不想回大陆看看?"

陈立夫非常感慨地说:"很可惜我和邓小平先生没见过面,若为了国家统一,只要两岸人民需要我,我就会去大陆,我最大的心愿就是国家强盛,人民安乐。在世界上,有些强霸不愿意看到中国的统一,说明他们不愿意让中国强大,而越是这样,我们就越盼海峡两岸统一,使中国成为世界的强国。"

1993 年,陈立夫又长了一岁,越是盼祖国统一,越是思乡情浓。他常做回故乡的梦,那里有他童年的伙伴,那里有他童年的追求。往事的记忆,历历在目,想忘也忘不掉。这年的夏天,他的长子陈泽安应邀到大陆讲学。临行前,儿子问老爸:"爸爸,你不是做梦都想家吗?要不,咱们一块儿去吧,中途也有个照顾。"

陈立夫道:"我现在还不想回去。"

儿媳反驳道:"不是你不想去,是你的官太大了,人家不让你去。"

陈立夫只是笑,道:"北京那边已经正式邀请了我三次,都让他们给谢绝了。"

儿子又道:"爸,你去不了不要紧,我会摄影,全拍照下来,回来让你分享。"

陈立夫连声赞成:"这个办法好,这个办法好,也让爸爸回一次大陆。"

儿子要上路了,陈立夫唠叨起来没个完,千嘱咐万叮咛,生怕儿子漏掉一个景点。

凤儿送儿走,心儿随儿行。

儿子回到了大陆,陈立夫的心也回到了大陆。儿子从大陆回来时,陈立夫第一句说的是,把照片拿来让我看。

为了满足老爸的思乡情,儿子拍了近千张照片,让老爸大饱眼福。

面对一幅幅照片,陈立夫看得认真、看得仔细。在每幅照片上,他都留恋很长一段时间,眼下的现实与脑中的历史交织在一起,看到绝妙处,他禁不住拍案叫好:"只要大陆的经济搞上去,中华民族就将无敌于天下!"有时他把儿子叫回来,讲述大陆的所见所闻,他像个小学生一样,听得如痴如醉。

面对爸爸这般痴情样,儿媳说:"爸爸,你一定要活到祖国的统一,亲自回大陆看一看。"

陈立夫点点头,道:"我就盼着这一天的到来,这叫两岸统一是潮流,不返故里誓不休。"

2001 年 2 月 8 日,陈立夫在台中市病逝,享年 102 岁。

附录:本书征引参考书目、资料

张继学著:《民国先驱陈其美》,兰州大学出版社 2002 年 3 月版。

浙江省辛亥革命史研究会编:《辛亥革命浙江史料选辑》,浙江人民出版社 1981 年版。

白希著:《上海第一都督陈其美》,金城出版社 1997 年版。

浙江政协史委编:《陈英士》,浙江人民出版社 1987 年版。

姚辉、朱馥生著:《陈英士评传》,团结出版社 1989 年版。

贾逸君编:《民国名人传》,岳麓出版社 1993 年版。

侯宜民著:《袁世凯全传》,当代中国出版社 1994 年版。

莫永明、范然著:《陈英士纪年》,南京大学出版社 1991 年版。

汤志钧编:《章太炎年谱长编》,中华书局 1979 年版。

经盛鸿著:《民国暗杀案》,江苏古籍出版社 1996 年版。

秦孝仪主编:《陈英士先生纪念集》,中国国民党党史委员会 1977 年版。

徐泳平著:《陈果夫传》,(台湾)正中书局 1978 年版。

张星文、吴怀连编:《台湾政治风云》,武汉大学出版社 1990 年版。

黄嘉树著:《国民党在台湾》,南海出版社 1991 年版。

郭绪印主编:《国民党派系斗争史》,上海人民出版社 1992 年版。

范小方著:《二陈和 CC》,河南人民出版社 1993 年版。

李西岳、苏学文著:《陈氏家族全传》,中国文史出版社 2001 年版。

刘晟、方克、田清著:《陈氏家族秘史》,中国档案出版社 1995 年版。

李海生、张敏著:《陈果夫与陈立夫》,上海人民出版社 2001 年版。

王学庆著:《蒋介石与陈立夫、陈果夫》,吉林文史出版社 1994 年版。

程思远著:《李宗仁先生晚年》,文史资料出版社 1995 年版。

唐人著:《金陵春梦》,北京出版社 1981 年版。

唐汉著:《四大家族兴衰》,金城出版社 1995 年版。

章勇著:《落叶,将军大逃亡》,四川人民出版社 1994 年版。

《毛泽东传》

[英]菲力普·肖特 著

定价:49.00 元

迄今为止西方最新、最具深度的一部毛泽东全传。本书不仅向读者介绍了一位伟大舵手光辉、平易近人的一面,同时也展示了 20 世纪动荡中国的全景。

《蒋介石传》

[英] 乔纳森·芬比 著

定价:45.00 元

本书是近 30 年以来第一部完整的英文版的蒋介石传记。作者运用其广泛搜集的来自中国两岸三地、美国、英国、澳大利亚、法国等地的档案资料和最新研究成果,许多细节以前从未披露。权威、真实、客观。

《陈其美》

贾鸿彬 著

定价:39.00 元

他是孙中山的左右手,是袁世凯的死对头,是蒋介石的引路人,辛亥革命时期的风云人物。这本书,写热血飞扬的革命,写生死缠绵的爱情,情节曲折,引人入胜,展示了一代仁人志士的青春、理想、信仰、奉献和奋斗。

《抗日第一枪:马占山和江桥抗战》

张港 著

定价:48.00 元

江桥抗战是九一八事变后中国军队有组织、有领导抗击日本帝国主义侵略的第一枪,也是世界反法西斯战争的第一枪。本书以马占山为人物主线,全景式地展示了江桥抗战的历史。

《冰心全传》

陈恕 著

定价:45.00 元

　　本书作者陈恕是冰心的女婿。作者以大量鲜为人知的资料和珍贵照片全面反映了冰心的一生和冰心生活的时代。

《东北教父》

贾鸿彬 著

定价:33.00 元

　　张景惠是个扛豆腐盘子走街串巷的小贩,最后却扛起了上将肩章,当上了伪满洲国总理,一当就是十年,把对手一一整掉,成为"不倒翁"。战场、情场、官场,看似路路皆通,最终却难逃死于战犯管理所的命运。

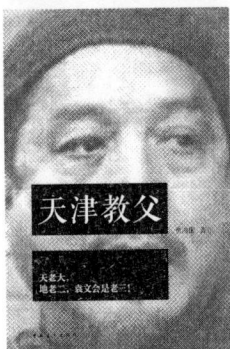

《天津教父》

贾鸿彬 著

定价:31.00 元

　　这是一部描写黑道人物袁文会曲折命运的小说。津门恶霸袁文会的奋斗和毁灭:穷小子暗恋大小姐,引发了一段生死情缘;黑社会尔虞我诈、弱肉强食,上演了一幕幕惊心动魄的故事;汉奸恶霸认贼作父,难逃正义的审判。

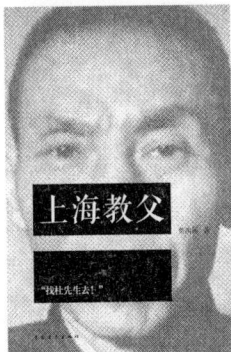

《上海教父》

贾鸿彬 著

定价:38.00 元

　　杜月笙,上海滩一个响当当的名字。"找杜先生去"成为上海滩一个时期解决问题的"终南捷径":法国人要给他面子,日本人要看他脸色,政界要拉拢他,商界要仰仗他。本书揭示了"上海大亨"是怎样炼成的。